СООБЩЕНИ

Вход. №
Спец. №
Гр. №

26 décem
Altobe
ls tout
que m
r l

Куда ... ni

СООБЩЕНИЕ ШИФ

Rio de Janeiro 1935 г. „16" час. „30" мин.

ZK Brasilien. Hal...
ohne vorher ...
dem KP in A...
sie weiter in ... ntrit
treten, Kritik ... gen z
beibehalten, ihr ... lb Allianz
tern Bauern und ... eigenen ... bezug auf schwankende Verb
Flotte festigen und revolutionären Organisationsverbindungen
und gleichzeitig erweitern. Kleinbürgertum, mit Arm
dig diesen Apparat illegalen Notwendig erzielen Legal
Machtergreifung seitens ... zu erhalten Apparat stärken festigen.
Teil nati... und verb...

CB078972

Снятие копий воспрещается.

СООБЩЕНИЕ ШИФРОМ.

„28" октября 1935 г. „15" час. „20" мин.

Сов. Секретно.

Куда Южно- Американское Бюро.

Исход. № 6383
Спец. № 59
Транз. № 128

На какие нужды требуете 50.000 ам.долл.? Сообщите немедленно. Еще раз просим срочно сделать письменный отчет о положении в стране, партии и Альянсе и выслать его вместе с материалами партии.

Секретарь ИККИ по
странам Латинской Америки

Reçu vos telegrammes jusque
numero 42, excepte No. 41

Pourquoi avez-vous necessaire
50.000 dollars americains (?)
Communiquez nous immediatement
Demandons ...

28/X 35.

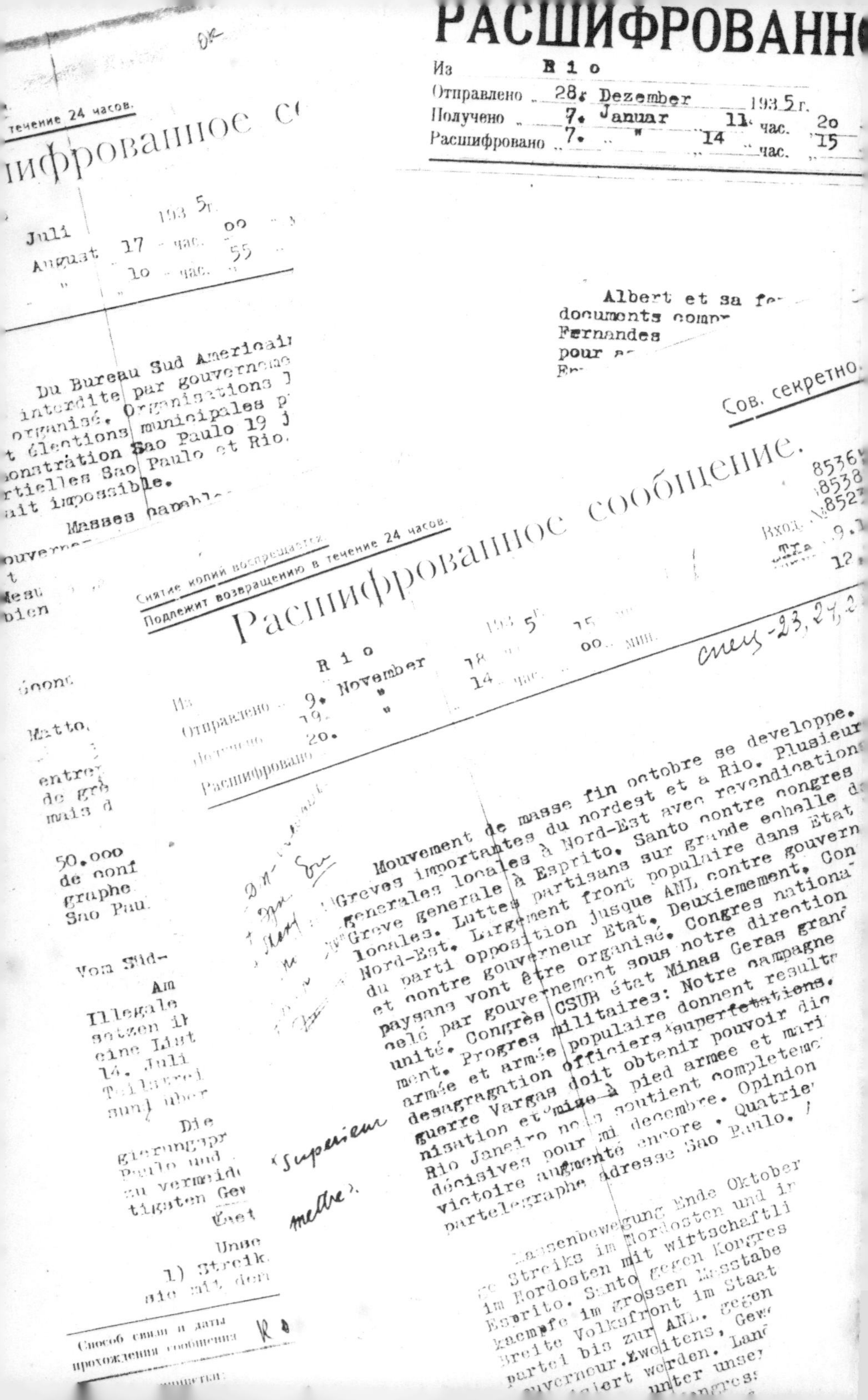

РАСШИФРОВАННО

Из Rio
Отправлено 28. Dezember 1935 г.
Получено 7. Januar 11 час. 20
Расшифровано 7. " " 14 час. 15

Albert et sa fe
documents compr
Fernandes
pour a

Сов. секретно.

течение 24 часов.
ифрованное со

Juli 1935 г.
August 17 час. 00
10 час. 55

Du Bureau Sud Americai
interdite par gouverneme
organisé. Organisations
t élections municipales p
onstration Sao Paulo 19 j
rtielles Sao Paulo et Rio.
ait impossible.

Masses capabl

Снятие копий воспрещается.
Подлежит возвращению в течение 24 часов.

Расшифрованное сообщение.

Вход. № 8536
8538
8527

Из Rio
Отправлено 9. November 1935 г. 18 час. 15 мин.
Получено 19. " 14 час. 00 мин.
Расшифровано 20.

спец-23,24,2

Mouvement de masse fin octobre se developpe. Greves importantes du nordest et a Rio. Plusieur generales locales à Nord-Est avec revendications Greve generale à Esprito. Santo contre congres locales. Luttes partisans sur grande echelle d Nord-Est. Largement front populaire dans Etat du parti opposition jusque ANL contre gouvern et contre gouverneur Etat. Deuxiemement. Con paysans vont être organisé. Congres nationa celé par gouvernement sous notre direction unité. Congrès CSUR état Minas Geras grand ment. Progres militaires: Notre campagne armée et armée populaire donnent resulta desagragation officiers superfetations. guerre Vargas doit obtenir pouvoir di nisation et mise à pied armee et mari Rio Janeiro nous soutient completem décisives pour mi decembre. Opinion victoire augmenté encore. Quatrie partelegraphe adresse Sao Paulo.

Superieur
mettre

Massenbewegung Ende Oktober
Streiks im Nordosten und in
im Nordosten mit wirtschaftli
Esprito. Santo gegen Kongres
kaempfe im grossen Masstabe
Breite Volksfront im Staat
partei bis zur ANL. gegen
Gouverneur. Zweitens, Gew
isiert werden. Lan
unter unse

50.000
de conf
graphe
Sao Pau

Vom Süd-
Am
Illegale
setzen i
eine List
14. Juli

Die
Paulo und
zu vermeid
tigsten Gew

Unse
1) Streik
sie mit dem

Способ связи и даты прохождения сообщения

CAMARADAS

★

WILLIAM WAACK

CAMARADAS

Nos arquivos de Moscou

A história secreta da revolução brasileira de 1935

★

COMPANHIA DAS LETRAS

Capa:
Silvia Ribeiro

Índice remissivo:
Valter Ponte

Revisão:
Eliana Antonioli
Ana Maria Barbosa

Dados Internacionais de Catalogação na Publicação (CIP)
(Câmara Brasileira do Livro, SP, Brasil)

Waack, William, 1952-
Camaradas : nos arquivos de Moscou : a história secreta da revolução brasileira de 1935 / William Waack. — São Paulo : Companhia das Letras, 1993.

Bibliografia.
ISBN 85-7164-342-3

1. Brasil — História — Revolução de 1935 2. Partido Comunista do Brasil — História 3. Prestes, Luís Carlos, 1898-1990. Prestes, Olga Benario, 1908-1942. I. Título. II Título: A história secreta da revolução brasileira de 1935.

93-2645 CDD-981.0622

Índices para catálogo sistemático:
1. Intentona comunista : Brasil : História 981.0622
2. Revolução de 1935 : Brasil : História 981.0622

1993

EDITORA SCHWARCZ LTDA.
Rua Tupi, 522
01233-000 — São Paulo — SP
Telefone: (011) 826-1822
Fax: (011) 826-5523

Quem luta pelo comunismo tem de poder lutar e não lutar; dizer a verdade e não dizer a verdade; prestar serviços e negar serviços; manter a palavra e não cumprir a palavra; enfrentar o perigo e evitar o perigo; identificar-se e não identificar-se.

Quem luta pelo comunismo tem de todas as virtudes apenas uma: a de lutar pelo comunismo.

Bertold Brecht, *A medida punitiva*

SUMÁRIO

★

Introdução 9
Agradecimentos 13
1. Os sobreviventes do Hotel Lux 15
2. Ouro para Moscou 26
3. Decisão 48
4. Os profissionais 80
5. Café Paraventi 109
6. O grande jogo 142
7. "Decidam vocês mesmos" 172
8. 33 horas 204
9. Desastre 240
10. Suspeitas 262
11. Os assassinatos 292
12. Inquisição 307
Epílogo 337
Siglas 347
Notas 349
Bibliografia 369
Índice remissivo 373

INTRODUÇÃO

★

A idéia de escrever este livro nasceu em março de 1992, durante uma apressada conversa com Iuri Ribeiro, o filho mais moço de Luís Carlos Prestes. Ao terminar uma cobertura de acontecimentos políticos na Rússia, dei uma passada pela salinha onde ele trabalha, na seção consular da Embaixada do Brasil em Moscou. Eu estava de mala no ombro, pronto para ir ao aeroporto, a cabeça já na Alemanha. Iuri começou a falar de suas perambulações em arquivos que haviam pertencido a várias instituições soviéticas, e do que suspeitava ali encontrar sobre a história do comunismo no Brasil. Do jeito que Iuri contava, um material espetacular estava apenas à espera de alguém que fosse apanhá-lo. Confesso que, no princípio, estava cético. O que haveria de novo para dizer sobre esse episódio tão discutido da recente história brasileira, os levantes comunistas de novembro de 1935? E, se o acesso ao material era tão fácil, por que ninguém ainda fora buscá-lo (fui um dos últimos jornalistas brasileiros a começar a trabalhar em Moscou)?

As primeiras visitas a arquivos na capital russa foram profundamente decepcionantes. Num deles, um cinzento burocrata recomendou-me que voltasse dali a seis meses. Em outro, deram-me uma interminável lista, em alfabeto cirílico (então totalmente incompreensível para mim), de documentos oficiais conhecidos havia muitos anos. Ao final de uma segunda estada em Moscou, sem ter obtido nenhum resultado significativo, estava quase convencido de que somente perdia meu tempo. Até hoje não sei definir exatamente de onde partiu a certeza interior de que deveria prosseguir na busca, pois o pouco que pudera encontrar referia-se a situações e personagens secundários. Mas algo que só posso chamar de intuição insistia em que eu ainda estava na periferia de um campo que, em seu núcleo, conteria informações novas e relevantes sobre um momento tão dramático e cheio de conseqüências para a sociedade brasileira — em novembro de 1935, pela primeira vez a esquerda pegou em armas, e ali surgiu o virulento anticomunismo nas Forças Armadas.

A descoberta quase acidental de um dos participantes das revoltas (justamente a de um agente soviético no Rio) foi o momento decisivo que levou a pesquisa vigorosamente adiante, dando início a semanas repletas de revelações surpreendentes, detalhes insuspeitados e uma riqueza inesperada de todo tipo de material — oficial, secreto, pessoal, cifrado, aberto, datilografado, manuscrito — que permitiu escrever a história secreta da revolução comunista no Brasil em 1935. Esse mergulho no passado foi uma fascinante viagem no tempo que envolveu também arquivistas russos, pelo menos dois historiadores locais e, no auge da pesquisa, mobilizou várias pessoas entusiasmadas em descobrir novos aspectos, um rosto nunca visto, uma situação jamais sonhada.

Este livro é o resultado dessa longa pesquisa, baseando-se sobretudo em documentos de acesso restrito ou proibido, facilitado por pessoa e em local que ainda não podem ser revelados (o leitor vai encontrar essas informações toda vez que a localização exata do material, cuja cópia ou transcrição estão em poder do autor, não estiver indicada em referências bibliográficas). Alguns dos documentos mais importantes para a história desse período, porém, foram liberados pela primeira vez para este livro, através do qual tornam-se públicos. É o caso sobretudo da impressionante coleção de telegramas secretos trocados entre Moscou e a América do Sul, uma fonte oficial que encerra muitas das principais questões relativas ao movimento chefiado por Prestes.

O material não classificado e o secreto foram tratados com o mesmo rigor. Todas as situações, detalhes, diálogos ou números citados nas páginas seguintes foram retirados de fontes escritas. O leitor vai notar que nem todas as perguntas foram respondidas, e alguns mistérios provavelmente jamais serão resolvidos. Nesses casos, preferi ressaltar que a questão continua em aberto, procurando deixar bem claro o que considero satisfatoriamente explicado e aquilo para o qual não se dispõe (ainda?) de provas documentais. Minha intenção não foi a de esgotar o assunto, e sim trazer à luz informações que considero essenciais para se repensar décadas inteiras de nossa recente história.

Este livro não foi feito para favorecer alguns em detrimento de outros, nem para retomar debates e pontos de vista totalmente ultrapassados com o fim da Guerra Fria. No entanto, é inevitável que alguns mitos, imagens, carreiras e reputações — e crenças — saiam profundamente abalados ao final destas páginas.

Berlim, setembro de 1993

W. W.

AGRADECIMENTOS

★

Este livro jamais poderia ter sido feito sem a colaboração de muita gente. Iuri Ribeiro foi quem me colocou nessa pista e a ele dirijo as palavras iniciais — além do incentivo para que continue na busca da memória de seu pai. Eleonora Nikolaevna, Svetlana Rosenthal e Iuri Tutochkin, do Arquivo Histórico, em Moscou, tiveram participação essencial não só pela incrível disposição em ajudar, mas, principalmente, pelo conhecimento do período, palpite certeiro e espírito de detetives. A três vivazes, charmosas e encantadoras senhoras com mais de oitenta anos — Vera Kutcheikova, Mishka Slavutska e Ruth von Mayenburg —, veteranas do período, devo informações preciosas e inestimável orientação. A três diplomatas brasileiros — os embaixadores Sebastião do Rego Barros, Paulo Tarso Flecha de Lima e Álvaro Alencar — e a seu respectivo pessoal, agradeço a troca de idéias e a decisiva cooperação.

Muitos colegas de profissão participaram de uma forma ou de outra neste livro (ainda que apenas ouvindo pacientemente minhas longas narrativas): Pedro Bial, Sílio Boccanera, Monica Falconi, Laerte Fernandes, Sergio Gil, Aluísio Maranhão, Toninho Neves, Reali Jr., Marco Antonio Rezende, Paulo Sotero, Ernst Weber. Implacáveis como de costume, Lourenço Dantas e Oliveiros S. Ferreira, meu velho, e também minha mãe debruçaram-se sobre a longa versão preliminar do manuscrito, cuja elaboração final foi feita com a participação direta de Luiz Schwarcz e Claudio Marcondes, da Companhia das Letras (quase desnecessário dizer que toda a responsabilidade por erros e omissões é inteiramente minha).

Meus filhos, Leonardo e Carlos, em geral dois moleques danados, mantiveram-se (ainda que muito curiosos) o tempo todo em respeitosa distância de computador, disquetes, fotocópias e manuscritos. Nada teria sido possível, porém, sem a paciência, inteligência, dedicação, carinho e amor de Iris, minha mulher. Este livro é para ela.

W. W.

1
OS SOBREVIVENTES DO HOTEL LUX

★

A rua Twerskaia, no centro de Moscou, foi ampliada na década de 30 com um método bastante simbólico para a época. O ditador Josef Stalin queria que essa rua, que se chamava Gorki e com o fim da União Soviética voltou ao mesmo nome de antes da Revolução, fosse trinta metros mais larga. Os prédios no caminho dos tratores foram montados sobre rodas e afastados catorze metros para trás, num exemplo cabal de que o sistema mudava de lugar qualquer coisa: desde classes sociais, etnias e leis da economia, até montanhas, rios e construções.

No começo de 1993 só com muita imaginação era possível vislumbrar nesse pedaço de Moscou lembranças de tempos longínquos como a traumática década de 30. As multinacionais de cosméticos e perfumaria escolheram a Twerskaia, uma das principais ruas da cidade, para montar vitrines que supostamente igualariam Moscou a Paris, Roma e Nova York. O calor produzido pela cara iluminação das lojas era bem-vindo para uma multidão de pessoas postada em duas longas filas, uma encostada na parede dos prédios, a outra de costas para o trânsito caótico e barulhento, formando uma galeria por onde se acotovelavam milhares de passantes.

Uma velhinha oferecia um tomate, um senhor de aspecto circunspecto uma solitária meia garrafa de vodca. Cuecas, discos velhos, roupas de lã, salsichas, samovares, pó de café, brinquedos, fitas cassetes, revistas antigas, livros rasgados, entradas de teatro, peças de antiquário — qualquer coisa que permitisse comprar comida aparecia nas mãos, bolsos e sacolas dessas pessoas paradas nas duas longas filas, batendo os pés para afastar o frio impiedoso. O fim do velho sistema e a passagem para uma economia que não se sabia no que ia dar levaram a população à desorientação, desespero e resignação. Tipos de aparência soturna, em grupos suspeitos, ocupavam passagens subterrâneas e a entrada do Hotel Intourist. Mais acima, numa esquina da Twerskaia, o McDonald's concentrava todas as atenções na praça dedicada a Puchkin, o poeta nacional. Uma discoteca, guardada por três volumosos leões-de-chácara, anunciava ser o primeiro *night club* de Moscou — uma arapuca para homens de negócio ocidentais com prostitutas de várias classes de preço, idade e aparência.

Outro símbolo dos novos tempos chegou à Twerskaia: a cadeia internacional Pizza Hut, que abriu um restaurante com duas portas. Na primeira, diante da qual se estendia enorme fila, vendiam-se pedaços de pizza em rublos. Na segunda, onde sempre havia lugar, oferecia-se a mesma coisa, mas em dólares. Ao lado continuava de pé e funcionando a padaria fundada por um aristocrata russo do século XIX, um tal Filipov, tratada ainda cem anos depois pelo nome do primeiro dono. Entre a padaria e o que veio a ser a pizzaria, Filipov mandou construir em 1911 um hotel. Ali, exatamente onde nos anos 90 a cadeia de *fast food* anunciava a chegada do capitalismo, pelo menos duas gerações de militantes haviam se hospedado, décadas antes, motivadas para espalhar o socialismo pelo mundo inteiro.

Nos tempos em que esse hotel era famoso e cercado de lendas — ou seja, enquanto existiu a Internacional Comunista, ou Komintern (do alemão *Kommunistische Internationale*), de 1919 a 1943 — seu nome era Lux. Depois, tiraram-lhe até a poesia: hoje chama-se Central. Quando ainda era Lux, abrigou as delegações internacionais de cinco dos sete congressos do Komintern, e ali encontraram-se, secretamente ou não, representantes dos movimentos comunistas do mundo inteiro, misturados a emigrados políticos de todas as nacionalidades e a funcionários da Internacional, da polícia política e dos serviços secretos soviéticos.

Um pouco da atmosfera dos tempos em que Moscou exportava revolução sobrou na fachada de janelas altas, impregnadas de fuligem. A fila da pizza esconde a porta de entrada do velho Lux, entre duas colunas de mármore quase invisíveis. O Central é um hotel barato. No lugar das célebres personalidades internacionais dos anos 30, amontoavam-se nos seus quartos, sessenta anos depois, famílias de refugiados das guerras civis no Cáucaso. O porteiro era um veterano da guerra do Afeganistão, inamistoso e desconfiado, controlando documentos de todos os visitantes. Havia pelo chão grandes pedaços de tapetes colocados nos anos 50, quando tentaram fazer do Lux um hotel "normal". Sentia-se o odor de desinfetante barato, mais forte ainda que o cheiro de mofo, de cigarro e de lã molhada, o típico ranço de um lugar que passou muitos invernos de janelas fechadas.

Somente um tipo de inquilino do prédio continuou o mesmo, em sucessivas gerações, durante século tão turbulento: os ratos.

Incontáveis gerações deles ocuparam o hotel, sem sofrer danos ao corpo ou à alma, coisa que ocorreu com outros moradores temporários ou permanentes. Rápidos e atrevidos, eles deslizavam até de dia pelos corredores escuros, espiavam com atenção as cozinhas (duas em cada andar), saltavam pelos degraus da escadaria principal e pela dos fundos para os andares superiores até embaixo do telhado. Corria o boato de que eles utilizavam até o elevador dos fundos, onde nem sempre ficava um vigia, como no da frente. Este teria espantado até mesmo uma inofensiva ratazana doméstica, se ela não pudesse mostrar seu crachá.

A autora dessas linhas, a ex-militante comunista e ex-espiã austríaca Ruth von Mayenburg, morou durante oito anos no Lux, na década de 30. Antiga integrante da "aristocracia do Komintern", quarenta anos mais tarde revelou num livro extraordinário, bem-humorado, repleto de anedotas e ironia — e por isso mesmo até cruel — o cotidiano das celebridades que dirigiam a revolução mundial.[1]

Os ratos foram os responsáveis pelas primeiras cenas de sangue no Lux. Por causa deles, um dos porteiros, um enorme letão de cabeça totalmente raspada, se tornou famoso. Ele costumava armar-se de um formidável porrete e saía de noite pelos corredores caçando ratos. Diante de nossos olhos ocorriam cenas inesquecíveis de heroísmo, quando uma família inteira de ratos disparava em busca de refúgio, perseguida pelo gigante que gritava palavrões impublicáveis.[2]

A principal tarefa do gigante era controlar os crachás, vermelho para os funcionários do Komintern, cinza para os ocupantes temporários do hotel. Ninguém que jamais tenha posto os pés no Lux se esqueceu do tom com que o *Propusk* era exigido. O hotel era o pai de todos os aparelhos do movimento comunista. Não havia lista de hóspedes e, mesmo que houvesse, quase nunca o nome no passaporte corresponderia ao nome verdadeiro. O estabelecimento inteiro era reservado apenas aos estrangeiros associados de alguma maneira ao Komintern e suas organizações.

Desde os anos iniciais da Revolução espalhou-se entre a população de Moscou a notícia de que o Lux se transformara num lugar onde só moravam privilegiados. Durante a grande fome de 1932 e 1933, fora criada, por exemplo, uma cooperativa de consumo cuja única finalidade era a compra, para seus hóspedes e a preços acessíveis, de alimentos que não se encontravam em nenhum outro lugar da União Soviética. O punhado de escritores, atores e atrizes russos, que em determinadas ocasiões podiam se misturar ao pessoal do Komintern, aproveitava para pedir-lhe alguns favores, como lâminas de barbear, batons, tinta para escrever, pó de café.

Além de ratos e percevejos, o Lux atraía como verdadeiro ímã prostitutas de toda Moscou, interessadas justamente em estrangeiros. Durante os congressos do Komintern, quando se podia sentir o cheiro de repolho e comida quente que emanava do grande refeitório do Lux (preparava-se todo tipo de prato, conforme a disponibilidade de alimentos), aumentava o movimento de putas na Twerskaia e na ruazinha lateral com a qual o prédio faz esquina, e que leva ao pátio interno da Padaria Filipov. Boa parte delas compunha-se de antigas integrantes da aristocracia derrubada. O próprio líder do PC alemão no final dos anos 20 e começo dos 30, o "proletário-vitrine" Ernst Thälmann, gabou-se certo dia no Lux, no café da manhã, de ter passado a noite anterior com uma grã-duquesa pelo preço de uma lata de leite condensado.

Muitos participantes de congressos internacionais hospedados no hotel registravam seus "casamentos" com as famosas namoradas russas. Ninguém perguntava se um dos noivos já era casado. Uma vez que as leis soviéticas não eram reconhecidas no estrangeiro, para os homens tratava-se de negócio sem riscos. Para as russas também havia vantagens: podiam permanecer no hotel mesmo quando o marido ia cumprir suas obrigações revolucionárias no exterior — para onde sonhavam ser levadas um dia também. Ao final de um desses congressos, o ex-pastor suíço Jules Humbert-Droz, um dos primeiros enviados do Komintern à América Latina, foi encarregado de "limpar" o Lux das "esposas", quase todas da antiga alta burguesia, valendo-se para isso, segundo a lenda, de um musculoso militante holandês. Havia grande volume de cartas amorosas — e de conteúdo político — saindo e chegando ao hotel. Era um milagre que pudessem ter sido escritas e guardadas, pois a partir de 1928, com a crescente presença de Stalin, a correspondência passou a ser controlada e aberta, e nem sempre entregue.

Entre os privilegiados havia divisões hierárquicas. Os figurões ocupavam em geral apartamentos nos andares inferiores, os menos cotados iam para o alto. Alguns bem situados, como o alemão Wilhelm Pieck (mais tarde presidente da Alemanha Oriental), tinham direito a mobília especial.[3] Era considerado humilhante, quase uma ida para o purgatório, quando alguém perdia seu apartamento na ala principal do Lux e era transferido para um anexo criado nos fundos. A construção de mais dois andares acima dos quatro originais, no começo dos anos 30, veio em momento precioso: com a subida de Adolf Hitler ao poder na Alemanha e a rápida destruição do outrora poderoso PC alemão, necessitava-se de muito mais espaço para abrigar emigrados políticos.

Os banheiros, localizados no corredor, não eram separados entre homens e mulheres, ocasionando grandes constrangimentos. Não havia papel higiênico e o estado da latrina era tema freqüente de conversas nas cozinhas comuns, cada uma com um fogão de seis bocas e uma mesa ao centro. Para o uso das banheiras, situadas num andar intermediário, havia um regulamento especial, com horários para homens e mulheres. Era necessário comprar um talão, e os solteiros, nos primeiros anos de existência do Lux, garantiam os serviços de uma "lavadora", que lhes esfregava as costas. Alguns homens empregavam o truque de permanecer no banho além do horário. Quando as moças, encerrado o *strip tease*, descobriam aos gritos um homem na banheira, acabavam ouvindo quase sempre a mesma frase, que teria sido cunhada pelo búlgaro Georgi Dimitrov, desde o final de 1933 na URSS e a partir de 1935 presidente formal do Komintern: "Qual é o problema, deixa a gente ver alguma coisa bonita".

Quando o Komintern, ou Terceira Internacional, se interessou para valer pelo Brasil, no começo da década de 30, seus dirigentes e os habitantes do Lux já haviam se transformado em colecionadores de derrotas. Desde sua fundação por Lenin, em 1919, até ser extinta por Stalin, em 1943, essa organização produziu verdades infalíveis para lugares tão diferentes como a Escandinávia ou o Havaí, mas seus comandados jamais tomaram o poder em parte alguma.

O Komintern é um dos movimentos políticos mais fascinantes do século. Uniu o romantismo da luta internacional por direitos universais ao mistério de uma organização dedicada a conspirações e atividades secretas. É engano pensar que a orientação política tivesse permanecido sempre a mesma. As viradas de 180 graus na conduta do Komintern ainda hoje confundem pesquisadores em busca de coerência na montanha de documentos, resoluções, artigos e publicações oficiais.[4] A rigor, a Internacional seguiu apenas uma linha sem desvios em 24 anos de existência: a que se iniciou na ilusão da revolução mundial e terminou em subordinação a Stalin e ao Grande Terror.

Desde cedo o Komintern e seu "exército internacional" foram atrelados aos interesses exclusivos da União Soviética e rigorosamente controlados não só pelo PC mas também por agências secretas e órgãos de repressão soviéticos, num processo que se tornou conhecido como a "stalinização" da Terceira Internacional. Este ponto é bastante delicado. Autores competentes recusaram-se a aceitar a idéia da completa subordinação do Komintern ao Estado soviético por julgar que as primeiras alegações nesse sentido, publicadas já na década de 30 por diversos desertores, continham exageros e distorções típicos de "renegados" e "convertidos arrependidos". Havia nesses relatos, argumentava-se, uma perigosa tendência de simplificação, reduzindo decisões de alcance bastante amplo para alguns países aos desígnios maquiavélicos de um bando de perversos instalados em Moscou.

Por isso, a estupefação foi enorme quando o desaparecimento da União Soviética, em 1991, levou à abertura de alguns arquivos em Moscou. Não só ficou bastante claro que os processos de decisão e a orgia de sangue que marcaram a consolidação de Stalin no poder pouco se diferenciavam dos métodos que já se conhecia, por exemplo, da cúpula de perversos do Partido Nazista alemão. Confirmaram-se teses que na época da Guerra Fria eram atribuídas apenas a reacionários ou agentes a serviço de potências inimigas da União Soviética. Houve o "ressurgimento" de autores antes considerados "malditos", cujos relatos puderam ser confrontados com documentos originais sem os constrangimentos causados pela Guerra Fria e a batalha ideológica dos blocos capitalista e comunista.[5] Surgiu das pilhas de papéis secretos em Moscou a comprovação de que o Komintern era a terceira ponta no triângulo dos "órgãos competentes" (polícia política e espionagem militar), inseparável das outras duas.

Esta é a visão recente do Komintern, possibilitada pela abertura de arquivos secretos em Moscou. Sessenta anos atrás, antes do Grande Terror, a Internacional nem sempre era vista como instrumento suplementar do Estado soviético. Para os militantes comunistas, a defesa da União Soviética num mundo percebido como hostil e empenhado na sua destruição — sobretudo após a subida de Hitler ao poder em 1933 — era considerada parte essencial da luta política e social em seus próprios países. Por esse motivo não era considerado errado contribuir, não importa de que forma, para o êxito do único país em que se construía o socialismo. Era um mundo, o de meados dos anos 30 em diante, no qual parecia haver apenas duas trincheiras e, para um comunista, não havia dúvidas sobre qual lado apoiar.

Vale a pena examinar em detalhe a estrutura e o funcionamento do Komintern, mesmo sob risco de pôr à prova a paciência do leitor já no começo do livro. São aspectos que a literatura disponível no Brasil quase não levou em conta, mas cuja importância é fundamental para se entender o episódio brasileiro de novembro de 1935. Prepare-se para siglas e expressões em russo e alemão, além de alguns personagens e suas funções (que ninguém precisa decorar, pois voltarão a ser explicados na hora devida). O gráfico ao lado ajuda a visualizar, para a década de 30, o organograma da organização, que nunca se manteve o mesmo por muito tempo.

O órgão legislativo máximo da Terceira Internacional, teoricamente responsável pelas grandes decisões, deveria ter sido seu Congresso, que se reuniu no entanto apenas sete vezes (a última em julho-agosto de 1935) no período de 1919 a 1943, e ao qual todos os partidos filiados enviavam seus delegados. Entre as sessões do Congresso figuravam como principal ins-

Estrutura de funcionamento do Komintern (por volta de 1932)

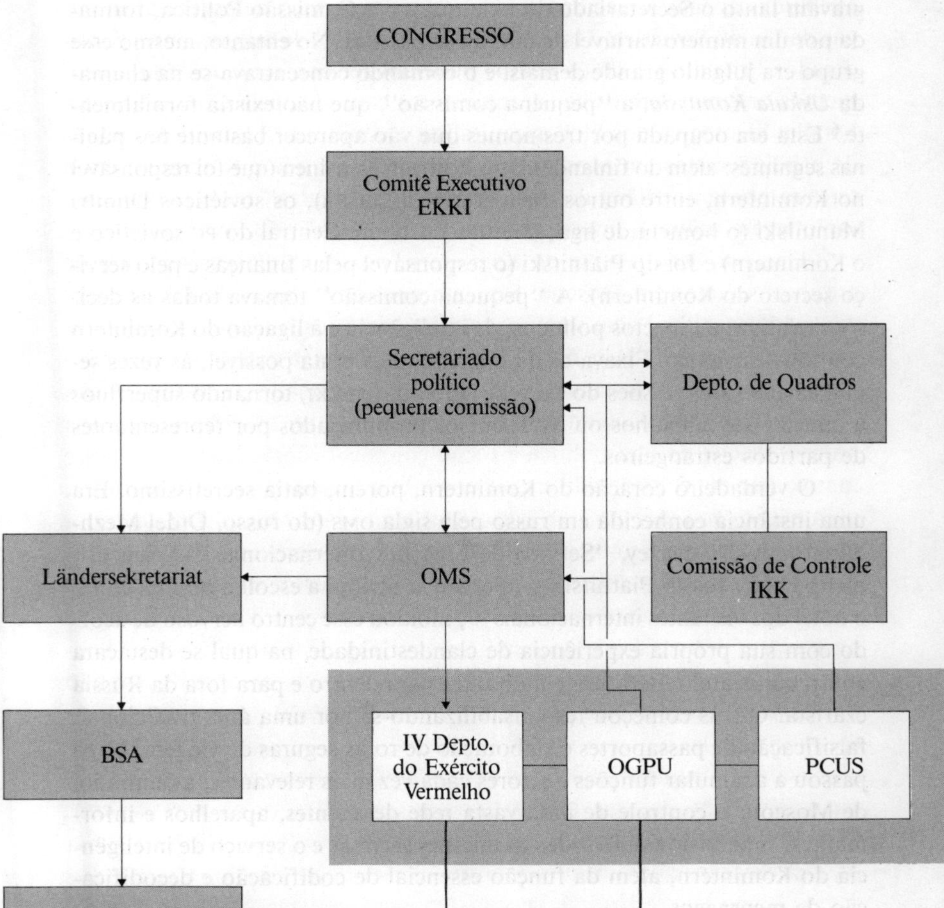

tância decisória as reuniões plenárias do Comitê Executivo, conhecido como EKKI (do alemão Exekutivkomittee der Kommunistischen Internationale), composto por cerca de cinqüenta pessoas. Era gente demais para o arraigado hábito de se decidir tudo primeiro em pequenos grupos.

Na prática, as funções do EKKI eram desempenhadas por seu Secretariado, que se reunia com maior freqüência. Típico artifício da era stalinista, o Secretariado dependia, por sua vez, do funcionamento de uma Comissão Política. A partir de 1926, praticamente os mesmos nomes integravam tanto o Secretariado do EKKI quanto a Comissão Política, formada por um número variável de oito a dez pessoas. No entanto, mesmo esse grupo era julgado grande demais, e o comando concentrava-se na chamada *Uskaia Komissia*, a "pequena comissão", que não existia formalmente.[6] Esta era ocupada por três nomes que vão aparecer bastante nas páginas seguintes: além do finlandês Otto Wilhelm Kuusinen (que foi responsável no Komintern, entre outros, pela América Latina), os soviéticos Dimitri Manuilski (o homem de ligação entre o Comitê Central do PC soviético e o Komintern) e Jossip Piatnitski (o responsável pelas finanças e pelo serviço secreto do Komintern). A "pequena comissão" tomava todas as decisões relativas a aspectos políticos, de inteligência e à ligação do Komintern com o PC soviético. Fixava-as da maneira mais exata possível, às vezes semanas antes das sessões do Secretariado ou do EKKI, tornando supérfluos a direção dos trabalhos ou os discursos pronunciados por representantes de partidos estrangeiros.

O verdadeiro coração do Komintern, porém, batia secretíssimo. Era uma instância conhecida em russo pela sigla OMS (do russo, Otdel Mezhdunarodnykh Suyazey, "Serviço de Ligações Internacionais").[7] Seu primeiro chefe, Jossip Piatnitski — a quem se atribui a escolha do Lux como o hotel dos visitantes internacionais —, moldou esse centro nervoso de acordo com sua própria experiência de clandestinidade, na qual se destacara contrabandeando literatura e militantes para dentro e para fora da Rússia czarista. O OMS começou responsabilizando-se por uma área tradicional: falsificação de passaportes e elaboração de rotas seguras de viagem. Logo passou a acumular funções e setores cada vez mais relevantes, assumindo, de Moscou, o controle de uma vasta rede de agentes, aparelhos e informantes, supervisionando todas as missões secretas e o serviço de inteligência do Komintern, além da função essencial de codificação e decodificação de mensagens.

O quinto andar do edifício sede do Komintern na Uliza Molchova, 6, em frente às muralhas do Kremlin, onde operava o OMS, recebeu vigilância reforçada. Os crachás normais não valiam para aquele setor. Nas gavetas de apenas duas pessoas estava guardada a "alma" da agência secreta: os códigos para transmissões de mensagens, as listas de codinomes de agentes e militantes de partidos e, escrita à mão, a contabilidade do financiamento de partidos comunistas estrangeiros.

O OMS não foi, portanto, mera instância "técnica". Desde a década de 20, uma de suas principais tarefas era financiar e controlar os partidos comunistas.[8] As verbas saíam diretamente do orçamento do governo soviético.[9] Encarregava-se da distribuição do dinheiro o representante local do OMS, que tinha "filiais" instaladas em todas as cidades onde funcionavam partidos comunistas importantes (como Berlim), onde existiam boas condições de trabalho para redes de comunicação e inteligência (Amsterdam e Copenhagen), em centros importantes do inimigo (Nova York e Londres), em centros de numerosa emigração e atividade política (Paris) ou onde ocorreram operações especiais de algum vulto (Xangai ou Rio de Janeiro). O representante do OMS não deve ser confundido com o "emissário político" do Komintern, que ele ajudava a controlar, tomando conta do tráfego de telegramas e da administração de seus gastos, tendo para isso uma infra-estrutura própria, que incluía os melhores endereços de contatos locais. Invariavelmente, o homem do OMS estava ligado aos "órgãos competentes", ou seja, à polícia política.

Dentro da URSS o OMS manteve a partir de 1926 três tipos de escolas para a formação de quadros. A primeira e mais abrangente tornou-se famosa na literatura política: a Escola Lenin, o centro de formação de dirigentes políticos. Seu currículo incluía não apenas filosofia, história e economia política, mas também treinamento militar, como leitura de mapas, manuseio de armas e tiro ao alvo. Vários brasileiros estiveram nessa escola.[10] Ninguém a freqüentava com o nome verdadeiro, dado seu caráter "conspirativo", e esperava-se que seus alunos jamais mencionassem ter estudado ali. Para a formação de quadros mais "técnicos", o OMS dispunha de dois outros centros, pelos quais passaram alguns dos enviados ao Brasil em 1935: uma escola de operadores de rádio e a chamada "escola especial". Seu currículo englobava apenas "trabalho diversionista", um eufemismo para sabotagem, terrorismo, técnicas de falsificação e espionagem.

Além da "pequena comissão" (que tomava as decisões políticas) e do OMS (que dirigia as operações), os camaradas soviéticos mantinham sob rígido controle duas outras estruturas do Komintern, moldadas pela influência decisiva do PC soviético, um partido monolítico que não tolerava nenhum tipo de dissidência ou oposição interna. A primeira era a Comissão Internacional de Controle (conhecida de novo por uma sigla alemã, IKK, Internationale Kontrollkomission), uma espécie de "departamento jurídico", que julgava casos de má conduta e pronunciava veredictos. A segunda, o Departamento de Quadros, não executava apenas funções de um "departamento do pessoal". Tinha seus próprios investigadores e um fantástico acervo de atas e documentos relativos a mais de 30 mil pessoas, talvez o arquivo mais rico sobre o movimento comunista internacional entre 1919 e 1943, a partir do qual se elaborava "pareceres" periódicos sobre os militantes, cujo conteúdo era decisivo para suas carreiras. Esse formidável manancial de informações pessoais era terreno de livre acesso aos agentes da polícia política, que por sua vez tinham pouco respeito pelas opiniões dos líderes estrangeiros do Komintern.

A polícia política foi fundada pelos dois principais líderes da Revolução Russa, Lenin e Trotski, em 1917, e na segunda metade da década de 20 era conhecida pela sigla OGPU (do russo, Obyedinyonnoy Gosudarstvennoy Politicheskoy Upravlenie, "Diretorado Estatal Unificado Político").[11] Já nesse período o OMS perdera sua independência em relação à polícia política, que mantinha desde 1921 um departamento próprio de inteligência no exterior, com assento dentro do OMS (o inverso não ocorria). Para complicar as coisas — e a vida do leitor — havia ainda uma terceira organização de inteligência soviética (que também mandou gente ao Brasil em 1935), cuja rede em muitos casos se confundia com a da OGPU e do OMS: o IV Departamento do Estado-Maior do Exército Vermelho, em parte uma instância "clássica" de reconhecimento e espionagem militar.

No início, a rede do Komintern recrutava sobretudo aqueles comunistas e simpatizantes estrangeiros mais sensíveis a um chamado da Internacional Comunista do que a uma abordagem direta dos serviços secretos soviéticos.[12] No entanto, mais tarde, vários conhecidos agentes soviéticos começaram sua carreira no Komintern e foram "intermediados" pelo OMS para outras agências.[13] Havia forte concorrência entre a OGPU e o IV Departamento para recrutar gente nos quadros da Internacional. A intrincada inter-relação dos diversos serviços secretos e a freqüente troca de informações e pessoal entre OGPU, IV Departamento e OMS (ou seja, Komintern) tornava difícil saber quem trabalhava para quem, especialmente para dirigentes comunistas de partidos estrangeiros.

É esse estado de coisas que permitiu o aparecimento da figura do "enviado do Komintern", do "agente de Moscou", do "stalinista", que liquidou o mitológico militante dos tempos da Guerra Civil na Rússia (1918-21). Pelo menos na Europa, o núcleo do partido virou a base de agentes agrupados tão solidamente que qualquer tentativa de ressuscitar tendências independentes seria esmagada. Esse clube de revolucionários profissionais, os homens do Komintern, tinha poderes praticamente irrestritos de intervenção nos diversos partidos comunistas e instruções muito precisas sobre como levar adiante as planejadas ações revolucionárias.[14]

O grau de controle sobre os principais partidos comunistas europeus aumentou quando eles começaram, na segunda metade da década de 20, a montar aparatos paralelos ilegais, aos quais se dedicou extraordinário esforço de organização, energia e alguns dos melhores militantes. Existiam subdivisões nessas organizações clandestinas, cada uma delas funcionando como um minisserviço secreto: a militar, encarregada de preparar uma insurreição (com departamentos para infiltração nas Forças Armadas ou em grupos de direita); a de inteligência (sobretudo contra-espionagem); e a político-militar, uma espécie de embrião de um futuro Exército Vermelho. Havia ainda os grupos "T", especializados em terrorismo. No caso do PC alemão, o maior do mundo depois do soviético, essas seções secretas e ilegais estavam completamente infiltradas por gente ligada à OGPU e ao IV Departamento do Exército Vermelho, que assim ampliavam seu potencial de recrutamento de agentes. O resultado disso foi que o Komintern e os partidos comunistas ficaram a reboque do aparato que Stalin montou para controlar o PC e o Estado soviéticos, levando ao descrédito da organização e à deformação de seus princípios internacionalistas.[15]

2
OURO PARA MOSCOU

★

O primeiro contato entre Luís Carlos Prestes e o Komintern perdeu-se na noite dos tempos. Em depoimentos e entrevistas, Prestes pouco esclarecimento trouxe a essa indagação. Ao contrário, embaralhou algumas cartas. Conspirador até o final da vida, jogou pistas em direções erradas, incentivou mitos, adaptando os papéis representados por ele e outras pessoas em função de sua "versão oficial", e escondeu pelo menos um fato essencial para a compreensão do caráter inicial de sua ligação com a Terceira Internacional: o ouro para Moscou.

Provavelmente jamais se saberá quem falou com Prestes pela primeira vez em nome do Komintern. A abertura de diversos arquivos em Moscou, a partir de 1991, não esclareceu esse ponto. Supõe-se que antes de 1927, quando se exilou na Bolívia, Prestes não tivera contato com literatura marxista ou ligações sólidas com o Partido Comunista brasileiro ou qualquer outro PC latino-americano. Em dezembro desse ano encontrou-se em Puerto Suarez, na Bolívia, com um enviado do Comitê Central Executivo do PCB, Astrojildo Pereira, que lhe entregou alguns dos textos considerados básicos de Marx, Engels e Lenin, em francês, idioma que dominava. O partido buscava uma política de alianças, e Prestes com seus tenentes disporiam desse potencial de liderança e influência sobre setores urbanos de classe média. Pouco depois, em fevereiro de 1928, Prestes atravessou parte do Paraguai em lombo de boi até subir num barco para Buenos Aires. A maioria de seus comandados da Coluna Prestes já havia regressado ao Brasil ou encontrado algum tipo de atividade na Bolívia, onde se internara em 1926 com mais de seiscentos deles.[1]

Prestes e oficiais próximos descobriram na Argentina um mundo em efervescência política: Buenos Aires era uma cidade comparável às européias, cheia de jornais, cafés, teatros, cultura, elegância e cosmopolitismo, numa escala desconhecida em outros centros sul-americanos. Dominado pela mentalidade conspirativa, o comandante da Coluna buscava na Argentina as articulações que um dia pudessem levar à tomada do poder e derrubada do regime da República Velha no Brasil. No seu apartamento de exilado político pobre, em Buenos Aires, empilhava-se uma assustadora quantidade de panfletos, comunicados, publicações, revistas, livros, artigos, recortes de jornais em vários idiomas, e que ele se dispunha a ler, ou já havia lido, para aprender (diria mais tarde) o marxismo-leninismo. A obstinação com que Prestes se dedicou a essa atividade era um traço típico da sua personalidade. O rapaz suave, franzino, baixinho, tímido e introspectivo dos tempos do Colégio Militar havia se transformado em um homem duro e obcecado pela disciplina pessoal. Com o correr do tempo, ele se tornaria cada vez menos tolerante em relação a erros alheios, além de dificilmente aceitar ou mesmo reconhecer os próprios.

Uma vida de privação não constituía novidade para Prestes: desde pequeno acostumou-se a renunciar a diversões, contatos sociais ou qualquer tipo de luxo. Não sabia o que eram bailes ou festas. Enquanto seus colegas de turma torravam o soldo em teatros, com namoradas ou prostitutas, Prestes entregava todo o dinheiro em casa para sustentar a mãe, possivelmente a pessoa mais importante em sua vida e a que mais influiu em sua constituição psicológica. Dona Leocádia Felizardo Prestes era uma mulher de caráter forte e notável espírito de independência para sua época (Luís Carlos nasceu em Porto Alegre a 3 de janeiro de 1898): teve cinco crianças de três homens diferentes. Casou-se somente com o primeiro, o capitão do Exército Antônio Pereira Prestes, pai de Luís Carlos. O menino tinha apenas dez anos quando o pai morreu e foi objeto de atenções especiais por parte da mãe.

Esta e as quatro irmãs de Prestes o acompanhariam sempre que possível, e por elas ele nunca deixou de se sentir diretamente responsável. Não há como exagerar a importância de mulheres fortes na vida de Prestes. Mesmo que nada tivesse dito ao longo da vida, a biografia de Prestes revela o quanto ele apreciava a associação com personalidades femininas marcantes, que não ocupavam função hierárquica definida à sua volta e às quais ele parece ter atribuído mais importância do que a eventuais "vices" ou "segundos homens" — com os quais, aliás, invariavelmente se desentendeu. Dona Leocádia foi a primeira dessas mulheres na vida de Prestes, depois veio Olga Benario, por um período bastante curto. A Maria Ribeiro, sua segunda esposa e companheira por quarenta anos, uma mulher de extraordinária firmeza de caráter e personalidade, Prestes confidenciaria reflexões sobre seu relacionamento com o lado forte do sexo feminino: "As mulheres têm mais disposição para realizar coisas do que os homens"[2] (Prestes não se fixava nas qualidades intelectuais de uma mulher: "Se for uma intelectual vou ter divergências com ela", afirmou à sua segunda esposa).

Uma característica de sua personalidade era a facilidade com que ficava sozinho, dispensando companhia masculina ou feminina, talvez até cultivando a "solidão do comandante". Precioso é um dos raros detalhes que forneceu sobre sua vida particular no bairro de Palermo, em Buenos Aires, nos tempos de exílio: "Domingo, para mim, era dia de ficar sozinho. Tinha lá uma vitrola que minha mãe mandara do Rio e alguns discos. Eu ouvia aqueles discos todos, depois dava um passeio por Palermo e voltava. Essa foi minha vida ali, quase de isolamento, sozinho".[3]

Foram raríssimas as pessoas que Prestes considerou "amigas". As causas disto, a julgar por seu comportamento em Buenos Aires, não são difíceis de deduzir. Ao longo desses primeiros dois anos de exílio na Argentina (1928 e 1929), febril de impaciência com a revolução que não vinha e dedicado a intensas leituras, Prestes sentiu o afastamento natural de seus antigos companheiros de lutas como uma ofensa ao princípio do Chefe, no caso ele mesmo. Enfurecia-se com qualquer desrespeito às diretrizes pelas quais regulava os contatos com forças políticas no Brasil. Mostrava-se intransigente também com a relutância de muitos tenentes em aceitar os postulados teóricos que abraçara. Alguns de seus documentos e pronunciamentos da época deixam transparecer uma ira incontida toda vez que alguém utilizava o "seu" nome e a "sua" Coluna em articulações políticas ou trocas de promessas de apoio. No final de 1929, indignado com um correligionário que apoiara Getúlio Vargas (então candidato às eleições presidenciais do ano seguinte), Prestes ameaçou abdicar do posto de "comandante militar da revolução brasileira".

Na verdade, nesse momento Prestes já era um comandante sem exército, um oficial sem soldados. Encontrava-se de novo em uma típica situação de sua adolescência: sozinho e isolado, mas convencido de que havia traçado a linha correta e iria segui-la. Sua influência sobre os antigos comandados da Coluna diminuíra sensivelmente. Parte deles estava ao lado de Getúlio, alguns em posição de espera, outros escondidos, vários articulando contatos com setores que Prestes considerava intoleráveis, como grandes fazendeiros ou políticos liberais.

Em dezembro de 1929 e janeiro de 1930, Prestes encontrou-se secretamente duas vezes, em Porto Alegre, com Getúlio Vargas. Seu passaporte falso fora providenciado por Osvaldo Aranha, mais tarde ministro das Relações Exteriores de Getúlio. Inicialmente Prestes havia sido cotado para um alto posto militar no movimento que desaguou na revolução de outubro de 1930. Vargas queria pedir apoio a Prestes, que jamais esteve interessado nisso. "Eu era bastante sectário", lembraria mais de cinco décadas depois.[4] Deixou impressão pouco positiva nos partidários de Getúlio, sobretudo no brilhante coronel Góis Monteiro, que se transformaria no principal chefe militar brasileiro na década de 30. "Prestes era apenas uma negativa em matéria política, ótimo chefe enquanto não se colocou em jogo a sua inteligência de organização. Falta-lhe o gênio de Lenin. E a prova é que ele quer transplantar friamente para o Brasil um fenômeno russo, sem demonstrar, de leve ao menos, aquela enorme capacidade de criação e adaptação que Lenin manifestou", disse Góis Monteiro. Eram declarações proféticas.[5]

O resultado dos encontros não se restringiu à tensa troca de frases de efeito entre dois homens que se tornariam inimigos e só voltariam a se ver — separados por uma grande tragédia e uma guerra mundial — quinze anos depois. Getúlio e Osvaldo Aranha prometeram a Prestes liberdade de ação para os tenentes no Rio Grande do Sul e dinheiro para que seu chefe, Prestes, pudesse comprar armas. Pouco depois de regressar pela segunda vez a Buenos Aires, em janeiro de 1930, a promessa estava cumprida. Prestes recebeu oitocentos contos de réis (cerca de 80 mil dólares), uma pequena fortuna para a época, depositada num banco na Argentina. Continuava achando que Getúlio não queria fazer revolução alguma, previsão totalmente equivocada como muitas que se seguiriam, a marca registrada de Prestes como político: Getúlio entrou para a história do Brasil como o homem que derrubou a República Velha, em outubro de 1930. Quanto ao dinheiro, embora não quisesse apoiar Getúlio, Prestes decidiu não devolvê-lo. Ele o guardaria para financiar sua própria, a verdadeira, revolução.

Como sempre dono de convicções sólidas e inabaláveis a ponto de se transformarem em auto-sugestão, Prestes era nesse momento um homem de ação, dedicado ao levante e à arte milenar da insurreição, e em busca de aliados. Encontrou nos comunistas os "técnicos da revolução". É notável o esforço que Prestes e o PCB fariam, nos sessenta anos seguintes, para explicar sua "conversão" ao comunismo (involuntariamente colocado na categoria de revelação divina) como decorrência da leitura sistemática e a elaboração teórica metódica dos clássicos. O que parece ter mesmo exercido especial fascínio em Prestes nas obras de Lenin foi a concepção do Estado "como uma fortaleza que pode ser conquistada com a técnica da insurreição armada (não necessariamente popular)".[6]

No momento em que amadureceu essa comunhão de interesses, bem documentada no entendimento que Prestes e o Komintern estabeleceram em 1931, os comunistas brasileiros eram donos de um partido insignificante e sem controle efetivo de nenhuma organização social, trabalhista ou militar. Além disso, era ineficiente e periodicamente sacudido de cima a baixo pelos "instrutores" da Terceira Internacional. O partido jamais se libertou de sua subserviência ao PC soviético, o qual, até seu desaparecimento em 1991, manteve sob estrito controle a direção política do PCB, o modo como eram escolhidas suas lideranças e seus processos de formação ideológica.[7]

Fundado em 1922, o PCB realizou às pressas seu primeiro congresso apenas para poder enviar delegados ao IV Congresso da Terceira Internacional, em Moscou. Os fundadores do PC brasileiro vinham em sua maioria do anarco-sindicalismo, e levaram no Komintern uma existência marginal e insignificante até que Moscou começou a interessar-se pela América Latina, no final da década de 20. Nessa época, o líder do PCB, Astrojildo Pereira, permaneceu uma boa temporada na capital soviética, foi eleito para o EKKI (o Comitê Executivo do Komintern) e, em dezembro de 1929, participou de uma reunião dos PCs latino-americanos na capital soviética, durante a qual a seção brasileira foi objeto de críticas devastadoras. O partido vivia sobretudo em torno de suas próprias querelas e disputas internas, e era facilmente neutralizado pela repressão policial. Astrojildo e outro intelectual de destaque nos anos 20, Octavio Brandão, estavam para ser afastados da liderança do PCB no final de 1929, quando, de Moscou, o EKKI mandou "parar com a limpeza nos partidos da Argentina e do Brasil" até que recebesse mais informações e pudesse "dar uma posição a respeito".[8]

A trégua durou pouco tempo. Em 13 de janeiro de 1930, uma comissão presidida por Piatnitski (um dos três principais dirigentes do Komintern e chefe do OMS) apresentou ao Secretariado Político do EKKI um projeto de resolução sobre o Brasil de 37 páginas, com cópias em russo, alemão e francês. Era um texto de difícil digestão. Uma semana depois, o EKKI enviava a Buenos Aires — em telegrama cifrado, em alemão — uma versão resumida do documento, com instruções que deveriam ser transmitidas ao PCB. O texto exigia que os comunistas brasileiros, como sempre controlados com rédea curta, fossem "absolutamente independentes" na campanha eleitoral daquele ano, pedindo o fim de toda política de alianças. "Façam exigências genéricas sobre revolução brasileira, sobretudo luta contra imperialismo, confisco e repartição de terras estatais entre camponeses na base de sovietes. Para os camponeses, a palavra de ordem é tomada imediata da propriedade do solo. Formem grupos operários de autoproteção".[9]

Deixando de lado o fato de que essas diretrizes, dado o grau de organização do PCB e a situação política brasileira, eram no mínimo irreais, particularmente negativo para o desenvolvimento do PCB era o sétimo item dessa longa resolução, a de 37 páginas, aprovada no mesmo dia em que o EKKI despachava outro calhamaço semelhante sobre a situação na Turquia. O documento, que na rígida disciplina do Komintern tinha a mesma força de uma bula papal, concentrou suas críticas sobretudo na proposta, feita anteriormente por Octavio Brandão, de coordenar camponeses, operários, classe média e burguesia nacional contra o "czarismo brasileiro", sob o qual entendia-se naquela época as oligarquias da República Velha. O mais grave, de acordo com o Komintern, era a posição equivocada do próprio Partido Comunista, que não confiava em seus "elementos proletários" e não soubera entender certos reagrupamentos. "Um deles é o papel inovador da Coluna Prestes [...] Achar que a Coluna Prestes faria desta vez uma revolução, conduzindo a pequena burguesia, seria bobagem. Prestes vacila em suas simpatias, e o partido não soube como levá-lo a assumir uma posição clara."

Em outras palavras, no momento em que, com a aproximação das eleições presidenciais, o PCB queria e precisava articular-se com diferentes movimentos e camadas sociais, chegavam de Moscou ordens para que ele não se misturasse "com outros", se livrasse dos "liquidacionistas" (os que não concordavam com essas posições) e "expurgasse os elementos direitistas" — aqui com a recomendação expressa de somente "usar o meio da persuasão, sem proceder a limpezas na atual situação". Para não falar nas propostas de "sovietes no campo", em óbvia transposição da recente experiência na China, e de formar grupos armados entre operários.[10]

Poucos meses depois as críticas à direção do partido foram renovadas, já na América Latina. Os militantes do PCB entregaram-se então à tarefa de autodestruição e começaram a afastar o que consideraram um excesso de intelectuais na direção, atingindo Octavio Brandão, Astrojildo Pereira, Leôncio Basbaum e Paulo Lacerda, veteranos do período inicial. Para substituí-los partiu-se em busca de trabalhadores, "de preferência sujos, mal vestidos e que falassem errado".[11] Não havia como escapar às "recomendações": Moscou estava enviando à América do Sul gente nova para vigiar o cumprimento estrito de suas diretrizes.

Na estrutura do Komintern funcionava desde 1924, em Moscou, um Secretariado Latino, dirigido inicialmente por um ex-pastor protestante suíço, Jules Humbert-Droz. Seu primeiro ajudante direto foi o chefe do PC argentino, Vitorio Codovilla, que se associaria à espionagem estrangeira do OGPU e, como comissário na Guerra Civil espanhola, mais de uma década depois, alcançaria triste reputação, envolvido na perseguição de oposicionistas. No ano seguinte, foi instalado em Buenos Aires um Secretariado Sul-Americano (SSA), com representantes de vários partidos da região, inclusive o brasileiro.

Naquele período a América Latina era para o Komintern, na melhor das hipóteses, um teatro secundário. Em ordem de importância vinha atrás da China, Índia ou Indonésia, onde a Internacional também se envolveu em levantes. Na bizarra maneira pela qual os dirigentes em Moscou dividiam o mundo, esses países (asiáticos e latino-americanos) foram carimbados como semicolônias do imperialismo, dotados de independência apenas formal. Denúncias de que a América do Sul nada mais era do que uma vítima espoliada dos americanos, que haviam assegurado para si uma ampla órbita de influência, encontram-se em documentos do Komintern já a partir de 1925. Na preparação do VI Congresso (1928) tratou-se dessa região especificamente como um setor de luta contra o imperialismo britânico e americano, sem dúvida um resultado da percepção que a liderança soviética desenvolveu de seu lugar no mundo e seus principais adversários. Nesse sentido, a moderna pesquisa histórica concede a Stalin o talento de ter enxergado com notável precocidade a importância que os Estados Unidos assumiriam como inimigo da URSS, e isto uma década antes da Segunda Guerra.

A "descoberta do Novo Mundo" por parte do Komintern, com as oportunidades que essa região oferecia para desafiar a dominação local do adversário, exigia a montagem de um aparato à altura das novas expectativas. Em Moscou a supervisão de todas as atividades em relação a todas as Américas ficaram a cargo do finlandês Otto Wilhelm Kuusinen, um dos três membros da "pequena comissão". Foi a ele que um alemão, Arthur Ewert, já então portador de um passaporte americano em nome de Harry Berger, prestou contas na primavera de 1930 sobre uma viagem de um mês aos Estados Unidos, na qual tentou acabar com as fortes divisões internas do PC local.[12] O problema central residia na pouca confiança que Moscou depositava nos aparatos ilegais locais, isto é, os organismos secretos, técnicos, de ligação, inteligência e segurança dos partidos comunistas sul-americanos.[13] Para o funcionamento de um Bureau Sul-Americano (BSA), um degrau acima do SSA, conforme decidido no final de 1929, em Moscou, eram necessários canais de financiamento e enviados de maior experiência nesse tipo de trabalho clandestino.

Foi mandado para a América do Sul um agente que se tornaria famoso entre os comunistas brasileiros: Boris Heifetz. Ele ficou conhecido na literatura por um de seus codinomes, Abraham Guralski, embora da América do Sul preferisse assinar cartas, relatórios, telegramas e mensagens secretas como "Rústico", um pseudônimo que combinava inteiramente, aliás, com sua personalidade. Provavelmente o primeiro representante direto do Komintern com o qual Prestes iniciou entendimentos foi o argentino Vitorio Codovilla, que o recebeu em Buenos Aires. É possível ainda incluir nessa categoria outro argentino, Rodolfo Ghioldi, cujos contatos com Prestes começaram naquele período e teriam seu ponto alto em 1935 (com a ida de Ghioldi ao Rio). Guralski, contudo, colocou em marcha os eventos que mudariam totalmente a vida de Prestes, "minha maior aquisição", conforme se gabava ainda em Buenos Aires.

Somente após a abertura dos arquivos em Moscou descobriu-se o verdadeiro local e data de nascimento de Guralski.[14] Ele era judeu e nascera em Riga, em 1890, na época em que essa cidade pertencia à Polônia. Iniciou sua carreira política num pequeno partido socialista sionista, mas sua filiação aos bolchevistas na Rússia já data de 1918. Muito ligado ao primeiro presidente do Komintern, Grigori Zinoviev, Guralski foi enviado de Moscou na primeira fracassada tentativa de revolução na Alemanha, em fevereiro de 1921. Foi até mesmo eleito para o Comitê Central do KPD (o PC alemão). Apesar da derrota do levante, Guralski participou de outro em 1923, na Saxônia, em posição de destaque: era o responsável pela vigilância da chegada do armamento (velho e em parte imprestável) fornecido pela União Soviética aos militantes alemães. Ficou famoso entre estes por sua bombástica e irresponsável declaração, logo ao desembarcar de Moscou, de que em três dias conseguiria mobilizar um exército para marchar sobre Berlim (o levante de outubro de 1923 foi outro sangrento desastre para o KPD). Guralski subiu para o posto de secretário regional do partido alemão e participou de congressos do KPD, articulando uma campanha que provocou grande ressentimento entre os militantes alemães: a de impor "disciplina" a partir de Moscou.

Atarracado, inconfundível com suas enormes orelhas e lábios pronunciados, Guralski era dono de um mau-humor proverbial e mestre no jogo de intrigas. Na Alemanha, ajudou a rachar o KPD em pelo menos sete facções diferentes. Como um dos principais emissários de Moscou, tinha acesso a informações que funcionários locais do KPD não dispunham sobre os aparatos ilegais e de espionagem, mas seu erro principal foi o de ter se ligado por tempo demasiado a oposicionistas circunstanciais a Stalin, como Zinoviev. Guralski casou-se com uma caucasiana morena e de olhos verdes, que no início da década de 30 era "cheia de corpo, alta, bastante atraente ainda",[15] ou "magra, como se não tivesse sangue, cerca de 35 anos, objetiva até a rudeza, possivelmente a representante local da OGPU".[16] Seu nome era Ines Tulchniska (codinome "Inês"), e não estava nos quadros da polícia política, embora anos mais tarde tenha se disposto a colaborar. Seus verdadeiros atributos eram os de uma refinada intrigante, nisso formando com o marido um casal ideal. Ao viajar no início dos anos 30 para o Brasil, como "instrutora" do PCB, deixou em Ferreira Lima a impressão de que empregava métodos pouco confessáveis para tentar livrar-se dele:

propunha-lhe participação em ações onde se sabia que haveria reforçada vigilância policial.

Logo ao chegar a Buenos Aires, possivelmente entre junho e julho de 1930, a primeira coisa que fez Guralski foi cobrar dinheiro de Moscou, dirigindo-se por telegrama diretamente a Piatnitski, o responsável pelas finanças do Komintern. Habitualmente reclamão e grosseiro no trato, Guralski pelo jeito tinha razão em demonstrar enorme irritação com a falta de recursos financeiros. O BSA, sob seu comando, deveria não só intensificar o trabalho político entre os partidos comunistas sul-americanos, para isto enviando (quer dizer, sustentando) "instrutores" para vários países, mas ainda arcaria com os custos de uma escola para a formação de quadros da região, em Montevidéu, além de despesas extraordinárias como as atividades de centrais sindicais filiadas ao Profintern (Central Sindical Vermelha) e as diversas seções da Juventude Comunista associadas ao Konsomol (Juventude Comunista Internacional).

Dos documentos secretos em Moscou surgiu, afinal, luz definitiva sobre uma das questões que mais capturaram a imaginação de políticos, policiais, historiadores ou romancistas: a caminho dos partidos comunistas sul-americanos, por onde passava o "ouro de Moscou"? É importante mencionar aqui o fato de que a Representação Comercial Soviética em Buenos Aires, a Iuyamtorg — filial da Amtorg, de Nova York —, dirigida por Boris Kraevski, não era a responsável pelo célebre financiamento das atividades do Komintern, segredo que durou sessenta anos. Interessada em comprometer dois políticos locais, a polícia argentina invadiu a sede da Iuyamtorg em julho 1931, e encontrou "apenas" códigos telegráficos com cinco grupos de números, a marca registrada dos serviços do transmissões do OMS. Nisto consistia a principal prestação de serviços ao Komintern por parte da Iuyamtorg, que era filiada a outro serviço secreto soviético (o IV Departamento do Estado-Maior do Exército Vermelho). Todos esses resultados obtidos pela polícia argentina foram devidamente monitorados pela embaixada britânica em Buenos Aires, bastante interessada em averiguar a fonte de financiamento do movimento comunista na América do Sul. Mas dessa vez os britânicos saíram de mãos vazias.[17] O dinheiro do BSA vinha por outros canais.

As operações do Komintern foram financiadas por caixa separado, e a maneira de fazer o dinheiro chegar às mãos do chefe do Bureau Sul-Americano era tão prosaica quanto simples e eficiente. Telegrafavam-se remessas urgentes a endereços de firmas ou pessoas "testas-de-ferro". O fluxo "normal" seguia por uma rede de mensageiros montada a partir da Europa Ocidental.[18] Na pasta contendo parte da correspondência secreta de Piatnitski, podem-se ler exemplos como este:

27/7/30 — Para o Bureau Sul-Americano. 1) Enviamos para o BSA mensalmente 960 dólares a partir de abril. Remessas prosseguirão, se não houver mudanças e cortes. 2) Quando enviamos o dinheiro mandamos toda vez uma informação telegráfica, mencionando quanto foi enviado, qual a via, qual o fim. Será que vocês não recebem nossas informações? Foram enviadas em nome de Codovilla. Mesmo se vocês recebem o dinheiro em diversas parcelas, com estas informações podem identificar para quem se destina. É necessário decifrar as mensagens com muita atenção, pois aí entenderão cada quantia. Se os camaradas da decifração estão fora, transfiram essa função para outra pessoa especialmente designada.[19]

Na mesma pasta encontram-se fragmentos como este, datado de 1930:

Carta a Codovilla. Sem relatório referente a janeiro/maio recebido. 1) Enviamos em fevereiro para o BSA: *a*) o resto de fevereiro, 644 dólares; *b*) repondo o resto, 1300 dólares para o BSA. Partido Comunista Brasileiro, para as eleições: 1538 dólares. Para janeiro e fevereiro: 426 dólares.

Com letra redonda e caprichada, Piatnitski acrescentou outra informação a Codovilla: para o PCB, Moscou havia pago, a cada trimestre de 1929, a quantia de 240 dólares. O que se nota de imediato nesses telegramas é o fato de que mesmo a utilização do "ouro" já vinha determinada por Moscou. Meticuloso e perseverante, Piatnitski reclamou de Guralski, meses mais tarde, uma prestação de contas para o ano de 1930, e para ajudar o "ajuste de contas" mandou para Buenos Aires, por telegrama cifrado, sua própria demonstração de remessas de dinheiro para o Bureau Sul-Americano:

Envio pelo quarto trimestre de 1930: para a Argentina, 832 dólares; para o Brasil, 569 dólares; para o Bureau, 1920 dólares; e para o Chile, 991 dólares. Fora isto, 1800 dólares para alunos e para viagem Codovilla e mulher 241 + 261 dólares. Todas as somas do Bureau são via Codovilla, o restante no endereço do Rústico. Informe se receberam e se entregaram as somas para a JC. Envie relatório de 1930 começando em agosto e os gastos com a escola.[20]

Guralski queixava-se rispidamente não só da falta de dinheiro mas, principalmente, do próprio trabalho. Caótico ao escrever e relatar, sem grande capacidade de síntese, sua letra negligente e os borrões nos informes — a maior parte em russo — tornavam árdua a tarefa das secretárias que tinham de datilografar suas cartas em várias cópias e distribuí-las no topo do Komintern. A reclamação principal de Guralski, numa série de relatórios enviados em meados de 1930, era a de que os planos traçados na Europa não podiam ser cumpridos pois o material didático nem sequer havia sido embarcado. Além disso, considerava "baixíssimo" o nível dos participantes sul-americanos da escola de quadros, para a qual quase não conseguia recrutar professores. Guralski admitiu que, antes de embarcar, já sabia que seu trabalho seria muito difícil, devido à falta de estrutura. Mesmo assim, lamentava o fato de que ninguém em Moscou "se preocupa com meu trabalho". Uma pena, prosseguiu, num continente como a América Latina, "bastante promissora com sua situação política sempre caótica".[21]

Sua opinião sobre o PCB, então, ficava próxima de insuperável desprezo. "Lá a direção é totalmente incompetente e não sabe trabalhar. Eles não estão convencidos de que a própria linha é correta. Essa é a principal tragédia, as pessoas sem causa ficam perdidas e fazem qualquer coisa. Sem novos quadros, a luta por ligações com a massa será muito difícil." Em matéria de "limpar" lideranças partidárias não lhe faltava experiência, e uma das primeiras medidas de Guralski foi o envio de "Pierre", representante da Juventude Comunista Internacional, para reformular a direção do PCB.[22] Em 20 de julho de 1930 Guralski mandou extensa carta a Moscou afirmando que no Brasil não havia linha, orientação, estratégia, nem gente para fazer trabalho prático. Além disso, atrapalhavam a missão de Pierre e nem sequer existia literatura adequada em português. Talvez para reforçar seus argumentos incluiu na remessa um breve e lacônico relatório do próprio Pierre (em Moscou encontra-se uma transcrição em russo de um original não se sabe em qual idioma) sobre seu início de trabalho no Brasil:

> [...] muita merda e muitos erros. Conseguimos enfim liquidar a antiga direção. O CC [Comitê Central], do qual participam quinze pessoas, mostrou a pobreza filosófica dos velhos. Os prestistas vinham dos quadros velhos e pequeno-burgueses, mas muito interessante é que a parte sadia do partido está totalmente antiprestista. O CC rompeu totalmente com a direção velha. Não encontrou uma palavra em sua defesa. O camponês que vocês mandaram não é bom, mas da Paraíba nos escrevem dizendo que ele foi indagado se Lenin mora em Recife, a capital de Pernambuco, e se os comunistas serão a favor do restabelecimento da monarquia.

Na mesma carta, Guralski faz a primeira referência a Luís Carlos Prestes, dizendo que ele iniciou a formação de uma espécie de bloco entre operários e camponeses, lançando um manifesto que teve repercussão no Brasil. Prestes enfrentava dificuldades para realizar seus planos, mas poderia resolvê-las "antes do que nós". A luta, calculava Guralski, seria para ver quem assumiria a liderança da revolução agrária (uma idéia fixa do Komintern para os países semicoloniais): o proletariado (no qual se incluíam os partidos comunistas, obviamente) ou a pequena burguesia (Prestes).

□ ***Revolucionários de 35 — Sonho e Realidade***, de Marly de Almeida Gomes Vianna, Companhia das Letras, 1993, 413 páginas, CR$ 19.080.

□ ***Meu Companheiro — 40 anos ao lado de Luiz Carlos Prestes***, de Maria Prestes, Editora Rocco, 1993, 188 páginas, CR$ 9.710.

Argentina.

Mas há algo mais atrás desse sucesso, aureolando esse brilho: é o grande momento que vive o gauchismo, no Rio Grande, no Brasil e até fora de nossas fronteiras. A coisa está resultando mais importante do que sonharam aqueles guris visionários de 1947/48, que iniciaram tudo isso. Os rodeios e festas crioulas, primeiro, e os festivais da canção,

Os rodeios alcançaram ao movimento um substrato campeiro, uma quase ressurreição da destreza crioula. Outro produto dessa ressurreição é a cavalgada, que, não por acaso, aparece ligada a Vacaria, com Jarbas Lima e Carlinhos Castillo. Os festivais renovaram o repertório de canções nativistas, elemento fundamental para a aceitação do gauchismo pelo público, fornecendo poetas,

SULINA
Livraria e Papelaria

FUNCIONÁRIO

....

COMPROVANTE PARA ENTREGA

—— LIVROS ——

Nº 608

Código	Quant.	Preço Total
....	....	....
....	....	....
....	....	....
....	....	....
....	....	....

226.51/35

Seguia-se um trecho que não pode ter deixado de causar impressão em Moscou:

> Prestes pode se tornar ditador militar do Brasil com sua grande popularidade no país e no continente. Esse perigo é muito real. Subjetivamente ele quer uma revolução popular e quer desenvolvê-la, segundo diz, pelo caminho do comunismo. O perigo objetivo é o de que ele, junto da pequena burguesia, vai liderar uma grande onda sindical. Se negarmos uma frente única com ele nós não formaremos um partido. A luta contra ele tem de ser ideológica e politicamente muito clara, e para isso nós temos de educar os quadros do nosso proletariado.[23]

O que fazia Prestes nesse momento? Em maio de 1930, poucas semanas antes da entrada em cena de Guralski, Prestes lançou um manifesto oficializando seu rompimento com os antigos companheiros de Coluna. Velhos amigos e veteranos passaram a ser chamados de policiais, politiqueiros, fascistas, prepostos de plutocratas paulistas, lacaios do imperialismo, imbecis, traidores e articuladores de sórdidas e indignas negociatas contra o povo. No manifesto propriamente dito, Prestes defendeu argumentos e posições idênticas às do Komintern e de seus partidos filiados, dando bastante ênfase ao fato de que a revolução e a derrubada do poder dependiam muito mais do empenho e energia de quem a comandaria do que da provável resistência oferecida — um equívoco grotesco que teria trágicas conseqüências em 1935, pois Prestes se apegaria obstinadamente a esse dogma. A virulência do rompimento do líder da Coluna com seus antigos comandados e a fraseologia do manifesto, perfeitamente enquadrado nos padrões estéreis e esquematizados do Komintern, levaram a fortes especulações, entre historiadores brasileiros, se Prestes, na verdade, não teria mantido entendimentos concretos com representantes da Internacional já no início de 1930, pelo menos quinze meses antes do que se considera seu "encontro oficial" com a Internacional.[24]

Nessa época Prestes comunicava-se com freqüência não só com o argentino Vitorio Codovilla, que mantinha estreitíssimas ligações com Moscou, mas também com um agente que assinava relatórios apenas como "K." e os fazia chegar à cúpula do Komintern, na União Soviética, por intermédio do búlgaro Stepanov. K. era Boris Kraevski, o homem da Iuyamtorg. Difícil acreditar nas versões posteriores de Prestes, afirmando desconhecer quem esses interlocutores representavam. Até o embaixador britânico em Lima, a milhares de quilômetros de distância, mandava relatórios a Londres, com base em informações da polícia peruana, afirmando que Buenos Aires e Montevidéu haviam se transformado no "quartel-general do comunismo na América Latina, o lugar de onde os comunistas peruanos recebem dinheiro e ordens".[25]

Pouco depois do Manifesto de Maio, Prestes lançou a Liga de Ação Revolucionária (LAR), mas antes teria consultado Codovilla, "que achou uma boa solução".[26] É curioso que Prestes fosse perguntar a Codovilla, funcionário perfeitamente a par das últimas notícias e diretrizes do Komintern, o que achava de uma proposta (a de criação da LAR), cuja idéia central (uma organização de frente única) era exatamente oposta ao que Moscou propagava e, ainda por cima, inspirada por "elementos trotskistas" brasileiros, numa época em que pessoas acusadas desse tipo de posição política eram consideradas as principais inimigas dos partidos comunistas. Mais estranho ainda que Codovilla tivesse concordado, a não ser que fosse para deixar Prestes "desmascarar-se". O agente K. ilumina um pouco esses bastidores: em detalhado relatório, ele conta que Prestes fez "várias vezes a proposta" de lançar essa organização revolucionária. Consultados, os comunistas brasileiros disseram que não poderiam trabalhar nessa liga. "Depois de várias negativas, ele organizou a liga revolucionária. Nós demos uma apreciação bem clara a respeito desse passo e declaramos guerra a essa liga."[27]

A Liga em si não teve qualquer atuação política de relevância. Aparentemente, Prestes serviu-se dela como instrumento em negociações já em curso, no início das quais, ironicamente, os dois lados envolvidos se percebiam na posição do mais fraco. Não se tratava do equívoco, que transparece com força em alguns relatórios de Guralski e nos breves informes de K., de superestimação da popularidade e penetração de Prestes no Brasil. A avaliação que os homens de Moscou faziam, corretamente, das organizações comunistas no Brasil configurou-se a pior possível, e seu evidente temor era o de que numa cooperação com Prestes, este acabaria dominando o PCB, e não o contrário.

Em meados de 1930, Guralski relatava a Moscou que "Prestes é o maior perigo". Revolucionário profissional, Guralski sabia apreciar e tinha grande respeito pelo que Prestes aparentemente possuía, e ele, como chefe do BSA, não: "A organização de Prestes é pequena mas muito boa", escreveu, na mesma época. "Prestes inunda o país com seus documentos e nós não possuímos nenhuma publicação de massa que possa colocar de maneira compreensível o que os comunistas pretendem. Com nossos próprios meios não temos condições de fazer isto", afirmou a 18 de agosto de 1930.[28] No Brasil, segundo Guralski, enquanto Octavio Brandão descrevia Prestes como um fascista e agente do imperialismo, no Nordeste o próprio partido distribuía manifestos de Prestes sem acrescentar qualquer comentário. O PCB era uma organização "passiva", seus dirigentes tomados pela atitude de "assistir à tentativa das massas de conquistar melhores condições de vida através de greves".[29] "O Comitê Central brasileiro", adiantou o chefe do BSA a Moscou, "está podre."

O dilema, porém, estava no fato de que, para Guralski, "o desenvolvimento no Brasil é decisivo para a ordem das coisas no resto do continente". Apesar das debilidades do PCB, "temos boas ligações em alguns estados e por isso acreditamos que, com preparação séria, melhora do trabalho de agitação e organização, o partido estaria realmente em condições de explorar a situação. Para isso é necessário que vocês adotem as medidas que já solicitamos telegraficamente" (isto é, o envio de recursos financeiros). Quanto a Prestes, o relato sublinhava a "possibilidade de que seja envolvido num golpe de Estado de cunho imperialista" (relatório de 21/8/30), uma hipótese que Guralski manteria em alta conta até a revolução de 30, dois meses depois. Desconfiado e cauteloso, Guralski preferia esperar, "pois é possível que a Aliança Liberal tente no último momento fazer de Prestes o líder do movimento. Prestes até agora recusou-se" (relatório de 20/9/30).

Astuto, muito mais mineiro que o gaúcho Prestes, e diante do fato de que "três quartos do partido [PCB] são a favor de Prestes porque esperam dele o começo de uma revolução, diretrizes a respeito da qual não possuímos", Guralski aparentemente decidiu que o tempo trabalharia a seu favor. Melhor do que Prestes, o enviado do Komintern previu e percebeu o significado da revolução que levou Getúlio ao poder, observando com forte ponta de ironia: "O golpe de Estado com data obrigatoriamente marcada, como é o costume por aqui, já foi adiado várias vezes, de modo que todo mundo entendeu agora que neste país não vai acabar tudo com dez tiros. O golpe de Estado é inevitável e as conseqüências dele para o Brasil serão bem sérias" (relatório de 5/9/30).

Guralski resolveu então trabalhar em duas linhas paralelas. Ao mesmo tempo que mantinha cuidadosos contatos com Prestes, deu ordens ao PCB para adotar uma atitude firme contra o líder da Coluna, e elaborou um plano, comunicado a Moscou em 20 de setembro de 1930, para combater seu prestígio dentro do partido. A "ala direita" da Coluna, julgava Guralski, iria mesmo aproximar-se da Aliança Liberal. Mas a "ala esquerda", que exercia maior influência no partido, deveria ser combatida, "envolvendo os simpatizantes de Prestes num golpe de Estado como maneira de isolá-lo; esta seria a forma mais real de luta contra a ala esquerda da Coluna".[30] Um terceiro elemento para enfraquecer Prestes, ponderava Guralski, seria a concentração de forças da Aliança Liberal nos pontos onde a Coluna fosse mais forte, para "sufocar o movimento e evitar sua marcha". Contudo, o próprio chefe do BSA admitia, linhas adiante, que tudo isto eram apenas planos, muito difíceis de ser implementados, pois enquanto Prestes distribuía 25 mil panfletos os comunistas não conseguiam espalhar nem 2 mil. "O Brasil é e continuará sendo o centro de gravidade de todas as batalhas futuras", escreveu (relatório de 20/9/30).

Seguramente, os relatórios de situação prestados por Guralski serviram de base para a intervenção de Otto Wilhelm Kuusinen numa conferência sobre a América Latina a 10 de outubro de 1930 em Moscou. ''Falando com o camarada Manuilski, ficou claro que ainda não é hora de levar trabalhadores e massas oprimidas à luta armada. Armar os trabalhadores agora poderia levar a ações contra-revolucionárias em detrimento dos próprios revolucionários, conforme já ocorreu várias vezes na América Central e do Sul. Primeiro, é necessário fortalecer as próprias organizações, como sindicatos rurais e de trabalhadores urbanos, antes de se pensar em armar em grande escala operários e camponeses.''[31]

Num projeto de resolução enviado aos partidos comunistas da América Latina, protocolado a 31 de outubro de 1930 em Moscou, o sétimo ponto é bastante específico quanto à tática que o PCB deveria seguir em relação a Prestes:

> [...] romper resolutamente com a prática de parlamentar e entender-se privada e secretamente com os chefes militares ou civis da pequena burguesia ''revolucionária''. Nossos partidos não devem se contentar apenas em criticar as proclamações e os atos de chefes revolucionários pequeno-burgueses, como o partido brasileiro em relação a Prestes, deixando a iniciativa política a Prestes e intervindo apenas timidamente por meio de uma crítica insuficiente de seus atos.[32]

Atacado com virulência, Prestes reagiu de maneira surpreendente para Guralski: ''Ele pede a seus companheiros que sejam leais em relação ao partido'', um tipo de conduta que até ''dificultava a luta'' (relatório de 15/9/30). Possível explicação é o fato de que, naquela época, Prestes sentia-se ainda mais isolado do que Guralski supunha, uma situação que se agravou no início de outubro de 1930. Depois de preso por três dias e solto pelo governo argentino, Prestes exilou-se em Montevidéu. Em 24 de outubro, Getúlio Vargas depôs o presidente Washington Luís, com Prestes totalmente marginalizado dos acontecimentos políticos no Brasil. Isto levou Guralski a escrever a Moscou, no final de dezembro de 1930, que ''alguns camaradas consideram Prestes como alguém acabado, já sem a menor importância''.

Ele não deve ter dito isto a Prestes. Mestre no jogo duplo, cínico e bom ator, Guralski conseguiu fazer com que Prestes, até o final da vida, ficasse com a impressão de que ele o acolhia e lhe dava ''verdadeiras aulas de marxismo'', embora teoria não fosse de maneira alguma o ponto forte desse enviado do Komintern. Guralski continuava caracterizando Prestes a Moscou, em dezembro, como ''o perigo central para o partido''. Aparentemente, procurava Prestes à revelia do PCB, ao mesmo tempo em que era o responsável por uma política de acirrado isolamento do chefe da Coluna. Assim, proibiu que qualquer integrante do PCB ou de sua própria organização usasse as tipografias em poder dos correligionários de Prestes, enquanto "vários camaradas propuseram não mais entrar em conversações com ele", conforme relataria K.

A situação seria resolvida com a entrada em cena de outro enviado de Moscou, desta vez alguém com ampla formação política e que desempenharia importante papel no levante de 1935: o alemão Arthur Ernst Ewert. Desde julho de 1930, Guralski vinha elogiando o trabalho de Pierre no Brasil, dizendo ao mesmo tempo que sua pouca idade não o colocava à altura da tarefa. Considerando necessário concentrar a atenção no Brasil, Guralski pedia com insistência a Moscou o envio de mais "um instrutor importante e quatro ou cinco auxiliares" (relatório de 18/8/30). O primeiro relatório que Ewert enviou de Montevidéu para Moscou, assinado com o pseudônimo de Harry Berger, e endereçado ao "Departamento Latino-Americano" do Komintern, é de 30 de janeiro de 1931.[33] Escritos à mão, com letra ínfima mas muito firme, os relatórios de Ewert demonstram outra consistência, preparo e argúcia intelectual. Pelo menos nessa fase, ele conseguia distinguir entre informação e opinião ou interpretação.

A tática de Rústico contra Prestes dera resultados. Logo em seu primeiro despacho à Maison (o código genérico de Moscou), Ewert afirmou que a "rápida debandada da pequena burguesia" jogara Prestes em "situação de muito isolamento, e uma vez que nós também simultaneamente o atacamos, ele está muito deprimido". Aparentemente sem entender o jogo do qual havia sido vítima, Prestes disse a Ewert que não queria prejudicar o crescimento do PCB e "estaria disposto a fazer tudo o que exijamos dele". Eventualmente, acrescentou Ewert, na primeira referência a esse ponto tão crucial para a vida de Prestes, "ele se afastaria por um ou dois anos (se possível para a União Soviética). Nesse período o partido sairia de suas dificuldades. Em relação ao seu desejo manifestado pessoalmente de ir para a União Soviética, pedimos a opinião. A nossa opinião é a de que se deveria atender a esse pedido".[34]

Não fica claro se foi um convite feito a Prestes, que os homens do BSA justificaram à Maison como um pedido do brasileiro, ou se Prestes foi o autor da idéia. K., em relatório enviado em 22 de março de 1931, dois meses depois de Ewert, reforça os indícios de que Prestes bateu à porta do Komintern pedindo para ir à União Soviética:

> Ele dissolveu a liga que praticamente se alinhava sempre com os liberais. Ele condenou a política da liga revolucionária e chamou-a para entrar no Partido Comunista, o único do proletariado. Essa fórmula para nós não era mais

perigosa. Nós o acusamos de estar destruindo o partido. Mas, no presente momento, apesar de todas as nossas críticas e desentendimentos, ele não quer romper conosco. Muitas vezes diz que se recebesse uma proposta de viajar para a União Soviética com a família, ele aceitaria. É muito difícil sair da luta e ele não quer lutar contra o Partido Comunista. Após os últimos acontecimentos, ele se propôs a entrar no Partido Comunista sob quaisquer condições. Como vocês veriam a ida dele para a União Soviética? Ele é um engenheiro de altíssima qualificação.[35]

Ewert assumiu a tarefa de manter Moscou informada da evolução do movimento comunista na América do Sul, enviando relatórios semanais. São textos longos, em alemão, não cifrados, cheios de detalhes sobre problemas de organização e controle dos partidos argentino e brasileiro. As negociações com Prestes, levadas adiante agora por Ewert, foram de novo comunicadas a Moscou em 20 de março de 1931:

> Prestes já fala em muitos pontos a mesma linguagem que a nossa. Se bem que intervenha em favor do "partido do proletariado", ele se considera uma força independente. Pessoalmente, tenho a impressão de que se esforça por evitar o caminho seguido por seus antigos amigos. Nossa atitude crítica a seu respeito tem a vantagem de mostrar o papel da pequena burguesia vacilante passando-se hoje para o imperialismo. Atualmente, a atitude do partido limita-se à qualificação de Prestes como o Chiang Kai-shek brasileiro.[36]

Quanto a Guralski, parecia nesse momento dominado por profunda depressão. "Entendo muito bem a desconfiança de vocês a meu respeito em função da posição em anos anteriores", escreveu a Moscou (11/4/31). "Nunca me furtei a reconhecer e corrigir meus erros, mas todas essas conversas sobre chamados de volta em geral não são concretas, não há como trabalhar nessas condições. Um ano e meio fora do movimento, totalmente isolado em condições difíceis na América Latina obriga-me a exigir um ano de descanso. Espero pronta solução para meu pedido."[37]

Por seu lado, diante do evidente desinteresse de seus chefes em relação ao caso Prestes, Ewert voltou a carga dois meses depois, desta vez em tom categórico. No seu longo relatório de 22/5/31, o quarto capítulo tem o título "Entrada do 'general' Luís Carlos Prestes no partido". "Em conversa reservada, L. C. Prestes levantou a questão de sua entrada no partido", começa Ewert. "Ele concorda que, na presente situação, sua entrada no partido brasileiro não seria adequada, mas talvez pudesse ser filiado a uma outra seção. Dada a importância relativa dessa questão solicitamos uma decisão do Secretariado." Ewert coloca-se favoravelmente à entrada de Prestes, e enumera os motivos em sua argumentação:

> [...] 1) numa série de publicações ele afastou-se de seus amigos e agora os combate como contra-revolucionários; 2) ele renunciou à formação de qualquer organização no Brasil; 3) em suas publicações ele conclama ao apoio ao Partido Comunista; 4) ele nos colocou à disposição ligações, além de recursos para impressão e transporte de publicações; 5) ele estudou questões de nosso movimento e, apesar de todas as fraquezas, tentou entendê-las e com bastante sucesso. Minha opinião (compartilhada por Rústico): a não aceitação de Prestes no partido não se pode justificar a longo prazo.

Prestes escondeu até o final de sua vida um fator de peso para sua entrada no clube da revolução mundial: dinheiro. Em 11 de julho de 1931, um telegrama cifrado de Ewert para Moscou — recurso escasso para o Bureau Sul-Americano naquela época —, traz uma interessante referência ao rumo das negociações entre Prestes e o Komintern. Ewert precisou passar instruções urgentes a Berlim, então a principal filial do OMS, sobre a transferência de fundos para o Uruguai. O governo uruguaio implantara severo sistema de controle de moedas fortes, causando perdas ao Bureau devido à conversão obrigatória por taxas de câmbio artificiais. O sistema era tão rígido que Ewert propôs a Piatnitski a interrupção do envio de fundos para a escola de quadros e o Bureau.

Nessa mensagem cifrada, que chegou aos destinatários apenas um mês depois, Ewert anunciou algo inusitado: um mensageiro estaria *levando* em outubro dinheiro para a Europa, e entregaria em Berlim, ao OMS, fundos em várias moedas fortes (mas não em marcos alemães), descontado o equivalente a três meses de orçamento para a escola, partidos, Bureau e Juventude Comunista. Os custos da viagem do mensageiro não chegariam a 5% do total, argumentava Ewert, bem inferiores à perda provocada pela conversão obrigatória. O mensageiro era Prestes — levando seu *próprio* dinheiro para a Internacional. Tratava-se de 20 mil dólares do fundo recebido de Getúlio Vargas dezesseis meses antes.[38]

Nessa mesma fase, no princípio de agosto de 1931, ao informar Moscou por carta sobre a ida de Prestes com família à URSS, Ewert forneceu novos indícios sobre as condições draconianas que o Komintern estipulou para aceitar em suas fileiras o comandante da Coluna. Elas incluíam a submissão de todo tipo de recursos à disposição do brasileiro:

> Prestes está pronto para fazer a declaração com os itens que nós precisamos e está disposto a entregar tudo aquilo que nos seja útil, além de cortar todas as suas ligações com elementos duvidosos. Também passará a nós sem aparato técnico, tipográfico etc. Ele vê sua ida para a URSS como um passo para o lado do Partido Comunista e nós também pensamos que isto tem de ser visto desta maneira.

Explícito, por fim, é o telegrama cifrado, em alemão, enviado por Ewert a Moscou a 31 de agosto de 1931. Vale a pena reproduzi-lo na íntegra, inclusive com os trechos em que o decifrador não conseguiu traduzir todos os grupos de números do código empregado pelo OMS:

> De Ewert para Piatnitski. Prestes vai chegar no final de outubro em Moscou com mãe e irmãs. Ele aceitou totalmente todas as condições. Ele entregará todos os recursos ao Bureau. Entre eles estão também 20 mil dólares. Está diante da decisão de pedir [...] utilização da soma para movimento revolucionário na América do Sul, especialmente Brasil. Nossa proposta, não utilizar essa soma para nosso aparato, tememos conseqüências negativas disso. Parte da soma para trabalho de imprensa ilegal, e guardar um terço como fundo de reserva.[39]

De fato, os fundos proporcionados por Prestes foram fundamentais para o financiamento de todas as atividades do Komintern e dos partidos comunistas na América do Sul até pelo menos o final de 1933, conforme documentado num telegrama que Piatnitski enviou a Montevidéu em 19 de outubro de 1933:

> Para este ano, os senhores ainda dispõem de uma sobra do Fundo Prestes de 5733 dólares, de Berlim foi-lhes transferido duas remessas de 1068 dólares cada e por meio do inglês Holms foram entregues 5 mil dólares, portanto os senhores têm 12 869 dólares. Assim, falta ser pago até o final do ano 7533 dólares. Esta soma os senhores receberão dos Estados Unidos e até o final do ano a dividirão entre todos os partidos, organizações e Bureau.

Como orientação, o meticuloso Piatnitski ainda acrescentou o orçamento anual de cada organização: PC argentino, 1 076 dólares; peruano, 1 076 dólares; uruguaio, 538; chileno, 513; Bureau, 12 820; Juventude Comunista brasileira, 538; uruguaia, 231; argentina, 738; chilena, 258; e Bureau da Juventude Sul-Americana, 1538.[40] Uma pequena parte do Fundo Prestes ainda estaria à disposição em junho de 1935.

Ironicamente, Getúlio forneceu a Moscou, via Prestes, parte dos fundos que iriam ser empregados mais tarde para tentar derrubá-lo. Prestes, que se tornara o dono do mais caro bilhete de entrada para a União Soviética, firmara um pacto no qual sacrificaria mais do que recursos financeiros, tipografias ou mensageiros. Ele não chegou a perceber que poderia ter imposto outras condições aos representantes do Komintern, cujo maior interesse concentrava-se em impedir que Prestes agisse de maneira independente. Em julho de 1931, ao finalizar seus entendimentos com Ewert, o principal líder comunista brasileiro do século renunciava por uns cinqüenta anos, até seu rompimento com o partido na década de 80, ao controle de sua própria ação política.

Ao embarcar em Montevidéu num navio com destino à Europa, a 28 de setembro de 1931, Luís Carlos Prestes deixou um manifesto-carta de intenções nos termos impostos pelo Komintern. Levava no bolso, além do dinheiro que também entregaria, três cartas de apresentação escritas e datilografadas em alemão em 19 de setembro por Arthur Ewert. Todas acabaram arquivadas em Moscou. A primeira, que está na pasta pessoal de Prestes no Arquivo Histórico, era breve e se dirigia a um "camarada G." em Berlim, que não foi possível identificar. Pedia apenas assistência a Prestes. A segunda, dirigida em tom polido e formal a Piatnitski, e assinada por Ewert com seu verdadeiro nome, recapitula a decisão de mandar Prestes aperfeiçoar-se na União Soviética e pede ao chefe do OMS "que se interesse pessoalmente por ele". O motivo, segundo Ewert, estava na personalidade de Prestes:

> [...] uma vez que ele mesmo é muito retraído, peço-lhe que o coloque em contato com as respectivas instâncias e personalidades. Na minha opinião não vai ser difícil fazer dele um bom membro do nosso movimento. E por isso seria bom também se o Sr. pudesse colocá-lo em contato com uma série de questões práticas (certos relatórios e documentos de nosso movimento, estruturas organizatórias etc.). Também seu desenvolvimento na área específica que ele domina poderia ser acelerado. Na minha opinião pode-se confiar nele. As missões que lhe conferimos foram cumpridas com muito rigor e eficiência. Não só a declaração que fez, mas também o fato de haver transferido para nós todos os recursos a sua disposição comprovam a seriedade e honestidade de seu passo.[41]

A terceira carta de apresentação era informal, pessoal e dirigida por Ewert a seu amigo dos tempos do KPD, Gerhart Eisler, mais tarde o responsável pela rádio da Alemanha Oriental. Nela, ele volta a caracterizar Prestes:

> [...] o homem foi um dos líderes de um movimento pequeno-burguês revolucionário neste continente. Depois de um período de vacilações ele se aproximou cada vez mais de nosso movimento; foi testado por nós nas mais diversas situações e todas as vezes se saiu bem. Em termos ideológicos, ele está muito próximo de nós, embora naturalmente lhe faltem ainda muitos fundamentos teóricos. Uma vez que ele é muito modesto e nunca vai querer se projetar, é necessário não apenas lhe dar oportunidades para trabalhar teoricamente (o que com certeza alguma outra instância fará), mas também cuidar para que não fique afastado de certas coisas e acontecimentos práticos. Se você pudesse falar sobre isso com o camarada Manu (a quem também escrevi) sem dúvida se encontraria um jeito de fazê-lo entrar em contato com determinados materiais, documentos, relatórios etc. de nosso movimento relativos à América Latina, tanto para sua formação como em sinal de confiança. Em comparação com a maior parte dos líderes intelectuais do movimento neste continente, ele

se apresenta como tipo muito superior, que, se estimulado corretamente, pode prestar grandes serviços. Ele é um bom organizador e conhece seu país. Nossa tarefa tem de ser a de prepará-lo para que se torne um membro de nossa família, de maneira que após uma longa permanência por aí ele possa realizar aqui o trabalho adequado.[42]

Quando Prestes já se encontrava a caminho, surgiu entre Montevidéu e São Paulo um grave acidente de percurso, que Ewert se apressou em contornar. Uma carta do BSA para a liderança do PCB foi parar nas mãos de "elementos trotskistas", isto é, de Astrojildo Pereira, o antigo líder do partido. A carta havia sido enviada pela rede clandestina operada por Prestes, agora sob as ordens do Komintern. Ewert assumiu a defesa de Prestes para com Moscou:

Nós gostaríamos de sublinhar com vigor o fato de que Prestes nos proporcionou esses contatos de boa fé e que ele mesmo ficou muito abalado ao saber que seu pessoal de ligação revelou-se pouco confiável. Ele não tem culpa pessoal, pois sua longa ausência do Brasil não lhe permite acompanhar a evolução de cada um individualmente. Nós escrevemos isto apenas para que vocês não creiam que Prestes tenha simpatias pelo trotskismo. Quando receberem esta carta ele já estará na Europa.[43]

Esse curto texto já continha o principal elemento para explicar as decisões fatais que Prestes tomaria durante os levantes, quatro anos depois: seu desconhecimento das condições reais no Brasil. Além de outro aspecto que chamaria atenção em Moscou apenas após a derrota de 1935: a rede de contatos e conspiradores montada por Prestes, a mesma utilizada no levante — e que tanto impressionou os enviados do Komintern —, estava cheia de furos.

Apenas em Hamburgo, no início de novembro, Prestes reuniu-se com a mãe e irmãs a fim de seguirem juntos para a União Soviética. Sua passagem pela Alemanha ficou registrada por um policial do Ministério do Interior prussiano, que soube da presença de Prestes numa manifestação política na sede da Liga contra o Imperialismo (uma organização "de fachada" do Komintern) na Friedrichstrasse 24, a 30 de outubro de 1931, em Berlim.[44] Viajaram todos num trem soviético. "Você não sabe o que era isso, era horrível", diria Prestes ao ganhar alguma distância em relação à URSS — 57 anos depois.[45]

Traumática também foi a chegada à capital do socialismo, em 7 de novembro de 1931. Ninguém estava à espera de Prestes e das cinco mulheres na estação. Prestes telefonou para Codovilla no Hotel Lux, que não era muito perto. O sacrifício que tudo isto deve ter representado para dona Leocádia transparece em um comentário de Prestes: "Ficamos esperando naquela estação, minha mãe de educação aristocrática, no começo para ela foi muito ruim".

Passaram todos muito pouco tempo no Lux, o hotel da revolução mundial. Como um dos raros dirigentes que trazia dinheiro, em vez de levá-lo de Moscou, Prestes e família tiveram logo direito a tratamento diferenciado. Recebeu um apartamento, estupendo privilégio num país que até deixar de existir lutou com imensas dificuldades para construir suficientes moradias. Foram morar num dos primeiros prédios residenciais erguidos por empresas estrangeiras, um conjunto de blocos quadrados de cinco andares, naquela época a certa distância do centro da cidade, na rua Pankratievskaia, 8, apartamento 129.

As paredes do apartamento, de cimento, mostraram-se pouco apropriadas para o rigoroso inverno russo. As coisas melhoraram quando um homem poderoso, que se tornou amigo de Prestes e família, mandou construir uma parede interna de tijolos, para ver se isolava o frio. Era Dimitri Manuilski, o chefe da Internacional.

3
DECISÃO

★

Quando Prestes chegou à capital soviética o homem forte do Komintern chamava-se Dimitri Sacharovich Manuilski, uma personagem fundamental nesta narrativa — e figura inexplicavelmente negligenciada na literatura brasileira. Conduziu a Terceira Internacional durante a maior parte do tempo em que ela existiu. Ajudou decisivamente a derrubar dois de seus presidentes — Grigori Zinoviev e Nikolai Bukharin — que tinham muito mais gabarito intelectual e projeção internacional do que ele, e continuou, no cargo de coordenador do principal Secretariado, dando as ordens dentro do Komintern sem se importar com a figura do terceiro e último presidente, o búlgaro Georgi Dimitrov, escolhido para esse posto após um período (1928-35) em que o próprio Manuilski assumiu oficialmente a liderança. É a sua assinatura que se encontra sob a resolução que dissolveu o Komintern, em 1943.

Não houve nenhuma operação envolvendo emissários do Komintern sem a participação direta de Manuilski. Da intervenção da Internacional no levante alemão de 1923, passando pela China, Brasil e chegando à Guerra Civil espanhola (1936-39), a hierarquia de comando, as ligações com os "órgãos competentes", os contatos com o Comitê Central do PC soviético e com o próprio Stalin concentraram-se na figura de Manuilski. Foi ele o executor de todas as viradas e guinadas políticas na linha oficial do Komintern, repetindo com a mesma convicção palavras de ordem e análises totalmente opostas às anteriores.

Claro que o poder e a influência de Manuilski estavam diretamente ligados aos serviços que prestou a Josef Stalin, mas chamá-lo simplesmente de "stalinista" seria uma grosseira injustiça. Naquela época, centenas de outros altos funcionários mudaram de opinião (ou melhor, trataram de não ter nenhuma até receber uma ordem de cima), traíram amigos ou parentes, atribuíram a outros a culpa pelos próprios erros, mentiram, ameaçaram, denunciaram à polícia, mandaram sem remorsos gente para a morte certa, foram servis ao ditador, participaram em menor ou maior grau de seus crimes — Manuilski fez tudo isso também, quem não? — e não alcançaram o supremo privilégio naqueles anos do Grande Terror: morrer na cama. Manuilski, "Manu" para os íntimos, sobreviveu até ao ditador.

Quando Stalin começou a liquidar gente em massa, a biografia e a carreira política de Manuilski pareciam dar-lhe poucas chances de permanecer vivo. Nascera em 1883 em Sviatresk, um pequeno vilarejo na Ucrânia, filho do padre local. Aos vinte anos, ainda estudante em São Petersburgo, filiou-se aos mencheviques, e três anos depois, em 1906, foi preso e deportado pela polícia do czar por haver participado numa revolta. Em vez da Sibéria, Manuilski foi cair em Paris, nos círculos de emigrados políticos russos. Sobreviveu nos anos difíceis da Primeira Guerra trabalhando como vendedor. Vem dessa época seu perfeito domínio do idioma francês. Em Paris, em 1915, tornou-se grande amigo e colaborador imediato de Trotski, e escrevia com freqüência no jornal deste, o *Nasche Slovo*, sob o pseudônimo de "O desempregado".[1] Ocupava também o posto de redator-responsável. Distraía a redação com piadas, que criava e contava com a competência de um ator de primeira classe.[2] Recomendava a Trotski que de maneira nenhuma se associasse a Lenin, contra quem assinava artigos, o que mais tarde teria significado automática sentença de morte.[3] Mas, como o próprio Trotski, acabou passando-se, em 1917, para o lado dos bolchevistas, e aí encontrou novos círculos e amigos. No início, foi trabalhar na Ucrânia (1919), um país ao qual, com algumas interrupções, se dedicaria durante toda a sua vida — nem sempre para o bem-estar dos ucranianos. Em 1922, ano em que Stalin ocupou o cargo de secretário-geral, já era suplente do Comitê Central. Pouco antes, em 1920, cumprira sem grande sucesso uma missão no exterior pelo Komintern: enviado à França, acabou sendo deportado de lá. Em 1923, Stalin tinha para Manuilski um primeiro trabalho de importância na Internacional.

Desde sua fundação, o Komintern era presidido por Grigori Zinoviev, tido como pessoa de confiança de Lenin. Ao assumir esse posto, aos 36 anos, desfrutava da imagem de um brilhante revolucionário russo, capaz de garantir depressa o respeito dos camaradas estrangeiros. Formulava textos de considerável substância, ridicularizando em alguns deles o estilo seco e tautológico dos artigos assinados por Stalin. Quando passou por Petrogrado, durante a Guerra Civil, Stalin logo notou as fraquezas de Zinoviev, então o secretário do partido nessa cidade. Alto e elegante, muito conhecido, era vítima de constantes oscilações entre euforia e pânico. Vaidoso e arrogante, mergulhava em crises de melancolia e depressão. Stalin o considerava um "molenga", um "tagarela sem princípios", e para desestabilizar Zinoviev no Komintern empregou Manuilski com a tática de sempre: conseguiu que o Politburo, o exclusivo círculo de dirigentes do PC, nomeasse Manuilski, ostensivamente para ajudar Zinoviev, mas, na verdade, para montar uma rede própria no PC alemão (KPD), o segundo mais importante após o russo. Nas eleições de maio de 1924, o KPD obtivera um estupendo resultado "e isso explica por que uma missão do Komintern fora enviada à Alemanha, encabeçada por Manuilski, com quartel-general em Berlim e diretamente ligada a Stalin".[4]

Meses antes, ao lado de Piatnitski e Kuusinen, Manuilski passara a angustiante noite de 22 de outubro de 1923 no apartamento de Kuusinen no Lux, aguardando ansiosamente notícias do levante que Karl Radek, chefe dos emissários de Moscou, comandava na Alemanha — o segundo fracasso do Komintern naquele país em dois anos. Embora tivesse participado diretamente da elaboração dos planos, Manuilski jamais assumiu qualquer responsabilidade pela derrota, atribuída a Radek. Em uma de suas estadas na Alemanha, Manuilski (pseudônimo "Robert") deixou forte impressão em Ruth Fischer, então uma destacada dirigente da ala esquerda do KPD. "Era um novo tipo de comunista, e o que mais me impressionou nele era o cinismo. Seu interesse na teoria comunista limitava-se ao que seria útil para manipulação."[5]

O aparato de Manuilski na capital alemã compreendia seis aparelhos, nos quais recebia gente de todo tipo, totalmente à revelia do KPD. Vivia com bastante conforto ("como um boêmio", segundo Fischer). Era de fácil trato e acesso, mas interessado sobretudo em intrigas e frio em relação a qualquer um que aceitasse a Internacional com base em seus princípios objetivos. Não gostava dos alemães e os alemães não gostavam dele: aparentemente os tratava como "crianças que se metiam em assunto de adultos, que ele discutia com seu pessoal secreto, ao qual ninguém tinha acesso".[6] Manuilski desencadeou uma forte campanha contra a ala esquerda do KPD, que não atingiu totalmente seus objetivos, mas colocou forte pressão sobre Zinoviev. No começo de 1926, Zinoviev queixou-se por escrito a Stalin de que não caberia a Manuilski dizer como ele, Zinoviev, "deveria lutar contra desvios ultra-esquerdistas" no movimento comunista internacional. Stalin respondeu chamando Zinoviev de "literato inconseqüente" e sem experiência no combate à ultra-esquerda. No final de 1926, Zinoviev perdeu o posto de presidente do Komintern.

O charme pessoal de Manuilski podia ser considerado quase irresistível, mas em matéria de jogadas políticas não conhecia a menor elegância ou perdão. Em 1928 já tinha um lugar no Secretariado Político do EKKI, ao lado de outros soviéticos como Stalin, Bukharin, Molotov e Piatnitski. No VI Congresso do Komintern, realizado nesse ano, Manuilski fez um discurso sobre a luta contra o trotskismo, que deveria ser transformada em tarefa comum de toda a Internacional Comunista. Isto era parte da campanha de estrita subordinação de todos os partidos comunistas ao partido soviético. Manuilski foi hábil diante dos delegados estrangeiros. Em nenhum momento citou Stalin, o vencedor na guerra dos bastidores, para não dar a impressão de que a velha inimizade pessoal entre os dois antagonistas tinha levado à queda de Trotski. O congresso aprovou o que tinha de aprovar: a expulsão de Trotski, de quem Manuilski fora um bom amigo.

O alvo seguinte de Stalin foi o segundo presidente da Internacional, Nikolai Bukharin, acusado "desvios de direita". Por ironia, Bukharin tinha sido utilizado por Stalin no VI Congresso exatamente para combater a direita, ou o que se chamava disso: as tendências empenhadas em algum tipo de entendimento com a social-democracia. A substituição desse intelectual de notável expressão (sua reabilitação por Mikhail Gorbachev, no final dos anos 80, causaria considerável sensação) por um nanico teórico do porte de Manuilski foi o passo final na caminhada de Stalin rumo à completa domesticação do movimento comunista internacional. Com a ajuda decidida de Manuilski, Stalin levou a Internacional desta vez para a "esquerda", liquidando posições moderadas e obrigando os outros partidos, especialmente o alemão, a fazer o mesmo. Data desse período sua célebre palavra de ordem de que os social-democratas ("social-fascistas"), e não os fascistas, eram o principal perigo para os comunistas, sobretudo na Alemanha — uma orientação cujas conseqüências foram catastróficas para os comunistas, contribuindo para a ascensão de Hitler. Segundo Manuilski, o KPD, ao adotar a fórmula de que seria impossível destruir o capitalismo sem primeiro acabar com a social-democracia, estava a caminho de conquistar a maioria da classe trabalhadora em seu país. E chegou ao ponto de pronunciar discursos afirmando que o PC alemão conseguira paralisar o crescimento do fascismo, isto pouco antes de os nazistas chegarem ao poder.

Fazer contatos pessoais era muito fácil para Manuilski. Em nada se parecia ao clichê do "stalinista" como um personagem sinistro, cinzento, calado e taciturno. Em 1993 vivia em Colônia, na Alemanha, uma velhinha de 87 anos que convivera diariamente com Manuilski na década de 20 na famosa casa da rua Granovska, 3, no centro de Moscou, habitada por figurões do partido. Mishka Slavutska, sobrinha de um velho menchevique, lembra-se que a presença de Manuilski significava sempre muitas piadas e gargalhadas: "Era muito espirituoso, rápido de raciocínio, todo mundo ria quando estava por perto, era engraçadíssimo quando participava de alguma reunião".[7] Além de contar casos, Manuilski era capaz de imitar com perfeição a voz de algumas pessoas, e Zinoviev era uma de suas vítimas prediletas. Nos anos 20, quando construiu sua carreira, Manuilski nunca estava vestido de maneira apropriada ou com asseio. "Nele a gente sempre podia ver o que havia almoçado ou jantado. Para provocá-lo, minha tia, que era médica, mandava-o lavar bem as mãos toda vez que ele chegava para almoçar", conta Mishka.

A austríaca Ruth von Mayenburg, a cronista do Hotel Lux, conviveu com Manuilski em outra fase, uma década mais tarde. Então ele trajava "uniforme azul-escuro à la Stalin e Wilhelm Pieck; botas bem engraxadas nas pernas um pouco curtas". Os olhos negros como carvão continuavam muito brilhantes no rosto ornado por um grande bigode. Como sempre, era "rápido na palavra, falando várias línguas, cheio de graça e sarcasmo; tinha argumentos fortes e análises para qualquer situação".[8] Seu espírito de humor podia ser considerado perigoso para certas ocasiões. Durante uma concorrida reunião em Moscou, no começo dos anos 30, alguém da platéia perguntou-lhe se acreditava mesmo que o mundo inteiro seria em breve comunista. Manuilski respondeu que sim, com uma exceção: a Suíça. Diante da surpresa geral, soltou a explicação: "Em algum lugar a gente tem de poder descansar do comunismo".

Uma das anedotas que se conta sobre o cínico Manuilski é a de que fora capaz de discursar no enterro de sua primeira mulher. Com ela Manuilski teve três filhas, uma com problemas mentais, mas delas perderam-se as pistas em Moscou. Casou-se de novo com Varia (o diminutivo russo para Barbara) Platonovna Lebedewa, a quem "roubou" de Stepanov, um militante búlgaro muito conhecido na época. Varia era uma figura delicada, pequena, pálida como mármore, de saúde precária. Sofria de tuberculose apelidada de "heróica", pois fora contraída nos dias da Revolução de Outubro nos corredores gelados do Instituto Smolny, de onde fora comandado o movimento. Com seus olhos intensamente azuis, pequenos e de um formidável brilho, na época em que foi chefe de quadros da seção francesa do Komintern enfeitiçou incontável número de homens, com alguns dos quais viveu, no Lux, sem jamais ter tido filhos. Ela havia se esterilizado, "era moda entre nós revolucionárias, mas o que eu não daria agora para ter um filho do Manu", disse a Ruth von Mayenburg, em meados dos anos 30.[9]

Do inteligente, engraçado, cínico e divertido Manuilski, Stalin exigia constantes provas de ausência de qualquer escrúpulo. Em 1933, esteve diretamente envolvido na campanha para eliminar na Ucrânia (Manuilski era ucraniano) todo resquício de identidade cultural e nacional. Foi designado para ajudar uma comissão de alto nível na "erradicação de desvios pequeno-burgueses e nacionalistas, expurgando todo tipo de organização cultural e científica na Ucrânia''.[10]

Naquela época não se exigia coerência teórica ou ideológica, e sim obediência, além de aguçado instinto de sobrevivência. Manuilski não era, obviamente, o único a se comportar segundo esse padrão. Para não deixá-lo aqui sozinho num papel que poderia ser interpretado como de ''vilão'' (o que ele não era, pois apenas seguia as regras de um jogo que dominava bastante bem), vale a pena lançar brevemente os olhos sobre alguém que estava ao seu lado (além de Piatnitski, que mais tarde Manuilski deixaria ser destruído): o finlandês Otto Wilhelm Kuusinen, outro excelente profissional do ramo.

Nascido em 1881, já um veterano no começo dos anos 30, Kuusinen resumiu certa vez para um público russo sua filosofia de vida. Cada ser humano tem na vida uma única chance de agarrar uma alça, sem saber para onde será levado. Tudo se limita em agarrar a alça certa, que o levará por cima de precipícios e buracos. Mas não só: mesmo agarrando a alça certa, é necessário saber quando largá-la. À sua mulher, Aino, Otto Wilhelm costumava dizer que havia mudado sete vezes. Fora religioso, depois nacionalista, mais tarde alcoólatra, sindicalista, em seguida comunista, simpatizante de Trotski, servidor de Stalin, com o qual compartilharia, muito mais tarde, a convicção de que a revolução mundial só seria obtida à força de armas. Otto não conhecia amizades ou sentimentalismos. Íntimo de Stalin, com quem costumava passar férias no mar Negro, só uma vez, no final dos anos 20, teve coragem de interceder por uma pessoa que havia caído nas garras do Departamento de Quadros. Tratava-se de um militante austríaco chamado Stange, funcionário subalterno do Komintern, dono de uma vaca e uma pequena plantação de morangos. Com isso vendia morangos e leite para o pessoal do Komintern, e foi acusado de ''especulador''. Kuusinen mandou suspender o processo de expulsão de Stange do partido. De acordo com sua mulher, gostava muito de morangos.[11]

Como todo membro da aristocracia do Komintern, Kuusinen tinha direito a um apartamento e uma *dacha*, um chofer, uma cozinheira e três livrinhos com os quais podia comprar nas lojas oficiais sem pagar nada e na quantidade que desejasse. Desde 1918 secretário-geral do PC finlandês, tornou-se membro do EKKI (o Comitê Executivo da Internacional Comunista) em 1922. Como participante da ''pequena comissão'', Kuusinen esteve diretamente envolvido em decisões importantes ao longo de duas décadas. Uma de suas especialidades, porém, era livrar-se de responsabilidades. ''No caso de empreendimentos arriscados ele era inteligente demais para queimar seus dedos. Mas não se pense que modéstia e desinteresse pessoal eram os motivos para ele deixar que outros recebessem elogios ou críticas. Otto tinha elaborado muitas das diretrizes para a revolução na Alemanha, mas foi suficientemente cauteloso para deixar que o camarada Zinoviev as assinasse."[12]

No começo da década de 30, numa das reformulações da estrutura do Komintern, ele assumiu o recém-criado *Ländersekretariat* para a América Latina (e também América do Norte), uma esfera com a qual o próprio Manuilski teria travado contato intensivo apenas a partir de 1929. Manuilski e Kuusinen pouco entendiam da América Latina, nem ao menos falavam espanhol e jamais viajaram pela região.[13] Caracterização adequada da atitude de Manuilski frente à América Latina forneceu um militante peruano que teve acesso a diversas instâncias de direção do Komintern, em Moscou, entre 1933 e 1937. Manuilski expressava opiniões e análises sobre o continente calcadas em visão vaga e simplista, e generalizava em excesso, ignorando particularidades e diferenças entre os diversos países: "A América Latina era uma entidade constituída por território habitado por milhões de pessoas totalmente submetidas aos banqueiros dos Estados Unidos".[14]

Mesmo assim, Manuilski desenvolveria grandes planos para a região, baseados na teoria oficial do Komintern sobre os países semicoloniais, uma gaveta onde cabiam colossos tão diferentes entre si como a China e o Brasil. Seus projetos cresceram e ganharam impulso com a chegada a Moscou de um homem cujo nome já estava envolto em lendas: Luís Carlos Prestes.

Havia lugar para Prestes no modelo insurrecional de pronta entrega que o Komintern aplicava aos países semicoloniais, entre os quais se classificava o Brasil. Tal modelo já estava em uso na China. O governo "nacional" de um país semicolonial, segundo a experiência chinesa, dispunha de poder apenas nominal. Era incapaz de impor sua vontade a todo o território e lutar contra insurreições regionais. Na China criaram-se sovietes relativamente seguros em um sexto do país, em desafio ao governo central. As disputas entre as diversas potências imperialistas tornaram isso possível. Seus antagonismos se refletiam nos aliados que possuíam nas classes dominantes locais, tornando impraticável, ao governo, o combate eficaz de insurreições dispersas por várias regiões. As Forças Armadas, principal instrumento de repressão, eram em geral precariamente treinadas, equipadas e dirigidas.

Conforme se leria anos mais tarde, essas premissas e dados estavam completamente equivocados, mas nem por isso deixaram de incendiar a imaginação e os debates em Moscou.[15] Mesmo derrotas parciais na China traziam lições positivas,[16] e a descrição do exército do poder central, débil e comandado por incompetentes, correspondia à própria experiência de Prestes na sua famosa Coluna, empreendimento militar analisado e comentado por partidos comunistas e pelo Komintern desde pelo menos 1927. Em 1934, Prestes publicou em Moscou um artigo afirmando que sua Coluna teria obtido melhores resultados se possuísse uma linha revolucionária clara: ''Ela poderia ter organizado facilmente elementos camponeses, seguindo à sua maneira um 'caminho chinês' de desenvolvimento da revolução''.[17] As peças (o país, o líder, o modelo de insurreição) encaixavam-se com notável facilidade.

Luís Carlos Prestes foi para a União Soviética com a idéia de fazer no Brasil a verdadeira revolução, a sua revolução. Para isto aderiu incondicionalmente à organização do Komintern, sacrificando o que lhe fora mais caro — a independência de ação —, além de subordinar a Moscou todos os seus recursos humanos, técnicos e financeiros. Aos dirigentes da Terceira Internacional importava pouco que Prestes, por sua biografia e atuação até ali, não preenchesse os requisitos teóricos de pertinência de classe.[18] Era de certa maneira um *especialista*: ''Quando cheguei a Moscou, fui visto, por alguns, como um general latino-americano. Eu queria ser um soldado da revolução e era visto como um general'', queixou-se.[19] Embora nas operações do Komintern nem sempre houvesse coerência entre teoria e ação, aquele ''general'' encaixava-se com perfeição nas elucubrações sobre a fase ''democrático-burguesa'' da revolução no Brasil, ''um apêndice semicolonial destinado ao fornecimento de matérias-primas e produtos agrícolas para o imperialismo, apesar de sua independência formal'', conforme a definição da Comissão Política do EKKI, para a qual a principal tarefa da revolução brasileira era ''quebrar as relações pré-capitalistas na estrutura política e econômica do campo''.[20]

O Komintern mandara instruções bastante detalhadas sobre o setor no qual os comunistas brasileiros haviam ''subestimado o potencial revolucionário'': o campo e as revoltas camponesas. Ensinava ao PCB como articular esse tipo de agitação. O partido foi instruído a concentrar sua atenção em duas regiões agrícolas específicas (São Paulo e Nordeste): ''Recrutar militantes nesses distritos, apoiar seu trabalho, distribuir literatura, organizar o movimento''. O procedimento mais eficiente era utilizar métodos já experimentados na China: ''As melhores organizações para liderar a luta dos camponeses, *organizações que foram testadas em experiências internacionais*, são os 'comitês de luta camponesa', sustentados pela população total de um *village*'' (a Comissão Política utilizava a expressão francesa no seu texto em alemão).[21] Reiterava-se uma ordem estapafúrdia que durante anos iria assombrar a imaginação dos dirigentes, inclusive a de Prestes: ''[...] em relação ao movimento cangaceiro, o PCB deve empenhar-se na tarefa de estabelecer contatos mais estreitos com as massas de grupos cangaceiros, postar-se à frente de sua luta, dando-lhe o caráter de luta de classes, e em seguida vinculá-los ao movimento geral revolucionário do proletariado e do campesinato do Brasil''.[22]

Data provavelmente da segunda metade de 1933 a decisão, tomada em Moscou, de se montar uma grande operação sul-americana — muito antes do que se julgava até agora. Uma das provas documentais é o protocolo da sessão fechada de 11/3/34 do Secretariado Político (grêmio mais amplo que a Comissão Política) do EKKI, o Comitê Executivo da Internacional, que se reuniu nessa manhã com 42 pessoas no gabinete de Manuilski. Nesse evento formal, que deve ter sido preparado com meses de antecedência, foi criada uma ''Comissão para a América do Sul'', presidida por Manuilski e integrada por Sinani, Guralski, Knorin, Vassiliev e Losovski (o responsável pela central sindical vermelha, o Profintern).[23] A outra prova documental, ainda mais reveladora dos objetivos, métodos e modo de operação do Komintern, é um pequeno pedaço de papel, datilografado em alemão, encontrado por acaso na pasta com a correspondência secreta de Jossip Piatnitski, o chefe do OMS e responsável pelas finanças da Internacional. Ele indica que, a partir dessa ''Comissão para a América do Sul'', foi criado um grupo ainda mais exclusivo, ultra-secreto, encarregado de preparativos financeiros (Piatnitski), políticos (Sinani) e *militares* (Vassiliev) em relação à América do Sul, diretamente subordinado a Manuilski, o homem de Stalin na Internacional.[24]

Tendo essas decisões em mente, a movimentação de agentes do Komintern a partir de outubro de 1933 ganha contorno e sentido nítidos. Desde 26 de janeiro de 1932, data do último relatório de Ewert de Montevidéu, o Bureau Sul-Americano encontrava-se em virtual estado de abandono. O homem que negociara a ida de Prestes para a União Soviética fora designado agora para Xangai, na China. A distância geográfica pode parecer muito grande, ainda mais naquela época, quando as viagens intercontinentais eram realizadas de navio, e com passagem obrigatória pela Maison (Moscou). Mas, na bizarra divisão do mundo feita pelo Komintern, Ewert continuava trabalhando no mesmo ''departamento'', o dos países semicoloniais, sob cuja alçada estavam tanto a China quanto o Brasil.

Largado sozinho em Montevidéu, o irritadiço Guralski praticamente deixou a política de lado nesse período, concentrando-se em obter sua remoção para a Europa. Fez todas as ameaças possíveis dentro de um aparato burocrático: alegou falta de recursos humanos, esgotamento de verbas e, na falta de resposta positiva, declarou-se em novembro de 1933 ''doente de tanto trabalhar'', reivindicando férias de um ano na Baviera. Para sua surpresa, no final do ano chegou a autorização para deixar a América do

Sul. Em janeiro de 1934, assumindo mais uma de suas identidades falsas (desta vez era o uruguaio naturalizado Arnold Fein), Guralski embarcou para Moscou, via Roma. Suas ordens para regressar nada falavam, porém, em descanso. E teria sido melhor que nunca tivesse voltado à União Soviética.

Guralski fora escalado para apresentar, na mencionada reunião de 11 de março de 1934 do Secretariado Político do EKKI, um relatório sobre a situação dos partidos comunistas sul-americanos.[25] Passando por cima de seu representante em Montevidéu, os dirigentes em Moscou já haviam encaminhado algumas medidas relativas ao principal alvo da operação sul-americana, o PC brasileiro. Em outubro de 1933, o Komintern despachara para o Rio o instrutor Jan Jolles, um alemão conhecido em Moscou como "Alonso" e no Brasil como "Macário". E chamou da América do Sul para estudar na Escola Lenin, provavelmente a pedido de Prestes, o militar pernambucano Silo Meirelles, um de seus mais fiéis e dedicados seguidores.

Ainda não se encontram disponíveis todas as evidências sobre o exato papel de Prestes nessa fase dos preparativos em Moscou. Desperta suspeitas a ênfase com que reiterou, em inúmeros depoimentos, que sua principal atividade na União Soviética se restringira ao trabalho como engenheiro. Na verdade, parece ter tido pouco tempo para isso. Sabe-se, por suas próprias palavras, que viajou extensivamente pelo país, sempre de trem, chegando a lugares como Sotchi, Ikursk e o lago Baikal. Sua etapa inicial de adaptação foi bastante difícil, devido ao clima e dificuldades de idioma. Prestes tinha um "professor para o *Capital* e outro sobre tática", providenciados por Manuilski, e estudava questões relativas ao campo (o elo essencial na insurreição em países semicoloniais) no Instituto Agrário, além de freqüentar a Universidade do Extremo Oriente, voltada sobretudo para problemas chineses.

Participava assiduamente de debates políticos no refeitório principal do Lux, hábito trazido pelo seu melhor companheiro em Moscou, o russo-mexicano Julio Gomez. Prestes insistiu também em apresentar seu papel no Komintern como menos que secundário ("para entrar no edifício do Komintern precisava chamar o Gomez"), pois não pertencia a nenhum partido, mas os indícios apontam vigorosamente em outra direção. Participou do décimo segundo (agosto/setembro de 1932) e do décimo terceiro (novembro/dezembro de 1933) Plenos do EKKI, sempre como convidado, uma considerável deferência por parte da direção do Komintern. Estabeleceu ligações duradouras com várias figuras então importantes, como o italiano Palmiro Togliatti, o que teria sido muito difícil para uma "figura insignificante", conforme pretendeu Prestes mais tarde.[26]

Não deve ter sido para agradar a um "insignificante" que o Secretariado Político do EKKI incluiu na agenda daquela reunião formal de 11 de março de 1934 a aprovação de uma resolução pedindo ao PCB que admitisse Prestes como membro. Nesse mesmo dia seguiu, em alemão, um telegrama para o Comitê Central do partido brasileiro recomendando-o, aguardando resposta urgente e mandando publicar sua filiação na imprensa do partido. Moscou estranhou consideravelmente a falta de resposta urgente à sua mensagem. Em 17 de abril, seguiu novo telegrama para o PCB: "Apressem a resposta sobre Prestes". Em 14 de maio, "perguntamos pela terceira vez sobre a entrada de Prestes. Por que não há resposta?". No dia 11 de junho, por fim, em telegrama mandado a Montevidéu via Nova York, comunicava-se aos brasileiros que Prestes havia sido filiado ao EKKI, recomendando-se ao mesmo tempo sua inclusão no PCB. A publicação da filiação de Luís Carlos Prestes ao PCB ocorreu no *Classe Operária* em agosto de 1934. Ele simplificou bastante a história ao contá-la mais tarde: "Manuilski deu um soco na mesa e disse que eu entraria no partido de qualquer jeito".[27]

Suponho, embora não disponha de provas documentais, que a entrada de Prestes no PCB deva ser vista no contexto da indicação de "candidatos para dirigentes militares" na América do Sul, mencionada no memorando que estava entre a correspondência secreta de Piatnitski.[28] Jamais se mencionou em qualquer contexto ou situação algum outro nome para o cargo de "dirigente militar". Ele só pode ser Luís Carlos Prestes. No dia 8 de junho de 1934, a Comissão Política do EKKI realizou uma sessão extraordinária e aprovou como o quinto ponto de sua agenda a entrada de Prestes como membro desse Comitê Executivo.[29] Três dias depois o Secretariado Político ratificou essa decisão. Surge então, pela primeira vez, o nome de Van Min nesse tipo de documento.[30] Tratava-se do pseudônimo do dirigente Chen Shao-yu, um chinês. A ele, um chinês, caberia supervisionar, de Moscou, as operações no Brasil no ano seguinte.

Existe publicada desde o começo dos anos 50 uma descrição dos planos traçados em Moscou para a operação brasileira, feita pelo militante peruano Eudócio Ravines, que durante pelo menos uma década, a partir de 1931, atuou estreitamente ligado ao Komintern. Seu depoimento foi contestado pelo fato de Ravines ter se convertido em virulento anticomunista. Hoje tornou-se possível relê-lo sem os constrangimentos causados pelas batalhas ideológicas da Guerra Fria. As descrições que fez do "plano elaborado sob a direção pessoal de Manuilski e muito provavelmente do próprio Stalin" são bastante exatas:

> O movimento, do qual Luís Carlos Prestes deveria ser o caudilho visível e o chefe aparente, não deveria estourar como uma ação comunista, mas sim como uma insurreição "nordestina", do tipo vigorosamente nacionalista [...] As forças insurretas não deveriam gastar energia mantendo em seu poder cidades, vilas ou fortificações. A atividade dessas forças deveria ter o caráter essencialmente móvel da Coluna Prestes, famosa nos anais das revoltas brasileiras, e seus primeiros passos deveriam consistir na ação de "agitprop armada" [...] a missão desses bandos iniciais de "agitprop armada" era organizar por meio de suas ações um verdadeiro exército de guerrilheiros, cujo raio de ação deveria se ampliar com o aumento de seus efetivos e de seu potencial ofensivo.[31]

Que o plano inicial do Komintern e de Prestes, com o qual ele chegou ao Brasil, previa um levante no Nordeste e só para mais tarde ações semelhantes no Sul fica confirmado, entre outros, por uma referência feita anos mais tarde, em Moscou, por um dirigente comunista brasileiro que teve destacada atuação nos eventos de 1935 mas não esteve na União Soviética na fase preparatória de 1934:

> Eu conduzi o camarada Ewert [antes da chegada de Prestes ao Brasil] aos simpatizantes de Niterói onde estava escondido o camarada Tampinha, que deveria partir para o Nordeste em vista da *intensificação do trabalho visando um levante pela constituição de sovietes*, e o camarada Ewert lhe transmitiu uma série de experiências do movimento soviético chinês.[32]

Prestes alteraria radicalmente as linhas do plano inicial, numa seqüência de decisões e interferências fatais.

> Na realidade, o PCB ainda é uma organização isolada que não foi capaz de estabelecer vínculos fortes com as massas proletárias. O principal meio de contato entre o partido e as massas trabalhadoras é o movimento sindical, que está completamente desorganizado. Na prática, o partido não levou adiante nenhuma batalha real por demandas parciais, nem ações de massas organizadas ao redor delas.

Estas foram as frases (extraídas do original em alemão) utilizadas pela Comissão Política do EKKI — a máxima autoridade em teoria, ideologia, estratégia e tática no movimento comunista internacional — ao elaborar, em 27 de abril de 1933, resolução estritamente confidencial sobre o PC brasileiro, tratado com impressionante brutalidade. "O PCB não está em condições de dirigir as massas, em muitos casos esteve fora da batalha política e econômica, sem desenvolvê-la ou dirigi-la. O PCB não se revelou como uma força de direção no campo social."[33]

As causas dessa ineficiência (e insignificância política), de acordo com os dirigentes em Moscou, abrangiam um formidável leque de deficiências e despreparo. O partido brasileiro não tinha "forma ideológica e consistência organizacional", estava "repleto de elementos inimigos de classe", seus quadros dirigentes sofriam de "debilidade", muitos setores do partido "não se desenvolveram ou eram completamente ausentes", disso resultando "contatos insuficientes com os círculos amplos de trabalhadores no campo e nas cidades". O partido havia se transformado "num foco de atração de elementos pequeno-burgueses, que mantêm contatos com as cliques de oligarcas e representantes das classes dominantes".

As tarefas práticas que a Comissão Política do EKKI formulou para os dirigentes do PCB implicavam, na verdade, refazer tudo do início. Eles teriam de reorganizar todo o partido, mandar gente aprender marxismo-leninismo com os camaradas argentinos e "proletarizar os quadros de direção", mas sem lançar mão "do conhecido e equivocado método de proletarizar mecanicamente (por exemplo, na forma de levar aos comitês 'trabalhadores' que há muito tempo romperam suas ligações com a indústria)".[34] Essa era uma admissão implícita de que a política iniciada poucos anos antes por recomendação da própria Internacional — a da "proletarização" forçada da direção do PCB — não dera resultados positivos. Na verdade, levara à autodestruição do comando do partido.

A má opinião em Moscou sobre o PCB não era novidade, basta lembrar os relatórios enviados por Guralski desde que chegou à América do Sul, em 1930. Entre os profissionais do Komintern na região, o partido brasileiro tinha péssima fama devido a sua vulnerabilidade frente à repressão policial. As ondas de prisões que tiravam de circulação fatias inteiras da liderança do PCB sucediam-se periodicamente. Antes de 1935, aliás, nenhum dos principais "instrutores" — Ewert e Guralski — trabalhara no Brasil, preferindo mandar auxiliares como Inês ou Pierre. Em julho de 1931, Ewert enviou a Moscou relatório dizendo desconfiar da existência de um agente policial infiltrado na própria direção do PCB, pois as prisões "atingem sempre os melhores e mais confiáveis camaradas".[35] De fato, o próprio Pierre foi capturado pela polícia brasileira naquele ano, denunciado, segundo informe que chegou a Moscou três anos depois, por um operário chamado Sebastião Luís e que era o homem de confiança do agente da Internacional.[36]

Em 1933, tendo em vista a situação do PCB, os dirigentes do Komintern tomaram uma decisão em matéria de pessoal da qual anos mais tarde viriam a se arrepender bastante. Com data de 1º de outubro de 1933, Moscou anunciou a Guralski, então em Montevidéu, o envio de "Alonso" (ou "Emílio", ou "Eoles", ou "Cazón") como instrutor para o Brasil. Seu nome verdadeiro era Jan Jolles. Nascido em 1906 na cidade de Freiburg, no Sul da Alemanha, era filho de um professor de filosofia da Universidade de Leipzig, que vivia de direitos autorais e levava confortável existência. Jan agüentou até o final do ginásio na Alemanha, mas aos dezoito anos rompeu com a família e decidiu aventurar-se pelo mundo, conforme escreveria em autobiografia datada de 25/8/33 e atualmente guardada num arquivo em Moscou. Depois de breve passagem pela Holanda, embarcou para a Argentina onde se apresentou, em 1923, como integrante da Juventude Comunista holandesa. Desde 1924 no PC argentino, fez uma rápida carreira e andou também pelo Rio Grande do Sul, tentando organizar (junto com Boris Kraevski) um movimento juvenil. Depois do golpe de Estado de Uriburi na Argentina, em 1930, foi preso e, por intervenção do cônsul alemão, deportado para Montevidéu, com dinheiro mandado pela família. Naquela época, em 1931, Jan Jolles estava em contato diário com Guralski e Ewert, pois era ali o único representante do PC argentino que podia comunicar-se com os dois sem necessidade de tradutor.

Incorrigível intrigante, Guralski enviou Jan Jolles em missão clandestina à Argentina com instruções para participar, em Rosario, de um Congresso do PC argentino e afastar Rodolfo Ghioldi da liderança. Jolles apresentou-se como "emissário do BSA" (o Bureau Sul-Americano do Komintern, dirigido por Guralski e Ewert), mas deparou-se com inesperada resistência: Ghioldi foi pessoalmente a Montevidéu exigir explicações. Embora Ewert o despachasse com rispidez, qualificando sua reação de "hipersensibilidade de intelectual", Ghioldi ouviu de Guralski que Jolles não falava em nome do BSA. Além disso, Ghioldi tinha um protetor muito forte: Vitorio Codovilla, a quem o próprio Guralski temia por suas ligações com a OGPU (de qualquer maneira, Codovilla era o homem do dinheiro que chegava de Moscou). A corda arrebentou no lado mais fraco: Jolles foi afastado do Comitê Central do PC argentino e designado para trabalho de base ilegal. Não demorou muito para que fosse preso, em Tucumán, transferido para Buenos Aires e deportado, a 1º de abril de 1933, desta vez diretamente para a Alemanha, onde Hitler já havia chegado ao poder e transformado o país em vasta armadilha para comunistas.

Em julho de 1933, Jan Jolles desembarcou no porto de Hamburgo e buscou imediatamente contato com as organizações locais do KPD, então na ilegalidade e lutando para salvar o que pudesse, praticamente destruído pela Gestapo e pela SA (*Schutzabteilung*, uma tropa de proteção e choque do Partido Nazista). Desconfiada, a organização local bloqueou a aproximação com Jolles enquanto não chegava de Moscou uma resposta a seu pedido de informações, mandado por carta cifrada, "sobre esse militante que se diz deportado da Argentina, afirmando que um tal Codovilla pode falar por ele''.[37] Jolles saiu da Alemanha antes que houvesse tempo para qualquer resposta. Seu tio, segundo escreveu o próprio Jolles em Moscou, era antigo integrante da Stahlhelm — uma organização de ex-combatentes da Primeira Guerra, liderada por oficiais conservadores — e entrara para o Partido Nazista. Pior ainda era o caso de seu próprio irmão, soldado da SA, que teria ameaçado ''prendê-lo pessoalmente'' se não saísse logo do país (isto ele não escreveu, mas contou a um amigo que mais tarde o denunciou). Jolles foi a um escritório da empresa de turismo estatal soviética Intourist, que operava oficialmente, e comprou uma passagem como turista para Moscou, utilizando um passaporte espanhol.

Na capital soviética encontrou-se com ''Morales'', cujo nome verdadeiro era Orestes Ghioldi, um dos irmãos de Rodolfo Ghioldi. Por incrível que pareça, Orestes empenhou-se bastante por Jan Jolles. Levou-o a Sinani, o chefe para América Central, Sul e Caribe do *Ländersekretariat* para as Américas. Sinani pediu informações a Inês, que se encontrava em Moscou. Veterana nesse jogo, a experiente agente escreveu sobre Jan Jolles um parecer, com data de 26/8/33, que podia ser interpretado a bel-prazer. O camarada Eoles ''adotou posição trotskista sobre diversos problemas'' (uma grandíssima acusação), e fez a necessária autocrítica, mas Inês não estava ''convicta de que ele tivesse entendido seus erros'' (ou seja, continuava suspeito). Por outro lado, seu comportamento quando preso ''era muito bom'' (uma prova de confiança). Tinha sido vítima de ''muita perseguição pessoal e injusta'' (quer dizer, atingido por intrigas partidárias e brigas pessoais), em geral dava ''a impressão de uma pessoa dedicada ao movimento trabalhador'' (leal e fiel ao partido). Influenciado por Orestes, cujo irmão Jolles tentara derrubar, Sinani inclinou-se por uma avaliação positiva de Alonso. ''Inês fala dele como pessoa dedicada e o conhece há três anos'', escreveu, em 8/9/33. ''O camarada Morales dá uma boa referência dele, como alguém talentoso, ativo e dedicado, e que se recuperou de seus erros. Acho que tudo isto o coloca como pessoa confiável e fiel membro do partido.'' Menos de dois anos depois, ao ser liquidado, tudo isso seria lançado contra Sinani.

Como não podia deixar de ser, Rodolfo escreveu uma carta furiosa a Orestes quando soube da designação de Jolles para o Brasil, mas o surpreendente é que Guralski também apresentou categóricos protestos, reclamando que Jolles ia para o Brasil como ''instrutor'' mandado diretamente por Moscou e não como representante do BSA. Sinani apenas propôs o envio de Jolles; a decisão final deve ter sido tomada em instância superior (Manvilski), como sempre ocorria no caso de viagens ao exterior. Mas Guralski devia saber do que falava. Talentoso, simpático e inteligente, Jolles escrevia bem e conseguia ''facilmente aproximar-se e exercer influência sobre os camaradas que o cercam, utilizando isso para uma posição de liderança pessoal'', diria sobre ele, mais tarde, Arthur Ewert. Quando chegou ao Brasil, no final de 1933, o novo instrutor de Moscou ''a todos conseguiu inspirar confiança, pois foi logo tratando de nos pôr a par de seus erros graves na Argentina, para que melhor pudéssemos controlá-lo'', escreveu numa autobiografia sem data (provavelmente 1934) o dirigente comunista brasileiro Fernando de Lacerda.

Quaisquer que tenham sido as ordens que recebera ao partir de Moscou, o primeiro que caiu na mira de Jolles foi o próprio Fernando de Lacerda, secretário-geral do PCB a partir de 1932. Lacerda, por sua vez, trabalhando sob Pierre e Inês, derrubara o antigo líder, Astrojildo Pereira. Irmão de Maurício de Lacerda,[38] que fora um dos mais próximos correligionários de Prestes nos anos 20, Fernando tornara-se dentro do PCB um ácido crítico do ''prestismo'' e de seus ''desvios pequeno-burgueses''. Como sempre, o partido estava rachado por suspeitas, intrigas e disputas pessoais que consumiam grande parte da energia de seus membros. Pouca gente gostava de Fernando de Lacerda, que ''leu Marx sem compreendê-lo, resultando daí seu oportunismo ante as direções e o sectarismo obreirista em que caíra em 1932'', dizia dele Heitor Ferreira Lima (por um breve período, de janeiro de 1931 a janeiro de 1932, o líder do partido), a quem Lacerda, por sua vez, imputava ''inexperiência e tendências centristas''. De psique e saúde consideravelmente abaladas, o médico Fernando de Lacerda proporcionava motivos de sobra para os ataques de seus adversários. Todos os seus parentes próximos eram ''fazendeiros do café ou burgueses do alto comércio do Rio. Um deles tem um filho que é fiscal do jogo no Rio e um neto que desde 1932 pertence à polícia política do governo Vargas'', escreveu Lacerda, em Moscou, comprometendo a si mesmo.

Quase nada do que fazia dava certo. Por duas vezes sua prisão resultou de trapalhadas tragicômicas. No começo de 1931 estava doente, recuperando-se numa casa de campo cujo endereço havia dado a várias pessoas. Um dia ''a polícia veio e comportou-se como quem conhecia o terreno''. Lacerda abriu a porta inocentemente, pensando que se tratava de conhecidos e, ao deparar-se com policiais, saiu correndo e gritando por sua tia (''uma burguesa proprietária de prédios que se arruína e que me estima como um filho, sem compreender nada ou quase nada de política''), a quem tentou entregar uma caderneta contendo endereços de todos os principais dirigentes do partido. Na segunda vez, em janeiro de 1932, ''desencadeava-se espontaneamente uma greve combativa em uma oficina ferroviária e, como a direção do partido estivesse desorganizada e débil, eu mesmo me incumbi de estabelecer ligações com os grevistas durante um comício anunciado para o largo da Lapa'', escreveu Lacerda.

> Ali cheguei fatigadíssimo e tonto. Vendo dois tipos parados numa esquina, pareceu-me reconhecer num deles um camarada de muita confiança interessado na greve. A eles me dirigi com palavras de camarada. Eles aproveitam-se desse fatal engano meu e para me inspirarem mais confiança falam a princípio como se fossem mesmo camaradas, referindo-se inclusive a um encontro ilegal nosso. Porém, logo em seguida, um deles se desmascara, perguntando meu nome. Vi logo o triste engano em que caíra. Mas, para evitar que fosse agarrado, não deixei transparecer nada. Aceitei mesmo o convite deles para tomar uma cerveja, convite naturalmente para tentar embriagar-me e arrancar mais coisas de mim. Sempre fingindo que os tomava ainda por companheiros, palestrei ainda algum tempo, dando-lhes informações falsas e ao mesmo tempo procurando aparecer ainda um militante novo.

Por fim, Lacerda conseguiu despedir-se dos estranhos. Para despistá-los, deu várias voltas pelo bairro, mas confundiu-se e saiu de novo no mesmo lugar. Foi agarrado por outros policiais — e imediatamente reconhecido pelos dois primeiros.

Descrito pelos próprios companheiros como dono de uma concepção rígida de disciplina, incapaz de defender com convicção suas opiniões e aceitando mecanicamente tudo o que acreditava vir de instância superior, Lacerda era morbidamente crítico em relação a sua atividade política, a ponto de abalar qualquer credibilidade que ainda possuísse. Eis como descreveu, a Moscou, sua atuação pouco antes da chegada de Jan Jolles, a quem naturalmente logo ofereceu-se para corrigir "erros":

> Deixei-me levar pelas tendências semi-anarquistas que a revolta contra a podridão de Astrojildo havia feito nascer em minha mentalidade não proletária e pouco formada no marxismo-leninismo. Sem experiência nem capacitação marxista-leninista, tornei-me o chefe da tendência sectária semi-anarquista, nascida como reação desorientada, pequeno-burguesa, contra o oportunismo menchevique de Astrojildo.

Como se Jolles ainda precisasse de algum outro pretexto para afastá-lo, Lacerda sofria de vertigens constantes, reclamava de pouca capacidade de trabalho e vivia falando da morte próxima. Essa fragilidade costumava ser atribuída por seus companheiros à traumática separação de sua mulher, ficando Lacerda responsável sozinho por três crianças pequenas.[39]

Com a colaboração de dois outros dirigentes que se tornariam protagonistas de primeira linha nos eventos de 1935, Martins (Honório de Freitas Guimarães) e Queiroz ou Miranda (Antônio Maciel Bonfim), Jolles decidiu que Lacerda deveria consultar dois médicos simpatizantes. O diagnóstico foi arrasador: arterioesclerose cerebral de origem sifilítica. O resultado do exame médico, no entanto, era uma falsificação. Enviado para o BSA em Montevidéu, ''deixou'' Jolles e Miranda com poucas saídas. Em 1934 propuseram a Lacerda — e ele aceitou, levando os filhos — realizar um tratamento de saúde na União Soviética — de onde só conseguiria regressar após a Segunda Guerra. Jolles forçou a queda de outro ''velho dirigente'', Mário Grazzini (Gubinelli), de São Paulo, que passara um ano em Moscou e tinha considerável experiência sindical. Numa viagem ao BSA, em 1934, o instrutor alemão vangloriou-se do afastamento de Grazzini e Lacerda como exemplos de ''bom trabalho''.

Com isso, em meados de 1934, ficaram disponíveis os cargos no topo do PCB para a geração de dirigentes que os ocuparia até bem depois da catastrófica derrota de novembro de 1935. Por breve período, do começo do ano até julho de 1934, dirigia formalmente o partido, por indicação de Jolles, um professor primário franzino e de olhos muito vivos, originário de Mossoró, no Rio de Grande do Norte: Lauro Reginaldo da Rocha, o Bangu. Nascido a 17/8/1908, cresceu na miséria. Perdeu o pai açougueiro no primeiro ano de idade, e a mãe teve de trabalhar com costureira para sustentar nove filhos. Evitando conflitos, discreto e muito esperto, Bangu preferiu sobreviver desempenhando papéis de segundo plano, o que não o impediu, porém, de triste atuação num dos mais discutidos episódios relacionados ao levante.[40] Ele era incondicionalmente leal a Antônio Maciel Bonfim, o Miranda, a quem passou o cargo de secretário-geral.

Nascido em 1905 em São João Batista, na Bahia, filho de camponeses pobres, terminando com muito esforço o secundário, Miranda entrou na vida de Prestes muito antes do que este, décadas mais tarde, estaria disposto a admitir. Antes de se associar ao grupo de Prestes, Miranda tivera boa educação numa escola de religiosos na Bahia e trabalhara por algum tempo como professor contratado pela Companhia de Petróleo Anglo-Mexicana, recebendo o salário razoável de 1200 mil-réis por mês. Foi um dos fundadores da Liga de Ação Revolucionária (LAR) lançada por Prestes em Buenos Aires em 1930. Com este e Silo Meirelles, Miranda discutiu o manifesto inicial e foi secretário da organização durante três meses na Bahia, até que o movimento de outubro de 1930 acabou com a existência da LAR. Em sua autobiografia, datada de 7/11/34 e depositada numa pasta secreta pessoal num arquivo em Moscou, Miranda menciona ter rompido com Prestes em dezembro de 1930. Em 1933 destacou-se numa escola de quadros para o partido, participou de trabalho de base e sofreu várias detenções. Exibia extraordinária tendência a exagerar seu papel em dezenas de greves e outros trabalhos menores, relacionados em 36 páginas manuscritas ''de forma muito resumida e incompleta'', conforme fez questão de acentuar no fim de sua ''curta'' autobiografia. Sem exceção, as pessoas que o conheceram o descreveram como dono de inesgotáveis auto-estima e vaidade, mas ao mesmo tempo pessoa simpática e de grande loquacidade — "escondendo no palavreado abundante sua escassa cultura geral e seu desconhecimento quase completo do marxismo" (Heitor Ferreira Lima) —, envolvente e muito cordial. Miranda, que se gabava de sua "longa vida de preparação revolucionária ativa" (sic) tinha um sonho que só confessaria na cadeia, muito tempo depois: casar-se e ir morar num sítio no interior da Bahia.

Em meados de 1934, além de Bangu, o novo secretário-geral do PCB tinha dois amigos, ambos no Comitê Central. Um era Adelino Deícola dos Santos, o popular Tampinha. Na sua ficha preparada para os principais dirigentes do Komintern em Moscou, na segunda metade da década de 30, Tampinha (que preferia assinar papéis com o codinome mais respeitável de Wilson) é descrito como um dirigente que recusava missões muito importantes, "pois sofria de ataques nervosos de medo".[41] O outro era uma personagem cuja atuação nos bastidores foi fundamental, uma figura descrita sempre como sinistra, arrogante, desagradável e até misteriosa, com quem Miranda formou a dupla que controlava o PCB: Honório de Freitas Guimarães, o "Martins" ou "Lima", seus dois pseudônimos mais conhecidos. Ele é outro ator cujo antigo relacionamento com Prestes, datando de 1930, seria mais tarde motivo de constrangimento para o chefe do levante de 1935, e talvez por isso negligenciado pela copiosa literatura ligada ao partido.

Honório teve uma vida repleta de atribulações. Nascido em 8/7/1902 em Petrópolis, era filho de um advogado que pouco exerceu a profissão. Seu pai casou-se com a herdeira única (a irmã se suicidou porque não a deixaram se casar com um homem pobre) de ricos proprietários rurais, mulher de caráter dominador que internou os filhos em Eton, tradicional escola da elite inglesa. A alentada autobiografia de trinta páginas deixada por Honório em Moscou lê-se como uma sessão de tratamento psicoterapêutico, papel representado no caso pelo Departamento de Quadros do Komintern. "Sendo o mais jovem, mas excessivamente tímido e sensível, eu não era o preferido de ninguém. Minha irmã e meu irmão sempre repartiam entre si a melhor parte, e como minha mãe só se preocupava em acumular capital, os melhores presentes que recebemos eram sempre *um só* para os dois irmãos. E era sempre meu irmão, mais forte de personalidade e fisicamente, que os tomava."[42] A morte da avó privou Honório da única pessoa que lhe dava provas evidentes de afeto e contribuiu para reforçar a revolta latente.

Com o único amigo que fizera em Eton, rompeu com tudo de maneira radical: foi procurar diamantes em Rio das Garças, na fronteira de Mato Grosso com Goiás, naquela época distante do Rio dois dias de trem e mais trinta dias a cavalo. Quatro homens partiram, dois desistiram no quarto dia de marcha a cavalo. Em Rio das Garças, Honório trabalhou como garimpeiro de aluvião, perdeu tudo e voltou para o Rio quinze quilos mais magro e com malária. Tinha 22 anos e permanecera um ano e meio na região do Araguaia.

Nunca mais teria calma. Foi voluntário do governo contra a revolução paulista de 1924, mas não quis ficar no Exército. Com o irmão e um outro inglês tentou explorar pedras semipreciosas em Minas Gerais. Largou a mineração para se casar com Maria de Figueiredo, a filha do conde de Figueiredo (em Moscou alguém assinalou em vermelho que o conde fora um dos organizadores do Banco do Brasil e ligado à casa dos Rotschild em Londres). Experimentou ser gerente de uma fazenda, e de novo abandonou tudo a fim de passar uma temporada com a mulher em Paris. Maria fora educada na França, possuía cultura muito mais sólida que a de Honório, a quem colocou em contato com literatura de esquerda. Ambos continuavam recebendo mesadas dos pais. Na volta, tomou emprestados 50 mil francos (cerca de 3500 dólares) e tentou o ramo da exportação de laranjas, perdendo tudo na crise de 1929. "Essa foi a minha última tentativa de ganhar dinheiro", escreveu. Nessa época sua mulher recebeu uma pequena herança de 20 mil francos, com a qual compraram um sítio em Santana de Japuíba, no estado do Rio.

No final de 1930, o cunhado de Honório, Afonso de Figueiredo (um dos que abandonaram no começo a aventura de catar diamantes, em 1921), ligou-se a Prestes em Montevidéu e levou o casal para conhecê-lo. Passaram a ajudar na organização da Liga de Ação Revolucionária, com Costa Leite, os irmãos Meirelles e Miranda — cinco anos mais tarde todos estariam envolvidos no levante —, transformando o sítio em gráfica e esconderijo. Logo surgiram graves divergências sobre a participação do PCB na Liga. Honório era a favor, e escreveu a Prestes sobre isso, mas Afonso não queria nenhum "controle do partido" sobre a organização recém-criada (de qualquer maneira, o PCB tinha ordens de seus instrutores em Montevidéu para evitar Prestes e a LAR). Honório e Miranda já eram amigos, viviam e trabalhavam juntos no sítio ou no subúrbio carioca da Penha quando Afonso chegou de Montevidéu com a notícia de que era para entregar tudo ao partido, especialmente a gráfica. Miranda aderiu ao PCB afirmando ter rompido definitivamente com Prestes. No final de 1931, Honório e mulher também haviam se filiado ao partido, ao qual entregaram uma nova tipografia comprada com o dinheiro da venda do sítio.

Em 1932 uma tragédia pessoal atingiu Honório. Maria de Figueiredo sofreu um derrame cerebral e morreu no início do ano seguinte, deixando-o com uma menina de quatro anos e um menino de ano e meio, que ficaram com os avós paternos, os quais continuavam a sustentá-lo. Com as mesadas e o aluguel de um imóvel, Honório dispunha de cerca de três contos (pouco mais de trezentos dólares, na época), que acabavam reforçando a caixa do partido, daí seu conhecido apelido de "Milionário". Regularmente pedia à sogra "dinheiro para as crianças", que ia para o PCB. Foi preso pela primeira vez em meados de 1931 ao defender da polícia o orador de um comício no Rio. A sogra pagou a fiança, e a partir daí Honório nunca mais saiu da clandestinidade, adotando o pseudônimo de Martins. Desde 1932 ocupava funções importantes na hierarquia, como secretário técnico, membro do comitê de autodefesa, instrutor da importante célula da Light e organizador da principal tipografia clandestina, onde era confeccionado o jornal do partido, o *Classe Operária*. Além disso, coletava as doações de simpatizantes da burguesia e pequena burguesia.

Nessa época Miranda estava preso na ilha Grande, de onde conseguiu fugir no final de 1932. Antes de reencontrar Martins, comprou uma navalha. Soubera pela ex-mulher de um militante (Souza) que Martins qualificara sua origem social como "semifeudal". Ambos não chegaram a brigar abertamente, e em maio de 1933 voltaram a trabalhar juntos no Rio. Martins transferiu a Miranda a função de secretário de finanças, sobretudo a tarefa de arrecadar dinheiro junto aos "simpatizantes israelitas". Graças a seus contatos com a burguesia, Martins arranjou um emprego regular para Miranda enquanto ambos cuidavam da gráfica ilegal.

Em julho de 1933, vítima de uma delação, Martins foi preso com outros trinta militantes. Nova intervenção de sua família permitiu que ele não fosse interrogado, mas apenas "deportado" para a Bahia, enquanto os outros eram mandados para a temida colônia penal da ilha Grande. Quando conseguiu retornar da Bahia, no começo de 1934, Martins encontrou Miranda como secretário nacional de organização (ou seja, logo abaixo do secretário-geral) — colocado nessa função vital por proposta de Jolles. Ambos retomaram o velho trabalho em conjunto: imprimir jornais e recolher dinheiro. O plano de arrecadar 2500 mil-réis por mês e aumentá-lo todo mês em 1500 mil-réis foi logo ultrapassado. Às vésperas da I Conferência Nacional do PCB, em julho de 1934, o partido arrecadava no Rio cerca de 8 mil-réis por mês (então apenas uns 600 dólares, devido à inflação).

A dupla Miranda—Martins funcionava bem. Entendiam-se sem dificuldades e participaram juntos de uma "depuração" de trotskistas em São Paulo. O resultado dessa intervenção, apoiada por Jolles, foi o afastamento dos concorrentes ao cargo de secretário-geral, ocupado finalmente por Miranda em julho de 1934. Martins tomou então seu lugar como secretário nacional de organização, assumindo também a direção do Comitê Regional do Rio de Janeiro. Outro aspecto curioso da dupla era a submissão do viúvo Martins a decisões que Miranda e colegas de direção tomavam sobre sua vida sentimental. Isto ocorreu pela primeira vez em São Paulo, na ação antitrotskista, durante a qual Martins conheceu uma simpatizante, Linda, cunhada do jornalista Osvaldo Costa. Miranda proibiu, contudo, que Martins vivesse com a moça, argumentando que ela era ''pequeno-burguesa''. Diante do fato de que outros colegas de direção também não tinham companheiras, começando por Miranda, Martins concordou.

Às vezes surpreende constatar, nos arquivos em Moscou, o tipo e o grau dos detalhes que o Departamento de Quadros da Internacional e a polícia política soviética colecionavam sobre os participantes — tanto dos mais graduados quanto dos secundários — de movimentos comunistas. Mais do que qualquer outro fator, em Moscou atribuía-se especial importância a elementos como origem social, laços familiares, relações amorosas e amizades na explicação de comportamentos e atitudes políticas. A solidez ideológica não importava tanto — por vezes nem sequer era levada em conta — quanto as amizades certas, sobretudo na esfera pessoal.

Anos mais tarde, Moscou tentou reconstituir, por exemplo, a vida amorosa de Jolles no Rio. O quadro, elaborado a partir de indicações proporcionadas por vários comunistas brasileiros — sempre bastante prolixos quando se tratava de informar sobre a vida pessoal alheia —, foi, por assim dizer, bastante movimentado e confuso. Depois de uma briga pessoal com o jornalista Osvaldo Costa, de quem tentou tomar a mulher, Jolles dedicou-se à esposa de um ''burguês simpatizante do partido'', de sobrenome Carvalho, e irmã de outro indivíduo colocado na mesma categoria, Américo Dias Leite. Jolles chegou a enviar este último e um amigo de Américo, Tomás, a Paris em busca de um visto para a União Soviética, que lhes foi negado. No Rio, ele, o ''burguês'' Carvalho e esposa passaram a viver um clássico triângulo amoroso, com Jolles morando na casa dos dois. Carvalho oferecia um ''palacete em Copacabana'' para reuniões da direção do partido e propôs a Jolles a criação de uma ''célula do PCB para industriais''. Participou, segundo os informes que Fernando de Lacerda prestou em Moscou, como ''ajudante de organização'' em reuniões da direção do partido. Nesse momento, Miranda estava fora do país, chefiando uma delegação a Moscou. Em novembro de 1934, o PCB estava nas mãos dos bons amigos Jolles e Martins — até Jolles conceber outros planos, que contribuiriam ainda mais para transformar a direção do PCB em um ninho de intrigas, suspeitas e fofocas.

Com o passaporte brasileiro nº 3805 em nome de Adalberto Andrade Fernandes, Miranda seguira no começo de setembro de 1934 para a Europa à frente da delegação brasileira chamada a participar do VII Congresso da Internacional, que seria adiado para julho-agosto de 1935. O adiamento surpreendeu as delegações já a caminho também da Argentina, Peru, Uruguai, Chile, Equador e Bolívia. Aproveitando a presença dos latino-americanos em Moscou, foi organizado um encontro que passou para a história como a III Conferência dos partidos comunistas latino-americanos.

Os outros integrantes do grupo chefiado por Miranda eram, além de Bangu, o dirigente nordestino Caetano Machado (''Alencar''),[43] um dos principais responsáveis pelos levantes no Recife em 1935, o marítimo Elias Reinaldo da Silva (''Souza'' ou ''André''), e o dirigente Valdevino de Oliveira (''Marquez'', ''Divino'', ''Loureiro'' ou ''Barboza''), todos membros do Comitê Central, na época composto de quinze pessoas. Como então era costume, levavam costurada no forro da roupa, em um pedaço de pano branco, a ''credencial'' do partido: duas frases datilografadas (''o portador desta é o camarada Fulano de Tal'') com um carimbo vermelho do Comitê Central e assinadas por ''Alonso, instrutor do BSA'' e ''Wilson [Tampinha, ou Adelino Deícola dos Santos], secretário interino do PCB''.

Chegando a Moscou, a primeira atividade a que todos se dedicaram foi preencher formulários confidenciais, as famosas *anketas* (''questionário'', em russo), às quais deveria ser acrescentada uma autobiografia escrita de próprio punho. Havia uma observação lembrando o militante de que todas as informações deveriam ser as mais minuciosas e precisas, devendo-se indicar no final nomes que pudessem comprová-las. Dava-se especial ênfase a pontos como ''origem social'', ''relacionamento com pessoas de outras classes'' e, sobretudo, ''prisões e punições''. Um período na prisão podia ser um indício tanto de que o militante era sério e dedicado como, por outro lado, de que se transformara em colaborador de aparatos repressivos.

Em Moscou os delegados brasileiros foram sabatinados exaustivamente pelos dirigentes do Komintern, entre eles Manuilski, Prestes (então já um membro do EKKI), Kuusinen, Guralski, Sinani. Foi um acontecimento a que se atribuiu razoável importância, pois as transcrições em cinco idiomas das intervenções ocupam milhares de páginas bem finas no Arquivo Histórico em Moscou. Conforme relatariam mais tarde Prestes e Bangu, de fato as discussões em círculo aberto foram de caráter genérico (e excepcionalmente maçantes). Abordaram-se temas abrangentes como luta no campo, organização sindical ou caráter da revolução nos países sul-americanos — da maneira esquemática e primitiva, repleta de fraseado oco, característica daqueles militantes.

Exemplo bastante elucidativo do comportamento dos dirigentes brasileiros em Moscou fornece a ata de transcrição do encontro que mantiveram com Manuilski na manhã de 3 de novembro de 1934.[44] Embora ocupasse desde muito pouco tempo (julho daquele ano) o cargo de responsável pelo trabalho sindical, e advertisse não estar em condições de fornecer quadro completo da penetração do PCB no movimento trabalhador, isto não impediu Souza (Elias Reinaldo da Silva) de afirmar que o partido controlava alguns dos sindicatos mais importantes do Rio: por exemplo, o dos ferroviários, com 15 mil trabalhadores, o da Leopoldina, com 11 mil, ou o da Light, com 26 mil. O partido exercia "forte influência" em outras organizações de trabalhadores, como a dos metalúrgicos (15 mil), construção civil (4 mil sindicalizados entre 35 mil trabalhadores), motoristas (11 mil) e União Têxtil (30 mil), embora, de acordo com o próprio Souza, em nenhum desses sindicatos existissem mais de cinqüenta comunistas.

A primeira intervenção foi de Sinani, solicitando informações sobre os cinco principais setores nos quais se concentrava o trabalho sindical do partido. Central do Brasil, Leopoldina, Light, marítimos e estivadores eram pontos onde o partido tinha muita influência ou formava a principal oposição, segundo Souza. O problema era justamente a cidade mais industrializada do país, São Paulo, onde o PCB perdia em influência para uma "federação de sindicatos anarquistas com grande tradição de lutas". Quando Manuilski quis saber quantos sindicatos faziam parte dessa federação, Souza não possuía dados concretos. Em compensação, o PCB "tinha" no Nordeste os sindicatos dos garçons, dos trabalhadores nos serviços de água e gás (com 74 membros do sindicato), transportes (275 membros), da Tramway (2600 adesões) e vários sindicatos em cidades isoladas. Um típico diálogo dessa reunião:

Queiroz [*Miranda*]: Três vezes o sindicato dos estivadores União e Resistência foi fechado, e por três vezes os trabalhadores o reabriram a força.
Souza: Nesse sindicato tem um retrato do Lenin.
Manuilski: Mas quantos trabalhadores nós temos na União Geral?
Queiroz: A maior parte ou quase tudo.
Manuilski: Mas quantos, 300 mil?
Souza: Na CGTB mais de 100 mil.

Manuilski perguntou então qual era a linha do partido em relação aos sindicatos filiados ao Ministério do Trabalho: conquistá-los ou rachá-los? Com muita segurança, Souza disse que o partido aprendera a "conquistar as massas ao integrar-se ao trabalho dos sindicatos filiados ao Ministério do Trabalho", mas preferiu deixar que Miranda respondesse a outra pergunta: quem dirigiu as principais greves nos últimos tempos, foram vitoriosas ou não e que resultados trouxeram aos trabalhadores? Miranda falsamente caracterizou o Ministério do Trabalho e seus sindicatos, que teriam influência decisiva no movimento trabalhista nas décadas seguintes, como um "exército em retirada cujas reservas ainda permitem uma grande capacidade de manobra".

A prática de elaborar relatórios fantasiosos não era um privilégio destinado apenas aos camaradas soviéticos. Em julho de 1934, numa reunião nacional do PCB no Rio, Souza havia feito um relatório exageradamente otimista sobre seu próprio trabalho à frente do setor militar, que herdara no final de 1933 de Miranda. Martins, que acabara de assumir também esse setor, com a ida da delegação brasileira para a Europa, constatou que no Rio o trabalho de infiltração nas Forças Armadas "era muito débil, sem perspectivas concretas para se desenvolver". Não havia mais do que quatro ou cinco células no Exército, uma na Polícia Militar e uma ou duas na Marinha. Havia meses que o jornalzinho do setor deixara de ser editado. As células existentes restringiam-se, quanto ao Exército, a um batalhão de sapadores, à escola de aviação, ao serviço geográfico (não combatente), aos empregados militares do quartel-general (não combatentes). Na Marinha havia uma célula no cruzador *Rio Grande do Sul*. Os comitês de setor do Exército, Marinha e da Polícia Militar também estavam desorganizados e não funcionavam havia mais de três meses.

Quanto ao secretário da Comissão Militar do PCB, Nepomuceno, "era um velho quadro muito devotado ao partido mas que se sentia desclassificado pelo fato de ter perdido seu emprego como ferroviário já há muitos anos. Muito sectário, sem perspectivas revolucionárias, ele começou a trabalhar temporariamente na construção de estradas, horas de distância do Rio, estando ausente e deixando seu setor no ar", escreveu Martins, em 1938, sobre a situação do trabalho militar do partido em 1934. "Portanto, a afirmação feita na conferência dos PCs da América Latina, no final de 1934, de que a influência comunista chegava a 70% das Forças Armadas, era enormemente exagerada. O trabalho era ainda muito recente, insuficientemente consolidado do ponto de vista ideológico e nós não sabíamos utilizar as possibilidades legais para o trabalho de massa. Em julho/agosto de 1934 nosso trabalho nas Forças Armadas, mesmo no Rio, era insuficiente e mal organizado", prosseguiu.

De acordo com Prestes, Miranda fora o responsável por fornecer a Moscou informações exageradas sobre o setor militar. No papel, Miranda deixou apenas um relatório, escrito à mão em folhas arrancadas de um bloco, com data de 30/11/34, sobre a estrutura e os contingentes do PCB. Trata-se provavelmente das mesmas informações prestadas verbalmente. De acordo com Miranda, o partido tinha, em julho de 1934, cerca de 3 mil membros ativos e 250 células, das quais cerca da metade em indústrias. No Rio e Niterói, 80% das células estavam em fábricas. Contudo, "nenhuma comissão se ocupa do estudo dos quadros do partido, na prática os dirigentes conhecem [os quadros] principais e distribuem o trabalho entre os melhores elementos''. Na luta contra a infiltração policial (que os comunistas chamavam de ''provocação''), Miranda parecia muito preocupado com alguns grupos de imigrantes, contando como fora possível desmascarar em São Paulo um tal de ''Isaac, que se dizia professor de marxismo''. ''Apareceu muitos provocadores bastante hábeis, sobretudo no meio israelita, donde tem vindo mais provocadores no Brasil, e dos poloneses'' (sic).

A organização precária do PCB e a vulnerabilidade de suas estruturas clandestinas não constituíam novidade para os especialistas soviéticos. Mostrando em relação ao Brasil cuidado e interesse não registrados para nenhum dos demais partidos participantes, decidiram que era hora de mudar radicalmente as coisas. No dia 5 de dezembro de 1934, o então chefe do Departamento de Quadros do Komintern, Boris Kraevski — um amigo antigo de Felix Djerjisnki, o fundador da Checa — reuniu dirigentes do PC brasileiro em Moscou para discutir ''provocação e conspiração'', ou seja, defesa contra infiltração e técnicas de trabalho ilegal, num esforço que prosseguiria ao longo dos dois anos seguintes.

A transcrição estenográfica da conversa de Kraevski com os dirigentes brasileiros sobreviveu num arquivo em Moscou. Em primeiro lugar, Kraevski ouviu de Caetano Machado, Souza e Marquez longas narrativas sobre casos anteriores nos quais ''agentes infiltrados'' da polícia foram ou não desmascarados pela liderança do partido (a coisa é complicada, pois antigos dirigentes caídos em desgraça muitas vezes eram rotulados de ''provocadores policiais'', embora jamais tivessem sido colaboradores da polícia). Depois, o veterano agente passou a dar conselhos óbvios aos brasileiros: ''Se alguém for preso e a polícia começar a dizer que ele falou não acreditem imediatamente, vocês têm de fazer uma investigação''. Na frase seguinte, Kraevski passou a recitar o ABC do stalinismo: ''Para fazer uma investigação o partido precisa ter uma comissão nomeada especificamente para isso, e que seja ligada ao Comitê Central. O mínimo de pessoas nessa comissão é três, uma delas vinculada diretamente ao Secretariado, e de total confiança. Essa comissão nada decide, mas apenas apresenta o caso ao secretário''. Não seriam necessárias comissões regionais, sendo melhor concentrar tudo nas mãos de uma comissão nacional. As células também poderiam participar de investigações (''quando um militante for preso é necessário imediatamente colocar alguém do lado dele, para recolher informações''), mas o correto seria encaminhar o assunto a alguém nomeado pelo Comitê Central.

Kraevski referiu-se nessa conversa ao período em que trabalhou junto à Juventude Comunista do Rio Grande do Sul, queixando-se amargamente da falta de experiência dos militantes. O maior problema, assinalou, é que no Brasil as pessoas "não obedeciam aos princípios do centralismo democrático", que ele explicou aos ouvintes nessa reunião com as seguintes palavras: "Tenta-se eleger para os órgãos de direção pessoas da máxima confiança, as quais, uma vez eleitas, têm de ser obedecidas. Conversas e resoluções dos órgãos superiores, uma vez tomadas, não devem ser de conhecimento das estruturas inferiores. Todas as estruturas têm de obedecer [aos ditames da] conspiração. Mesmo no Comitê Central, nem todos os membros individuais precisam saber quem tomou cada decisão". Kraevski terminou sua palestra com um conselho que provavelmente já era conhecido no tempo em que os homens de alguma caverna começaram a conspirar contra seu chefe: "O mais importante na conspiração é que uma parte do trabalho esteja separada da outra. Quem é responsável pela tipografia não precisa saber onde ela está, nem quais são seus contatos".

Teria sido interessante registrar a expressão fisionômica que se estampou no rosto de Kraevski quando ele soube, poucos dias depois, que dois de seus ouvintes na aula sobre "provocação e conspiração", Souza e Marquez, estavam implicados numa brincadeira que os soviéticos levaram extremamente a sério. Fazendo uma piada de gosto duvidoso, Souza escreveu na mala de Miranda, quando este ainda estava em Moscou, que aquela bagagem pertencia ao "secretário-geral do PCB". Marquez, para completar, colocou dentro da mala algumas moedas soviéticas. Miranda poderia ter se visto em maus lençóis se não tivesse descoberto a brincadeira pouco antes da partida para o Brasil.[45] O próprio Kraevski dirigiu a comissão de investigação, que advertiu Souza formalmente pelo episódio. Foi então que vieram à luz alguns detalhes da biografia de Souza. Nascido em 1905 no Recife, trabalhara na Marinha mercante e estivera nos Estados Unidos e na Alemanha. No partido desde 1931, ao chegar em 1932 ao porto de Hamburgo entusiasmou-se ao ver um navio soviético. Decidiu visitá-lo e acabou preso por 24 dias pela polícia alemã, num episódio do qual não se conhecem todos os detalhes. Souza trazia uma carta e material de um companheiro brasileiro. Devido a esse episódio, a Escola Lenin, para a qual fora recomendado por Miranda em 1934, recusou-lhe matrícula quando da estada da delegação brasileira em Moscou. Curiosamente, talvez por saber como os dirigentes brasileiros intrigavam-se e combatiam-se mutuamente, Kraevski defendeu Souza, apesar de adverti-lo.

Havia outros exemplos de "entendimento" entre os brasileiros em Moscou. Antigo líder do partido, deportado por Vargas com sua mulher e crianças em 1931, Octavio Brandão vivia numa espécie de ostracismo político por culpa de uma mancha negra na sua ficha: dormira duas noites na casa de um "elemento expulso do partido", tentando resolver "dificuldades particulares" com um "traidor do proletariado", segundo a denúncia que o

PCB mandara em 1931 para Moscou. Viajando com seus filhos, sem dinheiro e sem ter para onde ir, aceitara a hospedagem oferecida por Josias Leão, o tal "elemento expulso", então cônsul brasileiro em Bremen, Alemanha. Pior ainda, Brandão deixara de mencionar esse detalhe na sua autobiografia e na *anketa* que preencheu ao chegar à meca do socialismo. Por causa disso, recebeu uma admoestação formal da Comissão Internacional de Controle do Komintern.

Prestes também nutria por ele considerável antipatia, que o levaria mais tarde a qualificar Brandão de "despeitado". Vivendo de salário bem melhor, Prestes tentou ajudar Brandão, confinado num quarto do Hotel Lux com mulher e três crianças pequenas.[46] Sua situação ainda piorou com a chegada de Fernando de Lacerda, que se apressou em escrever um relatório ao Departamento de Quadros no qual descrevia Brandão como "dirigente que não compreendeu os erros do passado e agora não entende se está correta a linha do partido e do Komintern no momento atual". Competindo por conquistar as graças dos dirigentes do Komintern, mais tarde angustiados com a possibilidade de serem apanhados pelos expurgos, temerosos de que no Brasil alguém lhes tomasse a posição, os camaradas brasileiros em Moscou manteriam sempre sua guerra particular.

Foi durante esse encontro dos partidos latino-americanos em Moscou que os brasileiros conheceram o célebre Georgi Dimitrov, um búlgaro que seria eleito presidente da Internacional em 1935. Desembarcara mundialmente famoso em Moscou em 27 de fevereiro de 1934, aclamado herói popular por seu desempenho no julgamento encenado pelos nazistas depois do incêndio do Reichstag, em Berlim, ocorrido em fevereiro do ano anterior.[47] Seu jeito simpático conquistou muitos dos que trabalhavam na Internacional.[48] "Nada nele lembrava um revolucionário profissional, era um gordo com jeito e vozeirão de cantor de ópera, que gostava sobretudo de mulheres", conta Margarete Buber-Neumann, em cujo apartamento, em Potsdam, Dimitrov viveu em 1929.[49] No episódio em que ele e outros militantes búlgaros foram presos pelos nazistas, Dimitrov violou as normas mais elementares de segurança. Em Berlim, ele e seus companheiros foram jantar no Bayernhof, um restaurante muito freqüentado por nazistas; como estavam conversando em búlgaro, acabaram sendo denunciados por um garçom. Como Manuilski e Kuusinen, Dimitrov também se tornaria um hábil jogador nos altos círculos do poder, mas, mesmo nos piores momentos do Grande Terror, permaneceria uma pessoa a quem muita gente tinha confiança suficiente para pedir que interviesse em favor de alguém caído em desgraça.[50] Não era de seu estilo, contudo, buscar confrontos que pudessem colocar em risco sua posição.

Quanto aos resultados da conferência dos partidos latino-americanos em Moscou, popularizou-se a versão de que teria existido um confronto entre Dimitrov, partidário da criação de "frentes populares", e Manuilski, preconizador de insurreições. Não encontrei nenhuma evidência documental de debates nesse sentido. O melhor resumo das conclusões desse evento encontra-se numa proposta de carta-telegrama ao PCB, que deveria ter sido mandada no começo do ano seguinte, 1935. Ela foi preparada e protocolada na Comissão Política do EKKI, e era um lembrete aos dirigentes brasileiros, então já de volta ao seu país e empenhados no cumprimento das diretrizes: "Como se sabe, a conferência latino-americana colocou como palavra de ordem a formação de alianças nacionais de libertação e a constituição de governos nacional-revolucionários provisórios, baseados em frentes únicas populares e amplas, e com a participação de representantes de uma série de organizações e partidos antiimperialistas, como, entre outros, tenentistas, trabalhistas etc."[51]

Entre as conclusões dessa conferência e a decisão por uma insurreição não existia contradição. A "frente ampla popular", lutando para formar um governo "nacional-revolucionário", adequava-se de maneira perfeita à proposta de uma insurreição. Na cabeça de Prestes e dos dirigentes do Komintern, o Brasil vivia uma situação típica de país semicolonial, no qual revoltas populares em regiões afastadas da sede do poder central — como o Nordeste — possuíam exatamente esse caráter de frente ampla, aglutinada em torno de propostas nacionalistas e antiimperialistas, que podiam levar à tomada do poder e à constituição desse "governo nacional-popular provisório", com ou sem a existência de "sovietes" em regiões já rebeladas.

Os preparativos para a operação do Komintern no Brasil antecederam a realização do encontro dos partidos comunistas latino-americanos. Tal como resumidos acima pelos dirigentes em Moscou, os resultados da conferência serviram como justificativa *a posteriori* para a decisão de organizar os levantes. A escalação da equipe enviada por Moscou à América do Sul e os preparativos para sua instalação no teatro de operações ocorreram antes mesmo da partida dos dirigentes brasileiros rumo a Moscou, onde haveria a III Conferência. É facilmente compreensível também o fato de o PCB jamais ter sido envolvido nessa fase inicial: aos olhos de Moscou, o PCB era uma organização em alto grau suspeita e perigosa. Aliás, nos outros episódios nos quais se envolveu, na Alemanha ou na China, o Komintern sempre manteve os partidos locais propositalmente de fora da fase de planejamento.

Cabe aqui desfazer outra operação de despiste montada por Prestes. Trata-se de sua afirmação (que vários autores recusaram-se a levar a sério) de que a ida de Arthur Ewert para o Brasil fora decidida durante a estada da delegação brasileira em Moscou, no final de 1934, quando o secretário-geral do PCB teria solicitado o envio de um "assessor". Um telegrama cifrado e secreto enviado por Rodolfo Ghioldi de Buenos Aires para Moscou, em 23 de julho de 1934, afirma que já então estava aguardando a chegada de Ewert na capital argentina. Ou seja: a partida de Ewert fora decidida antes mesmo que a delegação brasileira saísse para a Europa. Quando ele seguiu para sua missão, a delegação do PCB nem sequer havia chegado a Moscou. O sentido do despiste tentado por Prestes era o de minimizar o quanto pudesse o significado dos preparativos tomados em Moscou.

Interessante é que os rastros deixados pelo próprio Prestes durante sua intensa participação nos preparativos *antecedem* a chegada a Moscou dos delegados brasileiros. Em outubro de 1934, escreveu várias cartas (utilizando o pseudônimo de "Almeida") a "Frédéric", em Paris. Numa delas, depois de agradecer o envio de revistas de moda e agulhas de gramofone para suas irmãs — esse detalhe já bastaria para identificar Prestes, além de sua letra inconfundível e o modo como invariavelmente iniciava suas cartas, indagando ou desejando saúde ao destinatário —, Prestes perguntava se não conheceria uma autoridade consular brasileira capaz de conseguir um visto para "um amigo". Tratava-se de um comerciante austríaco e sua mulher, explicou Prestes, de nome Franz Gruber (pseudônimo que ficaria célebre na história do movimento de 1935). No dia 7 de novembro seguiu de Paris para Moscou uma resposta positiva: Gruber poderia, ajudado pela rede de Prestes, entrar em contato com o consulado brasileiro.

Outro fato que mereceu pouca atenção na literatura foi a ida de Silo Meirelles a Moscou, em outubro de 1933. Desde os tempos de exílio em Buenos Aires e Montevidéu, ele era um dos mais íntimos amigos e pessoa de confiança de Prestes. Nascido em 1900, filho de uma família de alta classe média, militar, membro do PCB desde 1932, tinha mais três irmãos, Francisco, Antonio e Ilvo. A família inteira era totalmente dedicada e fiel a Prestes. Além de Silo, os outros três irmãos eram filiados ao partido. A irmã, Rosa Meirelles, era grande amiga de Miranda, e casada com o major Costa Leite, íntimo de Prestes. Quando Silo foi preso, após o desastre de 1935, na sua ata arquivada no Departamento de Quadros do Komintern constava que a expulsão do partido de seus dois irmãos, Francisco e Antonio, devera-se ao "sectarismo da organização". Quanto a Ilvo, seria o mensageiro e último homem de confiança de Prestes quando este tentava escapar da polícia, entre dezembro de 1935 e março de 1936. Na mesma ata, estritamente confidencial, redigida em 29/11/35, há uma interessante menção ao "trabalho secreto para o BSA", realizado por Silo Meirelles. Pode-se argumentar que esse trabalho secreto ocorrera antes de sua ida a Moscou (provavelmente a chamado de Prestes). Bastante claros, porém, foram os entendimentos entre Prestes e Silo quando estavam sendo concluídos os preparativos em 1934: Silo ficaria no Nordeste, "pois ele era de lá".[52] E para o Nordeste estava prevista a ação principal.

Para formar sua rede secreta de apoio e infiltração, Prestes precisava, por motivos de segurança, estabelecer um canal de comunicações totalmente independente daqueles que o Komintern já possuía na Europa Ocidental (e dos quais o principal, na Alemanha, tinha sido destruído, com os agentes obrigados a se retirar às pressas para Amsterdam, Copenhagen e Paris). Era necessário estabelecer endereços para correspondência cifrada por via aérea, já que o tráfego por rádio e telegramas permanecia um monopólio absoluto e intocável do OMS. Como sempre, Prestes valeu-se de velhas amizades, tratando de envolver ao mínimo o PCB. Novato e inexperiente no campo, violou regras fundamentais desse tipo de trabalho clandestino.

Frédéric, nomeado seu principal representante em Paris, e a quem desde o começo de outubro Prestes anunciava por carta o "enorme progresso de nossa gente", não era outro senão Afonso de Figueiredo, irmão da mulher de Martins, e na Europa por insistência da própria mãe, preocupada com a segurança do filho no Brasil. Figueiredo mantinha contato em Paris com vários outros comunistas latino-americanos, sobretudo Ghioldi, e possuía todos os endereços conspirativos na América do Sul. Figueiredo recebia cartas da Argentina, Uruguai e Brasil e retransmitia apenas as cópias a Moscou, ficando com os originais. O mesmo acontecia no caminho inverso.[53] Falando muito bem francês e inglês (cursara a universidade na Inglaterra), Figueiredo era homem de posses e tinha dois apartamentos para encontros em Paris, mas seu verdadeiro endereço ninguém sabia, nem mesmo Inês, escalada por Moscou para fazer o serviço de ligação e transporte de passaportes e vistos entre Moscou e Paris.

Uma das principais tarefas de Figueiredo era conseguir os aparelhos nos quais Prestes ficaria após entrar clandestinamente no Brasil, e resolveu confiar em quem não conhecia: Américo Dias Leite, que Jan Jolles havia mandado do Brasil para Paris, no final de 1934, em busca de um visto para Moscou que jamais foi concedido. Com Américo seguira um jovem estudante, chamado Tomás: foi ele quem alugou o primeiro aparelho no qual Prestes viveu no Rio. Somente ao investigar as causas do desastre no Brasil, Moscou percebeu, atônita, que a rede montada por Prestes nada mais era do que o mesmo grupo de pessoas que os soviéticos começavam a considerar suspeitos.

Frédéric avisou regularmente o Brasil da passagem por Paris de alguns militantes, como Miranda, e pediu que no Rio de Janeiro alguém fosse ao navio *Florida* receber o casal Gruber, um comerciante que ia pela primeira vez ao Brasil e precisava morar num bairro onde não fizesse tanto calor. ''Ele conversou longamente com Almeida Castro (pseudônimo de Prestes) sobre as possibilidades de negócios (colocação de motores) no Brasil'', escreveu Figueiredo,[54] num belo eufemismo para quem só entendia mesmo da colocação de bombas.

Tudo andava bastante atrasado. Logo ao chegar a Buenos Aires, Arthur Ewert lançou o tradicional apelo dos enviados do Komintern: onde está o dinheiro? Num telegrama do final de outubro para a Maison, Ewert menciona o fato de que Ghioldi havia levado para Moscou um endereço para a transferência de fundos. ''Por que vocês não o utilizam?'', perguntou. Sua principal indagação, porém, referia-se ao paradeiro dos ''dois representantes'' (um casal de agentes soviéticos) e do ''técnico'' (eufemismo para especialista em sabotagem). A julgar pelas dúvidas de Ewert, a equipe deveria ter chegado na América do Sul muito mais cedo. Ele precisava comunicar com urgência ao casal de ''representantes'', que perdera de vista ao deixar a Europa Ocidental em outubro, qual a melhor maneira de entrar em Montevidéu ou no Brasil. ''Quem não tiver boas referências policiais e documentos em ótimo estado é melhor viajar apenas de primeira classe'', telegrafou Ewert, propondo que ''todos cheguem primeiramente à Argentina, pois o consulado no Uruguai está criando dificuldades''. O primeiro telegrama que Ewert enviou da América do Sul para Moscou e assinado com seu novo pseudônimo para tráfego telegráfico, ''Albert'', é do dia 12 de novembro de 1934 (quando estava em pleno curso a conferência dos partidos latino-americanos em Moscou). Três dias depois, mandava de Buenos Aires a senha para os enviados de Moscou: dirigir-se à Farmácia Devto, Asunción 4199, e lá perguntar por Paz, apresentando-se como ''Castro''. ''O contato será estabelecido.''

Em 14 de dezembro de 1934, por fim, seguiu um telegrama para Buenos Aires despachando Ewert para o Brasil. O ''técnico especialista'' já estava a caminho. O casal de agentes, após dificuldades para obtenção do visto brasileiro, também. Numa pequena folha de papel manuscrita, Manuilski controlou a partida de ainda outros enviados, anotando ao lado do pseudônimo a data da saída da URSS: Inês, 16/12; Silo Meirelles, 20/12; Caetano Machado e Ghioldi, 22/12. Em 14 de dezembro deveria ter ocorrido a partida de Prestes, adiada para o dia 29. Apenas Manuilski e o amigo Julio Gomez foram à festa de despedida no apartamento onde Prestes morava com a mãe e quatro irmãs. No papelzinho onde Manuilski confirmou a saída de Prestes do país, estava ao lado mais um nome: Zarkoivich. Era provavelmente o pseudônimo de uma jovem alemã que Manuilski tomara emprestado de um dos serviços secretos soviéticos: Olga Benario.

4
OS PROFISSIONAIS

★

Johann (''Jonny'') de Graaf já era um veterano ao chegar à União Soviética, em janeiro de 1930. Faltava transformá-lo num profissional, e por isso o puseram na escola de bombas e sabotagem do Komintern. Saíra da Alemanha por ordem do partido. Não podia pôr os pés na rua depois de ter participado de um motim na esquadra, dois levantes armados, e sofrido cinco detenções e quatro condenações, uma por alta traição.

Jonny era do tipo durão. Nascera numa pequena cidade no Norte da Alemanha, Nordenham, em 11 de maio de 1894, e despediu-se bem cedo do pai, um músico descendente de holandeses. Como uma personagem de Jack London, aos catorze anos largou também dois irmãos, uma irmã, bom número de primos e primas (uma delas ainda vivia em Nordenham, aos 96 anos, em 1993) e a escola primária no porto de Wilhelmshaven, bem perto de onde nasceu. Tudo ali girava em torno de navios e mar. Jonny empregou-se como grumete num barco alemão, e nunca mais voltou para casa.

''Minha escola como jovem trabalhador foi muito dura, como a de todo homem do mar'', escreveu, em 12 de janeiro de 1931, quando entregou sua primeira autobiografia ao Departamento de Quadros do Komintern, em Moscou. Nos quatro anos em que trabalhou em navios alemães, americanos, ingleses, italianos, australianos e holandeses, Jonny foi promovido a marinheiro e agitador político. Quando começou a Primeira Guerra, em 1914, a polícia holandesa prendeu-o em Roterdam, por participação em campanhas antimilitaristas, e deportou-o para a Alemanha.

Considerado ''elemento inseguro'', assim mesmo foi alistado na Marinha de Guerra do Kaiser Guilherme II. Vestindo o uniforme azul-escuro dos 1007 tripulantes do cruzador pesado *Westfalen*, barco incluído na linha principal de combate, tomou parte na maior batalha naval dessa guerra, em Skagerrak, em maio de 1916, na qual o barco seria duramente atingido. Enquanto o almirante Scheer, o comandante alemão, clamava vitória sobre a Royal Navy, a atmosfera entre seus marinheiros era bem outra. "A partir de Skagerrak começou o sentimento antibelicista na Esquadra, em conjunção com o trabalho político do USDP [o partido fundado por Rosa Luxemburg e Karl Libknecht, também conhecido como Spartacus, o qual, em 1919, se transformaria no KPD, o PC alemão], que evoluiu até o motim de 1917", lembrou Jonny. Ele mesmo comandou o motim contra os oficiais, que terminou em desastre. Preso com outros 33 companheiros, foi condenado a cinco anos de cadeia. Saiu dela menos de um ano depois, carregado nos ombros pelos marinheiros que se rebelaram em 1918 (a revolta levou à queda da monarquia alemã).

Nos cinco anos seguintes, até 1923, Jonny integrou milícias de trabalhadores alemães em todos os conflitos armados (foram três). Comandou um batalhão do "Exército Vermelho" na região industrial do Ruhr e iniciou carreira como funcionário do partido (ao qual chegou vindo do Spartacus), "sempre na ala esquerda", conforme fez questão de registrar. Logo tornou-se secretário do distrito de Hamm, conquistando a aprovação de figuras tão opostas entre si como Ruth Fischer e Ernst Thälmann. Alternou períodos de trabalho político com estadas periódicas na cadeia, entre elas por tentativa de subversão das tropas belgas e francesas que ocupavam parte da Alemanha. Preso pela última vez em 1929, ao ser colocado em liberdade condicional o partido achou melhor mandá-lo como emigrado político para a União Soviética.

A primeira temporada de Jonny de Graaf na "escola especial" dirigida por Vassiliev — o centro de sabotagem — durou seis meses. Dali o mandaram como "instrutor" de mineiros alemães na bacia do Don. Em sua primeira missão no exterior como agitador político, em 1931, na Romênia, não se saiu bem. Tinha de trabalhar sob a supervisão do conhecido dirigente húngaro Bela Kun (líder de uma breve república soviética na Hungria, em 1919) e mostrou depressa um traço característico de personalidade: não se adaptava a chefes. Foi preso em agosto desse ano e deportado.

Mas seu professor, Vassiliev, gostava dele. "Graaf é um terrorista nato", disse, anos mais tarde, aos agentes da polícia política que investigavam o caso Jonny. Achava que o alemão deveria ser mandado de qualquer maneira para o exterior. Sua segunda missão consistia em formar uma célula numa base da 3ª Divisão da Marinha britânica, no Sul da Inglaterra. Sobre seu desempenho não há maiores informações, a não ser a observação, incluída numa pasta secreta em Moscou, de que "foi satisfatório".

Jonny deixou seus superiores convencidos de que era o homem certo para ações perigosas. Por indicação de Vassiliev e de Manuilski, um importante recrutador de agentes para os "órgãos competentes", embarcou em janeiro de 1933 para a missão mais arriscada da época: dirigir em Berlim um grupo do Roter Frontkämpferbund (RFB), a organização militar clandestina do KPD. Hitler acabara de chegar ao poder, e pela primeira vez Jonny foi fichado pela Gestapo, que o identificou como elemento de alta periculosidade.[1] Ele conseguiu sobreviver ao esmagamento de todas as organizações de oposição, inclusive as comunistas. Sem aparelhos, dinheiro e bons documentos, fugiu em junho de 1933 para Praga, a capital da então Tchecoslováquia. Levava uma bonita loira de vinte e poucos anos, membro da Juventude Comunista e funcionária do Departamento de Esportes do KPD em Berlim. Seu provável nome era Helena Kruger.

De Praga, então um centro de emigrados políticos alemães, Jonny mandou telegramas desesperados a Moscou reclamando que não tinha recursos para sobreviver e não lhe davam um visto para a União Soviética. Salvou-o da situação o professor de sabotagem, Vassiliev, que lhe conseguiu até mesmo um passaporte soviético. De volta à capital da URSS, Jonny teve o primeiro desagradável encontro com a polícia política (que ainda se chamava OGPU) e a Comissão Internacional de Controle (IKK). Para ambas, os meses que sobrevivera em Berlim, aparentemente sem recursos, estavam mal explicados. Junto de dois outros integrantes dos aparatos militares do partido, Jonny dividira os fundos (cerca de 10 mil marcos) que sobraram de uma organização dissolvida. A "expropriação" teria valido no mínimo a pena de expulsão (os outros dois participantes foram mais tarde fuzilados como contra-revolucionários), mas a discreta intervenção de Vassiliev e Manuilski salvaram o alemão. "Em vista de serviços prestados", recebeu a punição leve de não ocupar cargos de importância por dois anos.

Jonny se transformara num profissional requisitado. Logo no início de 1934, por intervenção outra vez de Vassiliev e Manuilski, recebeu uma nova e difícil missão: organizar grupos de sabotadores na China. "Os chineses que eu treinei destruíram 76 aviões numa base aérea sem sofrer perda nenhuma", escreveria, mais tarde, tratando de se salvar. Em Xangai, sua base de operações, encontrou um velho conhecido de 1921 da Alemanha: Arthur Ewert. "Um intelectual inteligente, que não conseguia deixar de acumular papel", segundo Jonny. Ambos tiveram na China graves desentendimentos, de repercussão a longo prazo.

Esses atritos foram a principal causa dos protestos que Jonny apresentou a Manuilski, em agosto de 1934, quando foi chamado de volta a Moscou e informado que trabalharia com Ewert no Brasil. Queixou-se também a Vassiliev, dizendo que não podia ficar perto de Ewert, mas Manuilski tratou de tranqüilizá-lo. Para a operação no Brasil, disse, haveria um Bureau e Ewert não mandaria sozinho. O responsável pelas operações propriamente ditas era um militar brasileiro, Luís Carlos Prestes. Ele estava no gabinete de Manuilski, ao lado de Guralski (um veterano da América do Sul), em outubro de 1934, quando o chefão da Internacional deu verbalmente as ordens para Jonny, que as fixou no papel, dois anos e meio depois, a pedido de seus interrogadores em Moscou:

> Minha missão:
>
> Treinamento de grupos especiais para sabotagem e treinamento de quadros de combatentes para lutas de rua.
>
> Missão geral:
>
> Tendo em vista as condições políticas e econômicas no Nordeste do país, organizar em um prazo de nove meses a um ano o levante. Mais tarde avançar do Nordeste para o Sul. Em todas as outras partes do país deveriam ter lugar apenas levantes parciais, greves e atos de sabotagem para fixar ali as forças do governo Vargas.[2]

Jonny não era indiferente ao lado material da vida. Deve ter ajudado a seduzi-lo o disfarce que o OMS, a agência secreta do Komintern, imaginou para colocá-lo no Brasil, na primeira e única grande operação sul-americana: embarcaria como um próspero comerciante austríaco, apesar de seu sotaque do Norte da Alemanha, desfrutando da vida, aos quarenta anos, ao lado da jovem e bela segunda mulher (a primeira morrera no começo dos anos 20, e o filho, então com catorze anos, estava internado numa escola em Moscou). O casal recebeu passaportes austríacos autênticos, nos nomes de Franz e Erna Gruber.

Esse disfarce durou quase sessenta anos, driblando a polícia brasileira e os historiadores de vários países. A verdadeira identidade de Gruber surgiu apenas quando foi possível ter acesso aos arquivos soviéticos.

Nem sempre se disseram coisas lisonjeiras sobre os socialistas alemães, donos de algumas das mais poderosas organizações do movimento trabalhador. A Lenin atribui-se a piada de que revolucionários alemães partiam para a ocupação de estações ferroviárias somente depois de comprar o bilhete de acesso às plataformas. A disciplina e o respeito à hierarquia de comando, que tanto caracterizavam esses militantes, eram virtudes que Manuilski costumava resumir numa frase cínica: "Os comunistas alemães temem um desvio de linha mais do que a própria morte".

O período no qual obedecer à linha traçada pelo chefe do partido tornou-se mais importante do que pensar pela própria cabeça mudou decisivamente a vida de Arthur Ernst Ewert, o militante alemão enviado ao Brasil para dirigir com Luís Carlos Prestes o levante de 1935. Foi em 1928 que exigiram de Ewert o sacrifício de sua coerência intelectual. Até esse momento desenvolvera uma sólida carreira no KPD, o mais importante partido comunista do mundo depois do russo. Desde 1924 fazia parte também do restrito punhado de dirigentes do Politburo, e ali dentro integrava o exclusivíssimo Secretariado Político. Esse era o verdadeiro grêmio dirigente do partido, formado por outros três homens além de Ewert. Um deles era o secretário-geral do KPD, Ernst Thälmann.

Ewert e Thälmann tinham pouco em comum. Nascido a 13 de novembro de 1890 em Heinrichswalde (atual Slawsk), na Prússia Oriental (território que passou à União Soviética no final da Segunda Guerra), Ewert fugiu da miséria e emigrou bastante jovem para o Canadá. Ali conheceu e casou-se ainda antes da Primeira Guerra com uma moça alemã de origem polonesa, Elise Saborowski, a Sabo, da qual apenas a prisão no Brasil separaria para sempre. Ewert possuía uma furiosa energia de trabalho. Sua formação intelectual havia se dado de forma quase autodidata, alternando períodos de trabalho braçal com meses mergulhado em bibliotecas. Ao contrário de Thälmann, cujo horizonte geográfico e intelectual jamais excedeu o perímetro do porto de Hamburgo (onde surgiu como líder de estivadores), ao regressar à Alemanha para as revoluções de 1918 e 1919 Ewert era um ativista com ampla visão de mundo. Ele e Sabo participaram de movimentos contra a guerra e tinham sido presos no Canadá em 1918. Quando foi detido pela primeira vez na Alemanha, em 1921, Sabo tinha acabado de ser libertada na América do Norte.

Ewert travou relações com o Komintern em 1923, ano em que os emissários de Moscou desencadeavam a segunda desastrada tentativa de levante comunista na Alemanha. Em seu primeiro envolvimento profundo nas intrigas entre facções rivais, nas quais o KPD se dividira irremediavelmente (com ajuda decisiva dos camaradas de Moscou), seu inimigo eram as "tendências esquerdistas" do grupo reunido ao redor de Ruth Fischer, então a líder do partido.[3] Na maior parte desse período, meados dos anos 20, Ewert viveu na clandestinidade, mas conseguiu ser eleito deputado no Reichstag (Parlamento), em 1927. Bastante conhecido, não só no partido, pertencia a uma facção de dirigentes preocupados em manter abertos os canais de comunicação com organizações políticas e trabalhistas social-democratas — conduta que logo seria decretada tabu pela direção do Komintern. Absolutamente servil em relação a Moscou, Thälmann liquidou primeiro a ala esquerda, depois virou-se contra o grupo dos chamados "direitistas" ou "conciliadores" (aqueles que propunham entendimento com os social-democratas), do qual Ewert fazia parte.

Este aparentemente não se deu conta do quanto os tempos haviam mudado. Talvez apenas muito tarde Ewert tivesse percebido que o KPD se transformara, àquela altura, numa organização sobretudo conspirativa, adaptada à imagem e semelhança do PC soviético e totalmente controlado pelos ''órgãos competentes'', isto é, pelos aparatos ilegais e clandestinos nas mãos da polícia política e dos serviços secretos soviéticos.

O ano de 1928 começou para Ewert de maneira profética, trazendo lições que não deveriam jamais ter sido esquecidas. A primeira ocorreu em 3 de março, numa reunião do Politburo cujo objetivo era analisar as causas do catastrófico fracasso do levante comunista em Cantão, comandado no ano anterior por outro enviado alemão, Heinz Neumann. Na ata dessa reunião do Politburo do KPD ficou registrada, numa frase curta e simples, a lição a ser tirada da experiência chinesa: ''Sem participação das massas não se pode organizar um levante''.[4] A segunda surgiu no meio do ano, durante o VI Congresso do Komintern. Contra a opinião da delegação alemã e de seu chefe, Thälmann, Ewert insistiu em refutar as teses que Stalin obrigara o presidente da Internacional, Nikolai Bukharin, a defender. Na ''questão alemã'', a mais importante do evento, Bukharin considerava a social-democracia um perigo ainda maior para o KPD do que o fascismo. Ewert protestou publicamente contra essa concepção absurda e suicida que acabaria facilitando a subida de Hitler ao poder. Além de Stalin, outro orador que não poupou críticas a Ewert foi o dirigente alemão Walter Ulbricht, que o acusou de exagerar a importância do nazismo.[5]

Ewert foi objeto de uma moção de censura da própria delegação alemã e acabou voltando antes do previsto, de avião, para Berlim, em agosto de 1928. Mais importante era o escândalo por trás da briga entre Ewert e Thälmann, que explodiu com toda violência no Pleno do Comitê Central do KPD realizado em 19 e 20 de outubro de 1928. Devido aos danos que esse material poderia causar à imagem de Thälmann, uma figura cultuada na Alemanha Oriental,[6] o conteúdo dessa pasta do arquivo do KPD só veio a público depois da queda do Muro de Berlim, em 1989. Ela se referia às discussões sobre um caso de corrupção dentro de uma importante organização regional do KPD, ocorrido no começo de 1928 em Hamburgo. O principal implicado era o cunhado de Thälmann, acusado de ter desfalcado a caixa do partido. O escândalo, acobertado por Thälmann, foi publicado em detalhes pela imprensa ''burguesa'' (isto é, os jornais que não pertenciam ao partido). Houve até mesmo uma resolução do Comitê Central, tomada antes da viagem da delegação para o VI Congresso do Komintern, na qual Thälmann era censurado. Por intervenção direta de Stalin, que mandou uma mensagem de Moscou, a resolução do Comitê Central foi anulada, mas havia sido divulgada em parte da imprensa ligada ao KPD.

Quase desnecessário dizer que a oposição praticada por Ewert ganhou contornos quixotescos. O Comitê Central elegeu nessa ocasião um novo Politburo, no qual ele não mais figurava. Considerado como ponto de aglutinação de descontentes com a linha do partido, Ewert foi designado segundo representante do KPD junto ao Comitê Executivo da Internacional Comunista (o EKKI), e transferido para Moscou, onde podia ser controlado e neutralizado. O primeiro representante, e seu chefe, era justamente Walter Ulbricht, que dispunha de excelentes ligações junto aos ''órgãos competentes'' soviéticos. Ironicamente, Ewert teria agora oportunidade de assistir de perto a ''construção do socialismo em um só país'', a fórmula pela qual Stalin refutou a idéia ''trotskista'' de que o êxito da revolução na União Soviética dependeria de eventos políticos semelhantes nos principais países europeus.[7]

Naqueles tempos assumir uma posição crítica à chefia do partido ainda não era sinônimo de imediata condenação à morte, e em primeiro lugar Ewert entrou em férias. Um informe confidencial enviado pelo Politburo do KPD ao EKKI, alguns meses depois, era menos hostil, afirmando que Ewert ''não aproveitou as férias para fazer trabalho sectário'', e que ''no geral é pela linha do partido, mas contra seus métodos internos''.[8] Ele jamais voltaria a ocupar cargos dentro da Alemanha. Sofreu verdadeiro massacre público no congresso do KPD em Berlim—Wedding, a 16 de junho de 1929, e acabou publicando uma breve autocrítica no órgão oficial do partido, o *Rote Fahne* (Bandeira Vermelha), em 1930. ''Minhas posições eram falsas e pouco importantes'', afirmou. Ao lado dessa autocrítica, a direção do partido fez publicar comentário devastador, cinco vezes mais longo. A declaração de bancarrota por parte de Ewert não era suficiente. ''Quem causou tão sérios danos ao partido tem de ser acolhido com desconfiança, não há garantias de que o camarada Ewert tenha abandonado suas posições oportunistas.''

O momento preciso em que Ewert preferiu violentar as próprias idéias a fim de continuar atuando no KPD não ficou registrado. Talvez achasse que, sob outras circunstâncias, ainda conseguiria retornar a postos de confiança e comando. Quem sabe viu-se no mesmo dilema de tantos outros militantes, incapazes de imaginar sua vida política fora do partido. ''Errado ou certo, é o meu partido'', murmuravam para si mesmos. Em público, sua espinha fora quebrada.

Teve início, então, para Ewert uma sucessão de missões no exterior, um dos métodos mais efetivos que o Komintern dispunha para disciplinar ou ''chamar à razão'' militantes acusados de erros. É engano pensar que funcionários ''caídos em desgraça'', como Ewert, fossem mandados apenas para postos sem importância em situações que pouco ou nada significavam nos planos do Komintern.[9] "Funcionários de alto escalão que haviam perdido suas posições nos respectivos partidos eram freqüentemente 'delegados' para outro país, onde tinham de cuidar do estrito cumprimento da linha do Komintern", escreveu Margarete Buber-Neumann, cujo marido, Heinz Neumann, passou várias vezes por essa situação.[10] Referências semelhantes encontram-se em memórias de agentes secretos soviéticos, acostumados a defrontar-se com "enviados do Komintern" colocados sob enorme pressão: trabalhando em países e condições totalmente desconhecidas, em geral sem domínio do idioma local, e obrigados a mostrar serviço para a sede, que exigia rigorosa prestação de contas sobre fundos gastos.[11]

A primeira missão de Ewert no exterior durou apenas um mês. Foi mandado no começo de 1930 a Nova York para "disciplinar" o Partido Comunista americano. Na volta, disse numa reunião com Kuusinen, Manuilski e Piatnitski que não adiantava interferir nas discussões internas do PC americano, que em sua opinião parecia rachado internamente pelo mero gosto em dividir-se.[12] Há um interessante testemunho sobre Ewert, a caminho de sua segunda missão internacional, produzido por Jan Valtin, que encontrou o alemão em Paris, sua última escala na Europa antes de ir pela primeira vez para a América do Sul, no outono de 1930. Ewert não agüentava mais trabalhar com Ulbricht em Moscou e abriu-se com Valtin (que fora seu aluno na Escola Lenin), pois sabia que este ia voltar para a Alemanha e queria alertá-lo.

"Desde que Stalin está no poder o Komintern se transformou", teria dito Ewert. "Obediência hoje vale mais do que iniciativa, exatamente como era no velho exército prussiano [...] nenhum partido comunista tem uma liderança genuinamente nacional. E por quê? Porque Moscou não permite."[13] As críticas de Ewert a Stalin eram fortíssimas, e totalmente apropriadas: "Stalin liquidou a democracia e ficou com o centralismo. Os líderes são nomeados, em vez de serem eleitos. Cada líder se esforça por construir sua própria rede de espiões e seu exército particular, para entender o que está acontecendo. E os congressos? Vou te dizer. Os congressos são convocados quando já é muito tarde, para dar apoio à tirania que vem de cima".[14] Bom comunista, Valtin denunciou Ewert aos aparatos ligados aos "órgãos competentes" soviéticos. Despedindo-se de Valtin, Ewert repetiu que os social-democratas não eram o principal perigo para os comunistas alemães. Ele se queixou de que o estavam mandando para a América do Sul, embora "nada [seria] decidido por aqueles lados".

Esta visão profundamente crítica não impediu que Ewert cumprisse à risca as determinações do Komintern quando assumiu, ao lado de Guralski, a direção do Bureau Sul-Americano em Buenos Aires e, mais tarde, em Montevidéu. Os copiosos relatórios que enviou a Moscou durante 1931 revelam uma curiosa mistura de capacidade de análise e visão crítica associada a clichês de um cego político — por exemplo, sua insistência em caracterizar acontecimentos internos brasileiros como expressão direta "do antagonismo dos imperialismos britânico e americano".[15]

A Argentina e o Brasil eram os dois países que ocupavam o centro das preocupações de Ewert. Fica bastante claro, a partir desses relatórios, que ele levava muito a sério sua posição de "instrutor", isto é, de interventor com amplos poderes para nomear ou demitir funcionários, definir linhas de conduta e obrigar órgãos dirigentes a assumir resoluções e diretrizes enviadas de Moscou.[16] Além, obviamente, de cuidar das finanças e distribuir fundos. Ewert, ao lado de Guralski, afastou impiedosamente dirigentes como Paulo de Lacerda, Octavio Brandão e Astrojildo Pereira da direção do PCB. Durante a estada de Ewert em Montevidéu, em 1931, não foi possível descobrir o menor indício de que ele tivesse se desviado da conduta que Moscou esperava de seus enviados. De qualquer maneira, o período inicial de Ewert na América do Sul não fora um teste decisivo: o Komintern não lançara ainda ali nenhuma grande operação. Isto acontecia naquela época na China, para onde Ewert foi transferido em 1932 — sem que tivesse de trocar de "departamento": Brasil e China eram países semicoloniais, portanto praticamente idênticos, na bizarra lógica da Internacional.

Ewert não fora o primeiro a desembarcar na China sem nenhuma idéia do que estava acontecendo. Talvez ainda se recordasse do longo relatório recebido pelo Politburo alemão no começo de 1928 sobre as causas do fracasso do levante de Cantão no ano anterior. É bem possível que Ewert também tivesse tido acesso a um artigo de quase sessenta páginas que um destacado integrante do aparato militar clandestino do KPD, Otto Braun, escrevera sobre o fracasso dos levantes de 1923 na própria Alemanha. Nesses textos, ele fazia críticas pouco veladas à direção do Komintern, que de fato havia tomado decisões erradas em todas as aventuras políticas, revolucionárias e militares em que se meteu nas décadas de 20 e 30. O caso chinês de 1927 é importante pois contém formas de comportamento dos enviados de Moscou que se repetirão quase à risca no Brasil, em 1935.

Para Cantão foi enviado Heinz Neumann, na época com 25 anos. Ele era um brilhante orador, jornalista e escritor, com dotes literários e enorme facilidade para aprender idiomas (traduzia até poemas do português para o alemão). Sua própria esposa o descreveu como um espertalhão dono de excelente humor e grande capacidade de conquistar mulheres. Era um dos poucos militantes alemães que falava russo e isso lhe garantiu acesso até mesmo ao ditador soviético. Conhecia bastante bem a importância das boas amizades, e tornou-se protegido de Ernst Thälmann, para quem escrevia os discursos (o que era uma vergonha para este, pois na época os líderes comunistas consideravam-se bons teóricos e escritores).

Quando chegou a Cantão com ordens do Komintern para preparar um levante, Neumann tinha uma mala cheia de dinheiro e pouquíssima idéia do que realmente estava acontecendo ali.[17] Junto de seu amigo Besso Lominadze (do grupo de georgianos que gravitava ao redor de Stalin), também enviado a Cantão, não tinha condições de avaliar quais as verdadeiras possibilidades de um levante. Ele mesmo logo deu-se conta, ao chegar, da confusão reinante entre os diversos organizadores e participantes. As instruções de Moscou, porém, eram bastante claras, e ambos passaram a organizar o levante, cumprindo sua missão. Num interessante paralelo com o que aconteceria mais tarde no Brasil, Neumann achou que um levante com forças militares inferiores às do inimigo poderia ter êxito, pois confiava em que, uma vez iniciada a insurreição, os rebeldes contariam com o apoio das massas trabalhadoras. Até mesmo a greve geral, planejada como medida complementar ao levante, foi deixada de lado na crença de que o motim militar funcionaria como poderoso estopim.

Em dezembro de 1927, realizou-se em Moscou o XV Congresso do PC soviético, e nele Lominadze, recém-chegado da China, discursou sobre a possibilidade de um levante em Cantão. O caráter revolucionário do movimento camponês na China, disse Lominadze, se fosse coordenado com o do proletariado, daria condições para que, com um levante, se desencadeasse imediatamente a luta pelo poder. Logo em seguida, Stalin mandou um telegrama para Cantão: "Proceda da maneira que considerar responsável". Estava autorizada a revolução, em outro extraordinário paralelo com os acontecimentos no Brasil, conforme veremos mais tarde: "Com isto ele dera o sinal de partida para o levante e, ao mesmo tempo, com essa formulação, atribuía à direção em Cantão a responsabilidade total caso o plano absurdo não desse certo".[18]

O resultado foi um massacre sangrento no qual o recém-reorganizado PC chinês perdeu milhares de militantes, sacrificados nas ruas ao tentarem cumprir ordens imbecis. Neumann participou dos combates e chegou a ser alvejado por soldados. Salvou-se por ser branco: ao contrário dos comunistas chineses, pôde refugiar-se no enclave europeu localizado nos arredores da cidade. Durante o resto de sua curta vida, Neumann carregaria o apelido de "açougueiro de Cantão". Décadas mais tarde ele foi defendido por Ruth von Mayenburg, uma ex-amiga de sua mulher: "O problema dos enviados era que não tinham nenhum direito de decidir sobre os rumos da ação. O que poderiam contrapor aos ditames da direção ampliada do Komintern, que sempre sabia tudo muito melhor do que as pessoas nos próprios países? Por detrás da direção [do Komintern] estava uma revolução vitoriosa e uma guerra civil. Quando erros 'oportunistas' ou 'putchistas' ocorressem, era problema dos partidos envolvidos reconhecer sua má conduta e seu não cumprimento da orientação recebida''.[19] De fato, Neumann e Lominadze receberam algumas críticas, ao mesmo tempo em que proclamações do partido exaltavam o levante como uma página heróica do proletariado chinês, que com certeza contribuiria ainda mais para o avanço das forças da revolução. E a responsabilidade principal pelo fracasso foi atribuída aos dirigentes do PC chinês.

Enquanto Neumann e Lominadze haviam sido considerados ''esquerdistas'', a turma de enviados para a China no começo da década de 30 compunha-se em boa parte de dirigentes suspeitos de serem ''conciliadores'' (isto é, ''direitistas''). Além de Ewert, estava nessa categoria seu velho amigo Gerhart Eisler e Otto Braun. Assim como no caso de Neumann alguns anos antes, também Ewert estava mal treinado para um trabalho clandestino em país totalmente estranho e que exigia considerável experiência de agente secreto.[20] Ao contrário do que conhecera na América do Sul, dois anos antes, em 1933 e 1934 em Xangai havia um maciço envolvimento não só do Komintern mas também de outras redes secretas soviéticas. A estrutura de trabalho era praticamente idêntica àquela que se tentara implantar nos levantes na Alemanha. Além do serviço secreto do Exército Vermelho, operavam independentemente em Xangai três outros aparatos, que se comunicavam apenas no topo da hierarquia: o ''político'', comandado por Ewert; o ''militar'', dirigido por ''Fred''; e o do OMS, a cargo de um agente soviético. E, desde janeiro de 1934, também circulava por lá um ''especialista'': Jonny de Graaf, encarregado de treinar os chineses nas lides de fabricação de bombas, atos de sabotagem e terrorismo.

''O trabalho coletivo entre os diversos camaradas simplesmente não existia'', relatou Jonny. ''Entre Ewert e Fred ocorriam as piores divergências.'' Ewert havia elaborado um plano de ação para o 19º Exército, que Fred considerara ''oportunista''. Na acalorada discussão que se seguiu, o comandante militar tomou os planos das mãos de Ewert e disse que iria mandá-lo para Moscou. Nesse momento Ewert sacou um revólver e obrigou Fred a devolver o plano. Um dos aliados de Ewert nessas situações era Otto Braun, que também preferia ignorar as instruções do homem da área militar.

Jonny de Graaf não fazia segredos sobre o lado em que estava: contra Ewert. ''Eu sei que o comportamento conspirativo do camarada Ewert não era correto'', relatou Jonny assim que chegou a Moscou, em agosto de 1934, num ''informe especial'' sobre a China:

Ele por exemplo visitava a viúva de Sun Ya-tsen, que estava sob vigilância constante da polícia. Sei que o chefe do OMS protestou várias vezes contra isso, mas sem sucesso. Da mesma maneira, o Comitê Central chinês pediu a volta de Ewert. O fracasso do 19º Exército foi atribuído a um erro de Ewert, que revelou os entendimentos entre nós e o 19º Exército numa entrevista para um jornal, contra a declarada vontade do camarada Fred. Num determinado mês, não me lembro qual, o apartamento de Ewert foi arrombado. Ele disse que sobre sua escrivaninha estavam quatro notas de quinhentos dólares, e que apenas uma fora levada. Ewert achou que esse episódio não passava de um roubo. Eu e Fred, assim como o chefe do OMS, achávamos, ao contrário, que tinha sido uma operação da polícia, durante a qual o agente resolveu levar uma nota. Nessa escrivaninha estavam também documentos, conforme disse Ewert. Seguiram-se prisões de camaradas chineses, justamente aqueles que estavam em contato direto com Ewert. Depois ficamos sabendo que a polícia de Xangai estava na pista de todos os nossos camaradas. Quando retornou a Moscou, Ewert deixou malas cheias de documentos para serem destruídos, mas não sei que documentos eram esses.

O "episódio chinês" voltaria a ter importância depois da prisão de Ewert no Brasil. Em Moscou, enquanto ele se preparava, em setembro de 1934, para seguir de novo para a América do Sul, tal episódio não foi trazido à baila. As preocupações de Moscou em relação a Ewert continuavam sendo as mesmas de seis anos antes. Pouco depois da partida de Ewert para a América do Sul, Manuilski recebeu correspondência secreta de Wilhelm Pieck, ao lado de Ulbricht, o mais poderoso dirigente alemão em Moscou. Pieck estava preocupado em defender-se da acusação de ser também ele um "conciliador" e "direitista", e aproveitou para comprometer Ewert. Pieck relatou a Manuilski uma conversa entre Ewert e pessoas não identificadas, em Copenhagen (por onde Ewert passou a caminho da América do Sul), na qual fora dito que ele, Ewert, tivera toda razão anos antes quanto à tática que deveria ter sido adotada frente à social-democracia.[21] O prazer de uma vitória moral sobre seus adversários tinha pouco significado. Hitler chegara ao poder e estraçalhara com impressionante facilidade o mais poderoso partido comunista do mundo, depois do soviético. Cumpriram-se todas as previsões feitas por Ewert e outros dissidentes da linha adotada em 1928. Thälmann estava na prisão e surgiu, entre os milhares de militantes alemães no exílio, uma oposição "de centro" para evitar que o partido se rachasse em virtude das ordens de Moscou.

Mas a stalinização e subjugação do KPD haviam feito também de Ewert uma vítima. Sob o novo sistema, somente conseguiam sobreviver aqueles que deixassem de pensar por si próprios ou os que se transformassem em cínicos carreiristas. A atitude de Ewert de obediência resignada não era a melhor estratégia para circular no meio dos lobos. Se ainda tinha idéias, o moedor de carne do Komintern o havia feito traí-las. De todas as virtudes de quem lutava pelo comunismo, conforme dizia Brecht, Ewert resguardara apenas essa mesma: lutava pelo comunismo, mas seus atos haviam deixado de refletir suas idéias.

Antes de partir para a derradeira missão de sua vida, no final de 1934, Ewert teve reuniões em Moscou com Manuilski, Prestes, Ghioldi e Guralski.[22] Todos eram velhos conhecidos seus, e o fato de ter sido designado para trabalhar de novo no BSA, desta vez num empreendimento de vulto, deveu-se provavelmente à relação de confiança que estabelecera com Prestes em 1931. Ewert tinha total conhecimento dos planos iniciais de insurreição, como se nota pelo telegrama que enviou a Moscou assim que soube da chegada de Prestes ao Brasil, no começo de 1935: "As condições são boas, vamos agir conforme planejado, mas os preparativos vão levar mais tempo devido às debilidades".[23]

No dia 29 de dezembro de 1934, o OMS (a agência secreta do Komintern) despachou um telegrama confidencial de Moscou para o posto de fronteira da União Soviética com a Finlândia, procedimento de rotina quando era preciso proteger a saída de um agente. Desta vez, os guardas foram alertados para uma jovem com o passaporte espanhol nº 425, em nome de Ana Baum de Revidor. Como sempre, o OMS solicitava para essa pessoa facilidades nos trâmites burocráticos — enquanto existiu, a União Soviética mantinha um dos mais rigorosos sistemas de controle de fronteira do mundo —, sem despertar a atenção ou desconfiança dos outros passageiros no trem. A moça era a alemã Olga Benario, então a apenas dois meses de completar 27 anos. Sua missão: cuidar para que o líder de uma revolução dirigida pelo Komintern, Luís Carlos Prestes, chegasse em segurança ao Brasil.

Grávida de Prestes quando foram presos em março de 1936 no Rio de Janeiro, após o fracasso do levante, Olga foi deportada em agosto do mesmo ano para a Alemanha pelo governo de Getúlio Vargas, que sabia estar entregando uma comunista judia a um regime que já havia adotado bárbaras leis racistas e anti-semitas, para não falar do terror que desencadeara contra todo tipo de adversário. Ao chegar ao porto de Hamburgo, Olga já era esperada pela implacável polícia política, a Gestapo. Numa prisão de segurança máxima, em Berlim, ela daria à luz uma menina, em novembro de 1936, entregue com pouco menos de um ano à avó e a uma tia paternas. Internada a seguir numa prisão-fortaleza e, a partir de 1939, no campo de concentração de mulheres de Ravensbrück, Olga Benario foi assassinada pelos nazistas numa câmara de gás, provavelmente em Bernburg, na Páscoa de 1942, numa das primeiras ações contra "seres de raças inferiores".

Quando caiu o Muro de Berlim e terminou a Guerra Fria, em novembro de 1989, havia na Alemanha Oriental (que desapareceu um ano depois) 83 escolas, sete ruas e uma praça com o nome de Olga Benario. Desde o começo dos anos 50, o SED (o PC alemão-oriental) escolhera essa trágica e curta carreira de militante e mulher como figura de culto. Por conta própria e apoiada num pedido de Prestes, então o líder do PCB, a direção do SED mandou pesquisar em 1950 dados biográficos de Olga Benario.[24] Poderia ter sido a perfeita versão alemã da "mulher de mármore", em referência ao genial filme do diretor polonês Andrzej Wajda, no qual se vê a propaganda stalinista nos anos 50 transformando um trabalhador de carne e osso numa estátua desprovida de traços humanos.

Alguns dirigentes comunistas alemães conheciam desde o final dos anos 30 as transcrições, que eles rubricaram, da maior parte das cartas trocadas entre Olga, Prestes e a família deste, entre 1937 e 1941, rigorosamente protocoladas em Moscou. Isto incluía a farta correspondência com a irmã de Arthur Ewert em Londres, Minna, dirigida também a Sabo (a mulher de Ewert, deportada junto com Olga do Brasil para a Alemanha). Existia desde 1945 um longo e detalhado relatório sobre Olga escrito por uma sobrevivente de Ravensbrück, Maria Wiedmaier, e as fichas extraordinariamente exatas que a Gestapo preparou depois que a prendeu.[25] De Munique, onde Olga nasceu, chegaram a Berlim Oriental relatos de simpatizantes mencionando o fato (que já se conhecia) de que o pai de Olga falecera de causas naturais, em 1932. Soube-se então que a mãe e o irmão também tinham sido presos, deportados e assassinados em câmaras de gás (supõe-se que em Auschwitz), em 1942.

Vivia ainda bastante gente que convivera com Olga, a começar por Otto Braun, seu primeiro namorado, leal ao partido e radicado na Alemanha Oriental depois da guerra. Um punhado de veteranos antifascistas alemães, como eram chamados os comunistas que sobreviveram a Hitler e à guerra (e a Stalin), e que foram morar na RDA, ainda se lembrava de Olga e sua curta temporada de três anos em Berlim, na década de 20 (ela passou seis na URSS, um e meio no Brasil e quase seis nas garras dos nazistas). Resultava disso tudo a imagem altiva, bonita e jovial de Olga, comunista desde os quinze anos, concentrando em si idealismo, romantismo, férrea obediência ao partido, paixão e martírio.

Resultado desse esforço foi, em 1961, a publicação da primeira biografia romanceada de Olga Benario, escrita pela alemã Ruth Werner, que durante três décadas fora espiã a serviço da União Soviética na China, Polônia, Suíça e Inglaterra — então dedicada a uma nova carreira depois que a descoberta de sua rede pela contra-espionagem britânica a obrigara a sair correndo da Inglaterra, quase dez anos antes.[26] Curiosamente, o livro omite o fato de que Olga era judia e que seus familiares haviam morrido em campos de concentração. Parte da narrativa apoiou-se em informações dadas por Prestes, cujo depoimento foi essencial para a segunda biografia-romance de Olga, publicada no Brasil por Fernando Morais, em 1985.[27]

As duas obras, entre muitos pontos, coincidem em apresentar Olga como uma linda jovem de excelente formação teórica e infinita capacidade de entusiasmar pessoas à sua volta. Sobretudo nos períodos de sua vida sobre os quais não havia quase nenhuma documentação — a fase inicial em Berlim e a emigração para a União Soviética —, Olga aparece como uma personagem heróica, dedicada dia e noite ao trabalho de agitação entre jovens, cheia de idealismo e energia, uma personalidade pronta, resoluta, sem dúvidas e enérgica, fundindo a paixão pelo homem amado (Otto Braun, nessa época) com o fervor pela causa revolucionária. Olga heróica do começo ao fim. Ambos os livros renunciaram a uma caracterização apropriada desse momento histórico, conhecido como República de Weimar, e o empenho inicial do PC alemão (o KPD) em sua destruição. Concentrando-se com maior ou menor êxito na fachada dessa figura de tanto apelo, não revelaram a essência da atividade política de Olga Benario, um componente fundamental em sua biografia.

Seu desempenho como militante, sua própria atuação e motivação permaneceram obscuros enquanto não se abriram os arquivos em Moscou. Algumas questões estiveram sempre no ar. Que fundamentos tinha a Gestapo para ter acrescentado na ficha de Olga uma frase que não se encontra com freqüência em documentos desse tipo: "Estaria envolvida com serviço de espionagem militar"?[28] Por que o conhecido relatório de Maria Wiedmaier, a última amiga de Olga no campo de concentração (ambas se conheciam dos tempos de trabalho ilegal em Berlim), fora encomendado pelo Exército Vermelho, que mandou dois oficiais — a primeira instância a se convencer de sua morte (eles assinaram "arquive-se") — para recebê-lo? Por que o interesse tão forte de Olga em usar uniforme? Por que foi ela a escolhida para acompanhar Luís Carlos Prestes?

Olga era uma agente do serviço secreto militar soviético. Fora recrutada oficialmente para o IV Departamento do Estado-Maior do Exército Vermelho — o órgão responsável pela espionagem militar no estrangeiro — em 1932. As provas documentais são irrefutáveis. Sua pasta pessoal secreta em Moscou contém periódicos informes em russo (as famosas *spravkas*), preparados pelo Departamento de Quadros do Komintern, como este, de 7 de setembro de 1937, resumindo os principais dados biográficos: "Na URSS foi para a academia militar e então destacada para o IV Departamento". A melhor comprovação foi deixada pela própria Olga num bilhete manuscrito que assinou e entregou ao então subchefe do OMS, Abramov, no dia de sua partida para o Brasil. Muito correta e, como boa militante alemã, preocupada com o pagamento pontual de mensalidades ao partido, Olga dizia a Abramov que a pressa da viagem a impedira de resolver questões burocráticas. A ficha que continha seus dados pessoais, avisou Olga, estava na Academia da Força Aérea sob o nome de "Olga Sinek". Mas a carteirinha do partido, Abramov poderia encontrá-la apenas no IV Departamento. "Mais detalhes podem ser obtidos com a camarada Malanka (secretária de Bersin)", escreveu Olga.[29] O general Jan Karlovich Bersin, chefe de Olga, era o comandante do IV Departamento — e o único não integrante da OGPU ou da NKVD cujo retrato ainda hoje se encontra na galeria de fama da KGB, em Moscou (embora ele tivesse sido fuzilado nos expurgos de 1937).

A parte jamais revelada da biografia de Olga não é um detalhe circunstancial, e sim o resultado lógico de sua formação como militante. Desde que ingressou em 1923 num movimento organizado — no Grupo Noroeste da Juventude Comunista, em Munique —, Olga não fez outra coisa do que trabalhar nos aparatos ilegais e clandestinos do partido, nos quais fora introduzida por Otto Braun (descrito ingenuamente nas biografias como "professor comunista"), homem dedicado em período integral ao setor militar — a ponto de pedir por escrito, em 1926, sua filiação ao Exército Vermelho (o requerimento de Otto Braun foi polidamente recusado pelos soviéticos por "excesso de contingente"). Essas seções clandestinas do PC alemão eram diretamente controladas pelos "órgãos competentes" soviéticos.

Aqui é importante verificar a trajetória de Olga, e nada melhor do que deixá-la falar. Com a abertura de alguns arquivos em Moscou após o fim da União Soviética surgiu um documento de enorme valor, até agora inédito: Olga Benario, por ela mesma. É um texto em alemão de cinco páginas, escrito à mão com letra feminina e firme, num estilo seco, simples (*sachlich*, diriam os alemães, "objetivo"), direto e sem adjetivos. Trata-se da autobiografia que ela escreveu na União Soviética, em princípios de 1932. Além do idioma, também a terminologia precisou de tradução. Nessa etapa de sua curta carreira, aos 24 anos, ela já dominava bastante bem (por si só, um interessante indício) o pesado jargão burocrático das instâncias de controle às quais, como qualquer militante de passagem por Moscou, estava obrigada a fornecer todos os detalhes de sua vida política, familiar e pessoal.

Ela começa dando ênfase a seu emprego no "aparato ilegal do partido (trabalho antifascista)" já em 1923, aos quinze anos de idade, pois o fracasso do levante de outubro daquele ano na Alemanha, instigado pelo Komintern, levara à proibição do KPD e jogara também suas organizações juvenis na clandestinidade. "Em 1923 a Juventude Comunista encontrava-se em situação semilegal e foi totalmente proibida depois de outubro, quando passamos a trabalhar como organização clandestina''. Foi nessa época que conheceu Otto Braun, sete anos mais velho. Olga terminara o primeiro ciclo da escola secundária — para os padrões alemães, a base escolar mínima — e iniciara um aprendizado profissional na editora Georg Müller. Em 1924 assumiu seu primeiro cargo de funcionária na estrutura da Juventude Comunista (''instrutora''), um trabalho que descreveu como ''paralelo''.

Os motivos que Olga dá para sua ida a Berlim, a capital do país, em 1925, são menos românticos que os mencionados nas biografias, e sugerem o contrário das versões romanceadas: um forte conflito com o pai, advogado de classe média e membro ativo do Partido Social-Democrata. A classe social dos pais e avós foi caracterizada por Olga como ''pequena burguesia''. Se a mãe era mesmo uma elegante dama da alta sociedade, isto não foi mencionado pela filha, que na autobiografia preferiu colocar o pai sob luz negativa. ''Sobretudo meu pai queria me obrigar a ser membro da Juventude Socialista'' (o equivalente social-democrata da Juventude Comunista), escreveu. ''As discussões assumiram tal virulência que, no começo de 1925, fugi de casa e fui para Berlim.'' Talvez não tivesse colocado isso no papel sem segundas intenções. No momento em que redigia esse texto, em Moscou, os social-democratas eram, de acordo com a linha oficial do Komintern, os piores inimigos do movimento comunista. Possivelmente com isso Olga pretendia enfatizar sua fidelidade às novas diretrizes partidárias.

Não teria sido necessário. Do ponto de vista dos funcionários das instâncias de controle soviéticas, dominados pela paranóia do segredo e segurança, Olga Benario possuía as melhores referências possíveis. Jovem, sabendo bater à máquina, ligada a um homem do aparato militar clandestino e já tendo sido empregada no *Partei-Apparat* (a expressão alemã para estrutura interna do partido) em Munique, ao chegar a Berlim logo encontrou emprego no setor mais sensível da organização, a estrutura clandestina de defesa e contra-espionagem. Sua função era prosaica, monótona e subalterna, mas só podia ser ocupada por pessoas da mais absoluta confiança: Olga era datilógrafa. ''Fui empregada como auxiliar técnica no aparato central de defesa (*zentrales Abwehr Apparat*), e do fim de 1926 a maio de 1928 trabalhei como datilógrafa na representação comercial soviética e mais tarde na Casa Karl Liebknecht.'' Membros ordinários do partido não tinham acesso a esses dois imóveis no centro da capital alemã. O primeiro deles jamais fora ocupado por pacatos burocratas soviéticos. Na representação comercial soviética em Berlim estavam instalados os representantes do IV Departamento (a espionagem militar) e parte do aparelho do

OMS (a agência secreta do Komintern). A Casa Karl Liebknecht, quartel-general do partido, era uma fortaleza com serviço de segurança próprio, na qual só podia trabalhar quem fosse aprovado após rigorosa investigação. Trabalhar nos dois edifícios significava que Olga passara pelo crivo máximo de segurança.

Olga descreveu o restante de suas atividades como uma típica carreira de funcionária. Foi chefe de grupo na Juventude Comunista do distrito de Neukölln, reduto importante do partido em bairro proletário, que ainda hoje preserva parte da tradição. Depois "chefe de organização", responsável por "agitprop" (agitação e propaganda) no distrito. Freqüentara dois cursos semanais de aperfeiçoamento de funcionários, além de participar de um congresso da Juventude Comunista e de várias conferências regionais de distritos do partido. No final de 1927, subiu um degrau importante na estrutura interna: entrou no Secretariado de Berlim-Brandenburg, responsável pelo setor de agitação e propaganda. Em momento algum Olga parece ter se dedicado a uma boa formação teórica ou sequer a leituras mais profundas, o que ela admite com notável sinceridade na autobiografia: "Eu li algumas brochuras de Marx, Engels, Lenin e Stalin, mas não possuo uma base teórica sólida" (é interessante notar que os ícones estão alinhados na ordem correta).

Relevante para Olga era "ter participado desde 1925 no trabalho do aparato ilegal em Neukölln, além de alguns cursos centrais em Berlim sobre essas questões", conforme ressaltou. Traduzido: fora treinada especialmente para isso e integrava o "M-Apparat", no qual Otto Braun tinha alguma importância. O que era essa organização, quem fazia parte da "turma" de Olga naquele bairro e período?

Ainda vivia em 1993 em Berlim a última testemunha do aparato militar clandestino do KPD em Neukölln. Aos 86 anos, quase a mesma idade que Olga teria se fosse viva, esse homem ganhou enorme notoriedade durante a Guerra Fria: Erich Mielke, durante quatro décadas o todo-poderoso chefe da polícia política e secreta da Alemanha Oriental, a Stasi. "Lembro-me de Olga como uma mulher bonita e atraente", disse Mielke a seu advogado, que lhe entregou uma lista de perguntas preparadas pelo autor, "mas eu a conhecia apenas de manifestações públicas." As respostas evasivas e o fato de não tê-las fornecido pessoalmente têm uma explicação simples: Mielke ocupava uma cela na prisão de Moabit e não queria se comprometer antes de seu julgamento, em que era acusado por um crime cometido em 1931, como integrante do aparato clandestino — o assassinato de dois policiais na praça Bülow, próxima à sede do partido.[30] Ironicamente, Mielke estava detido na mesma prisão onde, em 1928, ocorrera um decisivo episódio na vida de Olga Benario.

Ela mesma fora ocupante de uma cela em Moabit durante três meses, em 1926, ''presa em conexão com a queda de parte do aparato ilegal, e acusada de alta traição'', a formulação jurídica da época para os implicados com serviços secretos de outros países.[31] A promotoria possivelmente tinha bons indícios para sustentar essa acusação, conforme se revelou ao ser aberta em Moscou, 68 anos depois, a pasta pessoal de Otto Braun, o namorado de Olga. ''Era necessário encobrir uma ação realizada por ordem do residente do IV Departamento do Exército Vermelho'', escreveu Otto em sua autobiografia, explicando a razão da queda de parte do aparato. A ação fora um assalto armado a um quartel do Reichswehr, o Exército alemão. Preso para encobrir a participação de agentes soviéticos, Otto Braun tornou-se o principal acusado, mas ainda assim a direção do KPD temia que o processo judicial se transformasse em evento tremendamente comprometedor, expondo também o funcionamento do M-Apparat. É essencial ressaltar, por outro lado, que a afirmação, encontrada nas biografias de Olga, de que a justiça alemã da época era ''fascista'' e mantinha em seu poder ''milhares de prisioneiros políticos'', tornando de saída uma farsa o processo contra Otto Braun, não corresponde aos fatos históricos. Justamente nesse período da década de 20, apelidado de ''anos dourados'', a República de Weimar viveu sua maior estabilidade relativa. Tratava-se de uma democracia eleita num momento em que existiam liberdades civis e governada por um Parlamento, o Reichstag, no qual deputados socialistas mantinham 131 assentos, contra 103 de nacionalistas e apenas catorze de nazistas (que só obtiveram doze mandatos em 1928, contra 152 da esquerda).

Tornou-se necessário agir e rápido para tirar Otto Braun da cadeia. Para isto existia o M-Apparat, que se ocupava não só com ''ações operativas'' contra adversários, mas também com a ''defesa interna'', invadindo moradias de militantes dissidentes ou oposicionistas do próprio partido. Encarregado do planejamento e comando da ação foi o próprio chefe do M-Apparat, Hans Kippenberger.[32] Ele usou Olga como pretexto para a entrada do grupo na prisão, de acordo com o breve relato da ação que Otto Braun incluiu em sua autobiografia. Informe semelhante, feito por serviços secretos soviéticos, está nas fichas de Kippenberger em Moscou. Em nenhuma das três pastas, incluindo a própria, Olga foi apontada como comandante do grupo que libertou Otto Braun da prisão de Moabit, em abril de 1928. Ela mesma fez apenas uma lacônica referência ao episódio no qual a imprensa sensacionalista da época a colocou como personagem central (o que só podia vir de encontro à intenção de Kippenberger): ''O julgamento do chamado processo Braun não ocorreu, pois, com a ação de libertação do prisioneiro, na qual tomei parte, os principais acusados se tornaram fugitivos''. Um desses ''acusados'' era a própria Olga.

Otto Braun e Olga Benario foram enviados pelo partido à União Soviética, onde ela chegou com um passaporte alemão em nome de Frida Leuschner. Por recomendação do Comitê Central do KPD, passou a fazer parte do aparato de agitação e propaganda do Konsomol, Juventude Comunista Internacional. De novo declarada como "datilógrafa", ganhava um salário relativamente modesto de 118 rublos por mês (o assessor de um secretário do EKKI, o Comitê Executivo da Internacional, dos quais existiam mais de uma centena, recebia quinhentos rublos). Em 1929 passou três meses numa "escola especial" para "instrutores" do Konsomol, "a fim de se familiarizar com a experiência soviética no setor". Na primavera de 1930, por fim, após dois anos na União Soviética, recebeu sua primeira missão no exterior: Olga foi mandada por cinco meses para a Inglaterra. Sua atividade e as razões da sua saída de Londres não ficam claras nos informes autobiográficos nem nos dados que a própria Olga forneceu em Moscou. Do ponto de vista de seus chefes, seu desempenho não deve ter sido ruim, pois no prazo recorde de um mês — velocidade notável, considerando-se a pesada burocracia do Komintern — foi de novo despachada para o exterior, desta vez para a França, onde ficou até 1º de agosto de 1931. Sua função: "Trabalhava no Secretariado do Konsomol" em Paris. Ela não menciona qualquer prisão ou deportação desses países, informações que em hipótese alguma poderia ter omitido dos soviéticos.

Nessa época Olga já não mantinha qualquer contato com a família em Munique. Seu pai tentara defendê-la quando esteve presa em Berlim, em 1926, mas a filha só voltou a lhe escrever cartas, já na União Soviética, apenas para regularizar seus documentos junto à embaixada alemã — evidentemente com autorização superior, que menciona em sua autobiografia. Com a mãe, o relacionamento sempre havia sido difícil, como se pode ler numa carta de 1937, arquivada em Moscou, da mãe de Prestes, então empenhada numa campanha para a libertação do filho e da nora. Procurada por um intermediário em Munique, a mãe de Olga disse, segundo dona Leocádia, que não mais queria saber da filha. Olga jamais fez qualquer referência a seu irmão e tampouco a uma prima, filha de um irmão de seu pai, casada com um militante comunista alemão que circulou entre a China e Moscou em meados dos anos 30.[33]

No período imediatamente após o parto, em Berlim (fins de 1936 e começo de 1937), o passado sentimental de Olga Benario deu dores de cabeça a dona Leocádia e uma de suas filhas, Lygia, que tentavam obter das autoridades nazistas a posse da menina, ameaçada de ser arrancada da mãe e colocada num orfanato — se não fosse possível comprovar a paternidade e o casamento com Prestes. Por isso, um dos segredos mais bem guardados foi o de que Olga, ao seguir para o Brasil com Prestes, deixara em

Moscou um marido russo, B. P. Nikitin, secretário de um comitê do Konsomol na Academia Militar Frunze. Prestes confidenciou esse fato, e o de que conhecera o marido de Olga (a quem prometera enviar informações regulares sobre a esposa), apenas à sua segunda mulher, Maria Ribeiro.[34]

Olga mostrou-se extraordinariamente arredia em relação a detalhes de sua vida pessoal, ao contrário de centenas de outras autobiografias reveladas em Moscou. Em momento algum, nesse texto (ou em qualquer outro, mesmo as cartas), ela se refere com nomes ao longo romance com Otto Braun, por exemplo. Mas involuntariamente deixou registrado o momento do rompimento. Obrigada a preencher uma *anketa* (questionário), em 5 de março de 1930, às vésperas de partir para Londres, Olga definiu-se como "datilógrafa, funcionária política do Komintern, de origem pequeno-burguesa e casada". Ao voltar da França, ano e meio depois, apresentou-se em outra *anketa* como "tradutora e datilógrafa", além de instrutora do Konsomol. Assinalou então que não era mais casada. Os periódicos *spravkas* (informes) do Departamento de Quadros sobre Olga sempre mencionavam o nome do marido russo.[35]

Não ficou registrado quem recrutou Olga como agente do serviço secreto militar soviético. Na pasta de seu chefe em Berlim, Kippenberger, consta uma relação, em alemão, afirmando que a maior parte dos integrantes do M-Apparat do KPD trabalhava também para a espionagem militar soviética. As amizades e contatos de Olga de seu tempo em Berlim forçosamente a levaram aos braços do IV Departamento quando se instalou em Moscou.

Criado em meados dos anos 20, o IV Departamento funcionava, na época em que Olga vivia em Moscou, na travessa Snamenski, no centro da cidade, bem próximo ao edifício do Comissariado do Povo para Defesa. A sede era uma pequena casa antiga, cuja cor marrom levou os agentes do IV a chamá-la de "casa de chocolate". No início, o IV desempenhava funções "clássicas" de espionagem militar, mas a atuação em conjunto com duas outras agências secretas (o departamento exterior da OGPU e o OMS, do Komintern) tornou as linhas divisórias bastante fluidas, como demonstra o caso de Olga e de outros. Antigos agentes do IV, como a austríaca Ruth von Mayenburg (a cronista do Lux) ou a própria biógrafa de Olga, Ruth Werner, afirmam que essa agência nunca se envolveu em atividades como a liquidação de oposicionistas no exterior, para as quais a polícia política soviética criou nos anos 30 um departamento especial, subordinado diretamente a Stalin.[36]

Campo predileto de recrutamento para o IV eram os quadros do Komintern. Dali saiu gente como o superespião Richard Sorge,[37] um dos mais famosos na Segunda Guerra; Walter Krivitski, chefe da espionagem soviética na Europa Ocidental; ou nomes já mencionados nesta narrativa, como Aino Kuusinen,[38] Ruth von Mayenburg[39] ou a biógrafa Ruth Werner. Em 1993, Ruth von Mayenburg ainda se lembrava vivamente do general Bersin, o comandante do IV — seu chefe e de Olga — "com o qual eu tinha uma relação de pai e filha". Nascido na Letônia em 1881, Bersin fora um dos bolchevistas encarregados do levante militar de 1917, depois chefe da guarda do Kremlin e responsável pela segurança pessoal de Lenin. "Sua personalidade era fascinante, a cabeça redonda, olhos inquisidores e ao mesmo tempo tranqüilos", contou Ruth von Mayenburg.[40] O reconhecimento póstumo que lhe tributou a KGB deve-se ao seu trabalho como chefe do IV Departamento, durante o qual expandiu a atividade de espionagem no exterior combinando-a com a decifração de mensagens do inimigo e — uma especialidade de Bersin — a penetração de suas instituições. Era um velho amigo e conhecido de Jossip Piatnitski (o chefe do OMS e das finanças da Internacional), com o qual trocava material secreto obtido por seus agentes.[41]

Os informes do Departamento de Quadros sobre Olga sugerem que o treinamento que recebeu na Academia da Força Aérea estava associado ao seu trabalho no setor de espionagem militar, sem que fosse especificado para que tipo de missão estava sendo preparada. Olga aprendeu a pilotar e, como parte do curso, saltava de pára-quedas. Talvez fosse cotada para trabalho ilegal na Alemanha nazista, apesar do risco o máximo a que podia aspirar um agente. De qualquer maneira, Olga insistiu, em 1935, pouco depois de chegar ao Brasil, em regressar a Moscou "e meus estudos", conforme veremos adiante, o que sugere outras ambições do que permanecer na América do Sul. Parte de sua preparação envolvia uma extraordinária disciplina e a obrigação de manter sigilo absoluto sobre sua atividade no IV Departamento. Permanece assim a dúvida sobre se ela contou a Prestes para quem, na verdade, trabalhava. Alguns agentes, como Ruth Werner, esconderam até de seus companheiros a atividade de espionagem.[42]

A pessoa mais próxima de Olga nesse período continuava viva em 1993. Descontados Otto Braun, Prestes e possivelmente o marido russo, foi ela quem teve a convivência mais intensa com Olga enquanto esta viveu em liberdade, e já apareceu no começo deste livro: Mishka Slavutska, a filha de um assessor de Stalin que convivera nos anos 20 com figurões como Manuilski, o marechal Voroshilov e o inquisidor Vishinski, entre outros. Mishka conhecia bem a cúpula da Internacional. Aprendera italiano com Palmiro Togliatti, com quem deveria ter ido trabalhar em Roma, e fora secretária pessoal do búlgaro Georgi Dimitrov em Berlim. Em Moscou passara pela "escola especial" de Vassiliev e trabalhava na secretíssima seção de codificação e decodificação de telegramas do OMS. Viveu entre 1932 e

1934 no quarto 36 do Hotel Lux, onde Olga, ocupante do 335, tinha permissão para continuar morando (o general Bersin impedia que outros agentes, como Sorge, passassem perto de um hotel tão cheio de estrangeiros mais tarde possivelmente incontroláveis). Pelo fato de ter sido a melhor amiga de Olga naquele período, Mishka já fora entrevistada em Moscou no final dos anos 50, ''mas não aproveitaram muita coisa do que eu disse'', recordou.[43]

O problema é que as grandes amizades e companhias de Olga no Lux, relatadas por Mishka, não combinavam com a imagem de uma figura de culto para o PC da Alemanha Oriental, muito zeloso em administrar a versão oficial do passado, na qual heroínas não transgridem a linha do partido. Começava pelo marido de Mishka, o alemão Kurt Müller, por intermédio do qual as duas moças, que tinham quase a mesma idade, se conheceram. Era um dirigente da Juventude Comunista e, mais tarde, seria o importante secretário-geral do Konsomol, e por ele Olga tinha ''enorme admiração e se considerava uma amiga pessoal''. Muito combativo, Müller ligou-se à oposição ao rumo suicida que Ernst Thälmann, o preferido de Stalin, impusera ao PC alemão, e por isso perdeu os cargos em 1933 e foi ''banido'' para a cidade de Gorki. No final desse ano, mandaram-no para uma missão clandestina na Alemanha. Mishka desconfia que foi uma forma de se livrarem dele, pois os dirigentes sabiam que as organizações do KPD estavam totalmente infiltradas pela Gestapo. De fato, Müller foi preso em 1934 e Mishka só o veria de novo em 1975, depois de peripécias que incluem, em 1950, o seqüestro de Müller pela Stasi, que o torturou e deportou para a União Soviética, e a internação de Mishka em campos de concentração soviéticos, conhecidos como Gulag.[44]

Na tortuosa lógica dos ''órgãos competentes'' soviéticos, ao ser preso pela Gestapo, Kurt Müller transformara-se automaticamente em ''provocador''. Por sua vez, quando os agentes da NKVD a buscaram no Lux, em 1936, Mishka foi submetida a violentos interrogatórios para confessar as ''atividades anti-soviéticas do agente da Gestapo Müller''. Condenada a ''apenas'' oito anos de trabalhos forçados num campo de concentração, Mishka cumpriu toda a pena inicial, mas, depois, continuou internada no Gulag, por ser ''alemã''. ''Não adiantou dizer que sou uma judia nascida em Riga, e que apenas estudei numa escola alemã'', contou. Libertada no degelo pós-stalinista, levando uma existência difícil e discreta na União Soviética, Mishka e Kurt se reencontraram depois de quase meio século por intervenção, junto ao governo de Moscou, do escritor alemão Heinrich Böll.[45]

Outra amiga pessoal de Olga na União Soviética, citada em sua autobiografia como autorizada a prestar informações a seu respeito, é uma figura que os velhos sobreviventes antifascistas prefeririam que jamais tivesse existido. A alemã Grete Wilde, codinome "Erna Mertens", veterana de trabalho clandestino em Berlim, chegou ao cargo de chefe de seção no Departamento de Quadros, em Moscou. Ganhou triste notoriedade elaborando para os órgãos de repressão de Stalin listas de militantes alemães, dos quais poucos permaneceram vivos. A própria Grete foi alcançada pelos expurgos, presa em 1938 e liquidada num campo de concentração em 1943.

A figura cujas idéias mais influenciavam Olga, porém, era a de Heinz Neumann, o "açougueiro de Cantão", e antigo *ghostwriter* de Thälmann, agora apontado como líder de uma facção de oposição de esquerda ao chefão do KPD. "Olga era uma seguidora e se considerava uma admiradora" do jovial e aventureiro Neumann (apostava com o amigo Lominadze quem conseguia escalar a fachada do Lux), uma amizade que Mishka não apreciava: "O Kurt também era muito amigo dele e disso eu não gostava". Por pouco Olga e Heinz não se encontraram no Brasil. Nessa época, ao redor de 1933, Olga conheceu também a mulher de Neumann, Margarete, mas não podia imaginar que ambas se veriam nove anos depois no campo de concentração de mulheres de Ravensbrück. Neumann, personalidade discutida na literatura alemã até hoje, seria preso pela NKVD em 1937.

De qualquer maneira, Mishka tinha a impressão de que discussões políticas não eram o assunto predileto de Olga Benario. "Olga era sobretudo uma aventureira, contava com enorme entusiasmo como aprendera a pilotar aviões e o tempo que passara na Academia da Força Aérea. Não se interessava muito por leituras ou discussões teóricas. Era sobretudo uma pessoa voluntariosa, decidida e com grande coragem física, ansiosa para participar de ações." Mishka era excelente em algo que Olga se esforçava em atingir, sem alcançar muita perfeição: dançar charleston. "Olga não era muito charmosa", conta Mishka. "Como posso dizer? Ela era bem alemã." Mishka, ao contrário, dançava muito bem, e tentava ensinar Olga. Naquela época estava no Lux um dirigente comunista francês, Jacques Doriot, homem bastante espirituoso. "Além de inglês, Olga falava francês, mas não perfeitamente, e os dois se divertiam muito tentando entender-se nas minhas aulas de charleston", conta Mishka.[46]

Suas recordações de Olga são excepcionalmente carinhosas, "uma figura que se pode chamar de romântica, embora no fundo fosse muito aventureira. Seu negócio era muita ação e pouca política". Enquanto falava, os olhos de Mishka pareciam fixar algum ponto distante no passado. "Vejo Olga diante de mim. Ela não era excepcionalmente bonita, eu diria que tinha um queixo muito puxado para baixo, um *Pferdegesicht* [rosto eqüino]." Mishka gostava dela. Era quem Olga escolhera para passar horas conversando alegremente ou, ao contrário, simplesmente quieta num canto, pensativa e reflexiva. "O estado de espírito de Olga alterava-se bastante", conta Mishka. "Ela podia ser bastante participativa, ou muito distanciada." Em qualquer das duas situações, porém, estava sempre chupando um tipo de bala que comprava na loja reservada a estrangeiros que havia no andar térreo do Lux. "Tinha sempre essas coisas açucaradas na boca", recordava-se Mishka.

Ao contrário de outros profissionais da revolução, a atitude e a participação políticas de Olga eram marcadas por vigoroso idealismo. Embora não tenha deixado escritos "políticos" — a correspondência da prisão era censurada pelos nazistas e podia abordar apenas assuntos pessoais —, transparece em suas cartas um vibrante entusiasmo por uma causa que, para outros militantes nas estruturas onde ela atuava, não passava de palavreado vazio. A atividade de Olga nas seções militares secretas do aparato ilegal do KPD e, mais tarde, na espionagem militar soviética, não era "normal" para a grande massa de militantes daquele período. Mas era isso o que a distinguia e a enchia de orgulho: a idéia de fazer parte de uma elite de combatentes comprometidos com a causa da humanidade. "Não, eu não sabia que Olga era do IV", disse sua amiga Mishka, com um sorriso sutil de quem não se surpreende mais com nada. "Mas na época isso era uma honra, uma condecoração para os melhores, também eu teria feito qualquer coisa, todos achávamos que salvar a União Soviética era a tarefa mais importante que podia haver."

A escolha de Olga para a operação do Komintern no Brasil prendia-se a fatores bastante objetivos e foi responsabilidade de Manuilski, que mantinha excelentes contatos com os "órgãos competentes" em Moscou. Com apenas duas exceções, os enviados à operação brasileira assumiram a fachada de casais bem situados em viagens de prazer e negócios, daí a necessidade de fazer Prestes ser acompanhado de uma mulher. Era obrigatório encontrar alguém com suficiente experiência de trabalho no setor militar e que pudesse entender-se com Prestes em francês, dois requisitos que Olga preenchia. A função era sobretudo "técnica" (proteção e organização da infra-estrutura durante a viagem). Ela não foi ao Brasil por estar apaixonada por Prestes, o que parece ter ocorrido apenas na segunda metade de 1935, e sim para cumprir uma missão profissional que, a julgar pelos relatos do próprio líder da insurreição de novembro, Olga aceitou por princípio de obediência à hierarquia.[47] Em princípio, a missão deveria durar cerca de seis meses, seu final coincidindo com a eclosão do movimento no Nordeste.

Uma pergunta permanece no ar: Olga teria sido poupada de seu fim trágico caso tivesse cumprido suas ordens à risca e regressado a Moscou no prazo combinado com Manuilski? Provavelmente não. Todos os seus amigos do Lux são exemplos eloqüentes. Nenhum escapou de ser moído por um dos sistemas totalitários.

Fora também o general Bersin, o chefe de Olga, quem indicara os dois nomes para a abertura da primeira filial do OMS no Rio de Janeiro, algo sem precedentes na região e de considerável importância política para a Maison (Moscou). Para essa missão, o círculo de candidatos era restrito. De acordo com as estritas regras impostas ao Komintern, os responsáveis por finanças, tráfego de mensagens e relações com os "órgãos competentes" só podiam ser soviéticos. Jamais as funções de responsabilidade do OMS foram ocupadas por estrangeiros, não importa em qual país — o que revela de maneira cristalina a desconfiança dos camaradas soviéticos em relação aos camaradas de outros países quando os assuntos eram segredos e dinheiro. Para fundar a primeira residência (posto fixo) de serviços secretos soviéticos de que se tem notícia no Brasil,[48] a escolha de Moscou recaiu sobre um casal de agentes que jamais havia trabalhado para o Komintern ou tivera atividade de agitação política no exterior. Ele se chamava Pavel Vladimirovich Stuchevski, e ela, Sofia Semionova Stuchevskaia (nome de solteira: Morgulian), nascidos na Ucrânia. Esses nomes permaneceram um segredo durante sessenta anos, nem Prestes conseguiu averiguá-los. O casal Stuchevski entrou para a história dos levantes de 1935 no Brasil como os belgas Alphonsine e Léon-Jules Vallée.

Ambos adaptavam-se bastante bem ao disfarce de um abastado homem de negócios europeu e sua esposa em descanso no Brasil. Pavel, chamado carinhosamente de "Paul" por Sofia, tinha 44 anos quando viajou ao Brasil, e era junto de Ewert o mais velho de todos os enviados do Komintern (nascera em 1890 em Poltava) ao Rio. Era de uma família judia, assim como Sofia, nascida em Kiev em 1900, filha de um proprietário de terras. Ela terminou o ginásio aos dezessete anos e estudou direito em Kharkov (Ucrânia), onde conheceu Pavel por volta de 1922.

A infância e juventude do marido tinham sido marcadas por muitas mudanças e acontecimentos dramáticos. Seus pais emigraram para Genebra, na Suíça, quando tinha apenas um ano. Nesta cidade, Pavel participou aos vinte anos de um grupo anarco-sindicalista, depois de terminar uma escola técnica. O pai era membro de um grupo menchevique e, no começo da Primeira Guerra, insistiu muito para que Pavel fosse junto com ele para a Inglaterra. Pavel saiu da Suíça apenas em 1917, no segundo trem que teve autorização do governo alemão para levar revolucionários através de seu território com destino à Rússia, onde os generais do Reichswehr esperavam que eles criassem bastante confusão e minassem o esforço de guerra do czar, o que de fato aconteceu. Chegou a São Petersburgo sem falar uma palavra de russo, e encontrou emprego como gráfico, reconhecido na categoria de ucraniano repatriado.

Antes de outubro de 1918 Pavel Stuchevski já aderira aos bolchevistas. Apresentou-se como voluntário para lutar na Guerra Civil e, nas cercanias de Kharkov, foi gravemente ferido numa ofensiva dos Brancos. Passou um ano num hospital militar, entre 1919 e 1920, onde contagiou-se também de tifo. Foi enviado de volta à região de Kharkov, e dali regressou a Moscou em 1922, para trabalhar no Secretariado Românico do Profintern (a Internacional dos sindicatos vermelhos). De novembro de 1924 a maio de 1926, após entrar para o serviço diplomático, foi enviado por breves períodos para os consulados soviéticos em Tirana (Albânia) e Mukden (Manchúria). "A partir desse momento", escreveu Pavel em sua autobiografia, em francês, conservada num arquivo em Moscou, "comecei a trabalhar ilegalmente." Em outras palavras, Pavel Stuchevski foi empregado e treinado oficialmente pela OGPU, tornando-se agente profissional depois de um ano. Em fevereiro de 1927, segundo os dados de sua pasta pessoal em Moscou, foi destacado para o Departamento de Espionagem Exterior da OGPU. Depois de passar seis meses traduzindo Lenin para o francês, Pavel foi mandado em outubro de 1927 — numa das poucas operações conjuntas com o IV Departamento — para Paris.

Não há informações sobre o tipo de função ou missão que ele cumpria até ser preso por espionagem pelas autoridades francesas, em 1931. De acordo com sua ficha na NKVD, Stuchevski manteve contato na França com "elementos de pouca confiança" e sua detenção resultara de "informação fornecida por provocadores". Até então, a única mácula em sua folha de serviços era uma repreensão "por ter participado de uma briga", em 1929. Sofia, que o acompanhava na França, não foi detida e pôde regressar a Moscou, deixando o filho único do casal, Eugène, internado numa escola nos arredores de Genebra. Pavel cumpriu pena em Paris até novembro de 1933, e foi em seguida deportado para a União Soviética. Estava claro para seus chefes, na OGPU e no IV Departamento, que por um bom tempo ele estava "queimado" para espionagem na Europa. Depois de alguns meses de repouso, Stuchevski foi colocado, no início de 1934, à disposição do OMS, no Komintern. Sofia aproveitou a separação para fazer cursos de treinamento na Academia Militar, de onde conhecia Olga, em 1932. Ao reencontrar-se com o marido, em 1933, também ela pertencia oficialmente ao IV Departamento, empregada num de seus escritórios em Moscou.[49]

De acordo com suas detalhadas autobiografias, volumosos relatórios, extensas declarações e as fichas da NKVD, Pavel e Sofia começaram o trabalho de preparação de sua "lenda" poucos dias depois que a ultra-secreta *troika* formada por Vassiliev, Sinani e Piatnitski, e chefiada por Manuilski, traçou, em abril e maio de 1934, os contornos da operação brasileira. Em junho de 1934 Pavel viajou para a Suíça com a missão de conseguir os vistos para Uruguai e Brasil. Houve contratempos, não especificados nos documentos em Moscou. Cinco meses depois, Pavel teve de retornar à União Soviética, deixando em difícil situação Arthur Ewert, desde outubro na América do Sul. Apenas em março de 1935, os "belgas" Alphonsine e Léon-Jules Vallée receberiam seus vistos.

Surge aqui um dado relevante: a movimentação dos enviados mostra que, desde meados de 1934, estava traçado o esquema para colocar em andamento a operação brasileira, incluindo a escalação do núcleo da equipe. Isto modifica todas as versões apresentadas até agora sobre o momento em que se tomou a decisão pela insurreição, a começar pela versão de Prestes, a mais grosseira de todas, e que durante décadas teve força de dogma sobre todos os historiadores mais ou menos ligados ao PCB, ou que acreditaram em todas as suas palavras.

O centro nevrálgico da operação — responsável por comunicações, finanças e controle da rede em toda a América do Sul — era o casal de agentes soviéticos que iria dirigir a sucursal do OMS no Rio. O Bureau Sul-Americano seria conduzido formalmente por dois homens, o argentino Rodolfo Ghioldi, que viajou com a mulher Carmen de Alfaya, e o alemão Arthur Ernst Ewert, também acompanhado da mulher, Elise Saborowski. O líder da insurreição era Luís Carlos Prestes, acompanhado de uma agente do IV Departamento, Olga Benario. O treinamento de forças locais em técnicas de terrorismo, sabotagem e luta de rua ficou a cargo de um "especialista" alemão, Jonny de Graaf, com sua mulher, Helena Kruger. O comandante local no Nordeste era um homem de confiança de Prestes e treinado em Moscou, Silo Meirelles. Para deslanchar a operação, foi criada uma rede de suporte, baseada em boa parte nos próprios correligionários de Prestes, mas com envolvimento do PCB, com contatos em Paris, Montevidéu, Buenos Aires e São Paulo, e que inicialmente deveria ser percorrida por uma experimentada agente, Inês Guralski. Por meio dos contatos já existentes na América do Sul, foram mobilizados de Buenos Aires três "correios" argentinos, além da atividade de apoio prestada pela organização do PC argentino (sobretudo comunicações).

Este era, porém, todo o primeiro escalão. O Komintern estava preparando para 1935 o envio de um técnico em transmissões de rádio e mais dois casais de agentes, um "político" e outro para o OMS no Rio, além de um segundo instrutor militar, um italiano que efetivamente esteve no Brasil durante a insurreição e jamais foi apanhado pela polícia ou figurou em qualquer livro. Seus relatórios foram os primeiros que chegaram a Moscou após a operação, e se transformaram em documentos vitais para a compreensão do que ocorreu e das causas de seu fracasso.

Tudo pronto, apesar do atraso, ficou faltando o principal, do qual se encarregaria o próprio Prestes: a montagem de um esquema que garantisse o financiamento de toda a operação — ou seja, aquilo que entraria para a história como o "ouro de Moscou".

5
CAFÉ PARAVENTI

★

Quem entrava em 1935 no Café Paraventi da rua Barão de Itapetininga, no centro de São Paulo, era recebido por um menino negro, franzino, vestindo uniforme cinza e bonezinho redondo, ornado com brilhantes botões dourados. Essa figura, alegre e saltitante, levava os fregueses até a mesa, uma grande novidade naqueles tempos: o Café Paraventi foi a primeira casa européia desse tipo na capital paulista. Para divertir os clientes o negrinho cantava de vez em quando o ''Hino do café''. Foi o início de uma carreira artística que o levaria a ser conhecido no Brasil inteiro, muito tempo depois, como o Grande Otelo.

A grande figura do lugar, no entanto, era o dono. Celestino Paraventi, ''gerado no Brasil e parido na Itália'', conforme dizia, tinha na época 37 anos, o melhor carro, o melhor sítio, o melhor palacete e uma das vozes mais bonitas da cidade. Filho do fundador da primeira torrefação de café em São Paulo, herdou uma fortuna e fez ainda mais dinheiro que o pai — que o desencorajara da carreira de cantor lírico, velha idéia dos tempos de coral infantil da igreja do Carmo. Personalidade exuberante, inteligente, culto e brincalhão, dificilmente Celestino poderia ser enquadrado em clichês. Sua cabeça voava entre música, artes plásticas, mulheres e política, sempre cheio de idéias. No ramo do café inventou o serviço de entrega em domicílio, com pequenos carrinhos que viraram parte da paisagem urbana. Foi um precursor do *merchandising*, convencendo pelo menos um escritor então popular a fazer uma personagem convidar outra para tomar um ''café Paraventi''. Criara também um *jingle*: ''Café Paraventi é o que é: só café''.

Seus amigos incluíam artistas e pintores (Anita Malfatti, Di Cavalcanti, Volpi), as freiras de um convento que ajudava a sustentar, os principais políticos estaduais e membros de diversos segmentos da próspera elite paulista, de industriais a fazendeiros (ele próprio casou-se com a filha de um destes). A alta sociedade freqüentava seu palacete na rua Canadá. Apaixonado por cavalos, foi um dos fundadores da Sociedade Hípica Paulista. Uma de suas maiores diversões, porém, era circular pelo Café Paraventi, na Barão de Itapetininga, misturando-se nas conversas da colorida freqüência: estudantes, intelectuais, artistas, figuras do submundo.

Em meados de abril de 1935, entrou no café uma moça alta, de cabelos castanhos e olhos profundamente azuis. Perguntou-lhe se podiam conversar reservadamente, e depois mencionou o nome do capitão Luís Carlos Prestes, que Celestino conhecera alguns anos antes. Era Olga Benario. Prestes estava de volta ao Brasil e queria encontrar-se com Paraventi. Ambos, Celestino e Prestes, tiveram um grande amigo em comum: Siqueira Campos, a quem se sentiam fortemente atados por laços emocionais. Siqueira Campos fora o melhor amigo de Celestino no ginásio, em São Paulo, e companheiro de Prestes em aventuras políticas e militares. Morrera num desastre de avião, em 1930.

Celestino escondeu a inesquecível alemã e Prestes em seu sítio Santa Rosa, às margens da represa de Guarapiranga, onde hoje é o exclusivo Clube de Campo de São Paulo (também fundado por ele). Prestes tinha a tratar com Celestino Paraventi algo infinitamente mais importante do que propagaria em sua versão, sustentada durante os 58 anos seguintes, de que apenas procurava um esconderijo seguro até estabelecer contato com a organização semilegal do PCB no Rio de Janeiro. Prestes precisava de fato da ajuda de Paraventi, e não era para se ocultar. Ele e Olga tinham acabado de chegar ao Brasil, depois de uma viagem que os levara de navio da França a Nova York, dali de avião a Miami, a seguir a Buenos Aires, com escalas pela América Central e a costa ocidental da América do Sul.

Da partida de Moscou até o momento em que entrou em território brasileiro haviam se passado mais de três meses, perdidos em boa parte preparando documentos na França. Prestes e Olga não estavam satisfeitos com os passaportes que tinham recebido em Moscou. Sentiram-se tranqüilos apenas quando o homem de ligação em Paris, Afonso de Figueiredo, conseguira que um cônsul português fornecesse a Prestes e Olga passaportes originais, nos quais carimbaram o difícil visto americano. Outra tarefa urgente era aprimorar o disfarce do casal: um rico português, Antonio Vilar, acompanhado de sua jovem esposa alemã, Olga Bergner Vilar. Iam viajar de primeira classe pela metade do mundo, e precisavam pelo menos aparentar ser um casal elegante. Olga dedicou-se alegremente em Paris a comprar vários vestidos longos, pensando nos coquetéis e jantares a bordo do navio. "Dinheiro é para gastar e não para guardar", dizia a Prestes.[1] O tímido e cauteloso Prestes, acostumado a renúncias e privações, também acabou comprando um *smoking*. E, logo no início da travessia rumo aos Estados Unidos, o casal Vilar foi convidado pelo capitão do navio a jantar em sua mesa, uma considerável honraria. "Todo mundo que viajava naquela época era suspeito, estava ligado ao fascismo ou ao Komintern", comentou Prestes, cinco décadas depois, num grosseiro exagero. Aqueles oficiais e pessoal de bordo, na sua opinião, "deviam ser todos agentes secretos". Se o fossem, Prestes teria entrado em sérios apuros. Na conversa à mesa resultou que o capitão conhecia muito melhor do que Prestes a cidade de Lisboa, de onde teoricamente vinha *monsieur* (o navio era francês) Vilar. Para sua sorte, os oficiais do navio "preocupavam-se muito mais com Olga", diria Prestes.[2]

Olga levava rigorosamente à risca as instruções para proteger Prestes, deixando-o exposto o menos possível. Da mesma maneira que em outras cidades, quando o casal chegou a Buenos Aires, foi ela a encarregada de estabelecer os contatos iniciais com a rede local. Encontrou-se várias vezes com o cônsul brasileiro, conhecido de Prestes de sua permanência anterior na Argentina, com o qual conseguiu os vistos de entrada para o Brasil. Olga só não podia proteger Prestes de si mesmo. Na derradeira etapa, em Montevidéu, Prestes encontrou-se com o comerciante brasileiro Fernando Garagori, ali radicado. Esse nome não era estranho em Moscou. Fizera parte da rede de Prestes no Uruguai cerca de cinco anos antes. Garagori trabalhava com um jornalista brasileiro conhecido por "Tito", e era considerado "agente oficioso" de Flores da Cunha, o impetuoso interventor do Rio Grande do Sul. A respeito de Garagori e do jornalista existe a observação, numa pasta pessoal em Moscou, feita por um agente do Komintern em Montevidéu (provavelmente o austríaco Fritz Glaubauf, pois o texto está em alemão), de que eram "gente na qual não se podia confiar, mas tinham em mãos ligações fundamentais (de Prestes com o Brasil), inclusive Ilvo Meirelles" (irmão de Silo, e o último contato de Prestes com o mundo exterior antes de ser preso, em 1936). Se soubesse que, já em fevereiro de 1935, Flores da Cunha advertiu Vargas, em telegrama pessoal, sobre conspirações e movimentos para derrubá-lo, talvez tivesse soado o alarma em Moscou.[3] De qualquer maneira, os investigadores na Maison só ficaram sabendo de detalhes como esse quando tudo estava terminado.

Olga, Prestes e um oficial de sua confiança, Orlando Leite Ribeiro (o mesmo que, anos antes, fora mandado à França comprar armas que nunca chegaram), tomaram um avião da empresa francesa Latécoère que tinha Santos como destino. Numa escala em Florianópolis, segundo Prestes, convenceram os pilotos de que Olga possuía parentes alemães na região. Desembarcaram ali, sem carimbar os passaportes, indo de carro para Curitiba e, mais tarde, para São Paulo. Em 26 de abril de 1935, Ewert enviou do Rio para Manuilski, em Moscou, um breve telegrama cifrado avisando que havia dois dias Prestes e mulher encontravam-se em São Paulo. A maneira pela qual Prestes avisou Ewert ainda permanece um mistério. Provavelmente a estrutura de apoio em Buenos Aires e Montevidéu tinha o endereço. Dono de rede e contatos próprios, Prestes não precisava dos serviços de Miranda, o secretário-geral do PCB, para iniciar atividades no Brasil.

Mas, ao entrar no Brasil, ainda não havia resolvido um tópico fundamental: o das finanças. O problema era de extrema urgência. Dois dias antes de anunciar que Prestes já estava em São Paulo, Ewert comunicara a Moscou a chegada de Sofia e Pavel Stuchevski. Eles deveriam ter desembarcado muito antes, mas só a 25 de março encontraram-se com "Janina" (o codinome de Inês, a mulher de Guralski) em Zurique, receberam os passaportes belgas e, três dias depois, embarcaram em Gênova no navio italiano *Conte Grande* com destino ao Rio de Janeiro. Embora encarregados de montar a estrutura de operações e gerenciar as finanças da insurreição, não trouxeram nenhum tostão além do previsto para suas despesas, "e o partido brasileiro precisa ele mesmo do dinheiro", advertiu Ewert em telegrama a Piatnitski, o responsável pelas finanças da Internacional.

Ao entrar no Komintern, em 1931, Prestes entregara aos soviéticos 20 mil dólares, parte que restara do dinheiro recebido de Getúlio Vargas. Administrado numa conta designada por Piatnitski como "Fundo Prestes", essa quantia ajudara a financiar atividades do Komintern na América do Sul durante pelo menos três anos. A insurreição no Brasil exigia agora que o Komintern pusesse a mão no bolso — o famoso "ouro de Moscou". E Moscou estava disposto a financiar a insurreição. O problema de Prestes era organizar a recepção do "ouro", que em parte uma vez fora dele. Buenos Aires e Montevidéu, a rota tradicional, tornaram-se pouco seguras depois das ações da polícia argentina em 1931.

Foi então que Prestes puxou da manga a carta Celestino Paraventi. Não se sabe como foi o diálogo no qual o charmoso e persuasivo industrial com alma de artista deixou-se convencer a participar de um dos aspectos mais sensitivos e importantes de uma conspiração que visava não só derrubar o governo, mas também transformar radicalmente o país. Descrito por amigos e parentes como um homem de fortes convicções próprias, mas sem dogmas, é difícil imaginar que Paraventi tivesse agido por motivos ideológicos — e de dinheiro não precisava. Concordou em receber em seu nome, para sua conta no Banco Francês e Italiano, em São Paulo, remessas de dinheiro da Europa que entregaria à organização de Prestes.

Tampouco está claro até que ponto Prestes contou ao amigo Celestino seus próprios planos. É possível que Prestes tenha silenciado sobre o fato de que o dinheiro na verdade vinha de Moscou, deixando-o pensar que se tratava da velha verba presenteada por Getúlio. Ou talvez Celestino não fosse homem de fazer muitas perguntas, o que lhe importava era ajudar o amigo e pronto. Mostrou-se, nesse sentido, de enorme lealdade: até a sua morte a família pensou que o dinheiro entregue regularmente a Prestes saíra da própria indústria de café.

Paraventi foi ainda um passo adiante na cooperação com Prestes. Aceitou transmitir telegramas cifrados, cujo conteúdo desconhecia totalmente, para endereços em três cidades européias: Paris, Genebra e Amsterdam. Eram mensagens "em trânsito", imediatamente captadas por agentes locais do Komintern e retransmitidas para a Maison. Da perspectiva de Prestes, não podia haver fachada melhor que a de Paraventi. Rico, movimentava grandes somas de dinheiro sem chamar a atenção. Ligado por negócios diversos ao mundo exterior, telegrafava sem atrair suspeitas. E, além disso, dono de um dos mais concorridos pontos no centro da cidade, um lugar ideal para encontros. Só havia um defeito: a organização paulista do PCB sabia que Paraventi era visado pela polícia. E, para Moscou, tornou-se um suspeito.

No final de abril de 1935, feito o contato com Prestes — Celestino contou a sobrinhos e netos que foi ele pessoalmente quem levou Olga em seu vistoso Packard preto para o Rio —, Ewert mandou para Moscou o seguinte telegrama, em alemão, cuja cópia decifrada, no papel amarelo, brilhante e liso da seção de comunicações secretas do Komintern (um serviço do OMS) só foi redescoberto no final de 1992:

> Considero apropriado envio ao Banco Francês e Italiano. Transferência pode seguir em parcelas de 4000 dólares a 4500 dólares por semana. Repito endereço para o dinheiro: Senior Celestino Paraventi. Café Paraventi. Rua Visconde de Itapetininga. São Paulo. Repito endereço do dinheiro: Senior Celestino Paraventi. Café Paraventi. Rua Visconde de Itapetininga. São Paulo. Brasil. Favor confirmar por telegrama.[4]

Ewert continuava dedicado à principal atividade de todo enviado do Komintern: reclamar da falta de dinheiro. Em 11 de maio, alertou os chefes em Moscou que o Bureau no Rio já sustentava dez pessoas (os casais Ghioldi, Stuchevski, Prestes, Ewert e Graaf). Precisava de um orçamento mínimo de 1500 dólares por mês, mais outros quinhentos para "despesas diversas". O Komintern pagava todas as despesas dos enviados, inclusive aluguéis e refeições, além do salário. "Favor mandar seis meses adiantados", pediu. Sem que Ewert soubesse, Moscou já havia enviado, no começo de abril, e o faria de novo em 15 de maio, duas remessas de 3 mil dólares, por portadores que partiram de Nova York (o telegrama com o endereço de Paraventi só foi decifrado, por motivos inexplicáveis, em 26 de maio, um mês depois de enviado).

Durante semanas, Ewert e o OMS, em Moscou, manteriam um confuso e intricado diálogo telegráfico, truncado por mensagens ininteligíveis, recados cruzados e códigos indecifráveis. Não apresenta interesse, a não ser para especialistas em contabilidade. Esse tráfego preliminar entre Rio e Moscou pode ser resumido na fórmula "Precisamos com urgência de muito dinheiro e vocês demoram bastante para mandar pouco". Com a equipe de enviados praticamente completa, Ewert solicitou a Moscou uma "soma especial". No final de maio, quando recebeu esse pedido, Piatnitski anotou à mão, ao lado do texto decifrado, os nomes dos principais dirigentes do Komintern. Até o Departamento de Quadros foi incluído nessa lista: eles deveriam decidir sobre a concessão da verba. O pedido era de 10 mil dólares, um valor que até mesmo o chefe das finanças do Komintern não podia autorizar sozinho.

Em 8 de junho o próprio Prestes entrou nas negociações. No pé de um telegrama enviado por Ewert, reiterando o pedido de verbas especiais, Prestes incluiu uma frase assinada por ele mesmo: "Apoiamos o pedido e solicitamos decisão positiva". Sua estrela brilhava alta em Moscou. No dia 27 do mesmo mês, o velho e sisudo Piatnitski telegrafou para o Rio, em alemão: "A respeito do vosso de 8 de junho. Os 10 mil dólares sairão do Fundo Prestes e serão enviados em duas parcelas".[5]

Quanto valia esse dinheiro naquela época? Era bastante. O carro mais caro do mundo em 1935 era um Jaguar inglês conversível, de duas portas, que custava a pequena fortuna de 1035 dólares. Um aluguel de apartamento de alta classe média no Rio situava-se entre 45 e 70 dólares mensais. Com os 2 mil dólares que pretendia receber por mês, apenas para gastos administrativos, Ewert podia alugar quase um edifício inteiro, ou sustentar durante esse período cerca de cem famílias de trabalhadores. Boa parte dos gastos "fixos" era consumida pelos salários dos camaradas, pagos pelo Komintern, e entre eles estava o líder da revolução brasileira.

Prestes recebia um salário de Moscou. Este é um fato provado por documentos desenterrados de um arquivo oficial em Moscou. É outro aspecto do qual nunca se falou nada. O documento em questão é um telegrama de Ewert, de nº 36, cifrado e mandado do Rio para Moscou, via Paris, em 1º de junho de 1935, lá entregue ao OMS às 15:10 horas do dia 14 desse mês e decifrado às 16:50 do mesmo dia. Possui o seguinte texto, em alemão:

> Michel e OMS. Da soma de 2000 dólares que lhe foi entregue Prestes devolveu 1255 ao Bureau depois de descontar seu salário até 1º de junho. Confirmo aqui o recebimento, pela primeira vez no correr do ano, de soma para o Bureau. Não iremos mais repetir telegramas anteriores. 1º de junho. Albert.[6]

Prestes recebeu como salário, portanto, 845 dólares. Para qual período de tempo? Uma prestação de contas enviada por Stuchevski a Moscou, em outubro de 1935, esclarece a questão. No período de julho, agosto e setembro daquele ano o salário de Prestes foi de 290 dólares por mês.[7] É possível supor, portanto, que os 845 dólares mencionados acima — equivalentes a cerca de vinte salários médios da época — se referissem igualmente a um período de três meses.

Quando Prestes e Olga começaram a trabalhar no Rio, logo encontraram conhecidos de Moscou. Os primeiros enviados do Komintern a chegar ao Brasil foram Jonny de Graaf e sua mulher, a loira alemã Helena ("Lena") Kruger, disfarçados como o distinto casal austríaco Franz e Erna Gruber. Desembarcaram do barco francês *Florida* no Rio em 5 de janeiro de 1935 e procuraram imediatamente o contato que Afonso de Figueiredo lhes havia dado em Paris: Américo Dias Leite, aquele mesmo que no ano anterior não conseguira visto para a União Soviética, e que, por inspiração de Jan Jolles ("Alonso"), então ainda em suas funções de manda-mais no PCB, virara uma espécie de mestre-de-cerimônias na chegada do pessoal do Komintern ao Brasil.

Jonny e Lena passaram os primeiros dois meses de verão num *dolce far niente*, sem outra preocupação que a de encontrar um lugar para morar. Alugaram um espaçoso apartamento na avenida N. S. de Copacabana, nas proximidades da esquina da Sá Ferreira. Havia uma garagem subterrânea que dava acesso diretamente ao aparelho, vantagem apreciável do ponto de vista conspirativo. Jonny logo estabeleceu bom relacionamento com o dono, um alemão diretor da Transatlantik Kabelgesellschaft, de quem se dizia que mantinha contatos com círculos nazistas no Brasil.

Em janeiro de 1935, os dois homens designados para dirigir o Bureau Sul-Americano no Rio, o alemão Arthur Ernst Ewert e o argentino Rodolfo Ghioldi, ainda circulavam entre Buenos Aires e Montevidéu. Apenas Ewert demonstrava pressa, descontente com a demora na chegada dos outros enviados e com a eterna falta de dinheiro. Sua principal fonte de informações sobre o Brasil eram os jornais, nos quais se baseava para comentar greves em setores diversos, sublinhando o fato de que as tentativas de mediação fracassavam. Quanto ao governo Vargas, tendia "cada vez mais para o fascismo".[8] Os passos de Ewert rumo ao Brasil, país onde nunca havia estado antes, podem ser acompanhados pelos seus telegramas. Em 7 de março, ainda em Buenos Aires, avisou Moscou que estava seguindo para o Rio. No dia 26 desse mês, Ewert telegrafou pela primeira vez do Rio, fornecendo um endereço para correspondência.

No começo de março a irritação com os atrasos na preparação tomaram conta também de Ghioldi. Ele escrevia com mais freqüência do que Ewert para a URSS, por intermédio de Afonso de Figueiredo. Queixava-se amargamente de "dois meses perdidos e nada concreto". Pedia uma ligação com Moscou "direta, sem Inês" (aliás "Janina"), escalada como agente-correio com a Europa Ocidental, e também a vinda de "Rústico" (Guralski), sem saber que este caíra em desgraça. "Aqui, à frente de nossa seção encontram-se companheiros armados da experiência mais rica da revolução chinesa", disse, referindo-se involuntariamente ao papel de chefe que Ewert logo assumiria, embora o responsável oficial pelo Bureau fosse ele mesmo.

A principal preocupação do argentino era saber onde estava Prestes. No final de fevereiro de 1935 assinou como "Quiroga" uma carta reclamando da demora de Prestes, a quem pediu um "vibrante discurso sobre a necessidade da luta armada". Ghioldi sugeria ter reatado contatos com remanescentes da Coluna, "que estão agora conspirando e se organizando novamente, e pedem que Prestes volte logo ao Brasil".[9] Embora fosse absoluto segredo de estado-maior, sabia-se da planejada volta de Prestes ao Brasil. O secretário-geral do PCB, Miranda, acabara de regressar da União Soviética à frente da delegação brasileira que participara da III Conferência dos partidos latino-americanos. Em carta a Moscou, cifrada e ultraconfidencial, Ghioldi alertou para o fato de que Miranda "deveria ser mais cauteloso" ao se referir à volta de Prestes.[10]

A correspondência do camarada argentino com a Maison causou enorme alvoroço político. Assinando com seu principal pseudônimo, "Altobelli", reproduziu informações que ouvira de segunda mão ou lera nos jornais, segundo as quais o PCB tivera muito êxito ao criar a Aliança Nacional Libertadora (ANL) e Prestes poderia voltar legalmente ao Brasil. O tom original, sem alterações, era assim:

> Aqui está Alonso [Jolles] e posso ler os jornais do país para dar algumas notícias importantes. Fato é que lá a ANL foi criada de acordo com a iniciativa dos amigos. Programa é agrário e antiimperialista, linguagem é nacionalista. Organização tem membros coletivos e individuais. Grande sucesso.
>
> De acordo com Alonso, quatro dos líderes foram suspensos e estão na Aliança. Agora surge de maneira nítida a questão da hegemonia. Telegrama do Rio: Prestes pode voltar legalmente ao país para se colocar no topo da Aliança. Chamo sua atenção para o significado: está claro que L. C. Prestes não pode ficar quieto por meses. Com ele, milhões irão aderir à Aliança. A ameaça é muito grande nesse caso. E se sua volta ocorre vão tentar matá-lo. Tenho a impressão de que os acontecimentos se precipitam. Sem cair no aventureirismo, sem abandonar a luta pela hegemonia. É possível que a liderança da ANL não vá estar em nossas mãos. Vamos ter base sólida.[11]

Esse informe exagerado, especulativo e vago, típico de quem não estava no lugar, chegou a Moscou no final de fevereiro de 1935 e provocou imediata reação. A entrada em cena desse novo ator, a ANL, encaixava-se com precisão nos esquemas teóricos do Komintern. Procedeu-se até a uma revisão das considerações táticas iniciais, agora sob melhores auspícios ainda. A Maison alcançou Prestes em Paris com um telegrama urgente e ultraconfidencial, em francês, datado de 27/2/35. Vale a pena reproduzi-lo na íntegra. O texto mostra ao mesmo tempo como os planos de insurreição haviam sido traçados em Moscou e de que maneira os preparativos eram rigorosamente controlados:

> Fernandes [Prestes]. Conforme nos informaram do Brasil, por iniciativa dos nossos foi criada a Aliança Nacional Libertadora. Adesão de organizações de massa. Miguel Costa declara que irá junto de Prestes à revolução antiimperialista e agrária. Quatro chefes integralistas passaram para o lado da Aliança. Ministro sobre a questão da Aliança teria respondido que Prestes pode entrar legalmente no país à frente da Aliança. Você estima útil a execução do velho plano, ou se teria de convidar uma delegação da Aliança, ou tentar telegraficamente entrada legal com apoio das massas e organização de guarda militar? Comunique sua opinião. No manifesto ao povo onde se coloca questão anterior, a palavra de ordem sovietes talvez no momento não deva ser levantada. Somos céticos no que se refere à sua entrada legal no Brasil. Declaração do ministro pode ser um truque. Informe-nos sobre o que intenta fazer, mas lhe pedimos nada empreender sem nosso aviso. Telegrafe data de transmissão.[12]

Mais de cinco décadas depois, Prestes diria ter ficado muito contente com essas "sugestões" vindas de Moscou.[13] O telegrama de Moscou começava com um engano. É verdade que os comunistas foram um dos principais incentivadores da ANL. A maior parte dos fundadores dessa frente, porém, não pertencia ao PCB. Articuladores de peso da ANL eram sobretudo militares ligados ao tenentismo ou civis da classe média, embora dois de seus dirigentes mais ativos, Roberto Henrique Sissón, oficial da Marinha, e o major Carlos Costa Leite, fossem estreitamente ligados a Prestes e ao PCB. Mas era um exagero grotesco atribuir sua criação aos comunistas, ainda que a ANL defendesse um programa que os comunistas também apoiavam, e típico das frentes populares daquela época: repúdio à dívida externa, nacionalização do capital estrangeiro, direitos civis, governo popular, repartição dos latifúndios entre camponeses pobres.

Fundada ou não pelo PCB, a ANL de fato registrou espetacular crescimento inicial. Trouxe métodos diferentes para os costumes políticos brasileiros da época, inovando nas campanhas, com a promoção de marchas, comícios, agitação em favor de direitos de consumidores, criação de células em diversas camadas sociais e grupos profissionais, sobretudo entre os profissionais liberais. A ênfase nos diversos temas políticos variava conforme a região do país, com a publicação de considerável número de jornais e revistas. Capítulo à parte era a busca e consolidação do apoio dos militares, com enorme peso na composição da liderança da ANL. Desde o princípio, ganhou muito destaque a luta contra integralistas, que os aliancistas enfrentavam sistematicamente nas ruas. Em parte sob o impacto do crescimento da ANL, Getúlio Vargas conseguiu aprovar, em abril de 1935, a Lei de Segurança Nacional, chamada de "Lei Monstro". Em momento algum, contudo, essa frente popular encampara teses como a luta por um regime socialista ou qualquer coisa remotamente próxima ao que preconizavam os partidos comunistas. Da mesma maneira, a grande maioria de seus líderes não se declarava disposta a abraçar doutrinas marxistas.

Moscou iludiu-se no que se refere ao papel inicial do PCB na fundação da ANL. Mas tinha perfeito conhecimento da distância que havia entre essa frente popular e as propostas socialistas, e elaborara um minucioso roteiro de ação para transpô-la. A 12 mil quilômetros de distância, num mundo no qual ainda não existia telefone internacional, satélite ou, no caso entre Rio e Moscou, nem sequer ligação direta segura, os dirigentes da revolução mundial achavam-se em condições de fixar milimetricamente os papéis que Prestes e o PCB deveriam assumir em relação à ANL. Moscou identificou excelentes oportunidades nessa frente popular. Ela adaptava-se com perfeição às novas diretrizes em elaboração desde dezembro de 1934, quando o alemão Wilhelm Pieck recebeu de Manuilski e Dimitrov a incumbência de redigir as conclusões que seriam aprovadas pelo VII Congresso da Internacional oito meses depois. E, além disso, oferecia a magnífica chance de superar as graves deficiências estruturais do PCB, sobre as quais Moscou estava informada.

Os estatutos da ANL foram aprovados e sua primeira diretoria eleita em 12 de março de 1935. O lançamento público da frente, com Prestes aclamado presidente de honra, ocorreu em 30 de março, no momento em que ele deixava a Europa. Já em 11 de abril, bastante rápido para aqueles tempos, o EKKI (o Comitê Executivo da Internacional Comunista) aprovou uma resolução contendo as tarefas do PC brasileiro. A principal delas era assegurar apoio o mais amplo possível à ANL, deixando de lado preceitos ideológicos. Moscou enxergava perfeitamente o fato de que "o trabalho do partido não consegue manter passo com a evolução política", isto é, a rápida expansão da ANL. Relevante naquele momento para o PCB era infiltrar-se em uma organização que conquistava o apoio de milhões de pessoas, algo que o insignificante partido brasileiro nunca vira em sua vida. Por isso o Komintern considerava como pior perigo nessa fase cisões e rachas prematuras na frente ampla. E atribuía enorme importância à intervenção de Prestes, que poderia impedir outros líderes (o EKKI citava Miguel Costa) de conduzir a ANL a um golpe militar prematuro.

Moscou definiu para o PCB duas tarefas. Nessa "frente única com o tenentismo e o trabalhismo", a primeira delas era "passar de imediato à criação de uma ampla base de autodefesa revolucionária, e ao armamento e instrução militar dos trabalhadores e camponeses por todos os meios possíveis, empurrando a Aliança para o caminho da luta revolucionária". Para isso o PCB deveria envolver os sindicatos filiados ao Ministério do Trabalho (um item bastante discutido em Moscou no final do ano anterior) e organizar de todas as maneiras a luta no campo, chegando mesmo à ocupação de latifúndios.

A segunda tarefa importante do PCB era, por favor, não atrapalhar. Essa longa resolução aprovada em Moscou recomendava expressamente ao PCB nem sequer levantar a questão da formação de sovietes ou de revolução agrária, "pois semelhante tratamento na fase atual apenas contribuiria para desviar a revolução, que no momento é antiimperialista" (para os não versados no jargão marxista-soviético, nos países semicoloniais, como o Brasil, a "revolução antiimperialista" precedia a revolução socialista propriamente dita). Recomendava-se também que o PCB evitasse qualquer referência à "hegemonia do proletariado", mas sem abandonar a vigilância revolucionária. Os dirigentes da Internacional pediam "intensificação dos contatos com os cangaceiros, dando-lhes ajuda e dirigindo a luta deles para a luta revolucionária popular geral". Claro, isto não deveria ser discutido com a Aliança, "para evitar cisões prematuras".[14]

A resolução citada acima era uma "carta ao Comitê Central do PCB", quase um documento "aberto", com os dirigentes em Moscou sabendo que seria lido por muita gente. Ao mesmo tempo, seguiram para o Rio instruções secretas, por telegrama cifrado, e essas palavras estavam destinadas a poucos olhos. No final de fevereiro Prestes já recebera "sugestões" para abandonar qualquer palavra de ordem "radical" (isto é, propondo a formação de sovietes, revolução agrária ou hegemonia do proletariado) em troca da formação de um "governo popular nacional revolucionário", fórmula que incluiria a participação de muitas outras forças além do Partido Comunista. Enquanto Prestes, Ewert e Ghioldi ainda se instalavam no Rio ou estavam a caminho do Brasil, Moscou decidiu precipitar as coisas.

Provavelmente entusiasmados com relatórios de Ghioldi ("Altobelli nos escreve que milhões podem seguir a Aliança", diria um documento em Moscou, semanas mais tarde), os estrategistas de gabinete na capital soviética acharam que chegara a hora de os enviados no Brasil exigirem até mesmo "todo o poder à ANL". No dia 2 de abril de 1935, eles enviaram um telegrama ao Rio, "recomendando" a adoção dessa palavra de ordem. Note-se que a carta de 11 de abril ao Comitê Central do PCB, citada dois parágrafos atrás, é bastante moderada (pois seria lida por muita gente) e não propunha palavra de ordem tão drástica como a de "todo o poder à ANL". Isto é uma considerável novidade na história dos levantes de 1935: acreditava-se que Prestes havia lançado esse slogan por conta própria, e muito tempo mais tarde.

Aparentemente, essa exigência categórica causou confusão e até consternação em Ewert e Ghioldi. Nem meses depois, quando o rápido crescimento da ANL poderia eventualmente justificar a impressão de que tomaria o poder, tal postura seria adequada. No começo de abril, então, supor que a ANL pudesse ir às ruas exigir o poder, isto é, a derrubada de Getúlio, era irresponsabilidade calcada no desconhecimento da situação brasileira, na relação de forças envolvidas no conflito político e, sobretudo, na presunçosa e arrogante atitude de dogmáticos que se achavam possuidores de ferramentas teóricas de aplicação universal. Moscou mandou a primeira ordem exigindo "todo o poder à ANL" antes que Vargas conseguisse a aprovação, em 4 de abril de 1935, de sua Lei de Segurança Nacional, que agravara o conflito e levara dirigentes da ANL a atitude ainda mais combativa, sobretudo diante da liberdade de ação dos integralistas. Ou seja, a estapafúrdia instrução de Moscou nem sequer era uma "resposta" à radicalização do governo.

Ewert e Ghioldi simplesmente não reagiram, mas Moscou era como um buldogue quando morde o osso: não larga. Em 29 de abril, o Ländersekretariat para a América Latina, existente desde o começo da década, cobrava laconicamente do Rio uma resposta ao telegrama do dia 2 de abril, "com a palavra de ordem Todo o Poder à Aliança Nacional". Passaram-se mais oito dias sem nenhum sinal do Brasil. Naquele momento Prestes estava preocupado em arranjar um aparelho seguro, e Ewert, como sempre, às voltas com o dinheiro. Em 7 de maio, em tom categórico e definitivo, Moscou cobrou o cumprimento de suas ordens. É bastante instrutiva a leitura na íntegra desse telegrama, que demonstra de maneira clara como a Maison controlava as atividades, deixando aos agentes no campo pouca flexibilidade de ação:

> Perguntamos pela segunda vez se vocês receberam nossas diretrizes. Está sendo implantada a palavra de ordem "todo o poder à Aliança"? Estão sendo criadas organizações de massa da Aliança em todas as cidades? Estão sendo vinculadas à Aliança todas as organizações revolucionárias de massa? Interventores descontentes e golpistas de esquerda estão sendo utilizados para facilitar a queda de Vargas e a criação de um governo antiimperialista da Aliança com Prestes no comando? Exigimos enérgico cumprimento de nossas ordens, resposta imediata e informação sistemática.[15]

Note-se aqui substancial alteração de tom, associada à mudança ocorrida no Ländersekretariat responsável pela América Latina. No lugar de seu veterano dirigente, Sinani (pseudônimo de G. B. Skalov), uma das primeiras vítimas dos expurgos stalinistas, entrara o chinês Van Min. Uma de suas primeiras medidas foi afastar Guralski, colocando-o "à disposição do CC do PCUS" no começo de maio de 1935. Guralski e Sinani eram ligados ao ex-presidente do Komintern, Gregori Zinoviev, incluído na leva inicial de detenções.

Se alguém pudesse pensar que rigidez dogmática e subserviência aos chefes tivessem já atingido o limite do suportável, não conhecia Van Min, pseudônimo de Chen Shao-yu. Seu desempenho como líder revolucionário tinha sido até 1935 dos mais pobres. Era mal informado sobre o que se passava até mesmo em seu próprio país. Acreditava, no final dos anos 20, que o PC chinês controlava o desenvolvimento de uma revolução antifeudal e antiimperialista que já conteria elementos socialistas. Tinha fé também na perspectiva de breve vitória dessa revolução, que colocaria a China no centro da revolução mundial. Os sovietes chineses seriam um novo tipo de Estado, surgido da longa e sangrenta luta contra o imperialismo e a burguesia (a revolução chinesa, comandada por Mao Tsé-tung, um irreconciliável inimigo de Van Min, acabou ocorrendo de maneira muito diferente). Estava mal informado também sobre o grau de deterioração interna dos exércitos do Kuomintang, uma das principais causas das catastróficas derrotas sofridas pelos comunistas chineses.

Em compensação, Van Min falava muito bem russo (além de chinês, inglês, francês e um pouco de alemão), fez carreira em Moscou entre 1931 e 1937, tornando-se amigo (se a palavra pode ser utilizada) até mesmo de Stalin. Do ditador soviético, Van Min ouviu a instrução de que a luta contra o trotskismo era a mais importante de todas, e até o final de sua vida seguiu isso à risca. É considerado o responsável pela introdução dos métodos de perseguição stalinistas na China, e o principal articulador dos expurgos que terminaram com o fuzilamento ou a prisão de milhares de militantes chineses. Por essa razão, jamais Van Min foi reabilitado pelo PC chinês.[16]

Esse dirigente dogmático, proveniente de um mundo com história e tradições culturais totalmente diferentes das latino-americanas, coordenava, de Moscou, a insurreição de Prestes no Brasil. No começo, o principal ajudante do chinês no Ländersekretariat para a América Latina era um desconhecido funcionário soviético, Kutschumov, um jovem de aspecto franzino e óculos redondos de intelectual que, já em outubro, depois de uma briga com sua mulher, abandonou seu trabalho. Kutschumov também não conhecia nada sobre a América Latina, sequer falava francês, e havia sido recrutado por Van Min na Universidade do Extremo Oriente, onde se dedicava a estudos chineses. Com a ajuda de Fernando de Lacerda, que recebia do Brasil jornais, artigos, panfletos e material "aberto" (não tinha acesso a documentos confidenciais), cabia a Kutschumov preparar as avaliações iniciais sobre o que estava acontecendo no distante Brasil.

Apenas em 11 de maio Ewert reagiu aos telegramas que exigiam a difusão da palavra ordem "todo o poder à ANL", recorrendo a uma manobra: pedia a repetição das ordens, alegando que tudo havia chegado truncado. Enquanto isso, aterrissara nos gabinetes dos estrategistas em Moscou, via Paris, a edição de 10 de abril de 1935 do *Classe Operária*, o órgão oficial do PCB, e seu conteúdo causou péssima impressão. Não era a primeira vez. Um mês antes, em 11 de março, o secretário-geral do PCB, Miranda, publicara nesse jornal um artigo em que falava da formação das "Repúblicas Soviéticas do Brasil". Em tom ainda benevolente, Moscou registrara esse "erro cometido pelos dirigentes do partido", aumentando o risco de aliados abandonarem prematuramente a ANL, assustados com esse tipo de retórica. Contra a orientação da Maison, que recomendava tirar da janela plantas exóticas como revolução proletária, governo de sovietes ou comunismo, os camaradas brasileiros vinham de novo insistindo, em 10 de abril, na velha cantilena: sovietes de camponeses e trabalhadores, hegemonia do proletariado, revolução socialista.

Tratava-se de uma reincidência, e o assunto foi levado ao nível superior e incontestável: a Comissão Política do Komintern, integrada por Manuilski, Dimitrov e Piatnitski. O telegrama que esses dirigentes enviaram ao "camarada Keiros" (Miranda), em 13 de maio, possuía ainda um tom relativamente polido, e bastante didático. Os condutores da revolução mundial explicavam de Moscou aos comunistas brasileiros que o país destes, o Brasil,

> passa no momento por uma etapa revolucionária antiimperialista de caráter geral e nacional. A luta pela palavra de ordem "todo o poder à ANL" é o único caminho da mobilização das mais amplas bases das massas populares para a derrubada do governo reacionário. Desautorizado substituir essa palavra de ordem por palavra de ordem "todo o poder aos sovietes", ao Partido Comunista ou outras palavras de ordem propagandísticas.

Só a participação de todos os partidos num governo nacional, com Prestes no comando, daria ao Partido Comunista a legalidade necessária e permitiria ao proletariado organizar-se melhor, reiterava Moscou. A aulinha aos camaradas brasileiros prosseguia: com esse governo da ANL "ficaria mais fácil" atrair as massas de camponeses, formar o Exército Revolucionário e armar o povo. Por isso, o PC e o proletariado deveriam no momento utilizar os aliados temporários, "inclusive parte da burguesia nacional que apóia a luta antiimperialista" (uma ilusão da qual boa parte da esquerda brasileira nunca mais se livraria). Tudo isto cumprido, o PC forjaria então "as melhores condições para a luta pelo poder soviético na próxima etapa".[17]

Conteúdo muito diferente teve uma discussão restrita em Moscou sobre os recentes acontecimentos na frente brasileira. O auxiliar de Van Min, Kutschumov, preparou para essa mesma Comissão Política, para suas sessões de 16 e 21 de maio de 1935, um longo documento (em russo e alemão) com violentos ataques aos enviados do Komintern ao Brasil. Só eles podiam ser os culpados pelo "enorme retrocesso evidenciado nas recentes declarações da liderança do PCB", diz o texto. O partido brasileiro não estava respeitando "nossas diretrizes", nem "as resoluções adotadas por unanimidade" na conferência dos partidos latino-americanos, do final de 1934.

A ANL se desenvolvia, ainda segundo esse documento, como "uma organização de milhões, uma verdadeira frente popular nacional libertadora à qual pertencem todas as organizações influentes da inteligência burguesa e parcelas da burguesia nacional vacilante". Em alguns estados, Moscou achava que mesmo para o Brasil a luta alcançava proporções inusitadas. Setores das Forças Armadas expressavam solidariedade com o povo e o programa da ANL. Interventores e parlamentares agiam contra Vargas, que buscava apoio nos integralistas. Numa situação como essa, "as amplas massas populares esperam o chamado ativo da ANL para a luta contra o governo". E o que acontecia nesse momento dramático? Conforme podia-se constatar pela leitura do *Classe Operária*, o PCB dizia que não ia entrar na ANL, insistindo em palavras de ordem que, na prática, "significam o rompimento com a Aliança". Os dirigentes soviéticos não tinham dúvidas sobre os culpados: "Esses erros são atribuídos, conforme se pode constatar de todos os documentos anteriores, sem dúvida a ordens que a direção do PC brasileiro recebeu de nossos dois representantes. Altobelli [Ghioldi] nos escreveu em suas cartas que milhões poderiam seguir a Aliança, o que consistiria no maior perigo para a revolução". As posições de Ghioldi foram então qualificadas de "sectárias e perigosas para a revolução", e o relatório propõe o afastamento e o retorno do comunista argentino para Buenos Aires, "onde poderia pensar um pouco melhor nos seus erros".[18]

A reprimenda sobre Ghioldi encerrava grande ironia. Poucos se preocupavam mais em respeitar os dogmas de Moscou do que esse argentino, nascido em 1897, em Buenos Aires. Filho de imigrantes italianos e tido como o principal intelectual do PC argentino, Rodolfo José Ghioldi estava estreitamente ligado à Terceira Internacional desde 1922. Suas qualificações teóricas não eram, porém, consideradas credenciais imponentes. Em 1933, aplicara mecanicamente à Argentina escritos de Lenin sobre a questão das nacionalidades, recomendando a separação do Estado argentino, não só segundo as nacionalidades indígenas, mas também de acordo com os diversos grupos de sitiantes italianos e judeus da província de Entre Rios.[19] Na sua ficha em Moscou consta uma observação, de 1932, bastante negativa: "Sofre de constantes crises de nervos, tem saúde fraca e se cerca de elementos pequeno-burgueses". Além do mais, desde o início as atividades no Bureau no Rio estavam sob a condução de Ewert. Foi ele quem anunciou a Moscou, em 15 de maio, os resultados do comício realizado dois dias antes pela ANL, no qual foi lida a carta de adesão de Prestes (datada, como despiste, de Barcelona). Foi a primeira vez que se falou em "governo popular nacional revolucionário", com Prestes seguindo à risca as instruções de Moscou. Ewert achou o conteúdo dos discursos feitos por aliancistas "mais claro, direto e concreto do que em outras oportunidades". A tarefa imediata, prosseguiu, era a de "melhorar a organização e a estrutura da Aliança, torná-la politicamente mais enxuta e conseguir uma direção política mais representativa".[20]

Dispondo de considerável experiência internacional e capacidade analítica, é possível que Ewert tivesse opinião própria bem definida sobre as estúpidas diretrizes vindas de Moscou. Mas nem ele, nem Prestes, muito menos Ghioldi — um homem que pouco se impunha — estavam dispostos a desafiar ordens superiores. Em 18 de maio, Ewert por fim acusou o recebimento dos telegramas enviados desde o princípio de abril, com a palavra de ordem "todo o poder à ANL" e diretrizes recomendando ao PCB a formação do "exército revolucionário".[21] Estava em entendimento direto e diário com Prestes e Ghioldi, com quem formulava documentos assinados com a sigla GIN, de Garoto (Prestes), Índio (Ghioldi) e Negro (Ewert). Sem outra saída, passaram à implantação do que os chefes queriam.

Convocaram logo em seguida uma reunião com os principais dirigentes do PCB — Miranda, Martins e Bangu —, que deveriam referendar duas medidas. A primeira delas está refletida no resultado da sessão plenária do Comitê Central do PCB em maio de 1935 (seriam mais duas reuniões ampliadas até o final daquele ano). "Esse Pleno assinalou uma mudança importante de orientação", lembrou-se Martins, mais tarde. "Abandono da linha soviete no Nordeste e bloco antiintervencionista no Centro e no Sul do país em troca da adoção das palavras de ordem de governo popular nacional revolucionário com Prestes à frente, e todo o poder à ANL"[22] (esta já havia sido lançada publicamente por Prestes) no dia 13 de maio, antes de o Comitê Central se reunir. Tão logo terminou o encontro, em telegrama cifrado do dia 25 de maio, Ewert anunciou a Moscou missão cumprida e obediência total: "Comitê Central do PCB adotou a linha do governo popular nacional revolucionário". Na mesma mensagem, avisou que Prestes lançaria ainda no começo de junho manifesto exigindo "todo o poder à ANL".

A segunda medida que Ewert, o representante do Bureau (leia-se Moscou) na reunião de cúpula dos dirigentes do PCB, "recomendou" aos comunistas brasileiros tinha caráter estritamente confidencial e nem era para ser examinada pelo Comitê Central. Antes mesmo da reunião do CC, foi criado um Comitê Militar Revolucionário, "encarregado de preparar a insurreição em todo o país",[23] e dele fariam parte Prestes, Miranda e o tenente Paulo Carrion (pseudônimo "Pavel"), membro do partido desde 1933, recrutado na Escola de Guerra. Ficou acertado que esses mesmos nomes formariam ainda outro Comitê Militar Revolucionário, dentro da ANL.

O alcance dessas duas medidas é muito mais amplo do que parece à primeira vista. Elas representavam na prática considerável alteração dos planos inicialmente traçados em Moscou, que previam um ataque em pequena escala no Nordeste, apoiado por levantes parciais simultâneos no Centro e no Sul. A nova orientação significava desencadear a insurreição ao mesmo tempo em todo o país, uma concepção inexeqüível e também difícil de ser justificada. Os três principais dirigentes, Prestes, Ewert e Ghioldi, dispunham naquele momento (maio de 1935) de informações bastante exatas sobre a debilidade, não apenas no Nordeste, do trabalho de preparação militar. Também no Rio, onde se concentravam algumas das tropas e unidades mais importantes, não se podia falar em trabalho de "preparação militar" sério por parte do PCB. Um possível esclarecimento para a profunda alteração dos planos iniciais, agora ampliados ao máximo, seria, paradoxalmente, a debilidade que os três dirigentes não podem ter deixado de constatar. Se, de qualquer maneira, a ação no Nordeste teria de ser adiada, pois tudo estava atrasado, por que não partir para um movimento nacional, no embalo da expansão da popularidade da ANL?

No Rio, por exemplo, o trabalho do partido nas Forças Armadas era pouco mais que simbólico. Souza, o camarada que permanecera em Moscou (o mesmo da brincadeira de mau gosto com Miranda), tinha sido, em 1934, o responsável pelo que os comunistas chamavam eufemisticamente de "setor militar". Durante os cinco meses em que a delegação brasileira à III Conferência dos partidos latino-americanos em Moscou ficou ausente do Brasil, Martins afastou os dois principais responsáveis pela infiltração nas Forças Armadas, o velho Nepomuceno e o soldado "Pezinho". Estabeleceu pela primeira vez uma linha de ação: tentar a penetração das unidades decisivas e a criação de quatro comitês de zona, dois no Exército, um na Marinha e um na polícia. Decidiu que o partido exploraria reivindicações parciais dos militares, como o descontentamento com um dia extra de instrução após manobras, ou com a má alimentação (um aspecto grave sobretudo nos grandes navios da Marinha).

Quando do regresso da delegação do PCB, no início de 1935, havia aumentado o número de células comunistas no Exército, totalizando agora dezenove, algumas delas nas principais unidades. As oportunidades para os agitadores do partido haviam se multiplicado com a entrada em cena da ANL. Martins assinalou, contudo, que esses esforços, entre os quais incluía São Paulo, Rio Grande do Sul, Rio Grande do Norte e Pernambuco, "eram ainda muito recentes [no começo de 1935] e insuficientemente consolidados do ponto de vista ideológico, e nós não sabíamos utilizar possibilidades legais de trabalho de massa (no Exército e Marinha), como clubes de dança, esportes etc.". Mesmo assim, ele achava razoável contar com a atuação de camaradas e simpatizantes ainda em quatro fortalezas, oito unidades da Polícia Militar e dezesseis da Marinha.

Quanto ao Nordeste, as informações que Caetano Machado, um dos principais dirigentes da planejada insurreição, transmitira ao Rio sobre a situação que encontrou em Pernambuco, em carta de 11 de abril de 1935, dariam roteiro para um bom romance, no gênero realismo fantástico.[24] Existia uma célula organizada no 29º BC, e já se conseguira um lugar para a fabricação de "bombons" (bombas), embora faltasse dinheiro. Mas o restante "estava tudo muito mal". No seu linguajar característico, Caetano pediu a Miranda que mandasse "o L. ou algum desempregado, aqui tem muito comodismo e acúmulo de funções". No setor militar também nada havia sido feito, "até mesmo para ligar a algum elemento, eu mesmo fui catar e já temos em mãos três companheiros do Exército". Na polícia, o mesmo quadro: "Nada existe, porém já estou estudando um elemento, que vou falar com ele, na Guarda Civil tem uma célula, um guarda civil, um inspetor de veículos, um guarda-noturno. Estão imprimindo um manifesto". A chegada do pessoal de reforço mandada pelo Rio não conseguiu entusiasmar Caetano. Um deles estava "bastante doente e afetadíssimo dos nervos", outro "também com dores de cabeça"; o da *agitprop* "diz abertamente não poder ser dirigente, pois tem medo de qualquer barreira"; "S. [provavelmente Silo Meirelles, homem de confiança de Prestes e treinado em Moscou] nem sabe como funciona uma célula". Ainda por cima, "há cheiro de provocador no ar, pois tudo o que se discutia na mesma hora estava nas barracas, nas esquinas e nos cafés".

O espantoso relatório de Caetano Machado, principal dirigente do PC em Pernambuco, encerrava-se com observações pessimistas sobre as possibilidades de que dispunha o partido no terreno da propaganda política: "Todos os donos de tipografia aqui têm medo". Quem não estava com medo e se mostrava disposto a lutar não tinha muito respeito pelo partido. "Apareceu um caudilho camponês em Jatobá do Tacaratu. Disse que se o partido não der autorização, ele começa a luta sozinho. Se ele não está cagando goma, podia começar com três grupos de dez homens cada um''. Surgira ainda um outro ''caudilho'', nas margens do São Francisco, ''mas o problema é que ele está enrolado com uma mulher e enquanto não resolver isso não sabemos qual será o curso''.

Com a carta de Caetano chegou outra, de 14 de abril, assinada por Silo Meirelles. Ele se preocupava sobretudo com questões ideológicas. Era contra o ''prestismo'' e a participação do partido na ANL. Achava (com razão) que o PC não tinha consolidação orgânica e agilidade para entrar num movimento de tal envergadura, muito menos para enfrentar a demagogia de outros líderes da Aliança. ''É preciso um mínimo para entrar nisso, e ouso dizer a vocês, com muita franqueza, que esse mínimo ainda não existe.'' Silo afirmava que os acontecimentos estavam sendo precipitados. Havia muita insatisfação e grande necessidade de levar adiante lutas populares, ''mas não parece um perigo tremendo dar corpo e amplitude a tais lutas, sem uma direção efetiva do partido?''. Relatava as mesmas terríveis dificuldades materiais, como falta de quadros e de dinheiro (em caixa apenas um conto de réis, cerca de sessenta dólares, fornecido por um médico simpatizante), células fundadas poucos dias antes, ''precariamente ligadas à massa operária'', ausência de imprensa do partido, ''fora uma maquineta descoberta, enferrujada, e um mimeógrafo comprado há uma semana''. Silo terminava com uma observação cruel — ''mal podemos dizer que o partido existe'' — e uma conclusão irônica: ''Me parece que vamos armar um Viva Villa''.[25]

Entre esses relatórios, excepcionalmente francos e honestos, e as comunicações que o Bureau enviava no mesmo período a Moscou existia um abismo. É impossível que pelo menos Ewert, que controlava a correspondência com a Europa, não tivesse conhecimento das cartas vindas do Nordeste (que foram enviadas a Moscou, onde estão até hoje). Mas tudo o que disse à Maison naqueles dias foi esta frase curta, contida num telegrama de 26 de abril: ''As coisas estão boas e poderemos agir conforme decidido''. Na mesma mensagem, advertia que ''deficiências locais'' demandariam mais tempo para a preparação do levante. Naquela semana ainda não havia sido decidida a mudança de linha (abandono dos planos iniciais de rebelião localizada no Nordeste). Mesmo assim, a comunicação de Ewert é incompreensível.

Dois meses depois, o veterano enviado alemão voltou ao tema do Nordeste, insistindo nos mesmos erros. Embora no período transcorrido entre abril e junho a capacidade de organização, arregimentação e operação do partido naquela região não tivesse melhorado de maneira significativa, Ewert afirmava que "no demais está tudo muito bem, só o campo está fraco"[26] — ou seja, tudo perfeito, menos o principal, o setor agrário. Que Ewert era capaz de identificar perfeitamente a razão dos problemas fica patente a partir de sua constatação seguinte, no mesmo documento: "No Nordeste cada organização faz o que quer e é difícil manter uma boa ligação". Apenas "a nossa presença" impedira uma tentativa de "golpe com a formação de sovietes". Ewert iria a Pernambuco conversar com Silo e Caetano e impor a modificação de linha, mas isto ocorreu apenas um mês depois deste relatório. No final do texto, incursionou no campo da fantasia: relatava progressos na criação de um movimento camponês ligado aos *partisans* (ou seja, aos cangaceiros), numa "região promissora".

Desde o princípio, a administração de pessoal consumiu desproporcional dose de energia do chefe do Bureau do Komintern no Rio. O primeiro encontro de Ewert com a direção do PCB data do final de março ou começo de abril de 1935, na casa de um militante chamado Campos da Paz, em reunião organizada por Martins. O segundo encontro ocorreu no apartamento colocado à disposição por um advogado, Werneck de Castro, mas o propósito de conseguir um local fixo para reuniões periódicas com os "homens do Bureau", como eram conhecidos Ewert e Ghioldi, não deu certo. O aparelho escolhido era a casa de um membro da ANL, que não conseguia acertar seus horários para estar presente quando Ewert viesse. Sua mulher, muito nervosa, na segunda vez não quis abrir a porta para os conspiradores-revolucionários. Com espírito muito prático, Ewert propôs então uma saída que se consagrou para incontáveis ocasiões futuras na história da esquerda brasileira: "Fomos todos a um bar no final do Leblon, e ali chegamos a nos reunir até mesmo duas vezes após a insurreição", contou Martins.

Fiéis à tradição, os órgãos diretivos do PCB continuavam, naquele começo de ano, em bagunça crônica. Quando a delegação que esteve em Moscou chefiada por Miranda voltou ao Brasil, no início de 1935, encontrou o instrutor alemão Jan Jolles (Alonso) praticamente dando as cartas. Tampinha, o secretário-geral interino, adoecera de sinusite em novembro de 1934 e só voltaria a circular em março de 1935. O mesmo ocorrera com os dois principais responsáveis pela importante região do Rio. Martins (Honório de Freitas Guimarães) assumiu a vital função de secretário nacional de organização, uma espécie de "gerente" sobre o qual se concentravam todas as tarefas práticas do partido. Ele também se queixava de excesso de trabalho e vertigens constantes, mas os companheiros da direção se recusavam a conceder os quinze dias de férias que ele vivia pedindo. Miranda aceitou

O Hotel Lux, em 1993: apenas os ratos sobreviveram.

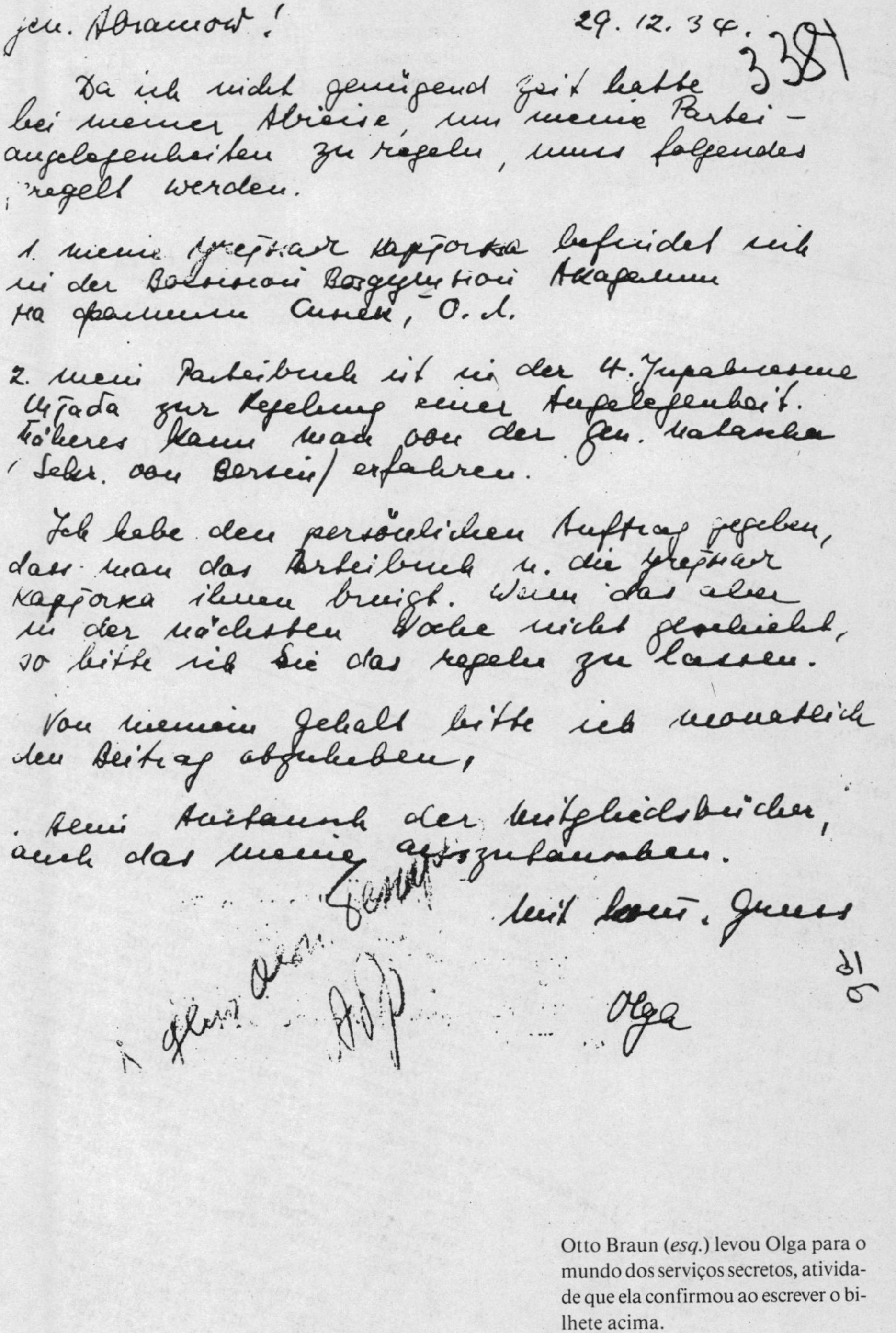

Gen. Abramow! 29. 12. 34.

338

Da ich nicht genügend Zeit hatte bei meiner Abreise, um meine Partei-angelegenheiten zu regeln, muss folgendes geregelt werden.

1. meine учетная карточка befindet sich in der Военной Воздушной Академии на фамилии Синек, О. Л.

2. mein Parteibuch ist in der 4. Управление Штаба zur Regelung einer Angelegenheit. Näheres kann man von der Gen. Malanka (Sekr. von Bersin) erfahren.

Ich habe den persönlichen Auftrag gegeben, dass man das Parteibuch u. die учетная карточка ihnen bringt. Wenn das aber in der nächsten Woche nicht geschieht, so bitte ich Sie das regeln zu lassen.

Von meinem Gehalt bitte ich monatlich den Beitrag abzuheben.

Beim Austausch der Mitgliedsbücher, auch das meine auszutauschen.

Mit komm. Gruss

Olga

Otto Braun (*esq.*) levou Olga para o mundo dos serviços secretos, atividade que ela confirmou ao escrever o bilhete acima.

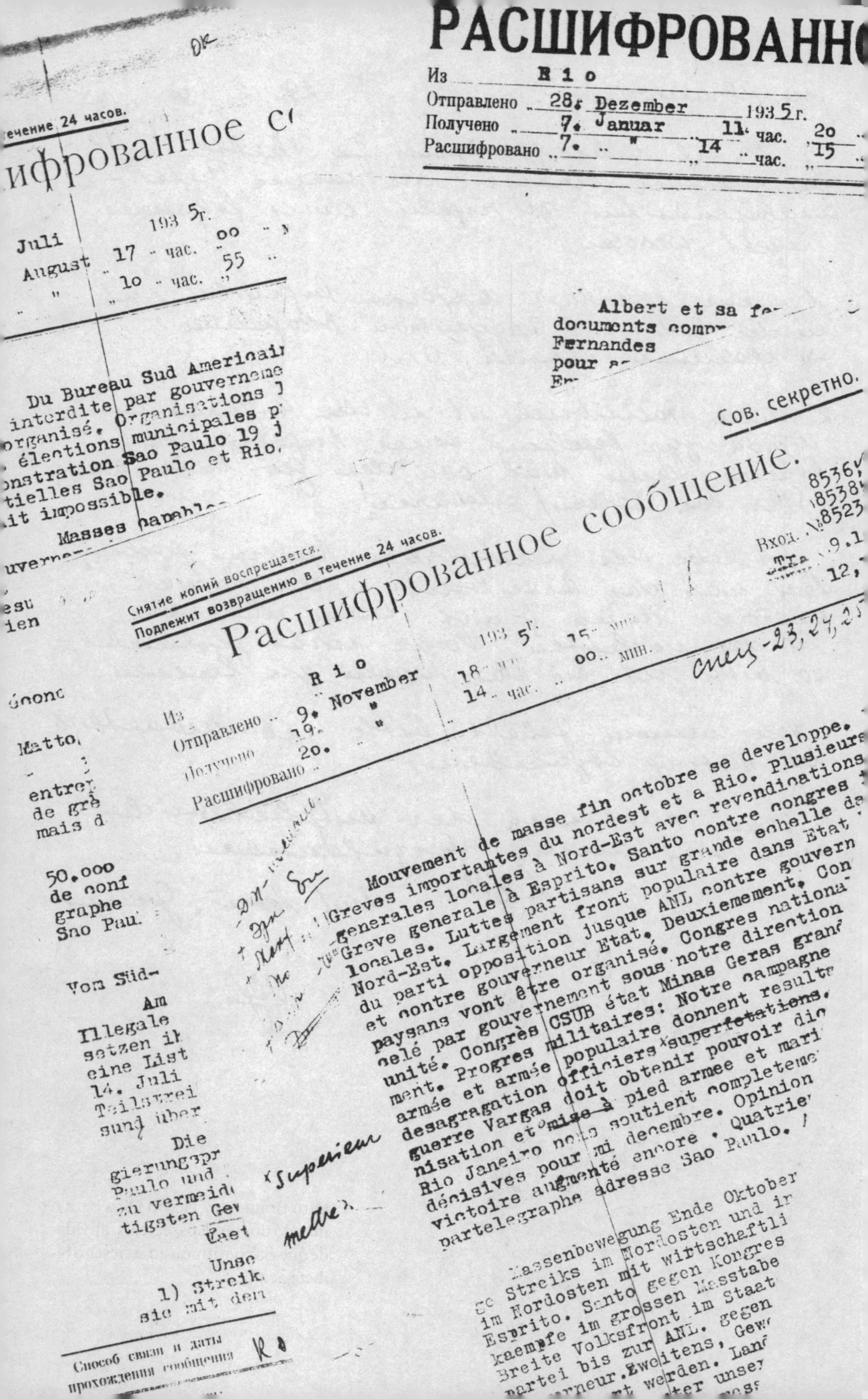
РАСШИФРОВАННО

Из Rio

Отправлено 28. Dezember 1935 г.

Получено 7. Januar 11 час. 20

Расшифровано 7. " 14 час. 15

Albert et sa fe…
documents comp…
Fernandes
pour a…

Сов. секретно.

8536
8538
Вход. №8523

Снятие копий воспрещается.

Подлежит возвращению в течение 24 часов.

Расшифрованное сообщение.

Из Rio

Отправлено 9. November 1935 г. 18 час. 15 мин.

Получено 19. " 14 час. 00 мин.

Расшифровано 20. "

спец-23, 24, 25

Mouvement de masse fin octobre se developpe. Greves importantes du nordest et a Rio. Plusieurs generales locales à Nord-Est avec revendications Greve generale à Esprito. Santo contre congres locales. Luttes partisans sur grande echelle dans Nord-Est. Largement front populaire dans Etat du parti opposition jusque ANL contre gouvern et contre gouverneur Etat. Deuxiemement. Con paysans vont être organisé. Congres nationa celé par gouvernement sous notre direction unité. Congrès CSUB état Minas Geras grand ment. Progres militaires: Notre campagne armée et armée populaire donnent resulta desagragation officiers superfetations. guerre Vargas doit obtenir pouvoir dic nisation et mise à pied armee et mari Rio Janeiro nous soutient completeme décisives pour mi decembre. Opinion victoire augmenté encore. Quatrie partelegraphe adresse Sao Paulo.

superieur

mettre

Massenbewegung Ende Oktober Streiks im Nordosten und in im Nordosten mit wirtschaftli Esprito. Santo gegen Kongres kaempfe im grossen Masstabe Breite Volksfront im Staat partei bis zur ANL. gegen …rneur. Zweitens, Gew… …rt werden. Land… …ter unser…

течение 24 часов.

…ифрованное с…

Juli 1935 г.

August 17 час. 00

10 час. 55

Du Bureau Sud Americain … interdite par gouverneme… organisé. Organisations … élections municipales p… …onstration Sao Paulo 19 j… …tielles Sao Paulo et Rio. …it impossible.

Masses capables…

…uvern…
…esu…
…ien

…ono

Matto…

entre…
de grè…
mais d…

50.000
de conf…
graphe
Sao Pau…

Vom Süd-
Am…
Illegale
setzen ih…
eine List…
14. Juli
Teilstrei…
sund uber…

Die
gierungspr…
Paulo und
zu vermeid…
tigsten Gew…
Caet…
Unse…
1) Streik…
sie mit den…

Способ связи и даты прохождения сообщения R

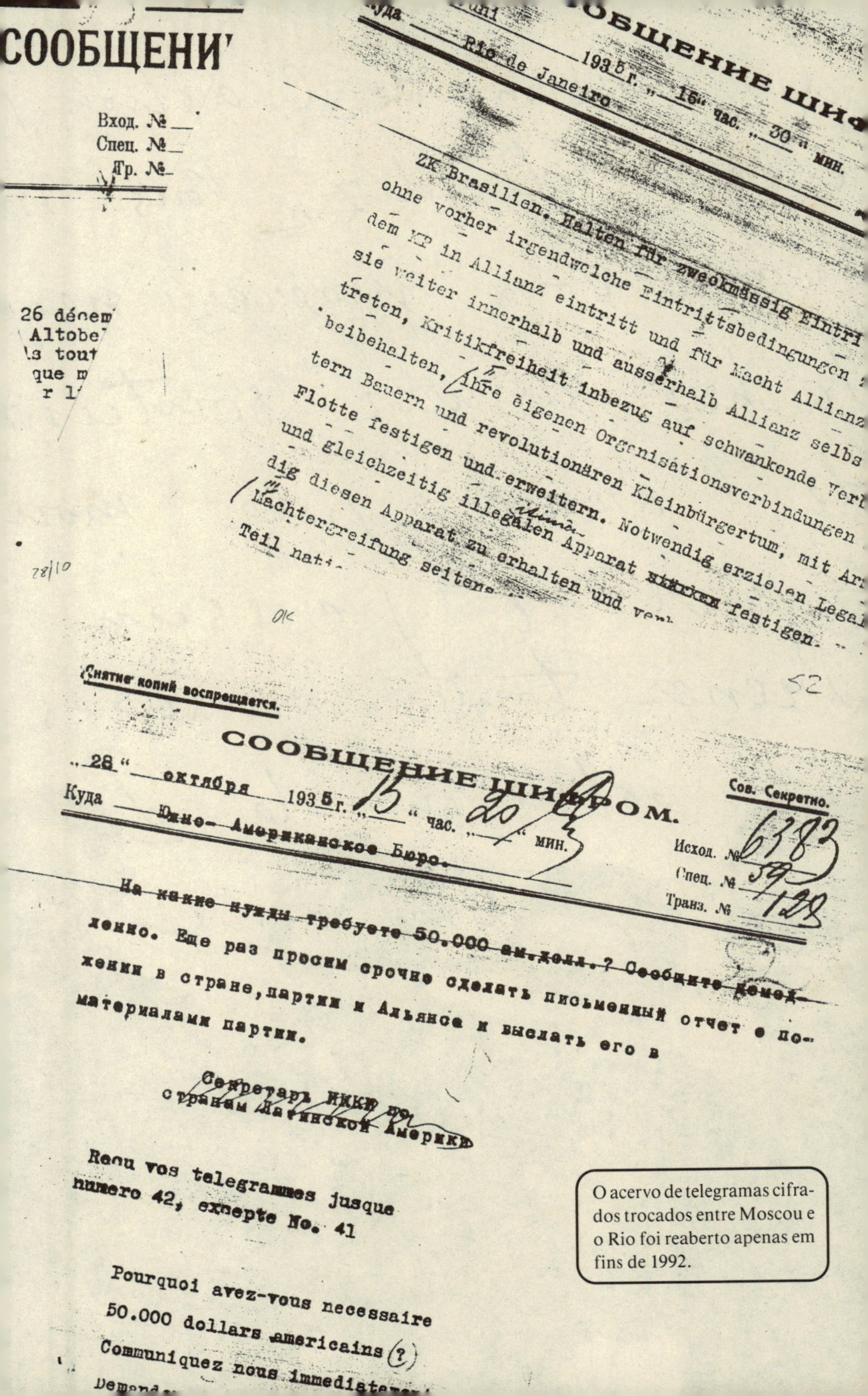

O acervo de telegramas cifrados trocados entre Moscou e o Rio foi reaberto apenas em fins de 1992.

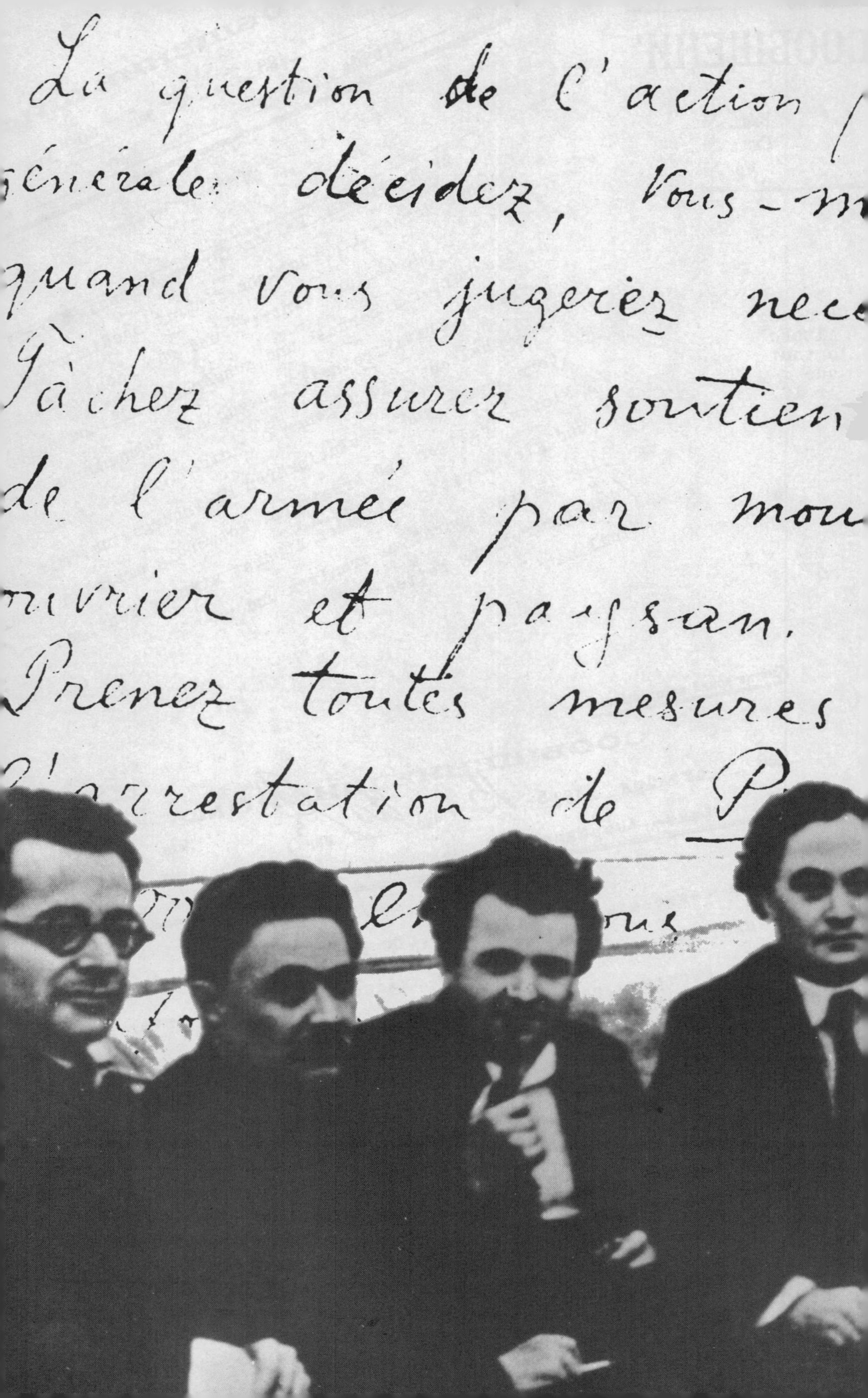
La question de l'action
générale: décidez, Vous-
quand vous jugerez
Tâchez assurer soutien
de l'armée par
ouvrier et paysan.
Prenez toutes mesures
l'arrestation de

Alguns dos homens que assinaram a ordem para a insurreição: Togliatti, Manuilski, Gottwald, Dimitrov (presidente da Internacional, não assinou), Kuusinen, Pieck e Marty.

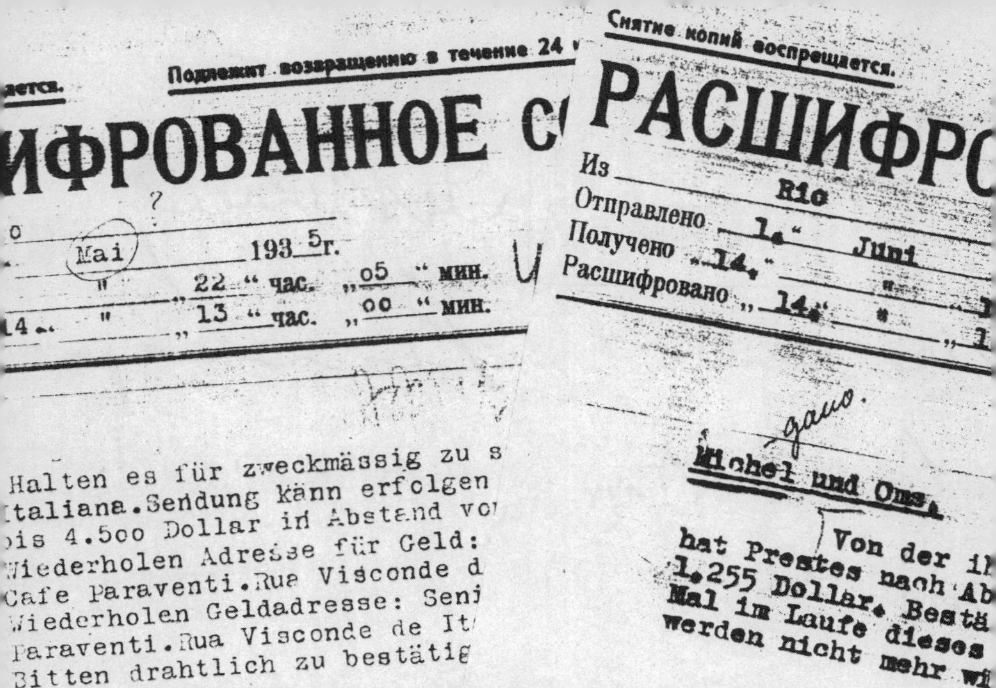

Подлежит возвращению в течение 24 ...

...ИФРОВАННОЕ С...

Mai 1935 г.

22 час. 05 мин.

14 ... 13 час. 00 мин.

Halten es für zweckmässig zu s...
Italiana.Sendung kann erfolgen ...
bis 4.500 Dollar in Abstand vo...
Wiederholen Adresse für Geld: ...
Cafe Paraventi.Rua Visconde d...
Wiederholen Geldadresse: Sen...
Paraventi.Rua Visconde de It...
Bitten drahtlich zu bestätig...

Снятие копий воспрещается.

РАСШИФРО...

Из Rio

Отправлено 1. Juni

Получено 14.

Расшифровано 14.

Michel und Oms.

Von der i...
hat Prestes nach Ab...
1.255 Dollar. Bestä...
Mal im Laufe dieses ...
werden nicht mehr w...

Em fotos da Gestapo, Guralski e Ewert, os homens que levaram Prestes a Moscou. Ewert assinaria um dos telegramas sobre o salário de Prestes.

...и даты
...сообщения T

...нистки:
2 экз. Дополнительно экз.
Sch.

...сообщения PT

Отметки машинистки:
Отпечатано 3 экз. Дополнительно экз.
Инициалы Fi.
Экземпл. №

Расп...
Перед...

т возвращению в течение 24 часов.

Сов. секретно.

АННОЕ СООБЩЕНИЕ

5 г.

„ 10 " мин. 31

„ 50 " мин.

Вход. № 4644 4645

Спец. № 36

Тр. № 75/76

rgebenen Summe von 2000 Dollar
ehalt 1.Juni abgeliefert an Büro
hiermit den Empfang, zum ersten
s für Büro erhaltene Summe. Wir
olen frühere Telegramme. 1.VI.
Albert

в течение 24 часов.

ОЕ СООБЩ

71

Вход

Спец

" мин. Тр

" мин.

n, Voyage Vienne Genes
eon et Margot de 21 M
lcain dont 7120 ffr. effet
200 Milreis. Voyage 13
nger 7000 florin egal à
ffr. et 20.205 Milreis
28.505 Milreis. René.

л: Pl.

a Schweiz u.
via Holl.

1 экз.

Расшифровал: Lee. u. I

Перевел: VV.

A porta principal da Lublianka.

Sede do Komintern em Moscou: quartel-general da revolução mundial.

Primeiro apartamento de Prestes em Moscou.

O sinistro portão da Lublianka, para onde eram levados os prisioneiros no Grande Terror.

LONG LIVE THE GREAT
INVINCIBLE BANNER
OF MARX, ENGELS
LENIN, STALIN
LENINE, STALINE

Stalin, em foto que teria sido tomada durante a abertura do VII Congresso da Internacional, em Moscou (*detalhe*).

0248

Jonny de Graaf com boné de marinheiro (*esq.*) e como o comerciante ''Gruber'': a Gestapo tinha as fotos na mesma página do álbum e não sabia que eram da mesma pessoa.

Сов. Секретно.

...пий воспрещается.

СООБЩЕНИЕ ШИФРОМ.

Исход. № 7038
84

Спец. №

Транз. №

novembre. 1935 г. „—“ час. „—“ мин.

Rio (Bureau de (l)Amerique latine et CC (PC Brezail)

La question de l'action generale decidez, vous meme, quand vous jugerez necessaire stop Tachez assurer soutien de l'action de l'Armee par mouvement ouvrier et paysan stop prenez toutes mesures contre l'arrestation de Prestes stop 25,000 envoyons par telegraphe stop Informez nous du cours des evenements stop

Secretariat

Cópia do original datilografado do telegrama com o qual a direção da Internacional deu a Prestes e Ewert ordem para agir.

За счет

Способ связи

Перевел

Вет.

Отметки машинистки:

Зашифровал

Отпечатано 3 экз. Дополнительно

Проверил

Инициалы

Экземпл. №

então a indicação feita por Jolles e colocou na direção do PCB, partido que se considerava o único representante do proletariado, o burguês Carvalho, cuja mulher vivia com Jolles. Aparentemente, Carvalho causou boa impressão em Miranda, que já na sua segunda participação numa reunião da direção nacional resolveu dar-lhe o lugar de Martins como secretário de organização. Martins passou-lhe então não só a Comissão de Finanças, como a Comissão Especial e todos os documentos relativos à organização do PCB — a um simpatizante que nem sequer era membro do partido.

Contra a sua vontade, a permanência de Jolles no Brasil chegou ao fim. Com a vinda à América do Sul de Ghioldi, com quem tinha velha pendência pessoal desde os tempos em que tentara afastá-lo da direção do partido argentino, no começo da década de 30, Jolles foi chamado a Montevidéu e ficou sabendo que seria transferido para o Equador, via Chile. Em poucos dias Miranda convenceu-se de que Carvalho era "um perigo" para o partido e devolveu a Martins o cargo de secretário nacional de organização. Mas figuras "plantadas" por Jolles, como Américo Dias Leite ou o estudante Tomás, continuaram próximos da direção — e a mulher de Carvalho se encarregava de informar Jolles, por carta, de tudo o que acontecia no PCB.

Em Santiago, no mês de maio, Jolles fez explodir uma bomba, manifestando abertamente a Ewert seu descontentamento com o fato de ter sido transferido do Brasil e queixando-se de "mais uma manobra de Ghioldi e Guralski". Após consultar o PC argentino, Ewert prometeu a Jolles que este poderia voltar a Buenos Aires se fizesse um bom trabalho no Equador. Mas Jolles não saía de Santiago do Chile, onde se encontrava outro "instrutor", o austríaco Fritz Glaubauf, professor da escola de formação para quadros sul-americanos.

Anos mais tarde, em Moscou, Glaubauf narrou o comportamento de Jolles numa série de detalhados relatórios aos "órgãos competentes". Jolles viajava pela América do Sul com o mesmo passaporte espanhol no qual estava carimbado o visto de turista que se utilizara para chegar em 1933 a Moscou, o que lhe causava óbvias dificuldades em qualquer posto de fronteira, e por isso insistia em não sair de Santiago. Furioso com a situação, Ghioldi mandou um telegrama a Glaubauf tornando-o pessoalmente responsável pelo deslocamento de Jolles para o Equador, que acabou ocorrendo em breve. Glaubauf continuou apanhando correspondência no endereço de Jolles e, como entre os profissionais da revolução não existia privacidade, passou a abrir as cartas. Elas vinham do Rio, da mulher de Carvalho, que Glaubauf denunciou em Moscou como "pessoa altamente suspeita".

A primeira medida de Glaubauf foi avisar Ewert no Rio, a quem mandou cópias das cartas interceptadas (ficou com os originais). Ele reproduziu em Moscou (esse texto está preservado numa pasta pessoal, de acesso restrito) as palavras que escrevera então a Ewert: "Essas cartas eram escritas na linguagem habitual da correspondência particular sobre assuntos do partido. Sem maiores detalhes, sem nomes, claras o suficiente para revelar o seguinte: seus autores eram dois, um homem e uma mulher que haviam trabalhado na direção do partido e tinham sido afastados do trabalho depois da volta dos delegados da conferência (dos PCs latino-americanos em Moscou)". As cartas a Jolles davam informações detalhadas sobre pessoas, táticas, disputas e problemas internos da liderança do PCB. O "furo" nas regras de segurança era gritante.

Além disso, acrescentou Glaubauf, Jolles cometia violações importantes nas normas do comportamento conspirativo. Em dois casos, seu endereço de uso exclusivo foi encontrado com pessoas que não estavam autorizadas a possuí-lo — uma das quais um marinheiro americano. Durante sua breve estada no Equador, Jolles comunicou que havia sido roubado, mas uma investigação (Glaubauf não disse quem a fez) revelou que ele havia dissipado verbas da revolução internacional num prostíbulo em Guaiaquil. A denúncia de Glaubauf contra Jolles incluía a insinuação de que ele estaria ligado a Sinani e Guralski, então já em desgraça. Desde abril relatando a Moscou que Jolles estava se comportando mal, em junho Ewert determinou sua remoção para a Europa, o que nunca chegou a acontecer.

Também no Rio de Janeiro as relações pessoais eram um campo minado, sobre o qual Ewert caminhava com extremo cuidado. O problema central era o difícil entendimento entre Prestes e Miranda, o secretário-geral do PCB. Muitos anos mais tarde, quando escolheu Miranda como bode expiatório, Prestes inverteu os termos iniciais do problema, afirmando que o secretário-geral era a verdadeira autoridade do partido, pelo qual ele, o Comandante da Coluna Invicta, o Cavaleiro da Esperança, o Líder da Revolução Brasileira, tinha enorme respeito. Na verdade, fora Miranda quem se ressentira imediatamente da força e do prestígio com que Prestes havia desembarcado no Brasil.

Esse ponto foi levantado e discutido em Moscou. O Departamento de Quadros do Komintern recebera a incumbência de analisar a estrutura do PCB e "modernizá-la", ou seja, transformá-la à sua imagem e semelhança. Para tanto, realizavam-se periódicas reuniões fechadas em Moscou. Durante todo o primeiro semestre de 1935, com a participação também do chinês Van Min e de Inês, o representante do PCB no Komintern, Fernando de Lacerda, fazia longas e maçantes exposições sobre casos internos do partido. Contra seu costume, Lacerda foi bastante objetivo na reunião do dia 29 de maio. Nessa ocasião, discorreu sobre a autoridade de Prestes no PCB, que crescera bastante após ele ter sido aclamado como presidente de honra da ANL. "Não quero dizer que o partido ignora nele os modos de comandante como Cavaleiro da Esperança, mas a maioria o considera um camarada nosso. Dentro do partido existe a opinião de que os prestistas chegaram ao poder", disse Lacerda, de acordo com a transcrição estenográfica, em russo, preservada em Moscou numa coleção de três pastas secretas sobre o PCB.

Os "modos de comandante", aliás uma boa caracterização de Prestes, era um aspecto abertamente discutido no partido e que não havia escapado à atenção de Jonny de Graaf, que nada tinha a ver com essas fofocas (ele fazia parte de outro ninho de intrigas). "Um importante fator suplementar na perda de velocidade no trabalho do partido eram as divergências em relação a Prestes", relatou, dois anos depois, a seus interrogadores em Moscou.

> Grande parte do partido estava contra Prestes e se manifestava abertamente contra o prestismo. Naquela época, se entendi direito o que me contou o camarada Ewert, havia uma divergência entre os camaradas Prestes e Fernandes [o pseudônimo pelo qual Miranda era conhecido dos enviados do Komintern no Rio], e segundo Ewert me disse, Fernandes tinha medo de ser pisado por Prestes, que pudesse ser afastado da direção do partido, quer dizer, Fernandes temia que Prestes tomasse a si o comando do partido.

Miranda não se curvou facilmente a Prestes, o que pode explicar em boa parte a irritação que o chefe da insurreição guardaria, até o final de sua vida, mais de meio século depois, do secretário-geral do PCB. Numa carta cujos originais se perderam, mas à qual outros militantes fizeram referências, Miranda procurou esclarecer na mais alta instância — Moscou — qual era, afinal, o papel reservado a cada um. Talvez imbuído de excessiva autoconfiança, Miranda foi um passo adiante, definindo as funções de Prestes como sobretudo as de arregimentação de outras classes que não o proletariado — sobre o qual o Partido Comunista mantinha, evidentemente, todas as prerrogativas de representação e comando (que o "proletariado" ignorava, aliás). E impôs a Prestes o que chamou eufemisticamente de "controle proletário" de sua correspondência, que interceptava.

Pode-se imaginar sem dificuldades a fúria que deve ter tomado conta de Prestes, principalmente depois de receber de Moscou, no começo de junho, uma carta sem data e sem assinatura (Ewert supôs que se tratava do Ländersekretariat, isto é, do chinês Van Min). Esse texto não sobreviveu e sabe-se dele por referências feitas por Prestes, que considerava muito limitado seu papel descrito ali, "restringindo-se à tarefa de conquistar a pequena burguesia", conforme o resumo feito por Ewert em telegrama enviado à Maison em 8 de junho. Nessa mesma mensagem, Ewert faz menção a entendimentos anteriores mantidos por Prestes em Moscou, mostrando que até mesmo detalhes da operação brasileira haviam sido examinados com a direção do Komintern: "A posição da carta [sobre o papel de Prestes] não está em concordância com a posição de Manuilski", escreveu Ewert.

O papel que estava reservado a Prestes na insurreição brasileira era um item prioritário em Moscou. Em tempo relâmpago para os padrões da época — quinze dias —, a Maison respondeu, por telegrama urgente e cifrado, à reclamação de Prestes. Não fosse a ênfase com que Prestes reiterou sua versão oficial de que Moscou nada tinha a ver com a aventura de 1935, não seria necessário reproduzir outro documento na íntegra. Mas as instruções de Moscou são um exemplo didático dos estreitos limites impostos à ação de seus enviados, e o grau de detalhe com que se intrometia em tudo:

> Após relermos a carta [enviada de Moscou a Prestes], nós a consideramos correta, pois não se faz menção ali ao papel de Prestes como arregimentador da pequena burguesia ao lado da classe trabalhadora, e sim sobre seu extraordinário papel na Aliança Nacional, que é o de organização da liderança da revolução libertadora. Mandamos instruções telegráficas sobre a luta pelo governo da Aliança com Prestes à sua frente. Recebemos e estamos examinando o manifesto de Prestes.[27]

Em outras palavras, Miranda saiu perdendo. Para Moscou, Prestes era, sem a menor sombra de dúvida, o chefe da revolução, e o secretário-geral do PCB uma figura secundária. No mesmo conhecido informe de 27 de junho (citado acima sobre a questão do Nordeste), Ewert abordava também problemas de administração de pessoal — a "química" dos participantes, como se diria em gíria moderna —, no caso o chefe do PCB. A direção do partido brasileiro mostrava muita autoconfiança mas era inexperiente e cometia mais falhas do que seria admissível. "Erros infantis caem do céu como um raio e causam enorme estrago", escreveu. Ewert anunciou então que aumentaria a supervisão dos dirigentes do partido, reclamou da atitude de Miranda de interceptar a correspondência de Prestes (a quem chamou, aliás, de "nosso general") e afirmou que, se o episódio voltasse a ocorrer, "teremos de desautorizar o secretário do PCB". No entanto, apesar da intervenção de Moscou, a briga ainda estava longe de seu fim.[28]

No episódio Jolles—Carvalho, o secretário-geral do PCB conseguira sair da linha de fogo, apoiado por Ghioldi e lançando toda a culpa no adversário que estava do outro lado do continente. Ao se defrontar com Prestes, não teria tanta sorte. Logo que chegou ao Brasil, sentindo-se imbuído de muita importância, Miranda tomou como secretária a escritora Eneida Costa, com quem passou a viver num apartamento na rua das Laranjeiras, para manter a aparência de um casal. Auxiliado por dois outros simpatizantes, Carlos e Mariana, Miranda mantinha ainda outro aparelho na rua Haddock Lobo, perto da praça Afonso Pena. Eneida, que praticamente dirigiu o Comitê Regional do PCB no Rio, não era escolha tranqüila. Em Moscou, quando soube das novas funções da escritora, Fernando de Lacerda imediatamente a denunciou. Junto de seu marido, Miguel, havia sido expulsa do partido em São Paulo, em 1932, acusada da queda de parte do aparato da direção. Por insistência de Lacerda, o Departamento de Quadros do Komintern incluiu a principal auxiliar do secretário-geral do PCB na categoria das pessoas "duvidosas e provocadoras", suspeita de estar "ligada ao aparelho estatal" e de manter contatos estreitos com "trotskistas e sectários".

Moscou jamais informou a Miranda sobre essas graves acusações a sua assessora direta (Miranda acabou por despedi-la pois considerou "caótica" sua forma de trabalhar). Tais acusações eram guardadas zelosamente nas pastas e dossiês pessoais, para uso em ocasião que nunca deixaria de surgir. Colecionar difamações era a atividade preferida do Departamento de Quadros, e nada havia que um comunista daquela época tivesse mais vontade de ler do que as *spravkas* (informes, prontuários) a seu próprio respeito. Nesses rápidos resumos biográficos, informações de caráter duvidoso adquiriam o aspecto de fatos inquestionáveis. E sobre os camaradas da Internacional não havia melhor fonte de informações do que os próprios camaradas.

Em toda a história da organização, o interesse que os dirigentes do Komintern devotaram ao estado interno do PCB supera de longe os esforços dedicados a qualquer outro partido comunista latino-americano. Tudo era acompanhado meticulosamente, envolvendo também os profissionais do partido-irmão soviético. No final de maio e começo de junho, o chinês Van Min, secundado por seu auxiliar da Universidade do Extremo Oriente, Kutschumov, presidiu a uma série de quatro longuíssimas reuniões, a última das quais com a participação inclusive de Chernomordik, o importante secretário do Departamento de Quadros.[29] Falou em nome do partido brasileiro Fernando de Lacerda, seu representante no EKKI.[30]

Nas intermináveis transcrições estenográficas dessas sessões, preservadas até hoje num arquivo em Moscou, fica bastante clara a debilidade do PCB nos sindicatos, nas tarefas de estruturação e organização internas, nas suas linhas de comunicação dentro e fora do país. Lacerda, falando como sempre a maior parte do tempo, alertara para o fato de que uma das "pontes" essenciais para a organização do partido — o trabalho de Afonso de Figueiredo, em Paris — também não estava garantido. Figueiredo tinha seu visto prorrogado pela polícia francesa apenas de mês a mês, além de seu estado de saúde ser muito precário.

Na sua tendência a perder-se em detalhes e a contar casos, Lacerda acabou dando um involuntário toque cômico às reuniões com os especialistas soviéticos. No dia 9 de junho, por exemplo, relatando a Chernomordik a situação dos quadros (ou melhor, da falta de) do partido brasileiro, contou que um militante cometera a grave infração de dormir enquanto ouvia um discurso. "Mas ele não foi expulso do partido?", surpreendeu-se Kutschumov, acostumado a outros padrões de disciplina. "Não, foi afastado do trabalho", informou Lacerda.

O experiente Chernomordik, chefe do Departamento de Quadros, queria que Lacerda explicasse qual o método que o partido brasileiro usava para comprovar se uma pessoa considerada confiável merecia mesmo esse atributo. O soviético queria saber tudo — situação legal do partido, como havia sido conduzida a questão de um dirigente no Maranhão que dera ao filho o nome de Lenin, qual a atitude da polícia quando prendia algum militante, que tipo de pena era aplicada aos condenados e, principalmente, informações sobre cada um dos dirigentes mais importantes, o que Lacerda forneceu com profusão de detalhes. Dividiu o partido em três grandes grupos: o das pessoas confiáveis, na qual ele mesmo se incluía (juntamente com Prestes, Miranda, Martins, Bangu, Tampinha, Osvaldo Costa), o dos duvidosos e provocadores (no qual estavam vários participantes da operação em curso, como Pedro Mota Lima, Eneida Costa) e o dos "sectários, oportunistas e vacilantes", referindo-se a Caetano Machado, Roberto Morena, Jan Jolles e Octavio Brandão.

Diante desse quadro, Van Min tomou as medidas burocráticas cabíveis. Determinou que, no prazo de um mês (a tarefa seria realizada, mas em dez meses), o Departamento de Quadros apresentasse propostas para uma reorganização total do partido brasileiro. Segundo, encomendou a preparação de artigos de imprensa contra os trotskistas, que aparentemente continuavam metidos por todas as partes. Pediu, ainda, que obras de Lenin e Stalin sobre assuntos coloniais e semicoloniais fossem traduzidas para o português, a fim de facilitar a formação ideológica dos militantes no distante país da América do Sul, cujas comunicações com o Komintern deveriam também ser melhoradas. Por último, sugeria o envio de mais pessoas para o Brasil, sujeito a aprovação da Comissão Política (que, na mesma época, talvez sem o conhecimento de Van Min, estava justamente considerando isso).

Jonny de Graaf — o especialista em sabotagem, lutas de rua, armas, bombas e terrorismo —, quando afinal começou a trabalhar, além de não ser informado de qualquer modificação nos planos iniciais, dependia totalmente de Martins (Honório Freitas Guimarães) para montar sua escolinha de fabricação de bombas e granadas caseiras. Foi Miranda que apresentou Jonny a Martins, durante um encontro num bar em Copacabana. Ao contrário de Ewert, Jonny, que adotou no Brasil o pseudônimo de ''Pedro'', logo deu a Martins o endereço de seu aparelho, onde se reuniram pela segunda vez para decidir sobre o local para os cursos, o número de alunos e a aquisição do material necessário. Prolixo quando se tratava da atividade de outros, Jonny foi lacônico, mais tarde, quando falou da própria. Ele dispunha de ''quatro meses de preparação para lançar em junho o levante'', e precisava treinar no Rio pessoas que seguiriam para Pernambuco. Os alunos de suas primeiras aulas eram ''pessoas boas e disciplinadas, graças à pressão de Ewert e de Martins o trabalho progrediu bastante''.[31] A idéia era simples: Jonny treinaria brasileiros que, se aprovados pelo professor de bombas, passariam a ser instrutores de outros camaradas.

Martins levou mais de três semanas para organizar o primeiro curso dado pelo agente do Komintern, do qual participaram seis pessoas. Alugou uma casa isolada no meio de um grande terreno no então distante subúrbio de Quintino, e ali instalou a família de um militante que já trabalhara na gráfica ilegal do partido. Os alunos somente podiam deixar o local no final do curso, que durava quase duas semanas. O currículo, segundo Jonny, compreendia trabalho diversionista (sabotagem) e ''teoria e prática da guerra civil''. A última parte do curso, de acordo com detalhada descrição feita por Martins, consistia em experimentar as bombas fabricadas pelos alunos numa praia deserta escolhida pelo próprio Jonny, e para a qual todos se dirigiam em táxis de motoristas filiados ao partido.[32]

As condições de segurança, durante o manuseio dos explosivos, eram muito precárias, e isto teria conseqüências trágicas para os participantes da conspiração, meses mais tarde. O primeiro curso transcorreu sem incidentes, mas já no segundo um aluno (um militante de Minas conhecido apenas como ''Pintado'') sofreu queimaduras graves no rosto e nas mãos com a combustão espontânea de uma mistura química que estava preparando. Um dos participantes desse curso, Francisco Romero (codinome ''José''), destacou-se por sua habilidade para combinar explosivos e acabou sendo escalado para dirigir os cursos seguintes, sob a supervisão inicial de Jonny. Romero seria um dos protagonistas principais de uma tragédia no final do ano. Também dessa turma saiu um militante conhecido como ''Tapajós'', cujo nível foi considerado suficiente para ministrar cursos semelhantes no Nordeste, para onde seguiu imediatamente. A partir do terceiro curso, os alunos não mais viam o rosto de Jonny, que só voltaria a pôr a mão na massa nas horas que antecederam o levante no Rio. Por bom motivo:

o próprio Jonny foi vítima de um acidente de sua arte que quase o matou. Martins foi testemunha:

> Queirós (Miranda) me transmitiu a ordem de Gruber (Jonny) para ir com ele e Romero realizar experiências com granadas de sua fabricação (eu ainda não havia assistido as experiências finais com granadas verdadeiras) e para verificar a força de uma mistura de produtos que ele inventara devido à dificuldade de se encontrar os ácidos e o peróxido de hidrogênio concentrados necessários para a fórmula que ele já conhecia. Fomos com um motorista de táxi de confiança ao lugar da costa que costumava ser utilizado para essas experiências. É uma pequena praia deserta bem distante da estrada e cercada de montanhas arborizadas igualmente desertas. Ali existe uma espécie de gruta com uma grande pedra que podia ser utilizada como mesa. O camarada Gruber (Jonny) colocou no chão, em cima de um jornal, seu pacote com as granadas preparadas, dois ou três cartuchos de dinamite militar, mechas e detonadores. Ele mesmo colocou um cartucho ou granada numa fratura da rocha, e ela explodiu bem. Em seguida, ele me passou um tubo cheio de sua mistura e com uma mecha que eu mesmo acendi — e houve uma pequena explosão. Então ele pegou outro cartucho de dinamite e colocou junto dele um vidro com a mecha-detonadora, e meteu fogo. Em vez de explodir, a dinamite só pegou fogo, queimando vivamente. Ele nos explicou que a mistura não era forte o suficiente para explodir e se mostrou bastante contrariado. Ele mesmo limpou a pedra que servia de mesa, desembrulhou sobre ela os vidros e bolsas contendo açúcar, cloreto de potássio e fósforo vermelho. Pôs um papel sobre a pedra-mesa e com uma colherinha mediu três porções de cada produto. Então começou a misturar o açúcar e o potássio, depois adicionou o fósforo vermelho, que passou a misturar com uma escova de dentes. Eu me afastei cerca de dois passos para colocar numa rachadura da pedra meu cigarro apagado quando houve a explosão, com um bafo de calor e fumaça branca. O camarada Gruber (Jonny) foi seriamente queimado no rosto e nas mãos. Ele devia estar sofrendo terrivelmente, mas ainda agarrou uma granada de sua fabricação e a lançou no mar, enquanto Romero refazia os pacotes e voltávamos para a estrada. O carro parou duas ruas antes [do aparelho] de Gruber (Jonny) e nós seguimos nosso caminho. Eu lhes conto em detalhe esse acidente pois mais tarde o camarada Gruber me disse ter pensado que a explosão fora provocada pelo meu cigarro, embora eu esteja absolutamente certo do contrário, conforme lhe disse. No Brasil eu fumo cigarros de palha de milho com tabaco virgem bastante forte e muito úmido que se apaga constantemente; em geral, para fumá-los até o fim, preciso acendê-los até quatro ou cinco vezes, e os camaradas fazem disso sempre motivo de piada, pois acabo ficando com o cigarro apagado na boca.[33]

"Esses acidentes me deram a impressão de que o camarada Gruber (Jonny) não era suficientemente precavido em seu trabalho. Falei com o camarada Queirós (Miranda) mas não sei se ele fez uma reclamação", prosseguiu Martins. Ele contou isto em Moscou dois anos mais tarde, em outras circunstâncias, nas quais valia a pena descarregar coisas em Jonny. No Rio, em abril de 1935, Martins serviu de mensageiro na primeira das várias brigas que ocorreriam entre os camaradas participantes da insurreição: Jonny logo se desentendeu com Miranda, a quem acusava de "monopolizar" decisões, atrapalhando seu trabalho, e de sempre garantir que as coisas estavam em ordem, quando o contrário seria o correto. Por sua vez, Miranda queixava-se de Jonny junto a Ewert, que contava isso a Jonny. E Martins, que na frente de Jonny também desancava o trabalho de Miranda ("o partido é fraco, mas não consigo convencer Miranda disso", dizia), quando se encontrava com o secretário-geral do PCB não perdia a oportunidade de criticar as atitudes do "especialista" (Jonny) enviado pelo Komintern, dando mais uma volta na espiral de fofocas. Não podia haver ambiente menos produtivo, e o clima entre os camaradas foi piorando conforme aumentava a tensão política.

Mesmo muito distante dos acontecimentos no Brasil, Moscou insistia no cumprimento rigoroso do roteiro inicial da insurreição, ao qual o chinês Van Min imprimiu certo toque pessoal. Nas instruções despachadas por via telegráfica ao Rio, em 25 de maio, pode-se perceber com clareza reflexos da experiência de Van Min em seu próprio país, do outro lado do mundo (não só em sentido geográfico). Embora Ewert tivesse reiterado anteriormente que Prestes ficaria "absolutamente ilegal" no Rio, Moscou estava preocupada com o fato de o comandante da insurreição permanecer muito tempo na clandestinidade "sem proteção popular ou através de força militar". Sugeria, então, que ele se deslocasse cautelosamente para o Nordeste, onde contaria com a proteção de tropas militares confiáveis e organizadas (algo que simplesmente não existia):

> A criação de uma base militar desse tipo permitiria a Fernandes [o pseudônimo telegráfico de Prestes] dirigir-se abertamente ao povo e às Forças Armadas pedindo a derrubada do governo e todo o poder à Aliança. Simultaneamente deveriam ser organizadas greves populares (trabalhadores, estudantes, pequenos burgueses) e presença armada de parcelas do Exército e Marinha em todo o país. A tarefa mais importante será a formação de um exército revolucionário, garantindo-se a presença de um número suficiente de comunistas no comando, e a organização de tropas absolutamente confiáveis de trabalhadores e camponeses, capazes de seguir nossas diretrizes.[34]

Os fatos posteriores mostrariam cabalmente onde estava a linha divisória entre o delírio irresponsável e a realidade, coisa que os dirigentes em

Moscou (e seus enviados ao Brasil) não conseguiam ou não queriam reconhecer. No começo de junho, quando parte da direção do PCB ainda discutia o que fazer dentro da ANL, a Comissão Política em Moscou (presidida por Manuilski e integrada por Dimitrov e Piatnitski) determinava em detalhes qual a rota a ser seguida. Note-se que, em suas elucubrações a 12 mil quilômetros de distância do palco dos acontecimentos, os infalíveis comandantes do movimento comunista internacional já faziam cálculos — sábios e precavidos analistas políticos que eram — para o período subseqüente à possível tomada do poder pela ANL, quando os aliados de hoje se tornassem rapidamente nos inimigos de amanhã:

> Consideramos apropriada a entrada do PC na Aliança sem estabelecer nenhum tipo de condição. Ao mesmo tempo em que participa da Aliança e luta para que esta chegue ao poder, o PC tem de se manter independente, dentro e fora da Aliança, preservando sua liberdade de crítica frente a aliados vacilantes, mantendo e consolidando sua própria influência organizativa entre trabalhadores, camponeses, pequenos burgueses revolucionários, soldados e marinheiros. É necessário conseguir a legalidade do PC e ao mesmo tempo consolidar o aparato ilegal. É necessário manter e aperfeiçoar esse aparato também no caso da tomada do poder pela Aliança, pois pode-se prever que parte da burguesia nacional, que hoje apóia a Aliança, com o aprofundamento posterior da revolução passe para o lado do imperialismo, defendendo seus privilégios pela força de armas.[35]

Embora a sintaxe desse texto seja claudicante (ainda mais quando traduzida do alemão para o português, mas é assim que deve ter chegado às mãos dos militantes brasileiros), seu conteúdo é suficientemente claro. Moscou insistia na *sua* tática, a de pedir todo o poder à ANL, e exigia que o PCB se curvasse às suas ordens, o que evidentemente aconteceu. No começo de junho, o partido aderiu formalmente à ANL, com Ewert pedindo que a liderança do PCB aparecesse pouco, senão a frente popular correria o risco de ser chamada de comunista.

No final desse mês, junho de 1935, no longo relatório citado parágrafos acima, Ewert tentava justificar a Moscou a demora com que o lema de "todo o poder à ANL" chegava, finalmente, às ruas:

> Nossa tática foi a de cultivar de forma sistemática as palavras de ordem. Agora, em 5 de julho, vamos lançar o tema "todo o poder à ANL". A princípio não teria sido eficaz, mas ele acabou ganhando significado e força. Dispomos não apenas de uma forte base nas massas, mas também exercemos por toda parte muita influência, e agora podemos sistematicamente pensar em aliados provisórios. Ainda não vamos nos apresentar como partido, talvez dentro de seis a oito semanas.

Quanto à situação política brasileira, Ewert não poderia ter feito previsão menos acertada. Ele achava que Vargas não iria durar muito (durou até 1945, e depois foi eleito em 1950), pois os imperialistas já estavam pensando em substituí-lo. Se Vargas desencadeasse uma perseguição à esquerda — coisa que ele de fato estava preparando —, isto o desacreditaria, em vez de reforçá-lo. Ocorreu exatamente o contrário.

Talvez na expectativa de que suas ordens e diretivas produzissem os resultados desejados, a despeito de as condições objetivas no Brasil (para usar um velho jargão) não o permitirem, Moscou bombardeou os enviados e o PCB no dia 23 de junho com uma saraivada de quatro longos telegramas. Fixavam até mesmo como os insurretos deveriam se comportar frente à população negra, ao clero progressista, aos militantes de base do integralismo e ao estado de Minas Gerais, onde o Komintern via uma perigosa concentração de "forças reacionárias".

Essa última constatação, admitia o telegrama, tinha sido feita através da leitura de jornais, mas nem por isso a Comissão Política deixava de fazer também "sugestões" sobre as tarefas dos comunistas brasileiros em relação aos mineiros. Moscou pedia o envio de uma delegação da ANL a Minas para conversar com sindicatos católicos, e a ida também de políticos populares da Aliança, como Miguel Costa, para conversar com lideranças locais e atraí-las ao esquema que a Maison pensava (e tentava) controlar dos bastidores, com a figura de Prestes na proa. Outras sugestões sobre a luta em Minas incluíam medidas óbvias, como despachar uma delegação da Juventude Comunista para estabelecer bases entre os jovens mineiros. Caso as anteriores não produzissem resultados rápidos, então que se entabulassem negociações diretas com Bernardes (o interventor em Minas) a fim de se firmar um pacto de não agressão na luta pela derrubada de Vargas, entendimento que seria usado "para ganhar tempo e consolidar posições na província".

A Bahia e sua população negra mereceram, dos líderes do Komintern, um telegrama à parte. As sugestões iam ao ponto de perguntar se Prestes não considerava "praticável" dirigir-se à população negra baiana propondo, como palavra de ordem, a eleição livre de um governo próprio. Em outras palavras, os estrategistas em Moscou consideravam a população negra na Bahia como uma etnia à parte. Para conquistar sua adesão à insurreição, sugeriam a Prestes que fosse concedida a essa etnia o status de uma província semi-autônoma. De qualquer maneira, insistiam, a liderança do movimento deveria prometer liberdade de religião aos negros.

Por último, os comunistas em Moscou examinavam a situação dos padres brasileiros, ou pelo menos daqueles no Nordeste que estivessem dispostos a "apoiar o movimento popular". Por um lado, era necessário denunciar "a parcela do clero traidora", que abençoava integralistas e opressores estrangeiros. Por outro, aqueles padres "que apóiam a Aliança podiam dirigir-se ao resto do clero do país com a proposta de apoio à luta justa do povo", diziam os cardeais da revolução, em Moscou. "Seria desejável que a Aliança e Prestes declarem garantir totalmente a liberdade de religião. E também confiscar terras e propriedades do clero que assumir posição inimiga e subserviente ao imperialismo. O Partido Comunista tem de manter sob controle os elementos anarquistas e impedir que assaltem igrejas, levando-se em conta a extraordinária influência da Igreja e o atraso das massas camponesas."[36] Quanto às recomendações relativas ao tratamento que se deveria dar aos militantes integralistas não graduados, eram menos rebuscadas: cooptá-los e dirigir a raiva do povo contra seus líderes.

No dia 5 de julho de 1935 (conforme Ewert, em 22 de junho, avisara a Moscou que aconteceria), aniversário do primeiro levante tenentista, Carlos Lacerda, o mais promissor dentre os jovens comunistas da época, leu o manifesto que entraria para a história política do Brasil como uma das mais tronitruantes bravatas. Prestes, que se mantinha na clandestinidade, lançava um desafio aberto e definitivo às autoridades constituídas, conclamando seus liderados na Aliança Nacional Libertadora a formar um governo popular nacional revolucionário. E terminava com as famosas palavras, nas quais Moscou tanto insistira nos últimos meses: "Todo o poder à ANL".

Prestes cometeu o bisonho e pueril erro de um novato (embora não o fosse) em articulações políticas: contestou a autoridade sem estar preparado para substituí-la. O homem que queria ser líder do primeiro governo nacional-popular e revolucionário do Brasil desafiou as forças de Getúlio no exato momento em que recuava as suas: pela mudança dos planos iniciais, Prestes havia decidido adiar o levante no Nordeste a fim de coordená-lo com um levante nacional, cuja preparação exigiria mais tempo no Sul, sobretudo no Rio, a capital do país. A insistência de Moscou na palavra de ordem, sem dúvida a principal causa da ação precipitada, somou-se neste caso ao erro de avaliação política, à superestimação das próprias forças, à subestimação do adversário, ao desconhecimento das condições em que vivia então o Brasil — passivos que se devem debitar na conta de Prestes, cuja única desculpa teria sido dizer que apenas obedecera a ordens superiores.

O destino da ANL, na mira de Getúlio (conforme Prestes sabia) havia meses, foi selado em questão de horas. Não bastasse o pretexto gratuito e fanfarrão fornecido pelo presidente de honra da ANL, o governo brasileiro estava muito bem informado (e disso Prestes também sabia, conforme veremos no próximo capítulo) sobre a conspiração por detrás da ANL e o envolvimento do Komintern nos preparativos para uma insurreição. Parte do que a polícia brasileira tinha em mãos chegara mesmo a ser publicado, e isto efetivamente fez soar o alarma em Ewert e Prestes. Apesar disso, agarrados à rígida disciplina do Komintern, os camaradas seguiram adiante, e mergulharam na síndrome que outros enviados experimentaram em tantas ocasiões anteriores. Tornaram-se vítimas do próprio dogmatismo.

A ANL foi fechada uma semana depois que Prestes divulgou o manifesto pedindo todo o poder a essa frente popular. As reações das "organizações de massa", da "pequena burguesia revolucionária" ou dos militares nacionalistas foram praticamente nulas. A ANL, diria-se, afundou quase sem deixar vestígios, e nesse momento deveria ter ficado suficientemente claro para Ewert e Prestes (Moscou é uma outra história) que a organização de massa não tinha o menor preparo para enfrentar a luta na clandestinidade. O que continuou operando em nome da ANL, na verdade, eram células comunistas. E o apoio que poderia vir de outros setores esvaiu-se em questão de dias.

6
O GRANDE JOGO

★

Em 1935 o Rio de Janeiro era uma cidade maravilhosa. O Cristo ainda não estava pronto no alto do Corcovado, mas em compensação o Copacabana Palace, na época um dos melhores hotéis do mundo, acabara de inaugurar a piscina, transformada num ponto de encontro dos elegantes. A elite carioca estava ligada diretamente ao *set* internacional. A temporada lírica oferecia 23 produções, todas importadas, muito mais do que haveria em cartaz trinta ou cinqüenta anos depois. Cinemas luxuosos como o Roxy, o Metro e o Rian (estes dois já demolidos) passavam os últimos filmes estrangeiros para um público que, antes da sessão de cinema, se deliciava com a apresentação de grandes orquestras.

Uma intensa vida social animava clubes de acesso restrito, como o Jockey, o Gávea e o Paissandu, ou casas noturnas, restaurantes e cassinos à beira da praia. É daquela época o famoso Cassino Atlântico, no Posto 6 de Copacabana, que dizem ter funcionado no mesmo lugar onde havia sido inaugurado, no começo do século, o primeiro bordel de luxo da cidade, conhecido como Cabaré da Mère Louise.

Multiplicava-se o número de arranha-céus nesse bairro, inicialmente ao redor do Lido, e também sua população. Em 1935, morava 1,7 milhão de pessoas no Rio (1,1 em São Paulo), a cidade com o maior número de automóveis (25 700, todos importados) e de telefones do Brasil (45 para cada mil habitantes), além de treze estações de rádio e dezenove jornais.[1] A capital do país exibia impressionante beleza visual e nela ainda era possível encontrar uma figura em extinção no final do século nos grandes centros urbanos: a do brasileiro cordial. Num país de pouco mais de 40 milhões de habitantes, a miséria se espalhava sobretudo pelo interior.

Para o embaixador de Sua Majestade britânica, William Seeds, um diplomata de 53 anos mas já avançado na carreira, sair do Rio era perder um belo cargo. É verdade que o posto não estava em nenhum dos grandes focos de conflitos internacionais, embora, como em qualquer outro lugar, houvesse considerável esforço de vigilância dos passos da Alemanha (por motivos sobretudo políticos) e dos Estados Unidos (comerciais). As freqüentes rebeliões, revoltas e golpes, coisas típicas de continente tão pitoresco, eram compensadas pela magnífica vida de recepções diplomáticas e jantares em círculos sociais bem ajustados à moda e cultura européias. No final de junho de 1935, prestes a retornar à Grã-Bretanha, Seeds deixou que o segundo homem na embaixada, Edward Coote, responsável por assuntos políticos, mandasse os relatórios de rotina para o Foreign Office. E, no dia 26 daquele mês, após ler *O Globo*, Coote ficou assustado e resolveu enviar imediatamente um telegrama a Londres.

O governo brasileiro, segundo o jornal, já sabia da presença de Luís Carlos Prestes no país e tinha em mãos planos, traçados em parte na União Soviética, para uma revolução que começaria em breve, avisou Coote. Somente mais duas semanas depois, o diplomata inglês conseguiu enviar a Londres informações que conseguira em primeira mão: "De boa fonte brasileira, soube que governo tem informação completa sobre planos revolucionários e vai em breve desferir duro golpe contra Aliança e comunistas. Eles garantem ter a situação sob controle e não parecem alarmados".[2] Dois meses antes não era exatamente isso o que pensava seu próprio chefe, o embaixador. No final de abril, quando soube da aclamação de Prestes como presidente de honra da ANL, Seeds garantira a Londres que o antigo líder da Coluna "não terá dificuldades em criar problemas para o governo",[3] se pudesse associar-se a gente como Miguel Costa. Nos fichários do Foreign Office sobre "personalidades de destaque no Brasil", Prestes era um nome conhecido desde agosto de 1931, quando fora registrado pela primeira vez um verbete qualificando-o de "genial líder militar" que, durante anos, acossara o governo com forças leves.[4]

De fato, no dia 13 de julho, pouco depois de Prestes lançar o famoso manifesto no qual pedia "todo o poder à ANL", a frente popular contra Getúlio amanheceu proibida e simplesmente nada aconteceu, à exceção de pequenos distúrbios em São Paulo. Coote julgou que não havia mais pressa e, em 16 de julho, preparou um longo despacho confidencial, enviado a Londres pela mala diplomática normal, resumindo sobretudo informações publicadas. Havia até mesmo uma tradução do "furo" do *Globo*, que em parte fora despistado por sua fonte (provavelmente o chefe de polícia do Distrito Federal, Filinto Müller).

"É provável que esse documento, se não for uma reprodução genuína do plano de Moscou, pelo menos reproduz seus contornos salientes, com as referências aos sentimentos familiares e religiosos introduzidos deliberadamente para consumo brasileiro'', comentou o diplomata britânico. Já na semana anterior, Getúlio convocara uma reunião de todos os ministros, apenas para discutir a possibilidade de uma revolta comunista ''por trás da qual parece que está o Komintern'', adiantava Coote. As revelações de *O Globo*, misturadas a detalhes sobre os quais até hoje não foi possível encontrar qualquer comprovação em documentos (como a alegação de que os revolucionários preparavam fuzilamentos em massa), pareciam sustentadas por duas cartas, apreendidas pela polícia em Pernambuco, e publicadas em 28 de junho pelo *Jornal do Brasil*. Endereçadas a Silo Meirelles, elas procediam de Prestes e Miranda, e discutiam de maneira genérica como deveria ser a revolução comunista no Brasil.

Durante o julgamento do mandado de segurança contra a dissolução da ANL, a polícia foi capaz de apresentar mais alguns textos, e parte deles continha instruções muito claras, formuladas pelo CC do PCB, sobre o papel do partido na Aliança e a estratégia para a tomada do poder. Esses textos incluíam também a discussão, abordada no capítulo anterior, sobre a substituição da palavra de ordem ''sovietes no Nordeste'' pela ''governo nacional-popular revolucionário'', com Prestes à sua frente. Além de indignar-se com a brutalidade policial na repressão a uma passeata estudantil, Coote acrescentou ao longo telegrama enviado a Londres apenas um comentário: ''Soube de boa fonte que a Aliança Nacional Libertadora não está, de maneira alguma, preocupada com o fechamento de seus escritórios, e que sua influência aumenta não apenas entre os soldados mas também entre os oficiais das Forças Armadas''.[5]

A Manhã, o principal jornal editado pela ANL, ''retaliara'' da mesma maneira as publicações dos outros. Acusava o Intelligence Service de espalhar informações caluniosas e cínicas, e dizia que o próprio embaixador Seeds teria entregue a Vargas um relatório sobre propaganda extremista na América do Sul. Por trás de tanta fumaça havia realmente muito fogo. A curiosidade e interesse com que a representação de Sua Majestade acompanhava os eventos no Brasil não se devia apenas ao desempenho eficiente de suas atribuições diplomáticas. Londres sabia que algo estava sendo preparado no Brasil, e alertara o governo brasileiro. De que forma isto aconteceu, e exatamente quando, não está claro até hoje, o que talvez só venha a acontecer quando forem abertos os arquivos do Intelligence Service.

Na segunda metade da década de 1980, o Foreign Office divulgou correspondência interna relativa ao Brasil de cinqüenta anos atrás. Surgiu então um solitário indício do tipo de ajuda prestada por Londres a Vargas. É a única prova escrita dessa colaboração que se conhece, e por isso documento de considerável importância. Numa minuta interna preparada para o ministro das Relações Exteriores, sir Anthony Eden, em março de 1936, quando a insurreição já havia sido derrotada, John Monro Troutbeck, o chefe da seção americana do Foreign Office, escreveu não haver a menor dúvida, em primeiro lugar, de que a tentativa de revolução fora dirigida por agentes do Komintern. ''Segundo, nós mesmos fomos bastante longe, ao ponto de avisar o governo brasileiro do que estava sendo preparado, e provavelmente graças a nossa advertência a insurreição fracassou''.[6]

Não foi possível estabelecer com segurança se o embaixador forneceu a Vargas informações específicas ou genéricas ou se o aviso foi dado a diplomatas brasileiros em Londres. O fato interessante neste contexto não é menos surpreendente que a confissão de Londres sobre a ajuda a Vargas. Os conspiradores também estavam informados do que os britânicos faziam. Até mesmo tinham conhecimento de que haviam sido denunciados. No mesmo dia do fechamento da ANL, 12 de julho, Ewert mandou telegrama cifrado a Moscou. ''Serviço secreto inglês avisou governo brasileiro que Moscou resolveu concentrar forças na América do Sul, sobretudo no Brasil'', anunciou Ewert, dirigindo-se diretamente a Manuilski (não era sempre que fazia isso). Moscou levou a informação muito a sério. Com grande rapidez, respondeu em 31 de julho, também por telegrama cifrado, com detalhadas instruções sobre como agir a partir de então — confirmando, de passagem, que a correspondência apreendida pela polícia brasileira em Pernambuco era verdadeira. Vale a pena ler esse telegrama na íntegra:

> Quanto à apreensão pela polícia de correspondência em Pernambuco e a comunicação do BSA de que embaixada inglesa está informada sobre nossos planos, recomendamos energicamente medidas urgentes para garantir a segurança dos dirigentes do partido, sobretudo Prestes e Miranda. É necessário primeiro efetuar um exame rigoroso dos aparatos de ligação e aparelhos conspirativos. Consigam bons aparelhos novos caso seja preciso abandonar os velhos. Segundo, recomendar a Prestes não ter encontros diretos com membros do BSA. Terceiro, considerar se Prestes deve permanecer onde está ou partir para distrito onde existam destacamentos armados. Quarto, ninguém deve saber o endereço dos aparelhos de Prestes e Miranda exceto camaradas para ligação que sejam bem investigados. Quinto, verificar com urgência a ligação entre o CC e o comitê do distrito do Rio, afastando do aparato imediatamente todas as pessoas duvidosas. Sexto, recomendar a Prestes que tente saber através de pessoas de confiança em círculos governamentais e da polícia qual a fonte da embaixada inglesa, se é uma fonte local brasileira ou estrangeira. Sétimo, tomem as medidas necessárias de precaução pensando na probabilidade de que a polícia, que conhece vossos planos, e talvez vossas ligações, retarde as prisões para desorganizar o movimento justamente no último momento.[7]

Experientes conspiradores, os dirigentes em Moscou acertaram na mosca no que se refere ao último ponto. Tanto na reunião ministerial de 22 de junho como, mais tarde, em conversas com diplomatas ingleses (entre outros representantes estrangeiros, provavelmente), as autoridades brasileiras diziam ter tudo sob controle e que esperavam apenas o melhor momento para intervir. "Eles afugentaram a cobra, ainda não a mataram", escreveu Coote ao Foreign Office, "a luta ainda não terminou, mas a primeira rodada foi do governo".

Comparando o que se sabe hoje sobre o grau de participação do Komintern na insurreição de novembro de 1935 e aquilo que a polícia brasileira deixou ser publicado em julho daquele ano, é fácil concluir que Filinto Müller e seus homens tinham uma noção genérica do que estava acontecendo, mas não conheciam a conspiração em detalhes. Eles insistiam na tese de que o financiamento passava pelo Uruguai (as bases do dinheiro eram São Paulo e Buenos Aires), e ornamentaram suas principais conclusões, que estavam corretas (como o fato do PCB utilizar-se da ANL como organização de fachada), com uma série de instruções absurdas que jamais foram discutidas nos escalões superiores da conspiração.

Embora naquela época fosse público e notório que o Komintern estava envolvido na preparação de algum movimento, não há nenhum indício sugerindo que a polícia brasileira já soubesse, em julho de 1935, o paradeiro dos agentes estrangeiros envolvidos na operação ou de Prestes, do qual ninguém duvidava que já estivesse de volta ao Brasil. Além da indicação de que o governo britânico alertou o brasileiro, não existem outras de delatores ou informantes. Dada a precariedade da organização do PCB, a extraordinária quantidade de inter-relações de simpatizantes e militantes com diversas áreas do governo e dos aparelhos do Estado, além do fato célebre de que essa organização fora sempre infiltrada pela polícia, sem se falar da fragilidade da rede montada pelo próprio Prestes, suponho que as informações reunidas pela polícia fossem o resultado de vários indícios parciais, e não do trabalho de um agente individual. Só depois do fracasso da insurreição, a polícia política, empregando a única arma que dominava bem — a tortura —, deu-se conta do alcance e profundidade da operação montada pelo Komintern.

Provavelmente sem ainda o perceber, o governo brasileiro estava envolvido no que se poderia chamar de continuação do *Great Game* entre os dois grandes impérios da Grã-Bretanha e da Rússia. A insurreição no Brasil, há indícios nesse sentido, transformou-se durante alguns meses em parte desse velho e difícil jogo no qual Moscou e Londres se enfrentavam havia pelo menos um século. A expressão *Great Game* é retirada de um contexto específico: o da Ásia Central, onde os dois principais impérios do século XIX empenharam seus serviços secretos em refinadas manobras para expandir as fronteiras de suas conquistas e, ao mesmo tempo, atrapalhar o adversário. Grande parte da capacidade desses poderosos atores em participar desse jogo era sua perícia no campo da inteligência, o fascinante ramo dos serviços secretos de contra-espionagem e militar. Pouco tempo depois do desaparecimento do czarismo, os bolchevistas em Moscou ressuscitaram as organizações que manteriam, durante quase setenta anos, a guerra secreta com os serviços similares do Ocidente. Quando o Komintern lançou sua operação no Brasil, uma dessas grandes batalhas estava em curso — e os homens da Internacional seriam os principais perdedores.

Na guerra secreta iniciada no começo dos anos 20 entre os serviços de inteligência britânico e soviético houve vários atores importantes, entre eles partidos comunistas, o Komintern, a Cheka (depois OGPU, depois NKVD) e, do lado britânico, o Secret Intelligence Service, o MI 5 (contra-espionagem) e, menos conhecido, o GCCS (Government Code and Cypher School of the Security Service). Já vimos como os "órgãos competentes" soviéticos, pelo menos até meados da década de 30, estabeleceram sua divisão de trabalho. O primeiro deles, a OGPU, a polícia política, possuía um departamento de espionagem estrangeira que se concentrava em assuntos "políticos", além de dissidentes e adversários (ou seja, metia-se em tudo). O segundo, o IV Departamento do Estado-Maior do Exército Vermelho, era responsável em princípio por uma atividade "clássica" de espionagem militar, embora sua rede de agentes também se ocupasse de todo e qualquer assunto. E o Komintern também dispunha de sua própria estrutura, baseada não apenas nos partidos "irmãos". Na prática, a OGPU e o IV Departamento competiam entre si e, sobretudo no caso dos aparatos ilegais de partidos comunistas, tornava-se praticamente impossível saber quem trabalhava para qual dos "órgãos competentes" soviéticos.

A tarefa de manter os soviéticos sob vigilância estava, por sua vez, dividida entre várias organizações britânicas. Ao contrário dos soviéticos, a contra-espionagem britânica dispunha de um chefe carismático, o general-major Vernon Kell, que ocupou o mesmo posto durante 31 anos, de 1909 a 1940, ano em que morreu. Responsável pela escolha do símbolo de uma tartaruga ("devagar e sempre") para sua organização (o MI 5), deu grande importância à tarefa de decifrar os códigos de transmissão das organizações soviéticas, a cargo da GCCS. Muitos desses códigos vinham ainda dos tempos do czar, e a luta para decifrá-los concentrava-se numa discreta estação de rádio localizada em Grove Park, Camberwell, no Sul de Londres.[8] O principal cérebro do GCCS era um emigrado russo, F. Fetterlein, que conhecia boa parte dos códigos czaristas herdados pelos comunistas. "Graças a esses criptoanalistas que haviam desertado para a Grã-Bretanha", escreveu Oleg Gordievsky, um agente duplo soviético que ajudou a traçar a história da KGB, "os britânicos, embora não fossem tão atuantes em termos operacionais, eram muito superiores aos soviéticos na decisiva tarefa de decifrar os códigos inimigos, e tiveram acesso as comunicações do Komintern".[9] Os dirigentes dos outros órgãos de inteligência soviéticos tinham fortes suspeitas disso e recomendavam a seus agentes evitar contatos com as redes do Komintern — em alguns casos, até mesmo proibindo que freqüentassem o Hotel Lux, em Moscou, a sede "social" do quartel-general da Revolução Mundial.

Descendente de uma família de nobres poloneses, Vernon Kell falava fluentemente polonês, russo, alemão, francês e italiano, além de inglês. Ele foi o principal responsável pela feitura e atualização constante de um livro encontrado nas principais embaixadas britânicas ao redor do mundo: *Handbook of communism*, cuja cópia de 1934 William Seeds pôde consultar no Rio. Nesse manual, Vernon Kell incluía todo tipo de informação sobre comunistas e a forma de operação de seus serviços. Arthur Ewert, por exemplo, era mencionado nesse manual.

Nesse sentido, importante fonte de informação para a contra-espionagem britânica tinha sido a invasão da sede da Arcos ("All Russian Cooperative Society"), a representação comercial soviética em Londres. Entre as centenas de documentos ali apreendidos, havia endereços na Argentina, Uruguai, Brasil e Chile. Alertados pelo que descobriram na Arcos, um escritório comercial que servia de base para os serviços secretos soviéticos, os britânicos ficaram muito interessados quando a polícia argentina invadiu a sede da Iuyamtorg, em Buenos Aires, em julho de 1931. O Foreign Office instruiu seu embaixador na Argentina para propor ao governo local uma troca de informações, lembrando que, três anos antes, o governo britânico proporcionara aos argentinos material recolhido na invasão da Arcos. A proposta foi aceita e, em 21 de agosto, o embaixador britânico, Millenton-Drake, pôde informar a Londres que Boris Kraevski era o responsável pela Iuyamtorg, tendo como gerente Minkin, que mais tarde seria denunciado por desertores soviéticos como o principal agente da OGPU na América do Sul (desconheço se ele passou pelo Brasil em alguma ocasião). Detalhe interessante, na escrivaninha de Minkin foram encontrados códigos para cifrar telegramas que usavam grupos de cinco números, a marca registrada das comunicações por rádio do Komintern, uma organização que se mostrou incapaz de alterar seus próprios métodos de trabalho, mesmo quando estes poderiam colocar em perigo agentes e operações.[10]

Os outros "órgãos competentes" soviéticos, ao contrário, tiraram lições importantes de catástrofes como a invasão da Arcos. A primeira conseqüência foi o reforço imediato e a quase paranóica preocupação com a segurança de todas as embaixadas soviéticas (a de Pequim tinha sido invadida). Residentes (agentes fixos) da OGPU receberam ordens para manter arquivos referentes apenas a um mês de operações. A segunda conseqüência, relevante a longo prazo, foi a adoção, por parte da OGPU, de códigos do tipo *one-time pad* para as transmissões de material secreto. ''Como resultado, entre 1927 e a Segunda Guerra, criptoanalistas ocidentais não conseguiram decifrar nenhuma comunicação soviética de alta importância, embora a GCCS da Grã-Bretanha continuasse tendo algum sucesso com mensagens codificadas pelo Komintern e comunicações militares soviéticas de baixo nível.''[11]

O IV Departamento, ao qual pertencia Olga Benario, pelo menos em 1933 mantinha um acordo de cooperação técnica com a OGPU, a despeito dos ciúmes quanto as respectivas atividades. Durante muitas décadas, a insistência dos governos ocidentais em considerar as representações comerciais soviéticas como ''ninhos de espiões'' (pelo menos naqueles anos) foi sempre rechaçada pelas autoridades de Moscou sob a alegação de que se tratava de grosseira propaganda. No entanto, quando foram abertos os arquivos do Exército Vermelho, após o fim da União Soviética, descobriu-se uma impressionante coleção de relatórios daquela época, assinados pelo coronel Uritski, vice do célebre general Bersin (o comandante do IV Departamento), destinados a justificar ao marechal Voroshilov, comissário de Defesa, a existência de empresas comerciais montadas pelo IV em países como França, Alemanha e Estados Unidos.

''Sua função é a de transferir dinheiro, assessorar financeiramente agentes no estrangeiro, obter divisas para a URSS e efetuar compras de armas'', escreveu Uritski num longo texto de janeiro de 1935. Os dirigentes dessas empresas eram pessoas de confiança, indicadas pelos partidos comunistas locais. Entre seus funcionários, porém, havia muita gente de outro espectro político, como medida de segurança. ''Os dirigentes têm conhecimento da origem do capital das empresas, sabem que as pessoas enviadas da URSS são do departamento de espionagem, mas o pessoal empregado no departamento técnico nada sabe a respeito. Com essas empresas temos operado de maneira mais do que satisfatória, e a estrutura inteira é controlada pelo camarada Bersin'', prosseguiu Uritski. ''Do capital geral da empresa (Uritski referia-se à filial norte-americana), 3 milhões de dólares americanos, foi feita uma reserva de 1 milhão de dólares. Deste, 392 mil rublos-ouro foram destinados à compra de aparelhos para vôo noturno, pela metade de preço do mercado.''[12]

Na época em que os comandantes do IV Departamento lutavam para justificar sua existência, a OGPU passava por um processo de concentração e consolidação de forças, sob a liderança de Genrikh Grigorievich Yagoda, um monstro-inquisidor que ganharia uma das mais tristes reputações do século, como o primeiro dos executores do Grande Terror stalinista. A partir de 1935, a OGPU, reorganizada como o Comissariado do Povo para Assuntos Internos, mais conhecido pela sigla NKVD, concentrava nas mãos de Yagoda a polícia política, a polícia comum, a investigação criminal, o controle das fronteiras, as tropas internas e, desde outubro de 1934, a totalidade do sistema penal. Durante as duas décadas seguintes, a NKVD exerceria um poder de vida ou morte sobre todos os cidadãos soviéticos.

Logo abaixo de Yagoda estavam dois homens cujos retratos ainda hoje ocupam um lugar de honra na galeria da fama na sede da antiga KGB, em Moscou: Artur Kristyanovich Artuzov e Meier Abramovich Trilisser, muito conhecido também pelo pseudônimo Moskwin. Artuzov, nascido em 1891 e filho de um produtor de queijos suíço-italiano, foi chefe do serviço de espionagem estrangeira da OGPU entre 1929 e 1934 e ocupava-se já em 1935 da sistemática destruição do IV Departamento, que acabou chefiando por breve período, até ele mesmo ser liquidado, em 1937.[13] Trilisser, uma figura sinistra, assumiu a tarefa de controlar (como se isso fosse necessário) o Komintern. Nascido em 1883 em Astracã, desde 1905 era especialista em inteligência e trabalho militar no partido bolchevista, chefiando durante quase toda a década de 20 o serviço de espionagem estrangeiro da polícia política. Ganhou triste notoriedade, a partir dos anos 30, como sôfrego funcionário dos aparatos de repressão durante a coletivização forçada da agricultura.

Na mesma época em que Prestes, Ewert e Stuchevski começavam o trabalho de campo no Brasil, em Moscou o trio Yagoda-Artuzov-Trilisser abria fogo de artilharia pesada contra seus ''concorrentes'' entre os serviços soviéticos de inteligência. Os arquivos do Exército Vermelho mostram hoje os relatórios denunciando falhas operacionais do IV Departamento e os bilhetes do marechal Voroshilov (que pressentia muito bem para que lado começava a soprar o vento), nos quais este dizia a Stalin que o general Bersin efetuara ''estranhas compras de automóveis americanos, introduzidos na URSS via Pérsia'', ou afirmava que a espionagem militar soviética ''manca nas quatro patas''. Alguns relatórios da OGPU sobre desmascaramento de agentes duplos no IV Departamento ou sobre a queda de redes inteiras, entregues por delatores, foram enviados para o próprio Bersin, o carismático oficial de inteligência que tanta impressão deixara sobretudo em suas comandadas.

Trilisser, o segundo homem de Yagoda, colocou na mira e ocupou-se da organização secreta do Komintern, o OMS, então ainda dirigido por um velho bolchevista, Jossip Piatnitski. Esse veterano funcionário, chefe de finanças e comunicações, não tinha a aparência que se poderia imaginar de alguém em sua posição, tampouco seu principal auxiliar, Alexander Lazarovich Abramov. Ambos estavam vestidos sempre de maneira distinta e discreta, com certa elegância. A mulher de Abramov, Lola, sabia receber convidados com refinamentos burgueses que já não existiam em Moscou. O veterano Piatnitski — o homem que antes da Revolução contrabandeara literatura para Lenin e desde o início um dos principais integrantes do Komintern — foi afastado, por interferência direta de Trilisser, em julho de 1935, poucos dias antes da abertura do VII Congresso. No lugar dele ficou Abramov, um nome também vinculado aos eventos no Brasil: sua assinatura está em todos os telegramas trocados dali em diante entre Moscou e Rio. Como chefe do OMS, tornou-se responsável imediato pela operação sul-americana.

Todo mundo conhecia Abramov, que em maio de 1935 acabara de fazer quarenta anos. Fora durante quase dez anos o chefe do OMS em Berlim, a principal sucursal do Komintern. Na capital alemã, sua rede de agentes, correios e funcionários técnicos incluía 25 pessoas. Oficialmente, Abramov trabalhava como adido de imprensa da embaixada soviética. Sua verdadeira função, como a de todos os homens do OMS, era distribuição de dinheiro, controle de passaportes e supervisão da rede ilegal de informações, além de ligação com a Maison e o tráfego por rádio, quando existente.

Ao longo de sua carreira como organizador, Abramov desenvolveu rígidos hábitos de disciplina, que o tornaram extremamente impopular. Ficava nervoso se houvesse atraso de seu motorista, do qual, aliás, exigia que o chamasse de "patrão". Era descrito como um burocrata pelos próprios companheiros de trabalho. Sua ficha pessoal num arquivo em Moscou contém muitas reclamações de seus subordinados, que o consideravam um grosseirão no trato pessoal, indiferente aos outros e pouco preocupado com os rituais do partido. Havia, porém, um elogio: "Colocou o OMS em ordem, pondo para fora os alcoólatras, de maneira até bastante rude, mas isto serviu para que o OMS não fosse uma balalaica desafinada".

A NKVD, que atualizava regularmente a ficha de Abramov, tinha opinião diversa. Ao prontuário de Abramov foi acrescentado, em 1935, um relatório feito por alguém não identificado, um agente do Komintern que acabava de chegar à Maison após longa temporada no Oriente. O texto é uma impiedosa descrição das dificuldades enfrentadas pelos enviados de Moscou — as mesmas dificuldades que Ewert, Stuchevski, Graaf e outros experimentavam na América do Sul —, além de ser também um violento acerto de contas com o OMS, que fez esse agente anônimo passar severos apertos. O documento é longo demais para ser reproduzido aqui, por isso segue apenas o resumo de alguns tópicos. Eles são a cartilha, bastante didática, de tudo o que aconteceu de errado com os camaradas no Rio:

Atuação geral do OMS: Seu trabalho é muito fraco. Todas as resoluções e instruções são enviadas e recebidas com muito atraso. Este ponto é importante, pois durante longos períodos os partidos ficam sem saber o que fazer. A fraqueza do nosso aparelho devia-se à falta de direção do centro. O OMS é uma organização especial, cujos agentes operam na clandestinidade. Sem a orientação da autoridade central, o trabalho não pode caminhar bem. Saber dirigir o trabalho dá autoridade à direção. Mas o pessoal do OMS não sabia dirigir, portanto não tinha grande autoridade. Durante os cinco anos em que trabalhei, nunca recebi instruções sobre como deveria agir, nem sequer minhas perguntas eram respondidas. Somente quando retornava de uma missão, é que sabia se agira ou não corretamente.

Códigos de transmissão: Estão trabalhando há muito tempo, mais de cinco anos, com o mesmo código. Isso é perigoso, pois nossos adversários são bons no trabalho de decodificação. Teríamos de alterar constantemente nossos códigos, essa é nossa primeira grande falha. A segunda é a de que o texto dos nossos telegramas abertos não faz sentido. Isso levanta muita suspeita. Deveríamos enviar telegramas que tivessem um texto normal. O texto desses telegramas tem de ser coerente com a função desempenhada pelo destinatário, a fim de que haja uma cobertura legal. Terceira falha: temos de ajustar endereços. Eu recebia telegramas de Paris e os respondia via Amsterdam, o que levanta suspeitas. Quarta falha: telegramas mandados a espaços irregulares ou com grande atraso, e de repente dois ou três telegramas juntos. Isso é muito suspeito e pode causar prisões.

Transferência de dinheiro: Com exceções, recebia com regularidade, mas o envio nem sempre era feito de maneira correta. Só quando somas muito altas estavam envolvidas eram mandados camaradas responsáveis.

Envio de pessoas: O movimento de pessoas deve ser por várias rotas, e não sempre pelo mesmo caminho. Os enviados têm de ser instruídos sobre a rota e as cidades onde ficarão, precisam saber nomes de ruas, lojas, itinerários, personalidades conhecidas. Além disso, os camaradas enviados deveriam se submeter totalmente ao aparelho do país onde chegam. E temos de mudar as senhas com mais freqüência, para despistar os provocadores.

Escolha de pessoas: Sob Abramov, esse trabalho está sendo feito sem a menor coerência. Pessoas são designadas por acaso e por vezes sem conhecimento da função. Nem preciso dar exemplos, os últimos anos mostram isso fartamente. A preparação do pessoal para nossos aparatos é muito precária. Elas precisam ser mais bem treinadas, nosso adversário foi muito longe nesse sentido. Continuamos a usar métodos antigos, e um agente experiente pode nos prender facilmente. Temos de preparar gente para o trabalho de direção e o trabalho de apoio, e aumentar a freqüência com que as pessoas são substituídas. A falta de pessoal está nos obrigando a mandar gente sem preparo, que não só estraga o que arduamente já se conseguiu, mas ainda, causa prisões.

Método de trabalho: É necessário, para nosso trabalho, termos uma cobertura legal. Sem isso não se pode atuar durante muito tempo. Essa cobertura legal tem de ser estudada seriamente. Nossos funcionários sentem-se mais confiantes com essa cobertura legal. É sempre melhor uma cobertura dessas através de uma representação comercial, mas ali o companheiro tem de desempenhar sua função com o mesmo empenho que dedica ao trabalho clandestino. O primeiro erro de nossos funcionários é negligenciar o trabalho legal, isolando-se assim dos outros funcionários, deixando de travar relações e até mesmo fugindo das pessoas do campo adversário. Durante o dia em geral ficam sozinhos e só se relacionam com outros camaradas. O disfarce só é eficaz quando a pessoa desempenha bem sua função, e ele é fundamental para todos os funcionários políticos. Por isso, é crucial que, ao deixarem nossas escolas, as pessoas tenham uma profissão, mesmo que seja manual, ser cabeleireiro, por exemplo, é um disfarce muito útil para nossa missão, pois a pessoa pode receber e entregar mensagens até mesmo quando o salão está cheio. Com cabeleireiros e tinturarias, os japoneses fazem espionagem ao redor do mundo.

Críticas: Não são admitidas no nosso aparato; quem faz críticas não é ouvido. Se falamos de falhas em nosso trabalho, ninguém acredita, acham que estamos dizendo isso só para sair do posto.

Nas fichas de Abramov há outra grave denúncia, assinada por um tal de "Boian", que não foi possível identificar, datada de 2 de julho de 1935. O chefe do OMS era acusado de ser "mesquinho com pequenas somas, mas quando se trata de grandes quantias parece que fecha os olhos ou nem quer saber". De maneira geral, concluía esse outro agente do Komintern, o OMS "não está preparado para trabalhar sob estado de guerra, e Abramov não é o nome indicado para dirigi-lo". Diante de uma descrição dessas não era de se estranhar que os profissionais do IV Departamento e da NKVD procurassem evitar o contato, no trabalho de campo, com o pessoal do Komintern.

O chefe da sucursal do OMS no Rio, a única jamais aberta na América Latina, era Pavel Stuchevski, auxiliado por sua própria mulher, Sofia. Ambos tinham grande experiência em serviços de inteligência. Pavel fora espião da OGPU na França, e Sofia trabalhava numa seção de análise de documentos do IV Departamento. A "lenda" do casal era pouco original: um bem situado homem de negócios belga, em viagem sem fins muito claros, acompanhado da esposa, pela América do Sul. Ele usava dois pseudônimos: os brasileiros (e Prestes) o conheciam como Léon-Jules Vallée; seus telegramas para Moscou, porém, eram assinados como "René". A sucursal do OMS no Rio recebeu o batismo telegráfico de "Stock".

Como representante dos serviços secretos soviéticos, Pavel Stuchevski era o coração da operação no Brasil. Ele recebia e administrava o fluxo de dinheiro, prestando contas regularmente a Moscou. As comunicações, não só com a Maison — mas também com Buenos Aires —, passavam obrigatoriamente por ele. Montou, logo depois de chegar ao Rio, no começo de abril, um aparato que, no auge de seu funcionamento, em outubro, chegou a empregar sete pessoas no Rio, duas em São Paulo e duas em Buenos Aires — e isto porque Pavel era bastante desconfiado e restringia ao máximo seus contatos com o mundo exterior.

Diretamente subordinados a Stuchevski, estavam Sofia, o operador de rádio americano Victor Allen Baron e um correio argentino de pseudônimo "Arias" (o argentino-polonês Marcos Youbmann, sobre o qual há pouquíssimas informações). De acordo com as fichas de Stuchevski feitas pela NKVD, porém, eram considerados membros do seu aparato também dois negociantes em São Paulo: um era Celestino Paraventi, o outro identificado apenas como "Fonseca". Havia mais dois no Rio: Ferreira Filho e o engenheiro Pompeu Magalhães (primo do então governador da Bahia), além de um casal, Messias e Júlia dos Santos, que serviram algum tempo como caseiros de Prestes no bairro do Méier, depois da derrota da insurreição. O papel dos negociantes no Rio e São Paulo restringia-se a enviar e receber telegramas (Ferreira Filho recebia em seu endereço, rua Artur Azevedo, 20), com exceção de Celestino Paraventi, encarregado também de receber o ouro de Moscou. Entre Rio, São Paulo e Buenos Aires circulava Arias, levando telegramas e dinheiro, além de outro correio argentino, que permaneceu a maior parte do tempo em seu país, com o pseudônimo de "Carmen" (não foi possível identificá-lo). Outro contato freqüente de Pavel Stuchevski no Rio era Olga Benario e, por intermédio dela, o estudante Tomás, que funcionava como correio e ligação entre Prestes e os oficiais no comando da ANL.

Em primeiro lugar, Stuchevski cuidou de sua própria segurança. Depois de quinze dias numa pensão (pela qual passaram também os casais Ewert—Sabo, Prestes—Olga e Ghioldi—Carmen), foi morar na avenida Prudente de Morais, em Ipanema, bem próximo dos outros. Com o desenrolar da operação e a chegada de mais subordinados, ele alugou um apartamento no quinto andar de um dos primeiros prédios na avenida N. S. de Copacabana, bem próximo ao Lido. Nesse prédio havia sete apartamentos por andar e um constante entra-e-sai de moradores, o que parecia garantir certo anonimato. Havia apenas uma grande falha, da qual Stuchevski talvez não soubesse: o imóvel pertencia a um oficial da Marinha que seria preso pouco depois do levante no Rio.

Pavel Stuchevski, o agente soviético, era dentre todos os enviados do Komintern ao Brasil de longe o mais cauteloso. Martins lembrava-se dele, ao ser interrogado em Moscou, com bastantes detalhes:

> A primeira vez que nos encontramos foi na Glória, andando numa calçada. Encontrei-me muitas vezes com ele antes da insurreição, geralmente num cruzamento de ruas, e nós conversávamos andando. Falávamos sobre a marcha do trabalho do partido, mas em geral sobre alguma coisa que ele estava precisando, como especialistas brasileiros em rádio, um correio para estabelecer ligação por navio com a Argentina, um casal de confiança para cuidar de Prestes, ou para me apresentar a sua mulher, que me ensinou a codificar telegramas para tráfego por rádio. Ele me parecia sério, cauteloso e pontual. Falava apenas o necessário para acertar uma questão e seguia andando.[14]

O principal problema do chefe do OMS no Rio era o das comunicações, que jamais conseguiria resolver a contento de todas as partes envolvidas. Em maio, menos de um mês após ter iniciado suas atividades, Stuchevski envolveu-se numa áspera discussão telegráfica com Abramov, em Moscou. Stock (a sucursal do Rio) já havia sido criticada por operadores da rede do Komintern em Amsterdam e Copenhagen pelo excesso de mensagens enviadas para um único endereço, o que poderia "queimá-lo". Levou outra bronca de Moscou pois enviara um telegrama, via Suíça, utilizando um código ao qual o pessoal em Genebra tinha acesso, "e a Suíça não precisa saber o conteúdo de nossa correspondência", reclamou o OMS.

Com Abramov o problema era o mesmo de outros enviados: os códigos. Em uma resposta bastante malcriada de Abramov a Stuchevski, enviada de Moscou no dia 23 de maio, percebe-se que o agente tinha receio de prosseguir utilizando o telégrafo, por temer que seus telegramas (cujas combinações de letras não faziam sentido) despertassem alguma suspeita:

> Se o código tiver de ser mostrado, o senhor pode mostrá-lo. Na tradução de cada quatro cifras do resultado de sua codificação em grupos de cinco letras, o senhor tem de seis a sete possibilidades. Dessa maneira não é difícil obter uma conexão lógica entre esses grupos de letras dentro do seu significado no código. Mais uma vez: nada temos contra o fato de que o código Mosse seja mostrado ao Departamento de Telégrafos, obviamente somente na sua forma limpa. Aguardamos execução ou esclarecimento realmente exaustivo e convincente do motivo de o senhor não querer utilizar as ligações por telégrafo.[15]

A marca registrada das transmissões por telégrafo ou rádio (via Morse) do Komintern era o código com os grupos de cinco letras, conhecido como "código Mosse" (desconheço o significado dessa sigla). Várias referências no tráfego telegráfico entre Moscou e a América do Sul indicam que esse tipo de codificação podia ser adaptado a determinados indivíduos, que assim tinham seu próprio código. Na operação brasileira, apenas Stuchevski, Ewert e Prestes possuíam um código Mosse particular. De fato, ele oferecia para uma mesma letra várias possibilidades de "tradução", e com um pouco de paciência e esforço era possível construir até mesmo frases com um sentido que nada tinha a ver com a verdadeira mensagem em código. Para transmissões havia ainda outro sistema, um dos mais antigos na história dos serviços de inteligência: a codificação de mensagens através das páginas, linhas e letras de dois exemplares idênticos de um mesmo livro, um no Rio e outro em Moscou. Sofia Stuchevskaia ocupava-se desse delicado, difícil e demorado trabalho de codificação, utilizando para isso um dicionário e um romance cujo título, infelizmente, não foi possível descobrir.[16] Para cada tipo de código havia um endereço diferente. As mensagens de Moscou no caso do código em Mosse, por exemplo, eram sempre enviadas para Café Paraventi, em São Paulo.

De qualquer modo, Abramov tinha a esperança de logo poder entrar em contato regular e freqüente com Stock. Em 21 de junho, avisou Stuchevski que Victor Allen Baron (pseudônimo telegráfico "Raimond") estava embarcando em Nova York com destino ao Rio. É curioso observar, em relação à montagem da infra-estrutura de comunicações do Komintern no Brasil, como a historiografia brasileira, quase toda influenciada pela versão oficial martelada por Prestes, tornou banal o envio de um técnico apenas para cuidar do rádio — como se esta fosse providência rotineira em qualquer operação. Na verdade, a montagem de uma complicada (e delicadíssima) infra-estrutura de agentes de apoio na Europa e América do Sul, diferentes códigos de transmissão e "canais" de rádio dentro do OMS (Paris era o N26, Genebra o N17 e o Rio viria a ser o N20) — para não falar no dispêndio de moedas fortes — salta aos olhos como medidas associadas a um empreendimento de vulto.

A relevância do estabelecimento de um canal de comunicação seguro entre Moscou e Rio fica patente na insistência com que Abramov tratou do tema. No começo de julho, Stuchevski avisou Moscou da chegada de Baron ao Rio e, já no dia 27, anunciava a realização de ligações por rádio entre Rio, Recife, São Paulo e Buenos Aires, "e com a chegada de Raimond logo iremos estabelecer contato com a Maison".[17] Esta informação, assim como outras de enviados do Komintern, estava longe de ser verdadeira: as ligações por rádio na América do Sul jamais ocorreram e as do Rio com Moscou só começariam a ser testadas meses depois. Abramov, contudo, não deixou Stuchevski em paz. Além de enviar mais dois endereços para o recebimento de cartas aéreas cifradas ("pelo jeito a correspondência para o Rio vai ser grande, volumosa e intensa", telegrafou), avisou, no dia 7 de julho, que Moscou já iniciara a transmissão-teste diária para a América do Sul, na esperança de que Baron pudesse captá-la. "É essencial estabelecermos contato o mais rápido possível", advertiu Abramov. Vinte dias depois, sem ter recebido nenhum sinal do Brasil, ele voltou à carga com todo seu ímpeto burocrático. "É de grande relevância política agora o estabelecimento das ligações entre nós. Exijo categoricamente comunicar, da maneira que quiser, se vamos receber alguma coisa de Raimond."[18] Dois dias antes, tivera início em Moscou o VII Congresso da Terceira Internacional, que ainda nos ocupará neste capítulo.

Outro problema para o homem da inteligência soviética no Brasil — o de apagar todos os indícios da intensa troca de mensagens — revelou-se ainda mais preocupante. Stuchevski controlava de fato tudo o que chegava de Moscou, e tinha conhecimento completo de instruções, ordens e diretrizes. Todos os telegramas cifrados recebidos por Prestes, Ewert ou Miranda passavam primeiro por ele, que os decifrava. As mensagens curtas eram transmitidas verbalmente a Ewert, que as passava adiante. As diretrizes políticas eram transcritas a máquina, e seguiam o mesmo caminho. Extremamente cuidadoso, Stuchevski tomava as precauções de praxe e queimava todos os originais, tanto dos telegramas como das transcrições. Não tinha certeza, porém, se Ewert adotava as mesmas precauções, ou se guardava documentos que poderiam vir a ser tremendamente comprometedores se caíssem na mão do adversário. As regras elementares de segurança diziam que tudo deveria ser queimado, mas Ewert e Prestes nunca se preocuparam em fazer isso.

Eles também desrespeitaram as claras instruções que Moscou enviou ao saber da intervenção britânica, no sentido de que mudassem de aparelhos e reforçassem a segurança. Ewert e Prestes, na verdade, viram-se diante de uma difícil situação. Após o fechamento da ANL, qual o passo seguinte?

A quase ninguém escapou que houvera precipitação. Miranda, o secretário-geral do PCB, provavelmente tivera conhecimento antecipado do manifesto em que Prestes deu a Getúlio o motivo para que este agisse contra a ANL. Anos mais tarde, em carta (cuja transcrição pode ser lida num arquivo em Moscou) contrabandeada da cadeia no começo de seu período de prisão, quando ainda julgava possível entender-se com os dirigentes do partido, Miranda referiu-se de maneira muito cautelosa à sua opinião, que teria manifestado à época do evento: "Não defendo a justeza completa daquelas palavras de ordem ('todo o poder à ANL') naquele momento", escreveu, em agosto de 1938. Jonny de Graaf, um cínico que tendia ao ceticismo, viu as coisas com mais clareza: "No momento em que Vargas proibiu a Aliança, deveríamos ter mostrado a nossa força, mas nada aconteceu. Essa organização desmoronou sem qualquer resistência; ela até continuou existindo, mas sem a menor consistência'', escreveu em seu relatório.

Fora dos círculos mais estreitos da conspiração, a reação negativa foi ainda maior. Miguel Costa, um apoio importante em São Paulo, e com o qual se contava, criticou Prestes com veemência, praticamente acusando-o de ter posto tudo a perder. Na sua resposta a Miguel Costa, em outubro, Prestes parecia ainda mais distante da realidade do que estava em julho. Com seu rápido crescimento, argumentou, já em junho as forças concentradas na ANL estavam pedindo ''resposta aberta à questão do poder'', um equívoco de proporções catastróficas.

É difícil fugir à impressão de que a liderança do movimento no Rio contava com a proibição da ANL. Talvez acreditasse que o agravamento do conflito, provocado com o manifesto de Prestes (''todo o poder à ANL''), levasse a uma radicalização ainda maior das forças concentradas na frente popular, num passo decisivo rumo à revolução. Um dos textos de Ewert, anterior ao 5 de julho, sugeria essa maneira de pensar. Outra evidência está numa carta que Ghioldi mandou a Paris em 10 de julho, portanto 48 horas antes de Getúlio acionar suas forças policiais para que fechassem os escritórios da Aliança, jornais e sedes de sindicatos. ''Documentadamente sabemos que Vargas prepara um golpe seco, para instaurar o terror, prisão de líderes aliancistas, fechamento de jornais de oposição, reforço da polícia especial com elementos integralistas. O plano foi denunciado, e as coisas saíram agora do campo da agitação.''[19]

Em sua primeira reação, comunicada em curto telegrama a Moscou no mesmo dia em que o país tomou conhecimento da proibição, 13 de julho, Ewert e Prestes anunciavam em tom quase triunfalista: ''Estamos acelerando preparativos para o levante''. E comunicavam ainda a formação de um ''comitê secreto com oficiais de confiança para a organização do levante através da ANL sob a direção de Prestes''. Cinco dias depois, em 18 de julho, num longo telegrama que só chegou decifrado às mesas dos dirigentes do Komintern na manhã de 3 de agosto, Ewert e Prestes em princípio pareciam extraordinariamente cautelosos. Caetano Machado havia sido preso no Recife, avisaram, e havia sido impossível divulgar a palavra de ordem pela greve geral. As massas populares estavam dispostas a lutar, mas ao mesmo tempo ''enxergam as provocações do governo''. Os jornais da ANL (''nossa imprensa de massa'') continuavam saindo, mas com uma linha cautelosa, para evitar proibição. Com algumas greves parciais em andamento e pequenos distúrbios registrados em São Paulo, ''aguarda-se ainda medidas do governo contra sindicatos importantes''.

O sensacional desse telegrama, contudo, é que Ewert e Prestes estavam solicitando a Moscou luz verde para agir da seguinte maneira:

Nossa linha:

1) Organizar greves por reivindicações econômicas e associá-las à luta contra a reação;

2) Organizar lutas de camponeses e guerrilheiros no Nordeste, Mato Grosso e Minas Gerais;

3) Acelerar preparativos da insurreição de modo a estarmos prontos para lutar pelo poder quando eclodir grande onda de greves. Fixar data atualmente impossível mas desenvolvimentos podem ser bem rápidos.

Preparação em grande escala exige de pronto 50 mil dólares USA. Se estiverem de acordo enviem imediatamente correio de confiança para Paris. Podem enviar imediatamente por telégrafo três desembolsos de 6 mil dólares ao endereço de São Paulo. Pedimos resposta e vossa opinião.[20]

O telegrama que os enviados do Komintern no Rio receberam de Moscou pouco depois deve ter causado enorme euforia. Na noite de 17 de julho, portanto ainda antes de tomar conhecimento do pedido de Ewert e Prestes, a Comissão Política da EKKI (os principais dirigentes da Internacional) conclamava seus homens no Rio a organizar a guerra civil. Em linguagem que não precisa sequer hoje de tradução, explicação ou interpretação, o longo telegrama propunha a formação de milícias populares, a desobediência em massa aos decretos de Vargas, a constituição de um poder paralelo, com setores das Forças Armadas (as que apoiavam a ANL) assumindo funções do poder estatal. Com o perdão do leitor, é necessário transcrever na íntegra esse texto, traduzido do original em alemão:

No que se refere à proibição da Aliança Nacional cabe a vocês discutirem as seguintes medidas:

1) Se a indignação das massas populares pela proibição da Aliança for atrelada à luta pela derrubada de Vargas, é necessário articular a totalidade do movimento sob a bandeira da defesa da Aliança Nacional e dos direitos democráticos, contra os ataques do governo da traição nacional. Se vocês tomarem o rumo da greve geral, utilizem de acordo com a situação todas as formas de luta (protestos em massa, demonstrações, greves isoladas etc.), tentando dar ao movimento o impulso de um movimento popular generalizado. Recorram à tradição de luta contra o estado de sítio, vinculando-a à luta contra o pacto contra-revolucionário e intervencionista Vargas—Husto.

2) Caso as premissas para isto já existam, a Aliança poderia dirigir-se ao Exército e ao Povo com o apelo à defesa das liberdades populares, e pela desobediência a leis e decretos do governo e recusa a pagar impostos, começando a formar milícias populares para defesa das organizações de massa contra represálias do governo. Organizações locais da Aliança Nacional deveriam pros-

seguir por si mesmas em suas atividades e, dependendo da expansão do movimento e do apoio de parcelas revolucionárias do Exército, assumir funções do poder estatal. Se vocês promoverem votações contra os decretos de emergência em assembléias estaduais, estas devem dirigir-se à população para que participe da defesa dos direitos do povo ao lado da Aliança. Discutam se talvez seja adequado que Prestes se dirija pessoalmente ao Exército e Marinha para que não obedeçam ao decreto do governo proibindo a Aliança e se coloquem abertamente ao lado da Aliança Libertadora e do Povo.

3) Reforcem o aparato ilegal do Partido Comunista e dos órgãos de comando da Aliança. Sob qualquer circunstância, mantenham segurança absoluta em torno de Prestes, Miranda e núcleo dirigente do partido.[21]

Com toda certeza já de posse dessa mensagem da Maison, os conspiradores no Rio comunicaram em 26 de julho que seus esforços concentravam-se em conseguir uma demonstração de protesto no Clube Militar, e que haviam definitivamente conquistado a adesão de importante cúmplice, um homem que, na verdade, desempenharia perigoso papel duplo na hora decisiva: Pedro Ernesto, o prefeito do Rio de Janeiro. "Pedro Ernesto respondeu a uma carta pessoal de Prestes, dizendo que vai participar do movimento ativamente. Essa promessa é séria, pois ele já nos ajudou." Ewert, que assinava o telegrama, informava ainda Moscou a respeito de uma "ordem secreta do governo para não prender Prestes, e sim matá-lo".[22]

Mas antes que tivessem recebido esta ou qualquer outra mensagem do Brasil, os dirigentes em Moscou julgaram necessário mandar um adendo ao seu telegrama anterior, desta vez assinado pelo chinês Van Min, o "especialista" na criação de sovietes em regiões afastadas do poder central. Nesse telegrama, Van Min insistia naquilo que havia sido combinado, isto é, na formação de uma base revolucionária no Nordeste. Seus termos não podiam ser mais claros: "Lembramos da necessidade de ampliar o trabalho para formação de destacamentos armados e de uma base revolucionária no Nordeste sob a direção de comunistas".[23]

Um mês depois, discursando da tribuna do VII Congresso da Internacional, em Moscou, Van Min não fez em sua longa intervenção, obviamente, nenhuma menção às instruções ultra-secretas que enviara aos comunistas brasileiros. Os camaradas na longínqua América do Sul viviam, nesse momento (julho de 1935), certa confusão. Nesse período crucial, foram dados os passos decisivos para alterar de maneira radical os planos traçados em Moscou, que previam um levante no Nordeste, apoiado por greves e rebeliões parciais no Centro-Sul, como maneira de bloquear as forças governamentais e permitir o avanço das colunas armadas revolucionárias rumo ao Sul. Dois fatores principais parecem ter concorrido para a modificação desse plano inicial, devida sem dúvida nenhuma a Prestes. Primeiro, a debilidade logo constatada nos preparativos no Nordeste. Segundo, a avaliação superotimista que Prestes fez das próprias forças no Rio. Isto fica patente nas "exposições de motivos" que ele enviou a Moscou ao longo dos derradeiros meses que precederam os levantes de novembro. Mas o raciocínio básico, que levou Prestes e Ewert a solicitar a fortuna de 50 mil dólares já no momento da proibição da ANL, era simples. Se havia condições (na avaliação de Prestes) para dominar e esmagar as forças do regime Vargas onde elas se concentravam, isto é, na capital, então por que não lançar a insurreição ao mesmo tempo no país inteiro?

Em 3 de julho de 1935, num dos mais ricos e elucidativos textos de toda a troca de telegramas secretos entre Rio e Moscou, Arthur Ewert enviou um minucioso relatório à Maison, especificando quais forças e unidades, naquele momento, se declaravam dispostas a lutar ao lado de Prestes e da ANL. Era tão detalhado e preciso esse informe que o chinês Van Min, ao recebê-lo, não resistiu e mandou a Ewert, em 31 de julho, um telegrama curto, seco e desaforado: "Recebi o relatório sobre Exército. Comunicar detalhes em relatório por telegrama e cartas é inútil para a direção política e um crime do ponto de vista da segurança".[24] De fato, talvez dominado pelo entusiasmo, ou desprovido de maiores cuidados, Ewert ultrapassara todos os limites da prudência. Ele não mencionava muitos nomes, mas dava indicações suficientes para que o adversário, se pusesse a mão no relatório, procedesse em instantes à liquidação da conspiração nas Forças Armadas.

Na parte referente ao Exército, Ewert garantia o funcionamento de dezoito células, cada uma com três a cinco subgrupos, num total de trezentos homens. Seguiam-se os detalhes: 3º RI, no centro do Rio, cinco células; a Guarda Pessoal do governo (essa é a expressão que ele usou, referindo-se provavelmente ao Batalhão da Guarda do Palácio) tinha um comandante de companhia filiado ao partido; numa concentração de 10 mil soldados nos arredores do Rio (provavelmente Vila Militar), prosseguia bem o trabalho; a Escola de Aviação "está nas nossas mãos". Na Marinha, funcionavam 22 células com duzentos membros e cem simpatizantes, e "começamos a transferir nossa gente de confiança dos navios pequenos para os grandes". Além disso e de células em unidades militares em São Paulo, Santa Catarina, Piauí e Ceará, Ewert relatava "adesões para ANL ou Prestes" dos cinco principais fortes no Rio, de uma companhia de metralhadoras e dos comandantes de dois regimentos de artilharia pesada, "que esperam ordens de Prestes". Para completar, a ANL poderia contar ainda com cerca de cinqüenta oficiais no Rio e uns 1500 homens da polícia de Pedro Ernesto, que prometia trocar seu comandante. As frases decisivas para compreendermos o que se passava na cabeça de Prestes e Ewert encontram-se apenas no final do documento:

> Estamos providenciando depósitos de armas para trabalhadores. Não podemos contar que haja tempo para preparar tudo, pois situação e adversário podem tornar necessário lutar, talvez em breve. Desencadeada grande onda de greves e luta de trabalhadores, é preciso reunir todas as forças militares disponíveis *para destruição do governo central. Então a revolução terá muita força em todo o país*. Contamos com a maior parte da Marinha de Guerra. Frota mercante e maioria dos ferroviários irão conosco.[25]

Ewert não tinha contatos diretos com a ANL ou com os oficiais, na frente popular, que preparavam algum tipo de luta armada. Essa era a função principal e exclusiva de Prestes, e não pode haver dúvidas de que ele, com seus oficiais e homens de ligação, foi o responsável por essa avaliação, completamente exagerada e equivocada, das forças militares à disposição da insurreição.

Quando soube da mudança de planos e da disposição de tomar a capital do governo num golpe militar, o experiente Jonny de Graaf, veterano de levantes fracassados na Alemanha, resmungou a Ewert que aceitava "a contragosto" a nova orientação, comunicada sem discussões. Em maio, levado por Ewert a Prestes para discutir com este formas de tomada dos quartéis cariocas, Jonny teve uma briga com o dirigente brasileiro, cuja personalidade não admitia críticas de subordinados. O que Jonny tinha a dizer atingia Prestes no ponto preciso em que ele se considerava mais capacitado: em seu talento como líder militar, calcado na reputação de chefe da Coluna Invicta, Cavaleiro da Esperança etc. Em Moscou, aos seus interrogadores, Jonny lembrou essas divergências:

> Dada a situação militar-geográfica do Rio, se grupos militares em conjunto com a classe trabalhadora quiserem desencadear um levante revolucionário, os preparativos e a organização dos dois lados têm de caminhar ao mesmo tempo e ser muito bem coordenados. A razão disso é que a localização das diversas unidades militares, por um lado, e da polícia militar, por outro, tornava absolutamente necessário, para permitir o livre avanço das tropas que nos apoiavam, que destacamentos armados de trabalhadores bloqueassem as possibilidades e vias de saída da polícia militar. Se vocês tiverem um mapa do Rio eu posso demonstrar isso.

Vinha a seguir a pior crítica:

> Insisto que, em diversas ocasiões, alertei o camarada Prestes para esses fatos, e tentei convencê-lo a acelerar esse trabalho de coordenação. Prestes me deu razão, mas nunca tomou nenhuma medida nesse sentido. Ouso afirmar que

o camarada Prestes estava convencido de que não precisaria disso, pois achava que suas forças no Exército eram tão grandes que, mesmo sem a ajuda da classe trabalhadora, poderia chegar à vitória. E Prestes sabia que na polícia militar não tinha a menor influência.

Nessa mesma época, notou Jonny, quando o Bureau decidiu que a luta seria nacional, em vez de concentrada no Nordeste, Prestes confiava demais em oficiais que vinham prometer apoio, "garantindo" o mesmo para as unidades que comandavam ou nas quais serviam. "Através desses oficiais [Prestes achava] que conquistaria as formações subordinadas, os pelotões e os suboficiais", observou Jonny, o "especialista" alemão.

Mesmo que suas informações sobre as forças à sua disposição fossem corretas, o que não era o caso, Prestes encontrava-se em situação bastante difícil. Mudança tão importante nos planos não era coisa simples de ser transmitida a todos os participantes, ainda mais num país de comunicações extremamente precárias, como o Brasil dos anos 30. Não se podia contar com uma reação rápida e flexível por parte da frágil organização do PCB, mesmo que funcionasse de acordo com o rígido princípio de respeito à hierarquia de comando, o que também não era o caso. Além disso, Prestes estava a reboque de acontecimentos políticos sobre os quais tinha pouca ou nenhuma influência, como a viagem de seis semanas de uma caravana de propaganda da ANL pelos estados do Norte e Nordeste. Recebida por bom público em inúmeras cidades, cortejada e acolhida com honrarias por alguns governadores (sobretudo no Amazonas, onde todas as despesas de transporte e alojamento foram pagas pelo governo), coberta de promessas de apoio, a "caravana" — dirigida por Roberto Sisson e integrada por pelo menos mais dois membros do Comitê Central — chegou até mesmo a marcar uma data (15 de agosto) para um levante no Nordeste.

"As regiões do Rio Grande do Norte e Pernambuco se deixaram convencer da oportunidade dessa preparação, impondo apenas a condição de que a data fosse confirmada pela direção nacional do partido com uma pequena antecedência", escreveu Martins.[26] Os dois integrantes do CC nem sequer voltaram com a "caravana" para o Rio, permanecendo na Bahia e Pernambuco para preparar o levante. "Essa ação da caravana reforçou a tendência putchista já bastante forte em todo o Nordeste. O Politburo enviou uma circular a todas as regiões mandando bloquear o desenlace de uma insurreição se não houvesse uma ordem formal do CC, e mostrando os perigos de provocação que poderiam vir dessa iniciativa da caravana", acrescentou.

Em julho os informes vindos do Nordeste refletiam, apesar de tudo, segundo Martins, a continuação da velha linha pela implantação de sovietes. Em Pernambuco, uma brigada fora enviada para organizar "artificialmente" um levante camponês em favor de um programa de sovietes. "Nós não conseguíamos obter do camarada Caetano Machado a necessária compreensão para a modificação da linha", que fora adotada pelo Pleno do CC do PCB em maio. Só havia uma solução: uma autoridade superior teria de ir a Pernambuco e impor as decisões tomadas no Rio. Em meados de julho, enquanto a direção nacional do partido preparava-se para realizar outro Pleno, o segundo do ano (que teria de adotar a nova orientação pela insurreição nacional), Miranda designou Martins para acompanhar Ewert numa viagem a Recife. Era a primeira vez que o enviado do Komintern deixaria o Rio. Sua excursão ao Nordeste foi devidamente anunciada também em telegrama a Moscou, enviado em 13 de julho.

Preocupado com o pouco tempo à sua disposição, pois teria de voltar ao Rio até o final do mês, Ewert cometeu outra severa infração das leis da conspiração. Ele insistiu em ir de avião, embora para comprar uma passagem, no Brasil daqueles tempos (sob Lei de Segurança e decretos de emergência), todo viajante tivesse de mostrar passaporte e deixar suas impressões digitais. Ewert embarcou com seu velho documento americano, em nome de Harry Berger, com o qual já trabalhara por quase dois anos em Montevidéu, no começo da década, e depois na China. Ele chegou dois dias antes que Martins na capital pernambucana, e ficaram hospedados no Recife Hotel, um lugar recomendado por marinheiros simpatizantes do partido. Para surpresa de Martins, não houve a menor dificuldade em apresentar aos camaradas do Nordeste a modificação de linha. Em menos de meia hora de reunião com Caetano Machado, Silo Meirelles e Tampinha, além de outro militante conhecido como "Natal", Ewert considerou a questão resolvida. Houve também um breve encontro com Cristiano Cordeiro. "Eles entenderam que, no momento, precisavam preparar a luta em termos de trabalho de agitação e organização de trabalhadores por reivindicações imediatas", relatou Martins. Na volta havia um só lugar no avião, que ficou para Ewert, e Martins regressou ao Rio de navio alguns dias depois. No total, a permanência de Ewert no Recife, segundo Martins, não foi maior do que cinco dias, durante os quais não saiu da cidade.

No Pleno dos dias 30 e 31 de julho, o Comitê Central por fim aprovou as resoluções que punham o PCB na linha desejada por Ewert e Prestes. "A sessão do Comitê Central do Brasil aprovou uma determinada linha para preparativos concretos da revolução", comunicou Ewert a Moscou no dia 1º de agosto. "[A linha propõe] reforçar o trabalho de massa, sobretudo nos sindicatos, e a preparação de greves. Os dirigentes sindicais são em grande parte oportunistas."[27] Nesse mesmo despacho, Ewert fazia outra análise excessivamente otimista da situação política, afirmando que parte do Congresso, da "burguesia paulista", alguns governos estaduais e até "diversos líderes vacilantes dos integralistas" estavam procurando ou apoiando a ANL.

Por sua vez, numa carta enviada a Moscou via Paris, Ghioldi — preocupado sobretudo em voltar para a Argentina — já pintava quadro algo diferente. Em maio, o PCB discutira "as perspectivas e as características do poder", afirmou, "agora a ênfase recaiu no andamento das coisas". Como sempre, a questão fundamental era saber se seria possível contar com um grande movimento de massas. "Disto depende tudo, mas justamente este aspecto, no que se refere a trabalhadores e camponeses, marcha muito mal." Apesar disso, concluía Ghioldi, "há todas as condições para mudanças rápidas".[28]

Em Moscou, em meio ao burburinho do VII Congresso, no começo de agosto, chegaram os longos telegramas da dupla Ewert e Prestes com a proposta do levante nacional, uma idéia com a qual os dirigentes máximos do Komintern ainda não haviam sido confrontados. Sua tomada de posição inicial, manifestada pela Comissão Política numa mensagem enviada ao Rio em 9 de agosto e dirigida ao Bureau (não ao partido) era bastante reticente e mostrava o apego aos planos anteriores: "Recomendamos transferir Miranda e Prestes ao Nordeste sob proteção de grupos guerrilheiros, para garantir sua segurança. Se não estiverem de acordo, então nos informem de imediato sua opinião e a do Politburo".[29]

É óbvio que a recomendação de Moscou não teve acolhida favorável entre os camaradas no Rio. Em dois telegramas, em 29 de agosto e 4 de setembro, o especialista em segurança Pavel Stuchevski comunicou à Maison que, no Brasil, "ninguém considerou útil ou necessária a proposta de transferência de Prestes e Miranda para o Nordeste". Segundo o homem do OMS, essa era a opinião unânime do Bureau e do partido, pois no Rio a segurança de Prestes e Miranda estaria mais garantida. "Aqui ainda não existem regiões controladas por guerrilheiros", avisou Pavel, "e no Nordeste já há vinte colunas militares procurando Prestes."[30]

As notícias contidas nesses dois despachos de Stuchevski não eram exatamente boas. Depois de tantos anos de planejamento e preparação, de tantas recomendações teóricas sobre a luta de camponeses e *partisans* (na verdade, os cangaceiros, nos quais a Internacional sempre depositou muitas esperanças), não havia nenhuma região com presença significativa de guerrilheiros, muito menos que pudesse oferecer um mínimo de segurança aos líderes da revolução. Na verdade, nem sequer existiam guerrilheiros.

Em compensação, os relatos de Ewert continuavam transbordando otimismo, pelo menos naquilo que Prestes lhe comunicava sobre a marcha da conspiração nas Forças Armadas. Um exemplo, de 9 de agosto, cinco semanas depois do famoso relatório sobre as forças militares à disposição dos conspiradores:

> 1) a maior parte dos soldados e oficiais do batalhão Mato Grosso, inclusive o capitão, passaram-se para a ANL e muitos para o partido; 2) começamos a obter êxitos no Exército, no Rio Grande do Sul; 3) conseguimos êxito importante na Vila Militar junto ao Rio, onde se concentram 10 mil homens da tropa; 4) começamos a organizar bons elementos veteranos da Coluna, homens descontentes com o golpe de Estado em 1932 em São Paulo; 5) o governo tomou a decisão secreta de reforçar a polícia militar e organizar milícia, medidas repressivas tomadas contra oficiais e soldados revolucionários, estamos organizando resistência e grupos desses elementos; 6) major Costa Leite removido por ordem do Ministério da Guerra para a fronteira com o Uruguai. Sua presença no Rio de Janeiro é indispensável para o partido e Prestes, pois possui grande autoridade. Ministério recusa aceitar demissão de Leite. Decidimos como exceção que ele desertará para continuar trabalhando de forma ilegal; naturalmente, fará uma declaração pública; 7) vinte chefes ativistas sindicais presos no Rio; 8) Caetano solto; 9) jornal *A Pátria* comprado pelo Japão.[31]

Na verdade, os "êxitos" e "progressos" anunciados não passavam de promessas, trabalhos apenas iniciados ou informações não confirmadas. Quanto ao adversário, as medidas tomadas para afastar Costa Leite, reforçar a polícia militar e desmobilizar sargentos e cabos (desses se tratavam os "elementos revolucionários") eram prova nítida de que o governo conhecia os homens de ligação de Prestes, percebia as debilidades próprias e dava passos decididos para contorná-las.

Em julho de 1935, quando começaram a chegar em Moscou os delegados ao VII Congresso da Internacional, a transformação da velha metrópole russa na grande capital do socialismo andava a toda velocidade. Das gruas, guindastes e andaimes, nos quais também se trabalhava na formação de um "novo ser humano", pendiam faixas e panos com o rosto de Stalin, o construtor do socialismo, pai dos povos e guia da humanidade. Também o Hotel Lux, o veterano albergue dos revolucionários internacionais, parecia diferente para quem havia participado dos congressos na década de 20. Estava limpo e tinha móveis novos. Recebera mais dois andares, espaço que o Komintern necessitava desesperadamente. O movimento comunista internacional sofria severas derrotas e só aumentava o número de refugiados políticos.

Nas ruas próximas ao Lux, recordou anos depois um dos participantes, o suíço Jules Humbert-Droz,[32] via-se como sempre enorme número de pessoas embriagadas, e tampouco havia desaparecido o exército de crianças pedindo esmolas. O hotel se tornara menos confortável e, em pleno verão, faltava água. Mas este incômodo não afetava os principais dirigentes do Komintern, que costumavam, nessa época quente do ano, realizar reuniões e tomar decisões à sombra aprazível dos bosques de Kuntzevo, a histórica região de *dachas* (ali o czar Nicolau I recebia visitas reais) a oeste de Moscou. Os privilegiados do Komintern, como Manuilski, Dimitrov, Togliatti ou Pieck, haviam passado a morar nesse setor exclusivo, provido de segurança especial, e de acesso restrito.

Quem participara do VI Congresso, sete anos antes, não deixou de notar outra diferença: na parede do fundo do grande salão da Casa dos Sindicatos (local em que, um ano depois, seriam encenados os primeiros processos-farsa do Grande Terror), onde se discutiriam os rumos da revolução mundial, pairavam sobre a plataforma destinada aos ilustres oradores as gigantescas cabeças não só de Marx, Engels e Lenin, mas também a de Stalin. A decoração para a solenidade inaugural, às sete e meia da noite de 25 de julho de 1935, foi festiva e parecia ter sido montada por cenógrafos do Teatro Bolshoi, que fica nas proximidades. Além das faixas logo abaixo dos imensos retratos, com os dizeres (em russo, alemão, francês e inglês) "Viva o grande e invencível pavilhão de Marx, Engels, Lenin, Stalin", havia outras nas laterais, com as palavras de ordem "Na frente unida proletária contra a ofensiva do capital, do fascismo e do imperialismo" e "Viva os sovietes na China". Numa sala ao lado, havia uma exposição, organizada durante meses de paciente trabalho, sobre literatura e imprensa comunista em mais de sessenta países.

O congresso foi uma oportunidade para todos se exercitarem em loas irrestritas ao grande ditador, que naquele momento acabara de azeitar sua máquina de terror e preparava-se para executar massacres inomináveis. Wilhelm Pieck, o chefe do partido alemão, sorridente e queimado do sol da *dacha*, teve a honra de abrir os trabalhos com uma saudação dirigida a Stalin:

> Nosso mais caloroso cumprimento se dirige ao grande organizador da vitória do socialismo neste país que ocupa um sexto do globo terrestre e líder dos trabalhadores que no mundo inteiro lutam pelo socialismo, nosso camarada Stalin [tempestuosos aplausos, ovações, hurras]. A grande vitória histórica da União Soviética, obtida pelos trabalhadores em difícil luta, sob a liderança do Partido Comunista da União Soviética e a condução de nosso amigo, professor e líder, o camarada Stalin, tornou realidade o sonho secular do socialismo, cuja realização almejam os proletários do mundo inteiro. Viva a Internacional Comunista e o líder de todos os explorados e oprimidos, camarada Stalin [aplausos tempestuosos, hurras].

Saudação ainda mais grotesca foi pronunciada pelo comunista italiano Palmiro Togliatti, também dirigindo-se a Stalin:

> Sob a sua liderança o socialismo venceu na União Soviética, estabelecendo-se assim a base irremovível da revolução proletária mundial. Com seu nome nos corações, nossos heróicos combatentes levam as massas à luta. Você nos ensinou, a nós comunistas, e continua a nos ensinar que a única política correta é aquela baseada em princípios. Nos dirigimos a você, camarada Stalin, o líder, mestre e amigo do proletariado e dos oprimidos de todo o mundo! Em nome do exército de milhões de combatentes da revolução proletária internacional, nós nos dirigimos a você, que ao lado de Lenin forjou um novo tipo de partido, o partido dos bolchevistas, que conquistou a vitória da grande revolução proletária de outubro e a vitória do socialismo. Nós nos dirigimos a você, amado líder do proletariado internacional.

Há relatos conflitantes sobre a participação de Stalin nesse congresso, o último na história do Komintern. Um historiador (Allan Bullock) diz que ele nem sequer apareceu, um biógrafo russo (Dimitri Volkogonov) nada comenta, e uma veterana da época (Ruth von Mayenburg) afirma que Stalin esteve por alguns minutos sentado no pódio na noite da abertura, entre o francês Maurice Thorez e o chinês Van Min, que estava ao lado de Dimitrov, e logo se retirou, não sendo mais visto no congresso. Unânime entre esses autores, e vários outros, é a avaliação do apreço que Stalin dedicava aos líderes da Internacional: nenhum.

Krivitski, o primeiro desertor importante dos serviços de inteligência soviéticos, cita uma frase que Stalin teria pronunciado em meados da década de 30: "Quem é esse pessoal do Komintern? Não passam de aproveitadores do nosso dinheiro. Nos próximos noventa anos eles não terão conseguido fazer uma só revolução".[33] O genial guia dos povos costumava referir-se aos líderes da Internacional com a expressão russa *lavochka*, "canalha" ou "gentalha". O desprezo que Stalin votava à Internacional, assinalou Bullock, ficou evidenciado quando ele partiu em férias para o mar Negro e encarregou Molotov e Manuilski de assegurar "o previsível consentimento dos delegados para qualquer coisa que se exigisse deles".[34]

Foi Manuilski, na verdade, quem deu o tom do VII Congresso. Seu discurso tinha como tema os "resultados da construção do socialismo na União Soviética", ou seja, cabia a ele fazer um exame dos acontecimentos políticos no partido do qual dependiam todos os outros no Komintern. A frase-chave de seu longo discurso pôs em guarda quem sabia entender a linguagem cifrada do Kremlin:

> Todos os covardes, vaidosos, vagabundos e preguiçosos ficaram pelo caminho, cabisbaixos, prevendo o fim do mundo, associados ao capital mundial em seu

ódio traiçoeiro contra a vitória do socialismo; os perversos, imundos e desprezíveis degenerados do bloco zinovievista-trotskista assassinaram nosso amigo Sergei Kirov, o querido de todo o partido, o organizador das vitórias de Baku, Leningrado e Chibini.

A morte de Kirov, chefe do PC soviético em Leningrado e a personalidade mais popular do país depois de Stalin, fora ordenada pelo próprio ditador e ocorrera em 1º de dezembro de 1934. Na história da URSS, ela assinala o início da grande onda de expurgos, massacres, perseguições e assassinatos que ficaria conhecida como o Grande Terror. No momento em que os delegados do VII Congresso estavam reunidos em Moscou, já começavam a ser efetuadas prisões em massa. Um dos primeiros detidos fora o antigo presidente da Internacional, Grigori Zinoviev. Os fuzilamentos ainda não haviam começado, mas pressentia-se na Casa dos Sindicatos, a sede do VII Congresso, a vizinhança da repressão e terrorismo. Como homem de ligação entre o Komintern e o Comitê Central do PC soviético (isto é, o próprio Stalin), Manuilski era a principal autoridade no VII Congresso. Já em dezembro de 1934, dias depois do assassinato de Kirov, ele reunira todos os funcionários do Komintern e anunciara uma enorme limpeza. "Disse que ia fazer uma depuração, pois havia muito inimigo ali dentro, isso eu sei pois eu participei da reunião no Instituto Agrário", diria Prestes, muito tempo depois.[35] Manuilski participaria ativamente do terror stalinista.

Durante as seis semanas do congresso, absolutamente nada fugiu ao roteiro estabelecido com enorme antecedência. Georgi Dimitrov fora escolhido para ser eleito presidente do Komintern, o que em nada afetou os poderes de Manuilski. E no VII e último Congresso, o aparato do Komintern passou por uma grande reestruturação: aboliram-se os Ländersekretariate e, no lugar deles, foram criados "secretariados". O principal, que abrangia Europa, Américas, Oriente e regiões autônomas dentro da URSS, ficou a cargo de Manuilski. Além disso, ele reteve funções equivalentes as de secretário-geral do Komintern, permanecendo na prática o homem-chave dessa organização.

Em julho e agosto de 1935 adotaram-se resoluções que marcaram a época final do Komintern. Moscou temia o expansionismo de Hitler e tentava contê-lo com a ajuda das democracias ocidentais. A nova palavra de ordem, já praticada havia algum tempo, era a da formação de frentes populares — reunindo diversas correntes políticas, econômicas e sociais — contra o fascismo e o perigo da guerra. Oficialmente, o Komintern deixou de tratar os social-democratas de "social-fascistas", ordenando de cima para baixo um entendimento que incluía também os antigos "inimigos do proletariado''. Em outras palavras, Ewert tivera razão na sua briga de anos anteriores com Thälmann, Ulbricht, Manuilski, Bukharin e Stalin. De que adiantava?

Os inflamados discursos e as propostas de formação de frentes populares em nada alteraram, nos bastidores, os preparativos para o envio de mais gente para participar do experimento revolucionário capitaneado por Prestes na América do Sul. Enquanto Dimitrov e Van Min faziam discursos que, mais tarde, serviriam para historiadores justificarem a ''impossibilidade teórica'' de o Komintern estar por trás dos eventos no Brasil, a direção da Internacional preparava a ida de mais dois casais e ainda outro instrutor militar. A experiência de uma dessas duplas, o casal Heinz Neumann e Margarete Buber-Neumann, está descrita desde 1967 num livro que foi simplesmente ignorado por muitos que escreveram sobre a insurreição de 1935. Nele há um capítulo com o sugestivo título ''O Komintern faz um putsch no Brasil'' — e, de acordo com a versão de Prestes, isso nunca houve.

Heinz Neumann, o ''açougueiro de Cantão'', ex-amigo de Stalin, caíra em desgraça no começo da década ao associar-se a uma oposição interna no PC alemão, criticando a linha ''suicida'' de atacar os social-democratas em vez dos nazistas. Hospedados no Lux no começo de 1935, em maio Neumann (um ídolo político de Olga) e Margarete receberam de Piatnitski, amigo do casal, o conselho de que saíssem da União Soviética, e sugeriu uma missão no Brasil. Neumann quis recusar, mas Piatnitski garantiu que ele jamais voltaria a atuar no KPD (o PC alemão). Margarete, ao contrário, estava convencida de que a proposta não poderia ser recusada de maneira alguma: ''Eu sentia que em nenhum lugar do mundo haveria para nós tanto perigo quanto na 'pátria do proletariado', nem mesmo no Brasil, que pelos desígnios inescrutáveis de Moscou se transformaria num novo palco da revolução mundial''.[36]

A vida do casal mudou radicalmente. Acabaram-se os dias parados no Lux, à espera de que alguma coisa acontecesse, e eles mergulharam numa atividade frenética. ''Primeiro recebemos treinamento militar'', escreveu Margarete. ''Não muito longe de Moscou, em Rublevo, um lugarejo isolado do mundo exterior por cercas, recebemos aulas práticas de condução de guerra civil.''[37] O treinamento incluiu a montagem de metralhadoras, movimentação em vários tipos de terreno e técnicas de autoproteção. O papel que ambos deveriam assumir era o de assessorar politicamente o ''general'' Luís Carlos Prestes. O relato de Margarete era idôneo e acurado, e acabou sendo confirmado quando se abriram os arquivos em Moscou. Exatamente nesse período, fim de maio e começo de junho, o OMS telegrafou duas vezes a Stuchevski, no Rio, pedindo um ''tradutor'' para um correspondente que só falava inglês e alemão — Heinz Neumann.[38]

Heinz e Margarete nada sabiam sobre Prestes. "Quem ele era nós só começamos a saber através dos livros que tiramos da biblioteca do Komintern para averiguar o máximo possível sobre o país para o qual seríamos enviados, e pelo menos aprender os fundamentos básicos do idioma português", relatou Margarete. No início de julho, Piatnitski convocou Neumann e contou-lhe a "lenda" que o OMS havia criado para o casal: viajariam ao Brasil como canadenses, embora ela argumentasse que seu inglês não superara o nível de escola secundária. Duas semanas depois, o casal estava de malas prontas para a viagem, que Margarete pretendia utilizar com o fim de desertar. Na véspera do embarque, contudo, tocou o telefone no quarto que ocupavam no Lux. Era Manuilski. "Neumann, você não vai viajar", disse, e desligou. Naqueles dias Piatnitski havia perdido seu cargo, obra do segundo homem da OGPU, Trilisser — eleito ainda naquele mês membro do Comitê Executivo da Internacional, o EKKI. Como Neumann era protegido de Piatnitski, também o casal caíra em desgraça.

Sobre o envio de outra dupla de agentes além de Heinz e Margarete, nunca se ouvira falar. As evidências surgiram nos empoeirados pacotes contendo a troca de telegramas entre Moscou e Rio. A pedido de Stuchevski, Moscou começou a preparar em julho o agente "Victor", cujo nome verdadeiro, infelizmente, não foi possível averiguar. Victor dirigiu-se à Suíça para consolidar sua "lenda". Forjou um casamento com outra militante e, ajudado por um simpatizante local, conseguiu um passaporte suíço em nome de Konrad Vetterli, casado com madame Eleonora Vetterli. Mesmo com a derrota inicial do levante, em novembro, o "casal" Vetterli continuou em Zurique esperando o visto do consulado brasileiro. O Komintern só abandonou a idéia de enviá-los quando o desastre tornou-se completo, em janeiro de 1936.

E faltava mais um instrutor militar, além de Jonny de Graaf. Em junho, a Comissão Política do EKKI reuniu-se duas vezes para tratar "da rápida nomeação de uma equipe para a América do Sul".[39] Um nome em torno do qual houve consenso, o do camarada Mehring, acabou sendo vetado pelo Departamento de Quadros, que o julgou mais útil na Lituânia. No lugar do casal Neumann e de Mehring, o homem forte da Internacional, Manuilski, acabou decidindo-se por outro candidato, indicado por Palmiro Togliatti. Em 8 de agosto de 1935, Manuilski escreveu de próprio punho a ordem para que o camarada italiano Amleto Locatelli embarcasse o mais depressa possível para o Brasil.

7
"DECIDAM VOCÊS MESMOS"

★

Janeiro de 1935 trouxe uma dor de cabeça para Palmiro Togliatti, o mais destacado comunista italiano na hierarquia do Komintern. Na sua escrivaninha, em Moscou, empilhavam-se relatórios do poderoso (e perigoso) Departamento de Quadros sobre um protegido seu, Amleto Locatelli. Havia poucos momentos de luz naquele amontoado de *spravkas* (pareceres) e informes. Começava pelas transcrições das sessões coletivas de autocrítica às quais Locatelli fora submetido por colegas e professores da Escola Lenin, que freqüentara durante dois anos, até o final de 1932. "Ezio", era esse seu nome de guerra, sofreu sanções disciplinares, acusado de vagabundagem. Queriam mandá-lo para aperfeiçoamento para a Escola de Professores Vermelhos, mas Locatelli recusou-se: o curso ia durar mais de três anos e ele pretendia mesmo era voltar para a Itália. Enquanto isto, foi levando, encostado num cargo subalterno de "propagandista no comitê regional do PCI em Moscou".

Pesava mais a acusação, feita já em 1927, de que Amleto Locatelli era um "provocador". Como sempre era incluído nas volumosas fichas de militantes acumuladas em Moscou, esse tipo de denúncia no prontuário de uma pessoa às vezes não passava de intriga. Foi assim que Togliatti resolveu interpretar a informação. Durante uma viagem de trem, Locatelli se desentendera com outro comunista italiano. Ao saber que poderia ser enviado para trabalho clandestino na Itália (Mussolini estava há tempos no poder), Locatelli teria dito então que contaria tudo à polícia. Nada veio a confirmar, porém, essa delação, ocorrida há oito anos. Em nome do PCI, Togliatti assinou, em 7 de janeiro de 1935, um atestado, dirigido aos camaradas soviéticos, isentando Locatelli de maiores suspeitas. O partido, assegurou, julgava liquidado o episódio de 1927 e ainda pensava na utilização de Amleto em atividades ilegais.

Não fosse a existência de outro pequeno pedaço de papel na pasta submetida a Togliatti, o assunto todo estaria resolvido ali mesmo e Locatelli logo teria sido designado para alguma missão, pois estava se tornando um estorvo para os soviéticos. Mas um bilhete manuscrito, assinado em 8 de janeiro de 1933 por Gallo, um dos chefes do aparato clandestino do PCI, afirmava que Locatelli poderia continuar na União Soviética, mas o partido não o considerava "sólido" o bastante para empreender atividades ilegais sob condições de extrema clandestinidade. Falta de "solidez", no caso, era um eufemismo para suspeita de homossexualismo. Lendo a detalhada autobiografia de Amleto, Togliatti encontrou uma solução provisória, capaz de agradar ao Departamento de Quadros e ao PCI. Seu protegido fizera dois anos de serviço militar com o exército italiano na Líbia, até 1923. Que tal reaproveitar essa experiência, mandá-lo para a escola de Vassiliev (especializada em técnicas de guerra civil, espionagem e terrorismo), e deixar Locatelli mostrar suas qualidades em alguma das operações secretas do Komintern ao redor do mundo?

Os pais de Locatelli, nascido em Brembate Sotto (província de Bergamo), em 1901, eram um cortador de pedras e uma operária têxtil que logo emigraram para a Suíça italiana, fugindo da miséria. Deviam, contudo, ter lido alguns livros, e a escolha do nome Amleto ("Hamlet") foi uma espécie de premonição sobre o destino do menino. De fato, Amleto Locatelli jamais conseguiu se fixar por muito tempo num lugar ou numa tarefa, sempre às voltas com dúvidas e incertezas. Passou do Partido Socialista, onde chegou do movimento sindical, para o Comunista. Sofreu sucessivas expulsões da Suíça, França, Áustria e Alemanha. Durou poucos meses sua experiência clandestina na Itália, na região de Milão, em 1925, e menos ainda a de ativista ilegal entre italianos no Languedoc, na França, no ano seguinte: apenas algumas semanas. Quando foi mais uma vez detido na França, em 1929, o PCI achou melhor mandar Locatelli para a Escola Lenin, em Moscou.

A estratégia de Togliatti deu certo. Em junho de 1935, tornou-se necessário encontrar substituto para mais um instrutor militar escalado para a operação no Brasil. Chegara a hora e a vez de Amleto Locatelli. Utilizando o pseudônimo "Jean Savell", dos tempos de Áustria e Alemanha, ele assinou em agosto, pouco antes de sair da União Soviética, o termo de compromisso usual dos enviados do Komintern, e que ainda hoje pode ser lido num arquivo em Moscou:

> Recebi itinerário explicado para mim. Fico obrigado a: 1) em qualquer situação, não informar qual a organização que concedeu o documento de viagem; 2) imediatamente ao chegar, não mais tarde que a primeira manhã, entregar

> o passaporte para o representante do OMS, e até meu encontro com ele e a entrega desse documento não entrar em contato com qualquer aparelho conspirativo no local; 3) no caso de empreender viagem ao exterior com tal passaporte, avisar o representante do OMS; 4) não residir com esse passaporte sem consentimento do representante do OMS; 5) viajar com o mesmo passaporte para a URSS pelo itinerário indicado pelo representante do OMS; 6) tenho conhecimento de que não tenho direito de comparecer com esse passaporte a consulados estrangeiros sem a permissão do representante do OMS.

Qualquer desrespeito a essas normas era considerado séria violação das regras de conspiração. Em Moscou, o OMS entregou a Amleto Locatelli um passaporte austríaco em nome de Adolphe Hala, e avisou por telegrama a Stuchevski, no Rio, o envio do reforço. Em 20 de outubro, procedendo como todos os outros agentes do Komintern, Amleto notificou devidamente a estação do OMS em Paris que estaria embarcando em Marselha no *Florida*, para o Rio, onde esperava desembarcar em 5 de novembro de 1935.[1]

Quando começou a trabalhar e reuniu-se pela primeira vez com Ewert e Ghioldi, em 13 de novembro de 1935, Amleto Locatelli não queria acreditar no que estava ouvindo. Era tudo muito diferente do que ouvira do próprio Manuilski em Moscou. Para começar, onde estava a Aliança Nacional Libertadora, que teria, segundo o chefe da Internacional, mais de 1 milhão de membros? Prestes reduziu um pouco o número, situando-o em torno de 800 mil, mas na semana e meia que havia passado no Rio Amleto não notara o menor sinal dessa que deveria ser uma gigantesca frente popular. Além disso, Manuilski dera instruções muito precisas sobre o trabalho de Locatelli, que no Brasil escolheu dois nomes: "Walter", para o pessoal do Komintern, e "Bruno", para uso entre os brasileiros. Ele deveria seguir como instrutor militar para o Nordeste. Ali, conforme combinado havia quase dois anos, começaria a insurreição de Prestes.

A primeira novidade que Ewert comunicou a Locatelli, porém, era a de que o levante ocorreria ao mesmo tempo em todo o país. A data já fora até marcada, entre o final de dezembro de 1935 e princípio de 1936, com ênfase especial nas unidades militares na capital do país, deixando o movimento operário a reboque. Só faltava fazer o Comitê Central do PCB adotar essa decisão, tomada entre ele e Prestes, o que deveria acontecer dentro de uma semana. Ninguém duvidava das excelentes possibilidades de êxito do levante. O descontentamento nos quartéis atingira o ponto de ruptura. Setores importantes da burguesia nacional falavam abertamente e conspiravam para derrubar um regime considerado débil e desarticulado. Crescia com rapidez o movimento de greves. O PCB dava mostras de ser capaz de liderar movimentos de massas. Até a situação internacional era favorável, ponderava Ewert, com as atenções da Grã-Bretanha voltadas para o conflito na Abissínia.

Com toda a cautela, Amleto contou o que lhe fora dito por Manuilski e qual a opinião do Secretariado da América Latina, chefiado pelo chinês Van Min, que provavelmente não sabia ainda das modificações nos planos iniciais feitas por Ewert e Prestes. Justiça seja feita, no período em que Locatelli estava viajando entre Moscou e o Rio (cerca de dois meses), a Maison havia sido devidamente comunicada. Os chefes da insurreição no Brasil estavam apenas à espera do parecer dos dirigentes em Moscou, cuja opinião haviam solicitado duas vezes nas três semanas anteriores. Eles aguardavam sobretudo a aprovação de uma polpuda verba, maior do que tudo gasto por Moscou até então na operação Brasil-35. Locatelli voltou a expor suas dúvidas quanto à decisão que acabara de tomar conhecimento, pois só dispunha das informações que recebera em Moscou, mas Ewert tratou de tranqüilizá-lo:

> Os camaradas disseram que meu ceticismo era normal, e que logo passaria, como acontecera com todos assim que tomaram pé na situação do país. Quando eu estivesse enfronhado na situação e na atividade do partido, iria ver como tal decisão havia sido correta, sobretudo no que se referia ao Exército. Os camaradas haviam alterado por completo as diretivas anteriores em função da rapidez com que as coisas evoluíram. Ewert até acrescentou que eles assumiam toda a responsabilidade por tal decisão, tendo em vista o fato de que fora tomada sem aprovação do Komintern. Na opinião dele, não deveriam se limitar ao Nordeste como base para um movimento antiimperialista nacional revolucionário, mas desencadeá-lo simultaneamente em todo o país, num levante geral. Todos os camaradas do Bureau do Komintern apoiavam essa decisão. Esta também era a opinião dos dirigentes do partido. Estavam todos muito otimistas a respeito dos resultados do movimento em preparação. Não tinham a menor dúvida sobre a sua vitória. Achei que a situação era realmente como me havia sido exposta, e que justificava a decisão por um levante geral. O que eu podia dizer diante do quadro apresentado, quando eles eram os responsáveis e conheciam bem o país?[2]

Poucos dias depois Amleto teria oportunidade de comprovar que ele, e não Ewert ou Prestes, tinha razão. Ia ter a oportunidade, rara para os outros participantes da insurreição, de poder agir de acordo com a própria consciência. Meses mais tarde, de volta a Moscou, Amleto Locatelli não saberia do que se arrepender: de ter se deixado convencer por um argumento visivelmente falso, desmentido de forma gritante pela realidade, ou de ter agido seguindo a sua razão, no momento em que os fatos objetivos se impuseram. Ou de tudo.

Seus relatórios revelaram-se uma fonte extraordinária, pois Locatelli chegou ao Brasil sem ter conhecido anteriormente os outros enviados do Komintern, não se envolvendo portanto na corrente de intrigas. Por sorte, assistiu de posição privilegiada a pelo menos um episódio crucial da insurreição, e deixou algumas observações (daquelas que não se encontra com facilidade nesse tipo de material de arquivo) sobre a psicologia e a motivação pessoal dos participantes da operação. Quais eram os bastidores da insurreição, no momento em que a testemunha Amleto Locatelli chegou ao Brasil? O que acontecia entre os conspiradores, como enxergavam o mundo ao redor? Quais os processos que os levaram às decisões tomadas no final de outubro?

Na aparência, tratava-se de uma grande família. Os casais Prestes—Olga, Ewert—Sabo e Ghioldi—Carmen encontravam-se quase diariamente, sobretudo nos aparelhos de Prestes e Ewert, situados a curta distância um do outro: o de Ewert, na rua Paul Redfern, e o de Prestes, na Barão da Torre, ambos em Ipanema. Durante algum tempo também o casal de agentes soviéticos, Pavel e Sofia Stuchevski, viveram na Prudente de Morais, a cerca de cem metros do aparelho de Ewert, até se mudarem, por motivos de segurança, para um apartamento em Copacabana. Pouco adiantou: a empregada de Ewert era amiga da que trabalhava para Prestes, e conhecia também a colega da Prudente de Morais (onde moraram os Stuchevski) — a amizade entre as domésticas seria mais perigosa para a conspiração do que toda a eficiência dos serviços secretos britânicos.

Jonny de Graaf, o especialista em assuntos militares, achava péssimo o aparelho de Prestes: "Em frente tem uma garagem de onde se pode controlar tudo", insistia junto a Olga, a maior responsável pela segurança de Prestes. Jonny também desaprovava enfaticamente o hábito dos encontros quase diários entre os principais responsáveis pela insurreição, um fato que Prestes procurou justificar, décadas depois, com a esfarrapada desculpa de que isto servia para salvar as aparências. "Berger [Ewert] era um homem muito seguro, um dos que mais nos dava garantias. Vinha aos domingos, havia um pequeno jardim ali diante da casa na Barão da Torre, ficava conversando, uma família estrangeira."[3]

Ewert tinha ainda outros costumes que, do ponto de vista do comportamento na ilegalidade, eram bem pouco sadios. Olga e Jonny não aprovavam o fato de ele ir com tanta assiduidade ao restaurante do Hotel Ouro Verde, em Copacabana (boa cozinha alemã), ou de marcar encontros perto do consulado espanhol, então na avenida Atlântica, onde sempre havia um guarda. Mas estas não eram falhas fundamentais. O que Jonny criticava no comportamento de Ewert, com toda razão, era sua carranca e falta de contatos com os vizinhos, "aos quais ele nem dava bom-dia, um comportamento estranho no bairro em que morava". Jonny e sobretudo Lena, sua mulher, que freqüentavam muito Ewert, notaram que ele não conseguia manter uma atitude natural e descontraída frente à empregada quando a secretária do Bureau Sul-Americano trazia correspondência ou chegava algum visitante. "Quando as cortinas das janelas estavam abertas de dia e vinha algum camarada, ele logo as fechava", observou Jonny.

O pior defeito do veterano revolucionário alemão, porém, era sua mania de guardar papel — no que, aliás, Prestes em nada lhe ficava devendo. Em agosto de 1935, Jonny foi chamado por Olga ao aparelho da Barão da Torre para preparar um sistema de defesa especial para Prestes. Maníaco por explosivos, Jonny achava que uma bomba ou granada de mão ofereceriam melhor proteção do que um revólver, uma idéia absurda (a não ser para suicidas) e surpreendente sobretudo pelo fato de Prestes, um militar, tê-la aceitado. Por intermédio de Martins, encarregado de obter o material, Jonny conseguiu algumas bananas de dinamite militar, trazidas de São Paulo, e empregou parte delas para rechear uma lanterna de mão. Só ao visitar o aparelho de Prestes, conta Jonny, deu-se conta de que ali havia um grande arquivo. Combinou então com Olga uma maneira de torná-lo "seguro": com o restante da dinamite, montou uma armadilha, que, caso o arquivo fosse aberto inadvertidamente, provocaria uma explosão cujo calor (de mais de 2 mil graus) seria suficiente para incinerar todo o conteúdo do arquivo. O problema é que existia um outro acesso ao armário do arquivo, uma segunda porta que a polícia podia descobrir, e disso também Olga sabia.

Jonny perguntou diretamente a Ewert se ele continuava guardando papéis, conforme fizera em Xangai, e Ewert lhe disse que não. O experimentado Pavel Stuchevski também havia notado essa falha, e a discutira com Sabo, a mulher de Ewert, "uma camarada muito séria e forte que insistia muito com Ewert para que ele queimasse seus papéis", escreveu Pavel. Rodolfo Ghioldi, teoricamente o chefe do Bureau Sul-Americano, de nada sabia. Abordado por Locatelli sobre as razões dessa falha fundamental de segurança depois que Ewert fora preso, Ghioldi respondeu com um seco "não sei". Se era o dirigente formal do Bureau, insistiu Locatelli, então por que não deu pelo menos uma ordem, para que mais tarde a responsabilidade não recaísse sobre ele? "Eu acho que ele deveria ser responsável o bastante para entender que não poderia agir dessa maneira", revidou Ghioldi.

Nessa altura dos acontecimentos, Ghioldi era considerado abertamente pelos líderes da conspiração como uma figura desmoralizada. A causa imediata fora uma trapalhada sua que, em agosto, ocasionara grave ameaça à segurança de todo o grupo. Convencido de que nada mais tinha a fazer no Rio, o que em si já é bastante eloqüente sobre sua autoridade no Bureau, Ghioldi decidira viajar para a Argentina. Usando um passaporte expedido em seu nome verdadeiro, foi até uma agência da companhia aérea Panair e pediu que o funcionário o ajudasse a obter um visto de saída do Brasil — procedimento ainda mais assombroso quando se considera que Brasil e Argentina haviam firmado pouco antes um pacto anti-Komintern, estreitando a colaboração das duas polícias. Ghioldi voltou à agência no dia seguinte para buscar o documento e ouviu do funcionário o que alguém na polícia havia dito a este: ''O nome nesse passaporte é de um famoso comunista argentino''. Assustado, Ghioldi largou nas mãos do empregado da companhia o passaporte e saiu correndo pela rua.

Ficou tão nervoso que se recusou a voltar para o próprio aparelho, e foi pedir socorro a Prestes. Chamado à Barão da Torre para quebrar o galho, Jonny dirigiu-se dali ao aparelho de Ghioldi, onde estava ainda sua mulher, Carmen de Alfaya, e dali retirou rapidamente o que podia. Ghioldi queria morar agora com Prestes, mas Olga argumentou que a empregada o conhecia. A solução foi hospedá-lo por mais de cinco semanas no aparelho do casal Gruber, aliás Jonny e Lena de Graaf, até que um novo apartamento em Copacabana, conseguido por intermédio de um médico, foi alugado para o argentino e sua mulher. Enquanto Ghioldi morava com Jonny, também Prestes aparecia por lá, para reuniões ocasionais. ''Aqui é o lugar mais seguro'', disse Prestes a Jonny.

Outro problema debitado na conta de Ghioldi foi o comportamento de Marga, uma jovem intelectual argentina que todos os dias trabalhava na casa de Ewert como secretária técnica do Bureau. Ela nunca atuara na base e era bastante inexperiente, lembrou-se Locatelli. Marga pedia regularmente dinheiro à mulher de Ghioldi, dizendo que seu salário não era suficiente. ''Então por que você não levanta essa questão no Bureau?'', perguntou Carmen. Na verdade, explicou Marga, o salário era bom, mas ela emprestava boa parte para uma amiga com quem dividia a casa. Ghioldi entrou na discussão e disse que Marga deveria, então, cobrar o dinheiro da amiga. Isso não era possível, respondeu Marga, pois havia dado o dinheiro de presente. Indagando mais um pouco, Ghioldi descobriu que a amiga de Marga era uma prostituta que freqüentava cassinos de luxo em Copacabana. Quando Ghioldi insistiu que ela fosse imediatamente transferida para a Argentina, Ewert negou-se, dizendo que Marga era essencial para seu trabalho. Para completar, no começo de setembro chegou de Moscou um telegrama avisando que a correspondência entre Carmen e sua família estava sendo controlada, e que era ''melhor tomar medidas de precaução''.

O comportamento de Ewert colocava Ghioldi em uma difícil situação. "Olga me dizia, provavelmente repetindo o que dizia Prestes, que Ghioldi não tinha a menor autoridade", recordou Stuchevski. Meses mais tarde, ao recapitular os acontecimentos, ainda bastante vivos em sua memória, Locatelli relacionou uma série de decisões que Ewert tomou ou preparou conversando apenas com Prestes, à revelia de Ghioldi ou só mais tarde comunicadas a ele. Elas incluíam os preparativos para a decisão do levante, a condução de discussões cruciais na véspera da insurreição, o exame (que abordaremos mais tarde) da formação de grupos especiais de terrorismo, a administração e concessão de fundos do Bureau. Ghioldi, por seu lado, nada fazia sem antes perguntar a opinião de Prestes. "Minha opinião sobre Ghioldi é a de que ele confiava demais nas pessoas", resumiu Locatelli.

As principais questões eram aparentemente resolvidas por consenso, como num grupo de bons amigos. Os três casais entendiam-se bem, e não seria descabido supor alguma influência sobre eles da própria atmosfera descontraída da cidade. Prestes e Olga, por exemplo, iam quase todos os dias à praia de Ipanema. Em vários depoimentos posteriores, Prestes referiu-se ao fato de que Olga chamava bastante a atenção dos homens — o que para ele era uma vantagem, pois assim conseguia passar despercebido com mais facilidade:

> Olga contribuía muito para a minha ilegalidade. Quando eu saía com ela, os inimigos olhavam mais para ela do que para mim, porque ela era mais alta do que eu, relativamente bonita. Eu diariamente ia à praia em Ipanema, ia cedo para a praia e quando eu voltava, mais ou menos onze horas, um oficial do Exército, que foi o meu colega de turma na Escola Militar, ele cruzava comigo, ele ia para o trabalho dele fardado, ele olhava para ela mas não via a mim, assim ele nunca me reconheceu. Abusamos um pouco da clandestinidade até que a prisão nos separou.[4]

Ambos tratavam de aparentar a vida despreocupada de um casal bem situado. Prestes tinha um bonito cachorro em casa, Olga encontrou tempo para ir a uma costureira, a mesma que atendia a duas amigas suas: Sabo e Lena. Mais tarde, essa costureira iria lembrar-se muito bem das freguesas alemãs.

Lena, mais jovem e, segundo várias descrições, ainda mais atraente do que Olga, era a motorista de Prestes. Martins, o secretário de organização do partido, inveterado conquistador, advertiu Jonny de Graaf para o fato de que sua mulher, muito bonita, atraía bastante atenção masculina. Por seu lado, Jonny não era indiferente à beleza jovem e tipicamente brasileira de Elza, a companheira de Miranda, a ponto de comentá-la até mesmo em seus interrogatórios em Moscou. Pode-se imaginar o impacto que Prestes produzia em alguns de seus ex-companheiros de farda, com os quais se encontrava de preferência à noite, num carro rodando pelo Rio com Lena na direção e Olga sentada no banco ao lado.

Para os europeus que estavam havia meses no Brasil, e que jamais haviam trabalhado numa cidade subtropical e charmosa como o Rio, o clima era ótimo, a vida confortável, a revolução marchava bem. Locatelli, que se juntou ao grupo já na fase final dos preparativos, não deixou de notar algo que lhe pareceu bastante preocupante: todos consideravam o adversário imediato, a polícia, como um órgão estatal de país colonial, mal aparelhado, mal equipado e sem condições de reprimir com eficácia uma conspiração bem organizada. Esse fato, assinalou Locatelli, com imensa propriedade, contribuiu muito para que se negligenciassem as questões de segurança. Paradoxalmente, tudo isto se devia à grande amizade e ao bom entendimento entre os principais dirigentes. A Ghioldi, Locatelli acabou desabafando: ''Expliquei que camaradagem não exclui amizade mas implica se preocupar com o trabalho coletivo'', disse. ''Em algumas condições, camaradagem e amizade podem levar à morte da organização, e foi o que aconteceu.''

Nem o desconfiado agente soviético Pavel Stuchevski conseguiu manter razoavelmente estanque a separação entre os diversos aparatos, uma das precauções básicas do trabalho conspirativo. Em princípio, a direção política e militar (Ewert, Ghioldi e Prestes), a de controle e comunicações (o casal Stuchevski) e o partido local (os órgãos dirigentes do PCB), com seus respectivos apêndices (especialistas militares, correios etc.), deveriam operar de maneira independente, comunicando-se apenas através do comando geral, o topo da hierarquia. Na realidade, porém, a conspiração do Komintern no Rio tornara-se um intrincado novelo de pessoas que não só mantinham contatos entre si, como também relacionamentos fora da estrutura, na prática impossíveis de serem controlados.

Isto começava pela rede independente sob o comando de Prestes, já em funcionamento antes de sua entrada no país. Ela se caracterizava sobretudo por laços de confiança baseados em relacionamentos pessoais, familiares e de lealdade, e não dependia tanto de coerência ideológica ou da hierarquia de organizações clandestinas. A operação que Prestes pretendia levar adiante no Rio não era a atividade estritamente clandestina e conspirativa de um serviço de inteligência. Por força de suas funções políticas no roteiro imaginado pelos conspiradores, Prestes ocupava também o papel de grande líder nacional, popular e antiimperialista, e por isto estava obrigado a ampliar contatos, manter correspondência e abordar (mesmo que fosse apenas por intermediários) gente em vários níveis e lugares, principalmente oficiais militares. Ao mesmo tempo, tinha a intenção de ser uma operação comandada por um político que, embora mantendo sua "fachada", em segredo despachava emissários para conspirar, negociar, confundir, investigar, organizar, tramar. Olga acompanhava Prestes em seus contatos com oficiais, e encontrava-se regularmente com Pavel Stuchevski a fim de discutir a segurança de Prestes. Para o Komintern, porém, era impossível manter sob vigilância essa rede de conhecimentos e entendimentos de Prestes.

Embora formalmente quem intermediasse as ligações com o PCB fosse Arthur Ewert, também Prestes tinha pessoas de confiança em vários níveis do partido. O estudante Tomás, por exemplo, o amigo de Américo Dias Leite (por sua vez, ligado diretamente a Jolles, expulso do Brasil pelo Bureau), que alugou o primeiro aparelho de Prestes no Rio e encarregava-se da troca de mensagens entre o major Costa Leite e Olga. Este militar, uma das pessoas em quem Prestes depositava mais confiança, estava ligado não só à ANL mas também ao partido. Tomás servia de correio para Stuchevski, que, por sua vez, tinha em seu aparato simpatizantes como o dr. Barbosa de Mello, cujo consultório num hospital do Rio servia de local de encontro para o pessoal da Internacional. Um dos auxiliares nesse hospital era Eliezer Magalhães, irmão do governador baiano Juracy Magalhães. Eliezer servia como intermediário entre Prestes e Pedro Ernesto, o prefeito do Rio, o qual jogava com pouquíssima habilidade um papel duplo que lhe custaria o cargo, além do prestígio. Por sua vez, Pedro Ernesto arranjou um emprego público para o secretário pessoal de Miranda, Pedro Luiz Teixeira, filho de um almirante reformado.

Num telegrama de Moscou (no qual a Maison pedia que Prestes descobrisse com sua rede qual era o informante da embaixada britânica), em vários relatórios de Martins, no longo e detalhado informe de Stuchevski e num interrogatório de Locatelli encontram-se referências à rede de "contra-espionagem" que Prestes montara dentro do governo Getúlio, e que de fato lhe proporcionaria algumas informações importantes durante o breve período em que conseguiu escapar à feroz repressão desencadeada após a fracassada insurreição. Talvez por não ser um profissional do ramo de inteligência (não se pode dizer sequer que fosse um amador bem-dotado), Prestes esqueceu-se de que, no campo da espionagem, os segredos multiplicam-se em progressão geométrica e que os canais de informação quase sempre acabam funcionando em dois sentidos. As características da rede de Prestes permitem supor que seus adversários sabiam de antemão muito mais sobre as atividades dos revolucionários do que estes estavam dispostos a admitir.

Além disso, Prestes desrespeitava com freqüência normas básicas de conspiradores. Um de seus erros mais crassos, e de trágicas conseqüências para o movimento, foi realizar reuniões numa casa em Grajaú, residência de Romero (o melhor aprendiz de fabricação de bombas revelado na escola de Jonny), onde foi visto com Ewert, Ghioldi e Miranda. Jonny ficou furioso e perguntou a Martins como fora possível que o aparato "técnico" (era esse o jargão para bombas e terrorismo) pudesse ter sido utilizado para reuniões da alta cúpula política. Prestes e Miranda mandaram dizer a Jonny que fariam reuniões onde bem entendessem. Por intermédio de sua mulher, Lena, o terrorista alemão insistiu junto a Prestes e, desta vez, recebeu recado de Olga, em seu idioma natal: "Diga ao Jonny que a casa é nossa e ele não tem nada que dar ordens aqui".

Pavel Stuchevski, de quem os colegas profissionais em Moscou se esforçaram para arrancar, em 1937, todo e qualquer detalhe sobre o comportamento dos enviados do Komintern ao Brasil, disse que o trabalho de Prestes concentrava-se em três direções: a cúpula do PCB, os velhos combatentes da Coluna, as Forças Armadas. Segundo Stuchevski, Prestes jamais ficava sozinho. Nunca teve um só contato com o partido sem a presença de um dos "políticos", Ghioldi ou Ewert, sobretudo deste último. Quanto a seus encontros com os militares, sempre de noite e andando no carro dirigido por Lena, estava invariavelmente acompanhado de Olga. A "total clandestinidade" de Prestes era relativa. Ele não só visitava periodicamente outros aparelhos, como recebeu no seu próprio gente que não fazia parte do círculo íntimo da conspiração. Entre eles, o agente soviético anotou dois nomes: Fernando Garagori — tido como muito suspeito em Moscou, e representante informal do interventor no Rio Grande do Sul, Flores da Cunha —, que uma vez deslocou-se de Montevidéu para encontrar-se com Prestes no Rio, e seu velho amigo de São Paulo, Celestino Paraventi, que esteve duas vezes na supostamente supersecreta casa na Barão da Torre. "Olga e eu nos encontrávamos com freqüência para discutir a segurança de Prestes e o pressionávamos para que não se expusesse tanto, mas Prestes respondia todas as vezes, sorrindo, que não havia se dirigido ao Brasil para se deitar na cama", disse Stuchevski.

Olga tornou-se, junto com Ewert, a principal referência para Prestes, que em toda a sua vida tendeu sempre a confiar em mulheres fortes. Evidências documentais sugerem que o início do trabalho de ambos não foi livre de sérios desentendimentos e talvez tenha sido prejudicado pela intenção de Olga de regressar o mais depressa possível à União Soviética. No único telegrama que enviou a Moscou em toda sua permanência no Brasil, Olga pediu a Manuilski, em 22 de junho de 1935, para removê-la de volta. "Como Prestes já está aqui e em seis meses termina minha missão, peço confirmação do meu direito de voltar aos estudos ao término desse período."

O telegrama foi enviado no código pessoal de Ewert, que acrescentou, também endereçado a Manuilski, um adendo ao texto: "Posso entender o pedido de Olga. Mas acho melhor que ela fique por aqui ao lado de Prestes. Sou da opinião que um telegrama amistoso seu poderá mudar o estado de espírito dela. Peço que o faça". Manuilski respondeu sem demora. Com data de 5 de julho, escreveu: "Olga, de Manu. Peço que fique mais dois meses e durante esse tempo procure assegurar substituição, então pode regressar sem perguntar".[5] Dois meses depois, talvez lembrado pelo chefe, Van Min mandou um telegrama de três palavras, em alemão, ao Rio: "Permitam Olga viajar".[6]

A única referência direta a atritos entre Olga e Prestes encontra-se numa passagem de três linhas do relatório de Jonny sobre os acontecimentos no Brasil. Referindo-se ao fato de que Prestes não admitia ser contrariado, o que lhe parecia contraproducente, Jonny reproduziu uma reclamação que Olga teria feito: "Agora como um cachorrinho vou ter de abanar o rabo durante oito dias para o dono ficar outra vez de bom humor".

Nesse período, no qual Ewert fez pressão sobre Moscou, argumentando que não haveria outra pessoa capaz de substituir Olga no Rio, ela havia se tornado uma das personalidades mais importantes da conspiração. Este fato não escapou ao atento Locatelli, que fez um acurado sociograma dos participantes da operação — com a vantagem de não estar indisposto com ninguém devido a tumultuados relacionamentos anteriores, como foi o caso de Ewert e Graaf (conheciam-se da Alemanha e China), ou de Ghioldi e Ewert (conheciam-se do Uruguai), para não falar na ciranda de intrigas e fofocas entre os brasileiros, incluindo Prestes. "Quero dizer algumas palavras sobre Olga", escreveu Locatelli. "Essa camarada cuidava dos contatos pessoais de Prestes. Apesar de não ter outras tarefas, constatei que ela interferia nas discussões do Bureau, dando sua opinião sobre várias questões. Na época, achei que Olga aproveitava-se mais do que devia da situação de estar ao lado de Prestes." Jonny relatou a mesma coisa a Moscou, incluindo Ewert ao lado de Olga. Ambos tratavam zelosamente de manter Prestes o máximo possível distante do PCB.

Considerando-se o fato, do qual o Komintern estava farto de saber, que a frágil estrutura do PCB constituía um grande risco para a segurança, a postura de Ewert e Olga era fácil de ser entendida. Aparentemente, Pavel Stuchevski estava de acordo com esse arranjo. Locatelli foi ao cerne da questão: "Acho que Prestes estava muito distante do trabalho prático do partido. Uma das conseqüências é que ele desconhecia a situação concreta do partido, não ficou sabendo de suas falhas nem de que não havia capacidade para o levante. Os camaradas do Bureau [Ewert] justificavam tal situação referindo-se à necessidade de garantir a segurança da conspiração.

Na minha opinião, isto [o isolamento de Prestes] acontecia não só pela necessidade conspirativa, mas por outra causa: Ewert achava muito cedo o contato direto de Prestes com o partido".

Na presença de Jonny, Ewert explicou a Locatelli a natureza do relacionamento, no seu entender, entre Prestes e o PC brasileiro:

> Ewert nunca contestava a capacidade de Prestes. Pelo contrário, ele a considerava extraordinária, exaltando suas características como líder e sua dedicação ao partido, elogiando seu desenvolvimento teórico e também sua total superação do passado. Mas estava convencido de que Prestes ainda tinha algumas coisas de pequeno burguês, embora dizendo que, com sua ajuda, as corrigira bastante nos últimos tempos, em razão do intenso contato entre ambos. Ewert a tudo justificava argumentando que Prestes tivera pouco tempo para conhecer o partido. O ambiente no qual trabalhara anteriormente e a ausência de atividade prática dentro do partido não o permitiram entender a organização e o seu espírito. Por isso Ewert achava que a participação ativa de Prestes no trabalho prático do Secretariado [a direção] era prematuro, considerando-se o nível político e teórico muito mais alto de Prestes em relação ao do pessoal do partido. Além disso, seu prestígio dava-lhe uma ascendência natural sobre os órgãos de direção [do PCB].

Pavel Stuchevski sabia também de outras causas para o distanciamento entre Prestes e a direção do PCB. A ele, o chefe do OMS (pelo qual passavam todas as comunicações, não custa lembrar a possibilidade de controle que possuía), Ewert se queixara várias vezes de suas dificuldades em tentar estabelecer um relacionamento normal entre Prestes e Miranda, o secretário-geral do partido. Ewert referiu-se a "cartas ofensivas" que Miranda enviara a Prestes. Todas as pessoas ligadas aos enviados do Komintern sabiam desse conflito. Truculento na forma e conteúdo, Jonny de Graaf reproduziu frases ditas pelos principais contendores no começo de novembro, quando se programava uma importante reunião de dirigentes do PCB, e havia dúvidas sobre a conveniência da participação de Prestes: "O chefe do partido sou eu", disse Miranda. "Logo serei eu que vou comandar aqui no Brasil e dar as ordens", contestou Prestes.

A intervenção de Ewert em episódios anteriores não conseguira o desejado efeito de pacificação. Segundo todos os relatos dos participantes estrangeiros, Ewert não tinha boa opinião de Miranda, embora sem os exageros nos quais Prestes cairia mais tarde. Em Moscou, como sempre, os dirigentes sabiam melhor das coisas. E Miranda foi eleito, no VII Congresso da Internacional, membro do EKKI. Sua carteirinha vermelha, de nº 32, com as letras EKKI em baixo-relevo, em nome de "Antonio Queiroz", ficou para sempre em Moscou, esperando que ele fosse buscá-la. Em outras palavras, Miranda tinha a mesma posição hierárquica que Prestes na Internacional, embora o prestígio político e pessoal do antigo comandante da Coluna fosse incomparavelmente maior.

Em agosto, numa típica manobra de bastidores, Ewert comunicou a Maison que o Bureau iria propor a entrada de Prestes no Comitê Central do PCB — sem avisar Miranda: "Não tratem do assunto com camaradas da América do Sul, só o Bureau conhece essa proposta", telegrafou Ewert a Manuilski. Alguém do Bureau, porém, já havia informado Miranda, que escreveu uma carta diretamente ao Secretariado Latino-Americano. Em 23 de agosto, o soviético Kutschumov, auxiliar de Van Min, passou a bola para instância superior. Numa carta a Dimitrov, ele se referiu a Miranda como tendo problemas na direção do partido. Miranda pedia para ser afastado e voltar ao trabalho de base, de preferência em setor militar. "Keiroz [Miranda] encontra dificuldades na direção do partido e mantém relacionamento difícil com o Komintern na América do Sul. Solicitamos rápida solução para o assunto", escreveu.[7]

Dimitrov tratou a questão com bastante deferência. Reuniu o Secretariado do EKKI, órgão bastante ampliado, e aprovou uma resolução que seria transmitida aos brigões no Brasil em 15 de setembro: "Para o Bureau Sul-Americano. Conforme resolução do Secretariado do EKKI, todas as decisões do Bureau Sul-Americano sobre o Brasil só podem ser tomadas com a expressa concordância de Keiros [Miranda] e Fernandes [Prestes]. Secretariado do EKKI".[8] Uma vez que o entendimento entre o Bureau (quer dizer, Ewert) e Prestes era excelente, continuava tudo como antes.

Na prática, conforme anotado por Locatelli, o Bureau assumiu as funções de comando das atividades do partido. O PCB sempre fora, como muitos outros partidos comunistas, extremamente dócil em relação a Moscou. Por mais nobre e bem-intencionado que tenha sido, nos últimos cinqüenta anos, o esforço de muitos historiadores em procurar sinais de vida inteligente nos escalões superiores do partido, as diretrizes, instruções ou "sugestões" de Moscou foram sempre a última palavra. Todas as decisões importantes do PCB, incluindo nomeação de dirigentes, plataformas ideológicas, programas políticos, e até mesmo querelas pessoais, foram tomadas atendendo instruções de Moscou ou dos seus enviados. Se isto já ocorrera quando os chefes do Bureau Sul-Americano estavam em Montevidéu ou Buenos Aires, pode-se imaginar o efeito da presença física dos "instrutores" no Rio de Janeiro.

Involuntariamente, Locatelli abordou um tema que teria muita relevância na discussão futura no Brasil sobre os episódios de 1935. Prestes e o partido teimaram durante décadas em inverter os papéis, relegando alguns enviados do Komintern, sobretudo Ewert, a uma posição subalterna. Por isso vale a pena reproduzir (peço fôlego ao leitor) um longo trecho do relato do "instrutor" italiano, no qual transparece sua surpresa com a maneira como os enviados de Moscou assumiram o controle das decisões e ações do PCB nos meses que precederam a insurreição:

> Nas minhas discussões com camaradas do Bureau da Internacional pude constatar o papel importantíssimo deste em toda atividade do partido. Às vezes tinha a impressão de que o Bureau era a direção do partido. Entendo muito bem as conseqüências de minhas declarações, mas não posso falar de outro jeito e posso citar fatos que comprovam tudo. Com isto não quero dizer que o Politburo e o Secretariado [do PCB] não tivessem iniciativa, mas quem discutia e definia tudo de antemão? Não quero dizer que [os dirigentes do partido] não tivessem opinião própria, nem que não compartilhassem a opinião dos camaradas do Komintern sobre as questões discutidas. Também preciso ressaltar que, entre os camaradas do Komintern e do partido, havia um bom conceito mútuo, um bom clima de trabalho. Os camaradas brasileiros avaliaram toda a ajuda recebida, e compreenderam sua importância. Transmitiam essas resoluções para os membros do partido, até mesmo para as menores células. Mas essa situação levou a que a intervenção do Bureau nos assuntos internos do partido fosse muito grande, apagando, no fundo, a possibilidade de a direção do partido ter atuação própria e independente. Quando falo do Bureau do Komintern refiro-me ao camarada Ewert, mas nada tenho contra ele, nosso relacionamento sempre foi muito correto. Falo apenas de fatos objetivos e das minhas impressões. A opinião de muitos a respeito desse camarada é a de que ele conquistou uma posição de comando, era na prática o principal dirigente, mesmo que ele próprio não visse as coisas dessa maneira.

Nos dois meses que precederam a insurreição, o secretário-geral do PCB, Miranda, vivia uma crise pessoal de autoridade. Embora descrito como fanfarrão, falastrão e inconseqüente, era sensível o suficiente para perceber que Ewert dava as ordens no momento, e que Prestes as daria no futuro. Sentindo-se pressionado por seus superiores, Miranda adotou a postura de não admitir qualquer contestação vinda de baixo. Seu relacionamento com Martins, o segundo homem no PCB e, como secretário de organização, ocupando uma função essencial para o funcionamento do partido, deteriorou-se com rapidez. Ewert interferia a tal ponto que chegou a sugerir a Miranda que desse mais pessoal e quadros técnicos a Martins, cujo conhecimento de idiomas, experiência internacional e hábil jogo de bastidores pareciam, aos enviados europeus, mais próximos do que a loquacidade e a suposta inconseqüência de Miranda. Como resultado, passou a criticar duramente o trabalho de Martins, de quem dependia para aplainar divergências internas no segundo escalão.

Impossível que tivesse escapado a Martins a lenta "fritura", para usar uma gíria moderna, a que estava sendo submetido o chefe nominal do partido. Malicioso, Martins começou a criticar a "falta de honestidade e franqueza" de Miranda, que se opunha veladamente a Prestes, mas "negava sua verdadeira participação nos grupos prestistas" no começo da década (quando Miranda organizou a Liga de Ação Revolucionária de Prestes na Bahia). Sobretudo com Lauro Reginaldo da Rocha, o Bangu, Martins comentava que também se ressentia do recém-adotado estilo mandão de Miranda, a "pouca disposição do secretário-geral em aceitar o princípio da autocrítica". E, em parte, os intrigantes Martins e Bangu tinham razão.

Miranda voltara de Moscou, no começo do ano, bastante mudado. Deixara de lado seu estilo anterior de trabalho coletivo. "Cada vez mais as questões eram decididas na instância superior e não eram o resultado de um trabalho coletivo na direção do partido", escreveu Martins. Isto não era surpresa, devido à escola pela qual havia passado Miranda na Maison. "Mas ele se irritava facilmente quando um camarada não compartilhava seus pontos de vista", prosseguiu, "e o fato de Bangu e Medina terem defendido encarniçadamente suas posições foi o que levou Miranda a propor o afastamento e a substituição deles." Martins achava que esse novo comportamento devia-se à súbita importância que Miranda assumira, e à sua enorme auto-estima.

Havia graves problemas pessoais anuviando o clima entre os dois principais dirigentes do PCB. O maior deles referia-se ao relacionamento de ambos com mulheres. Miranda apaixonara-se por uma linda moça de 21 anos, Elvira Copello Coloni, que se tornaria tragicamente famosa com o codinome de "Elza". Era a caçula num quarteto de crianças, filhas de camponeses pobres que haviam migrado para o Sul, e que bem cedo se tornaram órfãs. Os três irmãos de Elza eram membros ou simpatizantes do PCB, sendo que o mais velho, Luís, fazia parte em 1931 de uma célula na Light, em São Paulo.

Não se sabe ao certo quando e como Miranda conheceu Elza. Supõe-se que foi numa viagem que fez a São Paulo no começo de 1935. Em maio desse ano ela já estava no Rio, morando com o casal de simpatizantes Carlos e Mariana, na rua Haddock Lobo, onde Miranda também viveu algum tempo. Mariana dava aulas para Elza, que era analfabeta, e Miranda a utilizava como mensageira pessoal. Em julho, Miranda comunicou a Martins sua intenção de casar-se com Elza. Embora essa atitude pareça estranha, era comum, por motivos de segurança, que os militantes consultassem uns aos outros sobre aspectos pessoais dessa natureza. Ele consultou todos os outros membros da direção do PCB, e nenhum se opôs ao romance. Em agosto, Martins foi convidado por Miranda para um "jantar de núpcias", e a partir dessa época Elza passou a fazer parte dos círculos dirigentes. Miranda a levava por toda parte, conforme observou Pavel Stuchevski, que considerava isso muito arriscado. Elza acabou conhecendo um por um todos os participantes da conspiração, o que levaria à sua sentença de morte. "Miranda e Elza viviam muito bem juntos, era evidente que eles se amavam muito", escreveu Martins, que comandou o assassinato de Elza.

Sentindo-se sozinho, o viúvo Martins seguiu o exemplo de Miranda e resolveu "tomar como companheira", conforme escreveu, a jovem Beatriz Bandeira (que era sua mensageira pessoal e mais tarde se casaria com o jornalista Raul Ryff, também ligado ao partido), uma ativista da União Feminina do Brasil — organização criada pelo PCB e filiada à ANL. "Eu a achava simpática e achei que poderia ficar com ela se os camaradas estivessem de acordo", contou Martins em Moscou. Mas Miranda, que na mesma época estava casando-se com Elza, não estava de acordo. Por proposta sua, o Secretariado Nacional recusou a Martins o pedido de juntar-se a Beatriz, "por razão de sua origem pequeno-burguesa". Era a segunda vez que a direção do partido, isto é, Miranda, impunha um constrangimento desses a Martins. Mas agora o chefe do PCB apresentou uma alternativa: em nome da disciplina proletária, recomendou oficialmente que Martins se juntasse à camarada "Antonia", uma argentina cujo nome verdadeiro era Maria Banejas, abandonada com dois filhos pelo instrutor Jan Jolles.

Outra maneira que Miranda encontrou para pressionar Martins foi reclamar insistentemente do trabalho junto às massas (organização de greves, agitação, infiltração em sindicatos), no qual apontava "excessiva lentidão". Martins o contestou em termos igualmente duros:

> Eu respondi demonstrando que *a*) mais de sessenta quadros ativistas das direções regionais e intermediárias haviam sido retirados do trabalho na região e mandados para o Nordeste e Norte (de acordo com a linha de sovietes no Nordeste e luta antiintervencionista e antiimperialista no Centro e Sul do país) e que era necessário ter paciência até que os novos quadros produzissem resultados; *b*) o trabalho regional da ANL estava sob responsabilidade direta da direção nacional da ANL, que ainda não havia se organizado para o Rio, o que tornava muito difícil a coordenação geral de massas; *c*) o Comitê Regional do Rio acabara de deslanchar uma greve de motoristas sem que houvesse preparação suficiente, o que nos fez perder a maior parte das posições que havíamos conquistado.[9]

Vale a pena examinar aqui, brevemente, o trabalho realizado pelo PCB junto aos sindicatos. De acordo com os planos iniciais, qualquer levante militar deveria ser acompanhado de movimentos grevistas e apoio por parte de organizações de trabalhadores e camponeses. Mesmo quando Prestes optou por uma quartelada em escala nacional, confiante que seu nome incendiaria o espírito nacionalista e revolucionário dos militares, contava-se, para a fase imediatamente posterior, com algum tipo de manifestação de massa, encenada pelo PCB, como resultado de seu trabalho sindical, que era excepcionalmente fraco apesar dos esforços nos dois anos anteriores. Como observou Jonny de Graaf,

> O Comitê Central brasileiro superestimava sua influência nos sindicatos. Acreditava-se que, ocupados os escalões de direção, então toda a organização obedeceria ao comando. Operava-se com a idéia de que 450 mil trabalhadores estariam organizados. Mas a práxis mostrou que um comunista, empregado apenas como funcionário, sem influência política para baixo, sem desenvolver trabalho diário de agitação, é apenas uma bolha de sabão.

A área sindical e trabalhista tornou-se difícil para o PCB devido às medidas tomadas pelo regime Vargas e que teriam enorme influência nas relações entre trabalho e capital durante as cinco décadas seguintes. Desde 1932, a administração Vargas vinha introduzindo uma série de benefícios sociais, além de manter sob controle as organizações sindicais. Entre esses benefícios constavam a regulamentação de férias, das jornadas de trabalho para homens, mulheres e menores; licenciamento profissional; institutos de aposentadoria e previdência social; seguros sociais para operários, aos quais se acrescentaria, em 1936, uma comissão para estabelecimento do salário mínimo. Em outros termos, as palavras de ordem revolucionárias e combativas do PCB eram de escassa penetração entre operários. O partido sabia disso e não escondia o fato. Em 19 de outubro, por exemplo, um dirigente sindical do PCB enviou a Moscou, via Paris, um breve relatório afirmando que "a coisa vai bem entre os militares e mal entre os operários".[10]

Para reforço do trabalho sindical, chegou ao Brasil, no final de setembro de 1935, um especialista no setor: Mendel Mirochevski, mais conhecido na literatura sobre o Komintern pelos pseudônimos de "Losovski" ou "Lovski". No Brasil e Argentina adotou o nome de "Juan". Nascido na Polônia, em 1894, na época era importante funcionário do Profintern (a Internacional Vermelha Sindical), cuja área de atuação era a América Latina, sobretudo o México. Sua intenção original era a de preparar um congresso de sindicatos em Santiago, no final do ano, mas Ewert e Stuchevski o convenceram a ficar no Brasil e dirigir-se a São Paulo, a principal cidade industrial do país, onde o partido continuava muito fraco. Ewert chegou a telegrafar para Moscou, em 19 de outubro, avisando que Juan iria ficar, e que mandassem outro para Buenos Aires, onde já era esperado.[11]

Mirochevski ficou muito assustado com o que viu, e tratou logo de livrar-se do abacaxi. O problema, como sempre, era a infiltração policial no PCB. ''Antes da minha viagem ao Brasil os camaradas argentinos que haviam estado lá disseram que a proteção contra provocadores não era boa. Houve muitas prisões e os companheiros que ficaram sabendo de minha viagem me avisaram disso'', começa o relatório que Mirochevski redigiu em Moscou para os investigadores do fracasso no Brasil, e que permaneceu guardado num dos arquivos na capital russa.

O especialista em trabalho sindical enviado pelo Komintern instalou-se em São Paulo e logo providenciou um encontro com um importante dirigente do partido. Mirochevski o menciona como Bittencourt, secretário-geral dos sindicatos. Mal pôs os pés em São Paulo, Bittencourt foi preso. Somente seria libertado três dias depois, com a condição de deixar a cidade. Ele encontrou-se assim mesmo com Mirochevski, a quem relatou que a polícia sabia de cada passo que dava. Ao ser interrogado, o chefe da polícia política propôs que trabalhasse para os órgãos de repressão, tentando provar a inutilidade do movimento, pois o governo não permitiria que os sindicatos tivessem um comando unificado e muito menos a existência da ANL. Mirochevski notou, além disso, que os militantes comunistas empenhados no trabalho sindical não tinham a menor confiança uns nos outros.

A gota d'água para Mirochevski foi uma conversa que teve no final de outubro com Esteban Peano, um comunista argentino que funcionava como ''instrutor'', a cargo do Komintern, junto ao Comitê Regional do PCB em São Paulo. Peano preferiu até mesmo encontrar-se com Mirochevski fora da capital paulista, e foram a Santos. Reclamou asperamente da situação em que se encontrava, não tendo confiança para trabalhar com ninguém, e pediu transferência para outro local. ''Ele me disse'', relatou Mirochevski, ''que em São Paulo não era possível saber onde terminava o partido e onde começava a polícia.'' Poucos dias depois, Mirochevski partiu para a Argentina, com a desculpa de que o congresso sindical em Santiago era ainda mais importante.

Outra área na qual a atuação do partido estava muito aquém das expectativas era a de preparação militar. Pode-se argumentar que este não deveria ser seu centro de gravidade, mas dado o fato de que os próprios dirigentes comunistas vinham falando há meses em tomada do poder, revolução, insurreição, levante e armar o povo, algo mais poderia se esperar. Recorde-se que o Comitê Revolucionário Militar, criado em maio, era integrado por três pessoas: Miranda, Prestes e o tenente Paulo Carrion, codinome ''Pavel''. No final de outubro de 1935 — a data é importante, pois demonstra a marcha dos preparativos —, Miranda convocou Martins para uma reunião desse Conselho, na qual seriam definidas as tarefas do setor civil do partido durante a insurreição. O encontro, no aparelho da rua Haddock Lobo, ocupado pelos simpatizantes Carlos e Mariana (por sua vez amigos de Costa Leite, homem de confiança de Prestes), era tão importante que até Prestes participou (de acordo com as lembranças de Martins, foi a única vez em que não estava acompanhado de Olga), além do tenente Carrion. Foi neste momento que Prestes deu pela primeira vez ao setor civil as ordens para a insurreição, cuja data ele e Ewert já haviam determinado. Como sempre aconteceu, só três semanas mais tarde o Comitê Central referendaria o que já havia sido decidido por pouquíssimas pessoas. Prestes fixou para o PCB uma tarefa auxiliar, a de cobrir os flancos, para expressá-lo em linguagem militar.

Em sua rápida e objetiva intervenção, Prestes mencionou ser bastante forte o apelo, em vários escalões do Exército, para que se agisse rápido contra a aplicação de um decreto de Vargas desmobilizando mais de 10 mil sargentos e cabos. Esta medida, se implementada, significaria a destruição de todo o trabalho de infiltração no Exército, pois seriam excluídos muitos militantes e simpatizantes. A mobilização deveria ser imediata e, além disso, era necessário preparar às pressas as forças do setor civil, a fim de que pudessem servir de apoio ao setor militar. Para tanto, Prestes propunha que o tenente Carrion e Martins ficassem em contato permanente. Ambos formariam ainda uma comissão de realização, e para seu secretário foi escolhido o mineiro Antônio Soares de Oliveira, o "Aço". "Ele [Prestes] nos citou uma série de exemplos das tarefas que nos seriam atribuídas", escreveu Martins. Note-se que Prestes, e não Miranda, passara a dar as ordens de operação para o pessoal do partido.

Martins estava convencido de que no prazo previsto para deslanchar a revolta — fim de dezembro ou começo de janeiro —, portanto em dois meses, haveria tempo suficiente para preparar o setor civil. Porém, até aquele momento, quando Prestes definiu as tarefas de apoio do PCB, rigorosamente nada havia sido feito, "e Miranda sabia muito bem disso", escreveu Martins. Em outubro de 1935, segundo o minucioso relatório do secretário de organização do PCB, o partido dispunha de duas brigadas de proteção de comícios, cada uma com apenas seis ou sete homens. Isto era ridículo para as missões que Prestes queria atribuir ao setor civil, mas a confiança de Martins em que seria possível alcançar bons resultados baseava-se no fato de que "o eixo da insurreição deveria ser constituído por nossas forças no Exército, Marinha e Polícia Militar", ou seja, o setor do qual Prestes tomava conta com "sua" organização. Mesmo assim, as missões que Prestes designou para o setor civil eram enormes:

> *a*) ocupar os postos policiais na cidade e nos subúrbios, após liquidar a resistência; *b*) ocupar as principais saídas da cidade, a fim de evitar a fuga de chefes reacionários, governo etc. (Gávea, Leblon, Rio—Petrópolis); *c*) impedir a chegada de reforços de São Paulo ou Minas por via férrea (Barra do Piraí); *d*) tomar e ocupar os QGs dos integralistas; *e*) formar uma brigada para ataque à Casa de Detenção; *f*) [formar] uma brigada para ataque à Polícia Central; *g*) [formar] uma brigada para hostilizar o Regimento Naval, cuja posição ainda não se sabia; *h*) formar um destacamento forte o bastante para avançar contra o Grupo Escola de Artilharia da Vila Militar e impedir que essa unidade entrasse em ação enquanto nossas forças lutassem para dominar a situação nos quartéis da Vila Militar.[12]

Martins, que tinha perfeita noção da capacidade do partido, sabia já naquele momento que não havia forças para cumprir essas tarefas. Mais tarde, aos interrogadores em Moscou, ele apontou com extraordinária precisão as razões disso. As brigadas que o PCB dispunha em seu setor civil eram pouco experientes e bastavam apenas para situações de autodefesa, e mesmo assim estavam pouco treinadas, pois nos últimos tempos o partido dera ênfase ao trabalho de agitação legal nas ruas. Era impossível pensar que civis mal treinados e mal armados pudessem atacar objetivos como a Polícia Central ou o Grupo Escola de Artilharia da Vila Militar. Na reunião com Prestes, porém, Martins não mencionou seus receios, mas afirma tê-lo feito uma semana mais tarde, início de novembro, na primeira reunião com o tenente Carrion.

Nessa ocasião, Martins concordou que o setor civil poderia desempenhar tarefas menores, como tomar de assalto delegacias de polícia e escritórios de integralistas, em que a audácia e o fator surpresa poderiam compensar o armamento inferior. Se o Comitê Revolucionário insistisse no emprego de civis contra o Grupo Escola de Artilharia ou contra a Polícia Central, por exemplo, então que o Batalhão da Guarda, onde se supunha forte o trabalho do setor militar, pelo menos cedesse algumas metralhadoras pesadas sobre motocicletas. Elas poderiam ser utilizadas em conjunto com a polícia municipal, sob as ordens do prefeito Pedro Ernesto. Quanto ao bloqueio da estrada de ferro em Barra do Piraí, poder-se-ia contar apenas com a mobilização de trabalhadores rurais, de baixíssima eficácia militar. Martins propôs, em troca, a destruição de cabines de sinais e explosão de túneis. Nessa reunião ele forneceu ao tenente Carrion a relação das armas em poder do setor civil: trinta pistolas e revólveres, dois fuzis-metralhadoras incompletos, algumas dúzias de granadas de mão, uma dúzia de fuzis e carabinas.

O tenente Carrion ouviu tudo o que Martins tinha a dizer e, por sua vez, só adiantou boas notícias: estava começando a abrir uma frente nova na Polícia Militar, e as perspectivas eram excelentes. O setor militar da insurreição não compreendia apenas o trabalho dos militantes junto às Forças Armadas, mas também as células da ANL, às quais Carrion referiu-se com muito entusiasmo. Infelizmente, Carrion nada podia prometer de prático para Martins. Ao Batalhão da Guarda já estavam designadas outras importantes tarefas, entre elas a de bloquear o Quartel dos Bombeiros. Nem poderia dizer algo de concreto quanto ao pedido de armamento para os civis.

Nem sequer o trabalho de formação de grupos especializados no fabrico de bombas e em combates de rua, que havia começado em maio, com Jonny de Graaf, caminhava a contento. Jonny queixava-se de que seus alunos eram treinados e depois designados pelo Comitê Central para outro tipo de tarefas. Em São Paulo, onde estivera em meados do ano, o partido não estava disposto a fornecer material, local de treinamento e nem sequer alunos para seus cursos. Em tom de gozação, que deveria causar enorme irritação em Jonny, Miranda chamava esses treinamentos de "cursos pirotécnicos". Os padrões de segurança nessas sessões de manuseio de explosivos caseiros continuavam, como sempre, muito precários. Francisco Romero, o "José", principal ajudante de Jonny, quase perdeu três dedos da mão esquerda ao preparar uma mistura capaz de servir de detonador. E os produtos químicos solicitados por Jonny eram muito difíceis de ser encontrados na quantidade necessária. Em outra ocasião, num curso que Jonny deu apenas para Bangu e Tampinha, pois eles partiriam para o Nordeste, Romero evitou um desastre. Por distração, Jonny colocou um detonador próximo demais de um tipo de ácido que provocou sua combustão. Romero foi rápido o suficiente para agarrar o detonador e jogá-lo num canto da sala, onde explodiu sem causar danos às dezenas de granadas e ao material inflamável ali guardados. Na terceira e última vez que enfrentaria um acidente, porém, Romero não teria tanta sorte.

Nos quinze dias seguintes, até as vésperas do Pleno do Comitê Central que aprovaria a insurreição, Martins e Aço promoveram uma reunião com os responsáveis pelos setores de cerâmica, açougueiros, zonas do subúrbio e central e "mais dois ou três outros que foram convocados e não apareceram". Individualmente, houve conversas com os camaradas dos setores da Central do Brasil, Light, Marinha mercante, e das indústrias têxtil e metalúrgica. Eles ficaram na dependência de uma lista, fornecida pelo tenente Carrion, com a localização e os efetivos dos distritos policiais. Combinaram que todos começariam a estudar imediatamente as delegacias de polícia e os escritórios integralistas. Examinariam também a formação de uma brigada em cada setor, na qual haveria um encarregado de montar depósitos de armas, munição e granadas. Martins insistiu, segundo disse, em que todos considerassem os fatores surpresa, decisão e audácia e calculassem também suas ações posteriores. Marcaram um encontro para dali a quinze dias, mas a insurreição ocorreu antes.

Chegou a hora de examinar uma questão que o leitor já deve ter levantado. Diante de uma situação tão precária como a do PCB, que motivos levaram Prestes e Ewert a decidir por uma insurreição em todo o país, assumindo no início até o risco de contrariar determinações acertadas em Moscou? E qual a participação dos dirigentes do Komintern nessa etapa final que levou aos levantes de 1935?

No período que vai de julho, quando proibiu a ANL, até outubro, quando começou a tomar medidas concretas para destruir a base de Prestes e da ANL nas Forças Armadas, Getúlio Vargas não dava em público a impressão de possuir muitos grupos ou forças políticas ao seu redor. Ele já perdera o apoio de interventores importantes nos estados do Sul, como Flores da Cunha, o impulsivo interventor em Porto Alegre, que desafiava abertamente Vargas. Poucos eram os estados brasileiros que não registravam tumultos políticos de consideráveis proporções. No Congresso, diminuíra a base de apoio do presidente entre os deputados, que iniciaram no segundo semestre uma "guerrilha" contra a política econômica e financeira do governo, qualificada por alguns jornais da época de irresponsável, ao mesmo tempo em que exigiam urgente adoção de medidas para equilibrar o orçamento público e frear a inflação.

Sobretudo na segunda metade de 1935, uma série de greves e movimentos reivindicatórios acabaram em conflitos com a polícia ou levaram a choques que poderiam ser interpretados, com a predisposição dos dirigentes comunistas, como uma "situação pré-revolucionária". Isto ocorreu principalmente no Nordeste, onde foram afetados importantes setores econômicos, como no caso da paralisação da Great Western Railway, que servia a zona açucareira, mas também no Rio e São Paulo registraram-se movimentos semelhantes, mais ou menos vitoriosos para os trabalhadores.

A aparência de desagregação do governo era ainda mais enfatizada pelo fato de que Vargas parecia não reagir aos golpes e desafios que recebia de todos os lados. Até mesmo o novo embaixador britânico, sir Hugh Gurney, que acabara de assumir seu posto, remeteu um longo relatório a Londres, em 18 de outubro de 1935, dizendo que, embora não estivesse tempo suficiente no cargo para se permitir "qualquer opinião de peso sobre a situação", seus subordinados, baseados em fontes confiáveis, afirmavam que o descontentamento com Vargas chegara ao ponto de "se cristalizar agora numa forma concreta o suficiente para tornar possível sua queda e uma mudança de governo".[13]

Prestes e Ewert estavam fascinados pelo descontentamento militar. A agitação nos quartéis fora intensa em 1934, e continuara ao longo do ano de 1935. No início deste ano, uma proposta de lei que aumentava salários e benefícios aos militares ocasionou profunda crise ao ser barrada no Congresso. Em maio deu-se a renúncia do ministro da Guerra, Góis Monteiro, que fora o articulador de uma frustrada conspiração. Ele se queixava de que oficiais esquerdistas haviam realizado enorme agitação no Clube Militar. A imprensa comentava a possibilidade de mais insubordinações em quartéis, onde desordens menores provocavam constantes trocas de comando. Os generais, às voltas com um grupo ultraconservador, mostravam-se alvoroçados diante de uma rodada de promoções que estaria nas mãos de João Gomes, o ministro da Guerra, cuja lealdade a Getúlio era considerada incontestável. Em especial, todos os contatos e seguidores de Prestes, na ANL ou no PCB, e que atuavam nas Forças Armadas, garantiam apoio certo se alguma coisa fosse empreendida. Confiante em sua rede de informantes, Prestes convencera-se de que a ANL estava praticamente nas mãos de "seus" oficiais. De fato, no que sobrara da ANL a predominância de comunistas era forte a ponto de Locatelli fazer críticas a esse respeito. "O partido deveria ter dado mais iniciativa e liberdade à direção da ANL, e não permitir que seus órgãos dirigentes fossem ocupados apenas por comunistas", escreveu.

A presença de conspiradores no Exército era o elemento crucial. Getúlio, que dominou como ninguém no Brasil da primeira metade do século a arte da política, da tramóia e da conspiração, infligiu-lhes neste flanco um sensível golpe. Argumentando com dificuldades financeiras, mas na realidade visando a base da agitação da ANL (ou seja, dos comunistas) no Exército, começou a afastar da ativa cabos e sargentos. Foi então que Prestes achou ter chegado a hora de agir.

Desde julho, o Bureau vinha solicitando de Moscou a transferência de uma verdadeira fortuna para a época, 50 mil dólares, para a "grande operação" no Brasil. No dia 14 de outubro, Ewert voltou à carga e perguntou a Moscou, por telegrama cifrado, enviado via Suíça, qual a decisão a respeito do dinheiro, "senão o trabalho será prejudicado".[14] O alarma e a pressa de partir para a ação ocorreram em meados de outubro, pois só isso explica um telegrama longo, urgente e mal codificado — os decodificadores em Moscou tiveram enormes dificuldades e não conseguiram decifrar os dez primeiros grupos de cinco letras (para sorte de Moscou, o principal trecho estava no restante do texto, que ocupava duas páginas). Preocupado com o afastamento de oficiais, sargentos e cabos, "principalmente dos nossos quadros", Ewert avisava em nome do Bureau que "poderemos ser obrigados a agir, pois isto (a demissão de mil homens) nos faz perder posições no Exército". No parágrafo seguinte, resumia de maneira perfeita o dilema no qual o chefe militar, Prestes, se encontrava:

> Duas possibilidades: primeiro, logo que possível, luta geral. Segundo, se impossível, luta em vários estados com a tentativa de unir todas as forças para ampliar o movimento. Data: fim de 1935 ou mais tardar começo de 1936. Por favor comuniquem opinião e enviem o quanto antes o dinheiro.[15]

Esse telegrama, no qual Ewert e Prestes perguntavam a Moscou como agir ("Por favor comuniquem opinião") seria por si só uma prova cabal do envolvimento direto do Komintern não só nos preparativos, mas também nas decisões principais relativas aos levantes de 1935, mas ainda há muito mais pela frente. A mensagem só chegou a Moscou em 25 de outubro, oito dias depois, e levou outros quatro para ser decifrada. Van Min reagiu como se tivesse sido atingido por um raio. Aparentemente surpreso, respondeu na hora ao Rio, repetindo um pedido seu, do começo de outubro, para que o Bureau enviasse a Moscou alguém capaz de fazer um relatório. Moscou parecia ter perdido o pé. O recado principal de Van Min, porém, era uma pergunta em tom incisivo: "Para que vocês precisam de 50 mil dólares?".[16]

Talvez confiantes de que Moscou daria mesmo luz verde (e mais dinheiro) para a empreitada, Ewert e Prestes seguiram adiante. Quando a mensagem de Van Min o alcançou no Rio, Prestes já havia se reunido com o Comitê Revolucionário Militar do PCB e distribuído as tarefas para o setor civil. Ewert se encarregava de elaborar as resoluções que o Comitê Central, por sua vez, teria de aprovar no Pleno marcado para 20 de novembro, e do qual participariam delegados de várias regiões, sobretudo do Nordeste. Seria, se tudo corresse de acordo com os planos, a última grande reunião do partido antes da insurreição. Seguiu-se uma fase de intensa correspondência e troca de bilhetes entre Prestes e os oficiais que ele julgava que iriam segui-lo. Quando mandou, em 5 de novembro, um breve telegrama a Moscou, Ewert apenas prometia para um próximo despacho relato mais detalhado sobre a situação, "impossível de ser mandado por carta [conforme exigia Van Min] por razões de conspiração". Repetia a data e o pedido de dinheiro: "Atarefado com insurreição para dezembro-janeiro, precisamos de qualquer maneira do dinheiro".[17]

Desenvolveu-se a seguir um diálogo por telegramas que não podia ser mais eloqüente e didático sobre a maneira como os estrategistas de gabinete do Komintern, em Moscou, pilotavam um grupo de enviados a 12 mil quilômetros, no Rio. Essa interessante troca de telegramas coloca um ponto final na discussão de décadas sobre o grau de interferência de Moscou, e se Prestes recebeu ou não ordens para agir. Seu valor para a história de

1935 é incalculável, pois trata-se de comunicações oficiais de lado a lado, comprimidas em pouco espaço, demandando tomadas de decisão e dirigidas apenas para os principais dirigentes (a coleção de telegramas só teve seu lacre rompido em outubro de 1992).

O curto recado de Ewert de 5 de novembro aparentemente apanhou Van Min no meio do trabalho de elaborar diretrizes para o Brasil, sob ordens da Comissão Política, presidida ainda por Manuilski e com a participação de Dimitrov. A mensagem foi recebida no dia 7, decifrada no dia 9 e começou a circular pelas escrivaninhas de Manuilski, Van Min e Togliatti a partir das três da tarde do dia 10 de novembro (eles rubricavam as mensagens como forma de acusar conhecimento do conteúdo, suas iniciais encontram-se nas margens do papel amarelo do OMS, no qual eram datilografados telegramas ultra-secretos decodificados). Exatamente uma hora e vinte minutos depois seguia um prudente e bem elaborado telegrama da Comissão Política, destinado a "Fernandes [Prestes] e Keiros [Miranda]". Era uma mescla de ceticismo, prudência política e a repetição de instruções que as decisões subseqüentes de Ewert e Prestes haviam tornado superadas.

Os dirigentes em Moscou acusavam, em primeiro lugar, o recebimento (provavelmente por carta aérea, via Paris) de artigos e instruções, um deles de Bangu, sobre o trabalho do partido no campo. Nesse sentido, a Comissão Política perguntava aos brasileiros se não consideravam útil a união de todas as forças camponesas e da ANL para lutar pela abolição de privilégios feudais. Além de completamente desconectada da realidade, essa bateria de sugestões parecia retirada das cartilhas marxistas sobre como fazer a revolução burguesa. PCB e ANL deveriam lutar pela "liquidação do trabalho servil, redução de impostos, pelo comércio livre e pelo aumento do preço de compra dos produtos agrícolas", associando tudo isto à palavra de ordem do partido e da Aliança pela liquidação da grande propriedade. As coisas não poderiam estar mais distantes uma das outras: Moscou falava de revolução agrária e os conspiradores do Rio perguntavam se podiam sublevar o Exército. Mas a segunda parte do telegrama de Moscou era mais específica e objetiva:

> Solicitamos informações detalhadas sobre situação política, forças do partido e Aliança Nacional. Concretamente: no movimento sindical, no campo e no Exército. Com quais forças podemos de fato contar no Nordeste? Em quais estados há conversações entre a frente única democrática e a oposição parlamentar burguesa, e quais suas perspectivas? O que sabemos por jornal é insuficiente para dar conselhos. Nos preocupa que uma ação antecipada numa situação em que as forças do movimento popular são ainda insuficientes possa levar a atos isolados de lutas e enfraquecer nossas posições, sobretudo no Exército.[18]

Este foi um raro exemplo de sabedoria política por parte dos estrategistas soviéticos. Sem saber exatamente com que contavam os enviados no Brasil, como endossar um cheque político em branco e telegrafar outro, bastante polpudo, de 50 mil dólares? Note-se, além disso, que os dirigentes do Komintern insistiam na sua concepção — e aí revelaram certa coerência com os dogmas — de que a insurreição no Brasil deveria obrigatoriamente seguir uma fase preliminar na qual o principal era a revolta dos camponeses por reivindicações específicas, aliados a outras classes. Ao mesmo tempo, porém, a Comissão Política (e, por extensão, o Secretariado Político do EKKI) reconhecia o valor de posições conquistadas em uma instituição cuja importância na questão do poder em países semicoloniais, nos quais incluíam o Brasil, sabiam julgar perfeitamente: o Exército. Contudo, neste ponto exato, a formulação do telegrama podia levar os conspiradores no Rio ainda mais adiante em seu delírio analítico. Achavam que teriam de agir justamente para não perder suas posições no Exército, onde Getúlio começara, de maneira hábil e eficaz, a destruir suas bases.

Nunca mais, nem mesmo nas entrevistas que daria no fim da vida, Prestes formulou de maneira tão clara a idéia de que um levante nos quartéis podia ser o estopim de uma insurreição popular, como o fez no telegrama que, assinado por Ewert, foi enviado a Moscou no dia 9 de novembro (portanto, antes de receberem o detalhado pedido de informações vindo da Maison). Esse texto dividia-se em três partes, e cada uma foi enviada por via telegráfica diferente (isto é, para diversas cidades européias de onde foram retransmitidas para Moscou). A primeira chegou truncada ao OMS, mas para sorte da pesquisa histórica era apenas a garantia de que "a opinião do Bureau está em completo acordo com Prestes e Miranda". Todos achavam, garantia Ewert, que deviam "tomar posição firme pelo levante no final de dezembro ou começo de janeiro". Eles "esperavam" conseguir provocar uma onda de levantes camponeses (havia antes disso uma palavra que não pôde ser decifrada pelo OMS, provavelmente "trabalhadores"). Segue-se então o trecho decisivo:

> Mas mesmo não havendo uma grande onda de lutas de trabalhadores e camponeses, existe perspectiva de vitória com o levante militar que imediatamente será apoiado pelas massas. Está sendo organizada a coordenação. Necessário deslanchar simultaneamente em todo o país com diferenciação [sic]. Nossas forças militares dão a possibilidade de vitória.[19]

Dificilmente se poderia caracterizar tal atitude em relação às "massas" como marxista. A segunda e terceira partes do telegrama, enviadas através de Amsterdam, chegaram completas a Moscou. Elas contêm o que seria a justificativa "política" da insurreição, e uma passagem muito curiosa, na qual transparece não só a experiência de Ewert na China e o fato de ele saber que um chinês, Van Min, estaria do outro lado do mundo (em todos os sentidos) lendo seu despacho. Revela também de que maneira as concepções do Komintern sobre a revolução na China permeavam suas diretrizes para o Brasil. Ewert explicou que a fragilidade do regime Vargas aumentava, enquanto o trabalho no Exército por um "governo Prestes" havia sido "um grande progresso organizatório", o que de maneira nenhuma correspondia à realidade. Vargas tentava "sistematicamente" (uma típica expressão alemã que Ewert sempre empregava em seus textos) enfraquecer as bases prestistas no Exército. Diante dessa situação, "se permanecermos passivos é inevitável a perda de confiança e a desorientação", advertiu Ewert. E prosseguiu, na frase seguinte: "Com situação favorável devemos dirigir o movimento para o levante e não ter medo de começá-lo com o Exército". A justificativa era para chinês ver: "Prestígio e influência de Prestes muito maior, mais nacional e genérico do que Sun Yat-sen na época do levante militar de Cantão".[20]

Na terceira parte desse telegrama, Ewert enumerava medidas preparatórias da insurreição, enfatizando a organização de um congresso de antigos combatentes da Coluna, "embora o levante em nada dependa de resoluções desse congresso". Por fim, as duas frases que caracterizam de maneira crua a dependência dos enviados de Moscou — e de Prestes — em relação a seus chefes no Komintern: "Pedimos resposta sobre a questão decisiva do levante. Exigimos envio imediato da soma pedida. Falta de dinheiro impede trabalho em grande escala".

Na mesma data, para garantir a chegada a Moscou das informações que julgava relevantes, Ewert enviou também uma carta aérea cifrada, que passou em trânsito por Amsterdam. Ela continha uma descrição bastante otimista e totalmente alheia da realidade. Ewert exagerava não só a debilidade do governo Vargas, como o potencial das forças que estariam à disposição dos conspiradores do Komintern no Rio. O movimento de massas, dizia Ewert, havia crescido muito no final de outubro. Greves importantes estavam em curso no Nordeste (ele se referia provavelmente a da Great Western). No estado de Espírito Santo, Ewert identificou uma "greve geral contra integralistas". Congressos de sindicatos e de camponeses estavam sendo organizados. Um encontro de sindicalistas em Minas Gerais era descrito como "grande êxito". O principal, porém, estava concentrado nessas frases lapidares:

> Lutas generalizadas de guerrilheiros em quatro estados do Nordeste. Ampla frente popular no Rio abrangendo desde os partidos de oposição até a ANL. Progressos militares: nossa campanha para reforço do Exército e Exército Popular apre-

senta importantes resultados, incluindo a desmoralização do oficialato superior. Prefeito da capital nos apóia totalmente. Empreenderemos medidas decisivas em meados de dezembro. Opinião unânime: perspectivas de vitória ainda maiores. Favor enviar telegraficamente dinheiro para endereço em São Paulo.[21]

Embora a liderança de Ewert no Bureau fosse incontestável — era visto como o verdadeiro chefe —, é difícil imaginar que pudesse ter tomado sozinho a decisão de enviar a Moscou uma informação como essa, que só pode ser caracterizada como delirante. Acreditar que o prefeito do Rio, Pedro Ernesto, estivesse dando apoio "total" era ingenuidade dos conspiradores, que provavelmente não sabiam de seu jogo duplo. Qualificar as greves então existentes como enorme progresso do movimento de massa foi um grosseiro erro de interpretação. Mas dizer que havia grande movimentação de guerrilheiros no Nordeste não passava de uma informação falsa, que o Bureau transmitiu a Moscou antes mesmo da reunião do Comitê Central com os delegados do Nordeste.

Permanece em tudo isto um mistério, que não mais poderá ser resolvido: Ewert acreditava em si mesmo, em Prestes ou em Miranda? Quem foi o responsável por análises e informações tão estapafúrdias? Note-se que elas incluíam não só aspectos relacionados à força e atividade do partido, como o movimento sindical. Esses fantasiosos telegramas a Moscou sempre enfatizavam o trabalho nas Forças Armadas, a seara de Prestes. Este era o argumento decisivo, na opinião dos próprios chefes da conspiração no Rio, para deslanchar o levante: o enorme apoio conquistado no Exército. Se alguém despistou Moscou, e fez com que os dirigentes do Komintern acreditassem numa vitória iminente, não foi Miranda (conforme insiste a versão oficial) na célebre reunião dos partidos comunistas latino-americanos, ocorrida um ano antes em Moscou. Foi Prestes, no delírio incompreensível de outubro e novembro de 1935.

A importância atribuída por Prestes e Ewert a essa mensagem pode ser avaliada pelo fato de que, para garantir que o conteúdo chegasse a Moscou, eles a repetiram com algumas frases cortadas, outras ligeiramente modificadas. Nessa repetição pode-se ler outra frase-chave: "Embora não exista ainda grande onda de greves camponesas e trabalhadoras decidimos passar à insurreição com nossas forças militares em dezembro/janeiro". Manuilski, Dimitrov e Van Min rubricaram à margem o recebimento também dessa mensagem, em 22 de novembro de 1935, meio-dia em Moscou.[22] Foi uma tarde histórica na sede do Komintern. Em média, a cada duas horas desabavam nas mesas de Togliatti, Van Min e Manuilski mensagens recém-chegadas do Brasil. Todas haviam sido despachadas via Amsterdam, em blocos codificados e separados uns dos outros. Deve ter sido emocionante a leitura daqueles telegramas, todos com data do dia 9 de novembro, portanto antes de qualquer decisão formal do PCB, que na verdade foi o último a saber de tudo.

À uma da tarde, o decifrador do OMS entregou mais sete linhas em texto claro, em alemão e francês: ''A questão do Exército coloca-se assim: devemos nos apoiar no atual Exército, que no todo não está com Getúlio e pretende marchar com Prestes. Getúlio quer destruir o mais rápido possível esse Exército e substituí-lo por pequenos destacamentos escolhidos e de policiais (segue)'', dizia o telegrama do Bureau no Rio.[23]

Às quatro da tarde, chegaram decifradas outras sete linhas, ainda mais impressionantes. Elas eram o começo do texto: ''Secretariado do Bureau Sul-Americano. Orientação pela insurreição para a metade de dezembro com perspectivas muito favoráveis em escala nacional pelos motivos seguintes: 1) base limitada do poder central não pode realizar concentrações reacionárias nem contar com Exército; 2) contornos de lutas contra grupos adversários em muitos Estados (segue)''. Era como se Ewert e Prestes tivessem retirado essas linhas da cartilha sobre a revolução em países semicoloniais. O modelo já havia sido descrito em textos teóricos: com um governo central fraco, incapaz de controlar o Exército e dividido entre interesses contraditórios das diversas facções da burguesia dominante, os distúrbios em regiões afastadas do centro podiam se transformar em focos revolucionários. No Brasil, a situação apresentava uma vantagem, no delírio de Ewert e Prestes: um dos principais focos era a própria capital, e o Exército marcharia com os insurretos, ou melhor, era o grande rebelde.

O terceiro pedaço do telegrama foi decifrado às seis da tarde. Era entusiasmador: ''3) vontade revolucionária das massas pelo governo popular, influência decisiva de Prestes e ANL, grande autoridade do partido, massa dos soldados e suboficiais e grande parte dos oficiais ao lado de Prestes e do governo popular. Crescimento vigoroso do movimento de massas, greves econômicas em todo o país,... greve geral política... (em concordância agora?) (manter?)''. À mão, o decifrador acrescentou que a última frase estava ilegível, evidentemente um problema de codificação ou transmissão truncada. Um atento funcionário anotou na margem que esse texto havia sido entregue também a Dimitrov.

Trabalhou-se até tarde aquela noite em Moscou, na sede do Komintern. Mas valeu a pena ler o que os enviados ao Rio tinham a contar no quarto pedaço do telegrama, entregue a Togliatti e Dimitrov às nove horas da noite: ''Somos a força decisiva no Exército. Até agora 21 deputados da maioria e minoria constituíram bloco parlamentar democrático e antiimperialista. Grande congresso de sindicatos com decisões sobre reivindicações, contra integralismo e imperialismo. Repetimos: possibilidade de vitória em grande parte do país com Rio nas nossas mãos (segue)".

Se Dimitrov, Manuilski, Van Min e Togliatti ficaram esperando pela parte que faltava do telegrama, foi em vão. O quinto e último pedaço dessa mensagem aterrissou em suas mesas apenas em 1º de dezembro, e tinha só quatro linhas e meia, anunciando que não era possível enviar naquele momento nenhum dirigente do partido para explicar pessoalmente a Moscou o que estava acontecendo. E trazia outra frase bombástica: "Força do partido mais ou menos 15 mil, ANL e Frente Popular são a força mais forte". Para a decisão que a cúpula do Komintern ia tomar, porém, esse quinto e último trecho nem mais importava. O material que chegara em 22 de novembro tinha sido mais que suficiente.

No dia 26 de novembro de 1935 reuniu-se na sede do Komintern, em Moscou, o Secretariado Político do EKKI, o órgão mais importante da organização. Dele faziam parte nove pessoas, além do búlgaro Georgi Dimitrov, o presidente formal da Terceira Internacional, que não estava presente: o soviético Dimitri Manuilski, o francês André Marty, o italiano Palmiro Togliatti, o finlandês Otto Wilhelm Kuusinen, o tcheco Clement Gottwald, o chinês Van Min, os alemães Wilhelm Pieck e Wilhelm Florin e mais um soviético, Meier Abramovich Trilisser, o segundo homem na polícia política, a NKVD.

A prática do Komintern era a de levar para esse tipo de reunião decisões já aprovadas de antemão por grupos muito reduzidos. Entre a tarde do dia 22 e a do dia 26, quando o Secretariado Político reuniu-se formalmente, houve tempo suficiente para que entendimentos nos bastidores produzissem a decisão que seria referendada numa "votação simbólica" (é assim que ficou registrado no protocolo oficial). Uma vez que nem todos os arquivos em Moscou estão à disposição de pesquisadores, pode-se apenas fazer conjecturas a respeito de quem Manuilski procurou para garantir-se antes de envolver o Komintern numa operação militar no estrangeiro, disfarçada de frente popular, e ainda por cima financiá-la. Aqui só posso especular a partir de evidências fornecidas por veteranos da época e gente que conheceu bem Manuilski, pois não disponho de provas documentais. Ruth von Mayenburg, a militante austríaca que se tornou amiga íntima de Manuilski, acha que ele jamais tomou decisões importantes sem consultar um homem que controlava até mesmo detalhes de todas as operações secretas ou de inteligência: o ditador Josef Stalin. "Manuilski jamais teria tomado uma decisão como essa sobre o Brasil sem pelo menos avisar Stalin do que ia fazer", disse Mayenburg.[24] Talvez a resposta definitiva a essa pergunta — Stalin sabia e aprovou? — surja quando os arquivos do Genial Guia dos Povos forem finalmente abertos.

O protocolo nº 15 da sessão do dia 27 do Secretariado Político do EKKI traz no item 7 da agenda apenas uma frase: "Mandar telegrama ao PC brasileiro".[25] O item fora aprovado na véspera, em votação simbólica. Seu texto, em russo e francês, liquida uma das mais antigas indagações na história contemporânea brasileira:

> Questão da ação (o levante) geral decidam vocês mesmos quando acharem necessário. Assegurem apoio à ação do Exército pelo movimento operário e camponês. Tomem todas as medidas contra prisão de Prestes. Enviamos 25 mil por telégrafo. Mantenham-nos informados do rumo dos acontecimentos.[26]

Mesmo para Moscou naqueles dias, o telegrama era tão importante que Manuilski tomou um cuidado adicional. A folha de papel com o texto original, redigido à mão por ele mesmo, em russo e em francês (a versão russa ainda contém uma frase que não foi traduzida ou transmitida em francês: "de Prestes depende o sucesso") foi anexada ao papel amarelo no qual foi datilografada a mensagem. Todos os participantes da reunião assinaram essa folha original com seus nomes completos, e não apenas a rubricaram. De cima para baixo, foram: Togliatti, Manuilski, Van Min, Gottwald, Florin, Kuusinen, Marty e Pieck. Só um participou e não assinou: o sinistro Trilisser, da NKVD. Seu órgão teria em breve muito a ver com essa operação no Brasil.

Esse telegrama é a ordem de Moscou para a insurreição, que deveria começar em dezembro. Possivelmente é o único documento por escrito de uma decisão, tomada no exterior por organização controlada por potência estrangeira, de desencadear uma operação militar para derrubar o governo brasileiro, com o qual não estava em guerra. Não adianta argumentar que a frase "decidam vocês mesmos" atribuiu a Ewert e Prestes a dor da decisão. Basta lembrar a frase de Stalin quando mandou iniciar o levante de Cantão, em 1927: "Proceda da maneira que considerar responsável".

Os homens do Komintern no Rio perguntaram, antes de agir, qual a opinião de Moscou, e pediram mais dinheiro. A direção do Komintern, que no início parecia pouco convencida, solicitou mais informações, recebeu-as e deu a luz verde para o levante, ao qual ainda prometeu mandar a metade da soma pretendida: 25 mil dólares.

O histórico telegrama foi transmitido na manhã do dia 27 de novembro pela via N20 diretamente para o rádio transmissor-receptor montado pela sucursal do OMS no Rio. Pela diferença de horário entre Moscou e o Rio, quando o telegrama começou a ser enviado a insurreição estava liquidada. Foi o mais curioso caso na coleção de fracassos do Komintern. Os dirigentes da revolução mundial autorizaram um levante que já havia sido derrotado.

8
33 HORAS

★

Quem se dedicava na década de 30 à segunda mais velha profissão do mundo dispunha de precários recursos técnicos. Para espiões e conspiradores de nada vale uma boa informação que não pode ser transmitida — ou recebida. No caso da rede de apoio montada pelo OMS no Brasil em 1935, as dificuldades de comunicação emperravam também o sistema de transmissão de ordens e diretrizes, nas quais os dirigentes em Moscou tanto insistiam. Uma estrutura montada para operações militares deveria possuir meios independentes de contato com o quartel-general da revolução mundial, mas o OMS não conseguiu resolver satisfatoriamente esse aspecto em nenhuma das grandes operações que promoveu. Boa parte de seu fracasso pode ser atribuída a esse fato. Em que condições transcorria o trabalho "técnico" de "Stock", a sucursal do OMS no Rio? Com quais recursos — comunicações e finanças — podiam contar Prestes e Ewert quando se decidiram pela insurreição?

Desde o final dos anos 20, o OMS mantinha em Moscou uma escola de rádio e comunicações. Era uma instituição ainda mais secreta do que o centro de treinamento de quadros dirigentes, conhecido como Escola Lenin. Seus estudantes assinavam um compromisso obrigando-se a jamais revelar a existência da escola. O curso durava cerca de dois anos, e concentrava-se em dois aspectos técnicos: o domínio do código Morse e, sobretudo, das técnicas de construção de aparelhos transmissores-receptores de rádio.

O leitor contemporâneo pode ter dificuldades para imaginar o que era a técnica de comunicações naquela época. Boa parte das pessoas já se esqueceu (ou nasceu depois) do "milagre" que foi a transmissão por satélite da Copa do Mundo de 1970, ainda em preto-e-branco, e acostumou-se como a coisa mais natural do mundo a ligar seu computador numa tomada telefônica e conectar-se em segundos a bancos de dados em Nova York ou Tóquio. Da mesma maneira, para os radiotelegrafistas de 1935 era um sonho tão distante como chegar à Lua a existência de telefones portáteis com acesso a satélites, que hoje tornam qualquer pessoa independente até mesmo das redes telefônicas locais. Na década de 30, transistores, microeletrônica ou *chips* não existiam nem sequer no vocabulário de escritores de ficção científica.

Dado o caráter conspirativo da atividade dos agentes do OMS, eles não podiam levar em sua bagagem o equipamento de rádio para desempenho de suas funções, e a razão disso não era a curiosidade de funcionários da alfândega. Os aparelhos de rádio eram então grandes, pesados e volumosos. Os agentes secretos da década de 30, não importa para quem trabalhavam, tinham de ser engenhosos o suficiente para encontrar no lugar de ação os componentes e equipamentos necessários para montar seus próprios aparelhos de rádio. O "semicolonial" Brasil, neste aspecto, não estava tão atrasado quanto a Manchúria, onde os agentes do IV Departamento do Exército Vermelho ou do Komintern tiveram de contrabandear em várias viagens os componentes pesados de um equipamento de transmissão.

O rádio trasmissor-receptor típico da época era conhecido pela expressão técnica "transmissor Hartley". Ele foi usado na Alemanha, na Grã-Bretanha, na China e pelo famoso espião Richard Sorge, em Tóquio. Empregava um sistema de três pontos nos quais um dos elementos mais pesados era um retificador, com transformador, que sempre causava problemas a seus operadores. Outro problema era disfarçar as grandes e caras válvulas. Apenas as enormes bobinas, que os alunos da escola de rádio do OMS costumavam construir enrolando grossos fios de cobre ao redor de garrafas de cerveja, ocupavam tanto espaço quanto um transmissor inteiro de rádio dez anos depois, ao final da Segunda Guerra Mundial. A antena, muito grande e que precisava ser bem ajustada para as faixas de onda, era outro aspecto de difícil solução. Tais aparelhos de rádio eram, no fundo, produtos artesanais que dependiam extraordinariamente da habilidade e empenho de cada indivíduo, além da sorte de encontrar equipamentos adequados.

Para a operação brasileira, o Komintern designou um jovem americano que já estivera uma vez na América do Sul, em 1929, no Uruguai. Nascido em 1909 em Portland, Victor Allen Baron, pseudônimo "James Martin", tinha sido membro da Juventude Comunista americana. Jamais se destacou como político ou intelectual, mas era muito dedicado e disciplinado, e por isso o encarregavam de funções técnicas nas quais eram essenciais pessoas de absoluta confiança. Entre 1931 e 1933, Baron visitou a escola de rádio do OMS em Moscou, para onde levou em 1932 sua mulher, conhecida apenas pelo nome de "Mary", dois anos mais velha e mais antiga do que ele no PC americano. Em julho de 1934, Baron foi enviado a Nova York, onde receberia instruções para um trabalho "mais sério", conforme ficou registrado numa *spravka* (informe) do OMS a seu respeito ainda guardado em Moscou. Foi a primeira e última grande missão de sua vida.

Com 26 anos ao desembarcar no Brasil, Baron era alto, muito magro, e com uma timidez que escondia grande inquietação e nervosismo. Pouca gente o conhecia no Rio de Janeiro. Seu chefe imediato era Pavel Stuchevski, o responsável pela Stock. Teoricamente, o jovem americano não deveria manter contatos com mais ninguém além de Pavel. O chefe do OMS no Rio depressa deu-se conta, porém, de que a convivência com Baron não ia ser tranqüila. O americano sofria de duas doenças graves, segundo informou Stuchevski a Moscou: tuberculose e sífilis. Isto diminuía bastante sua capacidade de trabalho, além de deixá-lo muito vulnerável no caso de uma eventual prisão. Mas Baron logo conquistou o respeito de Stuchevski, que aparentemente passou a ter muita confiança no americano.

Pelo menos Stuchevski nunca reclamou das enormes dificuldades que o radiotelegrafista americano enfrentou para estabelecer um canal de comunicação direto com Moscou. Desde julho no Brasil, só no final de agosto Baron conseguiu completar a montagem do aparelho transmissor-receptor, instalado em Copacabana — o segundo motivo da mudança do casal Stuchevski para este bairro foi justamente para poder ficar mais perto da estação de rádio. Nessa altura, mencionando sobretudo imperativos políticos, o chefe do OMS em Moscou, Abramov, já vinha cobrando com irritante insistência o estabelecimento de um elo direto com o Rio. Em meados de setembro, quando Baron julgou que sua estação funcionava, Abramov começou a mandar de Moscou, às 00h30 GMT e as 03h10 GMT (respectivamente 3:30 e 6:10 da manhã no Rio) curtos textos cifrados. O primeiro teste deu certo e Abramov ficou muito satisfeito: mandou felicitar Baron mas pediu "mais velocidade no trabalho, pois a ligação é muito lenta".[1] A falta de prática do americano era o problema. Os textos cifrados tinham de ser transmitidos em grupos de cinco letras cada. Um texto de quinhentos grupos, algo freqüente, demandava pelo Morse quase uma noite inteira.

O êxito inicial teve curta duração. Baron ouvia as transmissões-teste da Maison, mas não conseguia transmitir. Abramov ficou extremamente irritado. "Telegrafe de uma vez dizendo enfim se Baron nos escuta, não entendo o silêncio dele e o vosso", telegrafou em 21 de setembro. Uma semana depois o chefe do OMS em Moscou refletia também a inquietação dos dirigentes políticos do Komintern, ou pelo menos explorava esse argumento. "Até agora nenhuma resposta de vossa parte às nossas inumeráveis questões concernentes ao trabalho de Raimond (Baron). Exijo enfim resposta se ele está nos captando. Já é hora de ele não apenas nos escutar mas também de transmitir, ou ele é incapaz de organizar isso? Da parte do senhor também recebemos informações absolutamente insuficientes, o que não se justifica pois pode telegrafar quando quiser."[2]

A primeira grande dificuldade de Baron foi sintonizar seu aparelho com Moscou. Normalmente, este deveria operar nas faixas de 20, 35.5 e 40 metros. Por motivos técnicos, o rádio montado por Baron só conseguia operar na faixa intermediária. E essa freqüência, para desespero do americano, que podia ouvir Moscou perfeitamente, também era usada por uma estação de outro "correspondente" do OMS. Um mês depois da bronca de Abramov, foi a vez de Baron perder a paciência: ele resolveu ajustar em inglês, por telegrama cifrado e enviado através de Amsterdam, as modalidades de transmissão com Moscou. O recurso era dos mais arriscados. Se o texto caísse em mãos inimigas, todas as comunicações de rádio entre Moscou e Rio poderiam ser acompanhadas sem a menor dificuldade. O texto desse telegrama é muito técnico para ser reproduzido aqui (seria inteligível apenas para radioamadores), mas contém um detalhe precioso. Ao explicar a Moscou suas dificuldades, Baron lembra que seu prefixo de chamada ("7 pd") lhe havia sido concedido, junto com as instruções, em julho de 1934 — a mesma data em que Ewert deveria ir para a América do Sul, Jonny de Graaf foi chamado a Moscou e Pavel Stuchevski começou a preparar-se para obter o visto brasileiro — e também a data de admissão de Prestes no EKKI, o Comitê Executivo da Internacional. Esta é outra clara evidência da antecedência e amplitude dos preparativos, em Moscou, da operação brasileira.[3]

A segunda dificuldade de Baron era bastante familiar aos enviados do Komintern: o código não funcionava bem. Para saber que era a Maison que o chamava e não alguém que tivesse entrado por acaso na faixa de transmissão, antes de iniciar o envio dos telegramas propriamente ditos Baron deveria trocar com Moscou uma série de sinais de identificação. Para isso recebera um livro, em inglês, *Man with talent*. Quando Moscou chamasse na hora combinada, Baron deveria ouvir os sinais em Morse de "7 pd", seguidos de um número, ao qual bastaria adicionar a cifra 40 e abrir a página correspondente do livro. Lendo verticalmente essa página, as três primeiras letras deveriam ser então transmitidas por Moscou, e Baron responderia com as três letras seguintes. Mas as páginas do livro não coincidiam, ou Baron captava errado o número transmitido por Moscou.

Essa profusão de detalhes técnicos é necessária para que se entenda como o precário funcionamento da infra-estrutura de comunicações do OMS atrapalhou significativamente o entendimento entre as instâncias "políticas'', isto é, Ewert e Prestes, de um lado, e Van Min e Manuilski, do outro. Enquanto uma mensagem transmitida pela via N20 (rádio direto entre Moscou e Rio) levava menos de dois dias entre a codificação no Rio e a decodificação e entrega na Maison, as informações enviadas pelo telégrafo comum, retransmitidas de algum lugar da Europa, só chegavam às mesas dos destinatários em Moscou depois de dez dias ou até mais.

Todavia, Moscou não levava isso em conta e não relaxava seu controle sobre os enviados, os quais ficavam longos dias aguardando respostas a perguntas urgentes. A intensa e crucial troca de telegramas entre os conspiradores no Rio, que se sentiam obrigados a agir, e a central em Moscou poderia ter sido muito mais ágil e rápida não houvesse tanta demora na comunicação. No caso do Bureau no Rio, as ligações de rádio com Moscou foram estabelecidas de maneira permanente — Baron conseguiu modificar seu transmissor para fazê-lo operar também nas duas outras faixas de onda (a de 20 metros acabou revelando-se a melhor) — apenas na madrugada de 18 para 19 de novembro, às vésperas da reunião ampliada do Comitê Central do PCB, quando as principais decisões para o levante, marcado para meados de dezembro, já estavam tomadas.

Abramov ficou tão contente que mandou a Stuchevski um telegrama, em francês, pedindo para transmitir a Baron ''um grande obrigado bolchevista pelo início das comunicações mútuas''. Abramov, dizia o telegrama, não tinha dúvidas de que a partir de então todas as dificuldades estariam superadas. ''Envie saudações revolucionárias'', encerrou.[4] Na noite desse dia houve uma festa no apartamento de Baron, para poucas pessoas, em homenagem ao americano. Locatelli apareceu por lá, e Stuchevski ficou muito surpreso de saber que o italiano também conhecia esse endereço.

Quanto às finanças, o outro item fundamental além das comunicações, a conspiração ia bem, obrigado. Pelo menos parecia muito melhor do que sugeria o tom desesperado com que Ewert e Prestes clamavam por mais dinheiro. Nos dois meses que precederam o levante, quase todos os telegramas que enviaram a Moscou terminavam com esse pedido. Na verdade, em matéria de verbas, os dois se comportavam como experientes burocratas, solicitando o dobro porque só receberiam mesmo a metade. Nesse sentido, tinham muita sorte em poder contar com Pavel Stuchevski como chefe de finanças. Esse agente soviético conseguiu o milagre, no período de abril a setembro de 1935, de arrecadar o dobro do que havia gastado. Pelo menos às vésperas da insurreição, seu caixa — uma prosaica mala de fundo falso, escondida no armário de um dos quartos de seu aparelho em Copacabana — estava transbordando. Stuchevski prestou ainda um grande favor aos historiadores futuros. Metódico, correto e pontual, mandava a Moscou detalhadas prestações de contas redigidas em telegramas cifrados que ficaram guardados no Arquivo Histórico. Esse conjunto de mensagens proporciona hoje um raro — talvez inédito — vislumbre do financiamento e dos gastos de um levante patrocinado pelo Komintern.

Entre abril e o final de outubro de 1935, Stuchevski comunicou a Moscou o recebimento de florins holandeses, pesos argentinos e dólares americanos, em sua maior parte convertidos em mil-réis por taxas que não correspondiam necessariamente ao câmbio oficial da época.[5] Quando transferido por telégrafo, o ouro de Moscou chegava ao Brasil pelas seguintes rotas: em nome de Celestino Paraventi, Café Paraventi, rua Barão de Itapetininga, em São Paulo, e de Juan Valuar, calle Costa Rica, 4478, Buenos Aires,[6] ou então através de portadores individuais. Os telegramas de Stuchevski que chegaram em Moscou e foram arquivados registraram as seguintes remessas:

O OURO DE MOSCOU

Remessas recebidas por Stuchevski no Rio

1935	*Via*	*US$*
abril	portador (Prestes)	2 000,00
julho	portador (Baron)	500,00
3/7	Buenos Aires	2 131,00
29/7	Buenos Aires	3 373,00
26/8	Buenos Aires	1 668,00
28/8	Buenos Aires	3 341,00
set.	Buenos Aires	12 356,00
25/9	São Paulo	722,00
3/10	São Paulo	1 250,00
	TOTAL	27 341,00

Essa tabela foi compilada a partir das prestações de contas de Stuchevski e dos telegramas nos quais confirmava o recebimento de alguma soma, e não inclui novembro, quando acusou, no dia 18, a chegada de mais 1250 dólares, também pela conexão Paris—São Paulo. No caso das remessas enviadas a Buenos Aires, não estão especificados eventuais portadores. Em relação às de São Paulo, contudo, pelo menos uma delas, a de 3 de outubro, pôde ser acompanhada até à ordem que Moscou mandou para Paris, exatamente um mês antes, repetindo com todo cuidado à sucursal do OMS na França o endereço do Café Paraventi. Eram 20 mil francos franceses, na época cerca de 1300 dólares.[7] Pelo menos no começo da década de 30, Moscou em geral também dava instruções sobre o modo como as verbas deveriam ser distribuídas. No caso do levante no Brasil, isto aparentemente não ocorreu, embora em alguns telegramas Stuchevski fizesse menção a instruções desse tipo. Um deles mostra que Prestes não ficou nem um pouco satisfeito: "Até agora, de acordo com vossas instruções, paguei 5000 florins (cerca de 3200 dólares) e 5000 francos (uns 350 dólares) ao Bureau", telegrafou Stuchevski em 29 de setembro. "Isto é insuficiente, Prestes pergunta o que vai fazer."[8] Pouco antes de a insurreição começar, Stuchevski havia mandado a Moscou duas detalhadas prestações de contas. Esta é a soma delas, feita a partir de vários telegramas do Rio para Moscou:

AS DESPESAS DA CONSPIRAÇÃO
Gastos justificados ao Komintern de abril a setembro de 1935

	US$	*%*
Viagens	337,00	2,3
Rádio	177,00	1,2
Diversos	115,00	0,8
Argentina (inclui telegramas e passagens)	2 090,00	14,6
Aluguéis	195,00	1,3
Telegramas	270,00	1,8
"Elixir"	788,00	5,5
Bureau	5 000,00	34,9
SALÁRIOS		
Stuchevski	1 350,00	9,4
Marga	1 009,00	7,0
Baron	525,00	3,6
"Carmen"	450,00	3,1
Funcionários Rio	266,00	1,8
Prestes	1 714,00	11,9
(Subtotal SALÁRIOS)	5 314,00	37,9
TOTAL	14 286,00	

Comparando as duas tabelas, isto é, receita e despesa, a primeira coisa que salta à vista é a diferença: 13 mil dólares (arredondando) de sobra para os conspiradores. Mas há um grande mistério nas contas de Stuchevski. Ao anunciar a Moscou seu saldo de 30 de setembro (a data-limite que respeitei para confecção das tabelas, dada a abundância do material), Stuchevski apontou a existência em caixa de 30 902 dólares, em várias moedas (sobretudo pesos e florins).[9] Descontadas as despesas do total recebido e considerado o saldo final, havia portanto 17 mil dólares cuja entrada em caixa não havia sido comunicada a Moscou.

Uma possível explicação para isto pode ser o fato de que Stuchevski tivesse acusado por telegrama apenas o recebimento de dinheiro remetido por Moscou, sem relacionar as contribuições locais. Por outro lado, há menções em seus telegramas sobre a chegada iminente de portadores (como "Robema", talvez Roberto Morena, vindo de Nova York), dos quais depois não se fala mais, embora estivessem trazendo quantias enormes, como 5 mil dólares. Martins faz referências a um simpatizante que chegou ao Rio para retirar de um banco e entregar à conspiração a quantia de 1200 contos (cerca de 66 mil dólares), uma fortuna na época. As caixas do PCB e do Komintern, porém, eram administradas de maneira totalmente separada, e jamais Martins ou Miranda, em mais de duzentas páginas de relatórios datilografados, fizeram menção a qualquer entrega de dinheiro para os homens do Komintern no Rio. Nem se conseguiu ficar sabendo se essa fabulosa quantia chegou mesmo às mãos de Stuchevski.

O prefeito do Rio, Pedro Ernesto, teria contribuído com dinheiro para a insurreição. Depois da sua derrota, segundo Martins, Pedro Ernesto ainda depositou quarenta contos (2200 dólares) em favor da conspiração. É possível que a organização de Prestes também tivesse recebido dinheiro, mas não há nenhum registro disto. De qualquer maneira, a julgar pelas prestações de contas de Stuchevski, dinheiro estava sobrando, e não faltando. Com os 50 mil dólares em que Ewert e Prestes tanto insistiram, no início de novembro os conspiradores teriam quase 80 mil dólares à disposição — por irônica coincidência, valor próximo ao que Getúlio fornecera a Prestes mais de cinco anos antes, quando o queria à frente da revolução de 30.

O segundo ponto de destaque no financiamento da conspiração é a sua estrutura de custos. Quase 40% de todas as despesas eram salários, dos quais os de Prestes e Stuchevski, somados, representavam mais da metade. Cerca de 12% das remessas de Moscou até setembro foram usadas apenas com a remuneração do líder da insurreição, que, por ser chefe (a Maison prestava muita atenção nessas coisas), tinha o maior salário do grupo (apenas seu salário consumia um terço de todos os gastos com pessoal). Parece desproporcionada também a remuneração de Marga, a secretária técnica do Bureau Sul-Americano que dividia o apartamento com uma prostituta. É possível que Stuchevski tenha incluído neste item todos os salários do pessoal do seu aparato, sobretudo os dois correios argentinos. Considerando-se que as somas relativas a salários nas tabelas de gastos cobrem um período de quase seis meses, a remuneração do técnico Baron e de "Carmen" (correio argentino responsável pelo aparato ilegal do partido em Buenos Aires e subordinado a Stuchevski) parecem "normais". No item *Bureau*, estão Ewert, Ghioldi e as contribuições possivelmente feitas ao PCB, uma prática comum nos anos anteriores (se bem que não há menções a isto nos relatórios de Stuchevski para 1935). Díspar é a proporção entre a remuneração dos enviados, não importa de onde viessem, e a dos funcionários no Rio. Segundo Martins, o salário típico de um dirigente do PCB, a partir de 1933, não passava de cerca de 60 dólares por mês. Os revolucionários locais constituíam mão-de-obra bem mais barata e, pelo jeito, naquela época não se preocupavam com a questão da equiparação salarial. O mais provável é que não tivessem a menor idéia de quanto ganhavam os colegas vindos de fora.

Note-se também o alto custo relativo das comunicações, entre as quais se encaixa o item "elixir", cujo significado exato não foi possível descobrir. Em relatórios de agentes soviéticos, que operavam em outras partes do mundo, há menções lacônicas ao "trabalho de elixir", no qual provavelmente se incluía a codificação e transmissão de telegramas. Por fim, para encerrar o aspecto financeiro da insurreição, cabe mencionar mais um elucidativo dado de comparação. Num desses raros documentos sobre custos de espionagem, que vieram a luz com a abertura dos arquivos do Exército Vermelho em 1991, há um relatório assinado em 1935 pelo coronel Uritski, vice-chefe do IV Departamento, o serviço secreto militar. Ele está anexado a um bilhete a Stalin, redigido pelo então ministro da Defesa soviético, marechal Voroshilov, detalhando todos os gastos do Exército Vermelho com suas redes secretas no estrangeiro naquele ano: 1,5 milhão de dólares (para 1936, Uritski solicitava 2 milhões de dólares).[10] Somando-se as despesas e o dinheiro em caixa dos conspiradores no Rio até setembro de 1935, chega-se a um total de quase 60 mil dólares. Os líderes do Komintern autorizaram, para o desenlace final da operação, outros 25 mil dólares (dos quais nunca se soube se chegaram mesmo ao Rio). Portanto Moscou tinha em sua contabilidade cerca de 80 mil dólares dedicados à operação brasileira, cerca de 5% de tudo o que o Exército Vermelho gastou naquele ano com espionagem no exterior, especialmente em relação à Alemanha, Grã-Bretanha e Estados Unidos, países nos quais, por motivos óbvios, concentrava-se sua atenção. Há de se convir que, para um distante país semicolonial, não eram poucos recursos.

Por uma dessas fascinantes e extraordinárias ironias da história, no dia 22 de novembro de 1935 os principais dirigentes da revolução mundial, num edifício vizinho do Kremlin, em Moscou, e a direção do PCB, numa casa afastada em Jacarepaguá, no Rio, estavam examinando exatamente na mesma hora o mesmo assunto, sem que um soubesse o que o outro fazia. Causadores dessa rara coincidência foram as precárias comunicações e os métodos da conspiração. Só naquele dia, uma sexta-feira, chegaram aos gabinetes dos líderes do Komintern os trechos decifrados do último longo telegrama que Ewert mandara do Rio onze dias antes, satisfazendo a sede de informação de seus chefes. Eles continham a justificativa da insurreição, a data prevista e a avaliação extremamente otimista sobre as perspectivas de vitória. E também apenas naquele dia, a cerca de um mês após Prestes e Ewert terem marcado a data da revolução, o Comitê Central do PCB foi chamado a referendar, numa sessão ampliada, a decisão tomada por pouquíssimas pessoas (mas como podia ser diferente numa conspiração?). Unidas nessa estranha corrente internacional através do mundo, Moscou e Jacarepaguá chegaram a idênticas conclusões absurdas.

Desde a quinta-feira, 21 de novembro, os 28 participantes dessa reunião do CC do PCB começaram a acomodar-se num aparelho alugado por Eduardo Ribeiro Xavier (pseudônimo: Augusto Pereira), um português de 36 anos associado sobretudo a marinheiros e estivadores, e mais conhecido pelo apelido de Abóbora. Eles chegavam em grupos de quatro ou cinco pessoas, para não chamar a atenção, e deixaram o local só depois de terminada a sessão, no domingo, dia 24. Mais de cinqüenta anos depois, Abóbora afirmou que já naqueles dias de novembro de 1935 tentara argumentar ponderando que as massas populares não iriam aderir, considerando "uma aventura" tudo aquilo que estava sendo decidido pelo CC do PCB. Vários outros militantes do partido também mostravam-se distanciados, alegando que o levante era "problema dos militares".[11]

Embora essas declarações possam facilmente ser confundidas com arrependimento tardio, relatos por escrito deixados em Moscou pouco tempo depois dos eventos de 1935 também reforçam a tese de que o segundo escalão do PCB tinha menos confiança do que o primeiro no desenlace de uma aventura militar, comportando-se com certa apatia. Escrevendo no começo de 1938, Martins afirmou que "toda a linha adotada por unanimidade pelo CC com a participação dos camaradas Ewert e Ghioldi estava em realidade baseada na posição (que eu vejo hoje como antimarxista) que admitia a possibilidade de começar a luta dentro dos quartéis para arrastar em seguida as massas trabalhadoras da cidade e do campo".[12]

Com isto Martins pôs o dedo exatamente na ferida. No Rio desde o começo de novembro, o "instrutor" italiano Amleto Locatelli, por seu lado, lembrava-se perfeitamente de que Ewert havia redigido, em meados do mês, as resoluções que apresentaria ao PCB nessa reunião no aparelho de Abóbora. Para Miranda — e para o resto do partido —, qualquer coisa vinda das altas nuvens do Bureau, com toda a autoridade de Moscou por trás, acabava cedo (de preferência) ou tarde sendo acatado sem maiores discussões. O Comitê Central referendou decisões baseadas em três premissas, todas inteiramente falsas: o movimento de massas aumentara muito, as classes dominantes e os órgãos do poder estatal desintegravam-se, o PC mostrava capacidade de dirigir uma revolução. Aprovou ainda outra medida já decidida em círculo íntimo, do qual não fazia parte, aliás, nenhum integrante do PCB: a entrada de Prestes nesse grêmio. Em que medida Ewert de fato acreditava na validade dessas premissas, ou simplesmente escrevia o que Moscou gostaria de ler, é um mistério que se perdeu com ele, espancado até a loucura por torturadores da polícia brasileira. Há fortes indícios, porém, de que nem sequer Ewert acreditava no que estava falando, tendo agido em boa parte em função da síndrome dos enviados do Komintern a qualquer parte do mundo: o principal é satisfazer à Maison.

Segundo o relatório de Locatelli em Moscou, na reunião do CC do PCB, enquanto coube a Rodolfo Ghioldi fazer um longo relato sobre o VII Congresso da Internacional, que se encerrara em agosto, na parte relevante da discussão, no começo da noite de sexta-feira, dia 22, foi Ewert quem "apoiou com mais energia a resolução (pelo levante)", uma idéia que ele e Prestes já haviam "vendido" anteriormente aos chefes e dos quais só esperavam a autorização, além de muito mais dinheiro, para passar à ação. Em público, ninguém apresentou qualquer objeção ao desenlace, em prazo tão reduzido, de uma insurreição, ao contrário do que afirma o relato tardio de Abóbora. Pelo jeito, ninguém queria ser o primeiro a estragar a festa, e um lado parecia confiar nas "garantias" apresentadas pelo outro.

Na cadeia, defendendo-se em 1938 da campanha de difamação que o partido (com a ávida participação de Prestes) montara contra ele, Miranda refutou categoricamente a idéia de que tivesse sido o principal ou o único responsável por "informes-baluartes", como ficaram conhecidos na época os relatórios e análises absurdamente otimistas e desligados da realidade, apresentados por dirigentes do partido. "Não quero citar aqui os informes que ali (no Pleno do CC em novembro) ouvíamos, de organização e preparação de lutas. Apelo para a lembrança de alguns companheiros", escreveu Miranda numa carta à direção do partido, que acabou arquivada em Moscou. "P. (Prestes), B. (Berger—Ewert) e G. (Ghioldi) não são crianças para decidirem coisas tão graves na base de informes-baluartes, e em quase um ano com eles, nunca encontraram no meu trabalho essa debilidade. Prestes tinha meios, ligações, aparelhos, podia verificar a realidade das coisas", prosseguiu Miranda.[13]

Prestes e Ewert não eram crianças, mas agiram de maneira irresponsável. Miranda, o principal dirigente do PCB, tinha razão pelo menos numa coisa: os informes apresentados pelos representantes dos diversos comitês regionais do partido — e além do Rio e São Paulo participaram desse Pleno do CC delegados de Pernambuco, Maranhão, Ceará e Rio Grande do Norte — eram de fato triunfalistas. Em Pernambuco e Paraíba, afirmaram os representantes dessas regiões, os camponeses também estavam apoiando greves de trabalhadores. Tropas do 29º BC acabaram se confraternizando com grevistas que tinham de reprimir. Esse episódio não era considerado exceção. Na Paraíba e no Rio Grande do Norte, segundo os relatos ouvidos em Jacarepaguá, soldados arrancaram grevistas presos dos braços da polícia, ou ajudaram a libertá-los da cadeia.

O informe que mais atenção despertou na reunião foi preparado por Silo Meirelles, homem de confiança de Prestes, e um dos líderes designados para Pernambuco. Ele falou da dificuldade de conter suas forças no setor militar em razão da ameaça de dissolução do 29º BC, adiantando que seria impossível deter a insurreição caso isto se concretizasse. "Esses fatos também em muito contribuíram para a decisão tomada pelo CC, por unanimidade, no dia 22 à noite, de desencadear a insurreição nacional em breve prazo", contou Martins. Confiante como sempre, Miranda achava que as deficiências poderiam ser solucionadas em algumas semanas, "pois não estava em nossas cogitações a insurreição para a data em que explodiu".[14]

Isso era motivo de alarme entre os dirigentes do Bureau e do PCB: a possibilidade de que o movimento escapasse a seu controle, e que alguém começasse as coisas fora de hora. A direção do partido redigiu uma enérgica circular dando ordens para que nenhuma insurreição fosse iniciada sem diretrizes explícitas do CC. No sábado, 23 de novembro, dia em que a mulher de Abóbora preparou uma excelente carne assada para os participantes do Pleno, Miranda e Martins reuniram-se separadamente com as delegações do Rio e de São Paulo e individualmente com cada integrante dos grupos de três regiões do Nordeste (Maranhão, Ceará e Rio Grande do Norte) para repassar as tarefas mais importantes de cada um e reforçar a ordem de que ninguém deveria começar nada sem ordem do Rio. Para isso, Martins combinou com as outras regiões um código de rádio que havia sido passado pelo segundo agente soviético, Sofia, a mulher de Stuchevski.

O grande ausente nesses três dias de reunião, como se nota, foi o próprio Prestes. Inicialmente Ewert foi contra a participação de Prestes, alegando motivos de segurança (ninguém confiava no PCB). Depois, ele e Prestes mudaram de idéia, achando que o chefe da insurreição não poderia desperdiçar a oportunidade de falar numa reunião na qual seriam decididos os acertos finais, sobretudo com os delegados do Nordeste. Mas voltaram atrás. Com dúvidas, combinaram uma solução de compromisso com Martins e Miranda: Prestes encontraria apenas os delegados do Nordeste, que para isso ficariam um dia a mais no Rio. Pressionados por Stuchevski e Olga, que eram contra, Ewert e Prestes desistiram até mesmo disso e nem se preocuparam em avisar os dois principais dirigentes do PCB. No final da tarde de sábado, Lena, a mulher de Jonny, e Olga foram até o aparelho de Abóbora, em Jacarepaguá, dizer que Prestes não iria. Diante da furiosa reação de Miranda, Olga voltou para Ipanema afirmando então que acompanharia Prestes a essa reunião com os delegados do Nordeste, afinal marcada para a manhã do domingo, dia 24. Prestes acabou avistando-se com dirigentes do Rio Grande do Norte, Ceará, Maranhão e mais três de São Paulo: Peano, Castro e Tupy (setor militar). Antonia, a companheira de Martins, e Elza, a de Miranda, também estavam presentes. Tudo o que Prestes recordou mais tarde dessa reunião foi a "péssima impressão" que tivera dos camaradas nordestinos.[15]

Locatelli também ficou de fora dessa reunião. Sua ida para o Nordeste havia sido decidida já no dia 19 de novembro, antes do Pleno do Comitê Central. Sem comunicar nada a ninguém, nem mesmo a Ghioldi (só Prestes sabia), Ewert pediu a Stuchevski que entregasse a Locatelli trinta contos (cerca de 1800 dólares) para que este os distribuísse entre os camaradas nordestinos, quando chegasse lá. Tampouco Martins ou Miranda tinham conhecimento de que ele transportava tanto dinheiro. "Só ficaram sabendo disso quando eu já estava com o dinheiro, pois eu estava presente quando isso foi comunicado a eles", disse Amleto. De 13 a 25 de novembro, no Rio, passara o tempo lendo bastante para estar preparado para o trabalho que poucos dias depois realizaria no Nordeste, contou, mais tarde, em Moscou. No domingo, quando acabara de comprar a passagem de avião para Recife, Locatelli foi avisado por Ewert de que a insurreição no Nordeste já havia começado.

A notícia apanhou a todos de surpresa. O levante no Rio Grande do Norte eclodira no próprio dia 23, quando os delegados do PCB começavam a deixar o aparelho em Jacarepaguá. Em Pernambuco, a insurreição começou na madrugada do domingo, 24. "Nós contávamos com o efeito da circular enérgica onde dávamos a ordem de ninguém lançar uma insurreição sem diretrizes do Comitê Central, mas não contávamos com a preparação ideológica e orgânica da insurreição que fazíamos há bastante tempo", escreveu Martins.

Renuncio aqui a relatar como se deram esses levantes nordestinos, cuja reconstituição foi lograda há mais de vinte anos e vem sendo atualizada com notável profusão de detalhes na literatura brasileira.[16] Embora com participação e intervenção direta de comunistas, esses levantes deveram-se sobretudo a circunstâncias locais. Foram a causa principal das decisões de Prestes e Ewert que levariam ao levante de 27 de novembro de 1935 no Rio, este sim, executado diretamente sob as ordens e com a participação de enviados do Komintern (embora Silo Meirelles e Caetano Machado, dois dos principais dirigentes no Recife, também pudessem ser incluídos nessa categoria).

Prestes afirma ter sido avisado, por telegrama, do que estava acontecendo no Nordeste apenas na noite de domingo, dia 24. É possível que tivesse recebido até mesmo algumas horas mais cedo informações do que ocorria desde a véspera, mas tenha acreditado tratar-se de uma provocação do governo. Essa hipótese também preocupava seriamente os conspiradores e seria a tese favorita, durante décadas, para explicar os levantes iniciados sem ordem expressa da central, no Rio. Em seu detalhado relatório de 82 páginas, Locatelli reproduz a opinião de Ewert, convencido de que o adversário, Vargas, estava informado e levara o Nordeste prematuramente à ação a fim de roubar de Prestes qualquer iniciativa. Jonny de Graaf também era da mesma opinião, afirmando mais tarde em Moscou que o Nordeste caíra numa armadilha.

Escrevendo da cadeia, poucos anos depois, Miranda refutou categoricamente a hipótese da ‘‘provocação’’ nos levantes do Nordeste. As evidências históricas demonstrariam, muito mais tarde, que ele tinha razão: pelo menos o levante em Natal foi ‘‘espontâneo’’, até para o partido local. Do instante em que tomou conhecimento dos acontecimentos no Nordeste até a hora em que decidiu levantar suas forças no Rio contra Vargas, Prestes deixou passar cerca de 24 horas. Esse espaço de tempo, ele justificaria mais tarde, tinha sido perdido à procura de Miranda, sem o qual Prestes não queria tomar nenhuma decisão. Não há nos documentos disponíveis qualquer menção a dificuldades para se encontrar no Rio o secretário-geral do PCB, e os relatos de diversos participantes, arquivados em Moscou, são extraordinariamente minuciosos em detalhes desse tipo, pois todos sabiam que dali seriam averiguadas responsabilidades. O mais provável é que Ewert e Prestes estivessem esperando mais detalhes — talvez uma confirmação independente — do que de fato ocorria no Nordeste. E ela veio, na segunda-feira, dia 25 de novembro, por uma tradicional fonte de informação dos conspiradores: os jornais.

Martins conta como foi o dia em que os jornais vespertinos (no Brasil, naquela época, às segundas-feiras não havia matutinos) saíram com edições extraordinárias já pela manhã. O secretário de organização do partido, o homem que teoricamente enfeixava em suas mãos também o controle das comunicações com o resto do país, ficou sabendo do que acontecia ao ver os jornais nas bancas. Mas fez a leitura certa: ‘‘Fui tomado pela surpresa e a impressão que, se não havia exagero por parte dos jornais, isto era um enorme prejuízo para o plano aprovado pelo Comitê Central’’, escreveu. ‘‘Essas constatações tiveram sobre mim o efeito de uma bomba e foi com pessimismo que eu vi a situação.’’ Ele foi imediatamente para a casa do secretário regional ver se conseguia convocar uma reunião do Comitê Regional para examinar de que maneira o Rio poderia ajudar os revoltosos em Natal e Recife. Pelo menos nas primeiras páginas dos jornais havia notícias de que as lutas prosseguiam. Já o esperava uma mensagem de Miranda pedindo que preparasse uma reunião do Politburo para o início da noite. Martins correu para desmarcar a do Comitê Regional.

Miranda tinha sido chamado a participar, na tarde daquela segunda-feira, da famosa reunião em que foi decidido o levante de 27 de novembro nos quartéis da capital brasileira — a Intentona Comunista, na linguagem das forças que a combateram e venceram. Esse encontro teve lugar no aparelho de Ghioldi, aquele arranjado por Jonny, na rua Sá Ferreira, em Copacabana (no edifício, aliás, moravam vários militantes do PCB). Quando Miranda chegou ao endereço, o almoço terminara fazia pouco. Dele participaram Ghioldi, Ewert, Prestes e Locatelli.

A história dos levantes de 1935, inclusive suas versões "oficiais" ou "definitivas", assumiu até agora que apenas quatro homens haviam participado da reunião decisiva: Prestes, Ewert, Ghioldi e Miranda. Sobre essas horas cruciais só dois falaram: Prestes e Ghioldi. E ambos silenciaram sobre o quinto participante, Amleto Locatelli, presente ao aparelho do argentino por puro acaso: a dupla Ewert e Prestes, ali reunida, estava examinando onde melhor utilizá-lo depois que a insurreição prematura no Nordeste tornara inviável, na opinião de Prestes, a ida do "instrutor" italiano para a região. Locatelli continuou na sala onde os quatro homens iriam tomar a decisão de desencadear os levantes no Rio, e registrou esses momentos em seu relatório, o primeiro (e sobre a reunião na casa de Ghioldi o único) a chegar a Moscou. Ele pode ser considerado a única testemunha imparcial desse diálogo, e seu relato retifica o papel que Prestes mais tarde atribuiu a Ewert, Miranda e a si mesmo.

Foi Ewert quem dirigiu a discussão e, segundo Locatelli, "teve a influência maior". O militante italiano logo percebeu a gravidade e dramaticidade da situação. Preferiu manter-se calado: "Da discussão e decisão não participei. Entendi a enorme importância dessa reunião e não tinha direito a participar ativamente nela. Chegara ao Rio apenas doze dias antes e não podia saber a situação do partido e do país, e estava ali por acaso". O primeiro a falar foi Ewert, perguntando aos demais o que pensavam da situação. A seguir, de acordo com Locatelli, todos fizeram intervenções bastante curtas. Diante dos acontecimentos no Nordeste e da quase certeza de que o governo aproveitaria o clima de tensão para destruir a organização montada também no Rio, Locatelli lembrava-se de que "todos achavam que tinham de agir". O mais enérgico era Miranda (a quem Prestes atribuiu depois o papel de principal vacilante nessa reunião): "Prestes, após alguns instantes, perguntou a Fernandes (Miranda): 'O que vamos fazer?'. Fernandes (Miranda) respondeu calmamente: 'Agir'. Dava para ver que estavam muito preocupados''.

A massa de material disponível hoje em Moscou desautoriza as versões romanceadas, de forte apelo popular, segundo as quais, nessa reunião, Prestes teria apresentado trunfos que os outros conspiradores desconheciam, a fim de convencê-los a deflagrar o movimento. Essa célebre discussão da tarde de segunda-feira, 25 de novembro, não pode ser vista como episódio isolado. Quando se leva em conta os telegramas enviados por Ewert e Prestes nos dois meses anteriores, fica patente que a insurreição fora apenas antecipada — mas jamais decidida apenas ali, na casa de Ghioldi, por insistência de Prestes.

Locatelli resumiu os argumentos em favor da ação imediata no Rio, colocados nessa reunião, mas sem mencionar seus expositores: 1) o Nordeste não podia permanecer isolado; 2) o levante naquela região mostrara ao governo que algo estava em preparação em escala nacional, tornando imperioso agir de pronto, para evitar o esperado golpe de misericórdia sobre a ANL; 3) mesmo sem levante no Rio o governo iniciaria forte reação; 4) a possibilidade de vitória na capital do país era grande; 5) ganhando no Rio, o movimento se expandiria com muito mais facilidade. Note-se que todos esses itens, alguns até nas mesmas palavras, já haviam sido apresentados a Moscou (como a idéia de que a vitória no Rio abriria caminho para a insurreição no restante do país). A ênfase na revolta de militares pode ser considerada a marca registrada de Prestes. E a possibilidade de uma vitória era algo em que só mesmo ele, naquela noite, talvez acreditasse.

Duas horas depois, as decisões estavam tomadas: levante às três da manhã de quarta-feira, 27 de novembro. Mais tarde, Locatelli reproduziria aos interrogadores os pensamentos que lhe ocorreram naquele instante: ''Eles dispunham de apenas 33 horas, das quais treze noturnas (considerando das dez às seis da manhã), para tomar as medidas necessárias para desencadear os acontecimentos''. Era muito pouco, mesmo que os preparativos estivessem avançados. Ewert não ignorava isso. Puxou Locatelli de lado — antes que este saísse correndo para a estação a fim de tomar o trem das 21 horas de 25 de novembro para São Paulo, palco que lhe fora designado — e disse-lhe: ''Em São Paulo veja o que é possível fazer''. Em Moscou, Locatelli insistiu em reproduzir textualmente as palavras do alemão: ''Se as notícias do levante do Rio forem boas, então vocês começam o levante. Se forem más, não precisam começar nada''. Locatelli entendeu perfeitamente que nada havia de otimista nessas instruções. E viu seus pressentimentos cabalmente confirmados numa conversa que teve com Ewert e Jonny no aparelho desse último, poucos dias depois de regressar de São

Paulo. Ewert, o único que ficou sozinho após a decisão pelo levante, contou qual fora sua reação ao sair da fatídica reunião:

> Não consegui dormir. Fiquei pensando na decisão que havia sido tomada. Percebi todo o seu alcance. Considerei todas as conseqüências da derrota do levante, sem nunca esquecer que era o único que poderia tê-las evitado.

Os outros mal tiveram tempo para pensar. Miranda encontrou-se com Martins e o Politburo num aparelho de trabalho do Secretariado Nacional, a cargo de um militante conhecido como "Santa" ou "Santinha". Estavam presentes Tampinha, Morales, Medina, Bonfim metalúrgico e Aço, além de dois oficiais ligados a Prestes: os tenentes Paulo Carrion e Soveral Ferreira de Sousa, os quadros militares mais fortes do partido. Os dois falaram logo após Miranda confirmar os levantes no Nordeste e dizer que não conhecia as causas nem era hora de criticar a atitude dos companheiros de lá. "Temos uma situação diante de nós e precisamos agir para ajudálos", disse Miranda.

Nos documentos produzidos pela direção do partido logo após a derrota — e nos quais evidentemente não se citavam nomes ou locais — foram omitidos alguns dos pronunciamentos mais importantes dessa reunião, na qual Miranda transmitiu ao segundo escalão do partido a resolução aprovada instantes antes por Prestes, Ewert e Ghioldi. Seus argumentos foram todos de natureza militar. Disse que a situação militar no Rio e São Paulo era boa, "a preparação havia avançado muito e as forças rebeldes no Exército eram fortes a ponto de, mesmo tendo perdido o fator surpresa, poderem assumir a iniciativa com grandes perspectivas de vitória", recordou Martins. Além do mais, prosseguiu Miranda, se todos permanecessem passivos no Rio, o inimigo poderia dizer que os companheiros em luta no Nordeste haviam sido abandonados, lançando por terra meses de trabalho.

Carrion e Soveral, os dois que tinham obrigação de estar informados a respeito da situação no setor militar, repetiram a mesma arenga otimista. Martins, o orador seguinte, apoiou inteiramente os anteriores, e elogiou a existência de um Comitê Militar Revolucionário (integrado por Prestes, Miranda e Carrion), criado ainda em maio. Os que falaram a seguir nada tinham a dizer, nem a opor à decisão de iniciar a insurreição na madrugada do dia 27.

Ficava o Comitê Militar responsável de marcar a hora, que não deveria ser comunicada aos ativistas no Rio antes da noite do 26. Bonfim e Aço saíram correndo para mobilizar as brigadas civis, cujo estado, como vimos, era lastimável. Miranda levou Martins para um canto e entregoulhe dois originais: um manifesto de Prestes e outro da direção nacional da ANL. Tinham de ser impressos ainda naquela noite, e distribuídos a partir da tarde do dia seguinte, terça, principalmente entre os militares. A imprensa clandestina do partido voltara a funcionar fazia poucos dias, Martins corrigiu as primeiras provas e dormiu, exausto, no chão da oficina. Faltavam 24 horas para começar a insurreição.

Miranda tomou o carro de Prestes e, conduzido pela alemãzinha Lena, foi ao aparelho do marido dela, Jonny, em Copacabana, avisá-lo que iria levá-lo no dia seguinte, terça-feira, às seis da manhã, à reunião na qual o setor civil receberia instruções e tarefas para o assalto. Naquela noite, Lena foi outra vez a única pessoa em toda a conspiração que circulou entre aparatos dos mais diversos níveis. Levou oficiais a Prestes e os conduziu de volta a seus quartéis; transportou o próprio chefe da insurreição para a casa de Ewert e de volta; dirigiu funcionários do PCB para diversas partes no Rio. Lena nem era filiada a nenhum partido comunista, mas ficara muito amiga de Olga. E Prestes, disseram em uníssono Stuchevski e Locatelli, queria dar uma recomendação para que a mulher de Jonny entrasse em algum PC.

A casa do camarada José Desidério da Silva, um estivador, ficava na ladeira do Barroso, no morro do Pinto, bem em cima do túnel João Ricardo. Ao amanhecer de terça-feira, dia 26, Lena deixou Jonny e Miranda ali perto e lá em cima eles se encontraram com Martins, Desidério, Tampinha, Aço, Bonfim metalúrgico, Medina, Eurico de Assis Brasil (que deveria levar de avião a ordem de insurreição para o Rio Grande do Sul), Raul Ryff, da Polícia Municipal, e os camaradas Magno e Antonia (a companheira de Martins), além de Francisco Romero, do setor de fabricação de bombas, e um camarada da brigada da Light. Miranda não perdeu a chance de fazer um breve discurso sobre as resoluções tomadas na véspera pela direção do partido e passou a distribuir as tarefas do setor civil, conforme combinado com Prestes. Elas compreendiam, segundo o relato de Martins:

> Garantir a paralisação do tráfego na Central do Brasil e nas ferrovias dos subúrbios (Auxiliar e Rio do Ouro); fazer de tudo para deflagrar as greves da Light, dos navegadores, dos têxteis; explodir um ponto da estrada Rio—Petrópolis e impedir a fuga de elementos do governo para Petrópolis (brigada do camarada da Light); brigada dos estivadores, hostilizar o Batalhão Naval e impedir o maior tempo possível sua saída do quartel; brigada da construção civil, chefe Zacarias, ocupar a Rádio Tupi; outra brigada da construção civil, ocupar o túnel João Ricardo e impedir as forças do 5º Batalhão de Polícia de marchar contra o Quartel-General do Exército; uma brigada de metalúrgicos para tomar de assalto o Arsenal de Guerra e armar os trabalhadores têxteis das fábricas Mavilis e Bonfim; outra brigada de metalúrgicos, chefe Car-

> doso, confraternizar com a Polícia Municipal e marchar com esta contra a Polícia Central; uma brigada da Juventude Comunista para atacar a Casa de Detenção e libertar os prisioneiros; avisar as outras brigadas para que atacassem delegacias de polícia e escritórios integralistas; uma brigada de motoristas para hostilizar os quartéis da Polícia Especial.[17]

Mesmo tropas bem treinadas, armadas e coordenadas teriam enorme dificuldade em cumprir sequer a metade desse alentado programa de insurreição — o que dizer então de grupelhos de trabalhadores dos quais a maioria provavelmente jamais disparara um tiro na vida? Se Prestes, o comandante político e militar da rebelião, realmente contava com as ações do setor civil é uma pergunta difícil de ser respondida. Em várias das entrevistas posteriores que deu, há indícios de que ele confiava apenas no êxito do "seu" setor, o militar.

O segundo a falar, em seguida a Miranda, foi Jonny de Graaf, o veterano de distúrbios, levantes e lutas de rua na famosa região do Ruhr, na Alemanha. "Dei todas as ordens relativas à luta de rua, dinamitagem de certos edifícios, pontes etc., e organizei o municiamento de trabalhadores com granadas de mão e bombas", escreveu. Não foi bem assim.

A principal "fábrica" de granadas de mão havia sido instalada numa casa atrás da Vila Militar, e Jonny achou impraticável produzir seus petardos ali e depois transportá-los por uma das maiores guarnições militares do país até o centro da cidade, onde os trabalhadores supostamente iriam lutar. "Por isso, eu me limitei a deixar tudo preparado para estarmos em condições de fabricar de cem a duzentas granadas por hora quando recebesse outro local para trabalhar", afirmou. Jonny, Martins e Romero discutiram rapidamente como transferir a "fábrica" para o centro, mas Jonny não ficou contente com a solução, e ali mesmo prosseguiu a guerra interna na conspiração, conforme se queixaria mais tarde:

> Esse era mais um exemplo de como o camarada Fernandes (Miranda), que concentrava tudo em suas mãos, não dava liberdade de movimentos para o secretário de organização (Martins), impedindo a rapidez e flexibilidade dos outros camaradas. Quando, no último minuto, essas barreiras tinham de ser rompidas, buscavam-se sempre soluções improvisadas que eram mais ou menos perigosas e não ofereciam a menor segurança.

Enquanto Jonny reuniu seu "grupo especial" de produtores de granada — "tive que pessoalmente dar dinheiro para o transporte de materiais etc., pois a direção do partido nada possuía" —, Miranda chamou Martins de lado e deu-lhe outra tarefa de última hora: preparar a casa onde funcionaria a partir da tarde o Comitê Revolucionário Militar, isto é, o QG da revolução. Mais tarde, Prestes faria ácidas críticas a Miranda, citando como deficiência de preparação o fato de que o QG sequer havia sido montado — mas catorze horas antes dessa providência ser tomada por Miranda, também a insurreição ainda não havia sido definida. A casa na Vila Isabel, bairro indicado por Prestes devido à sua proximidade de importantes unidades militares, tinha sido alugada anteriormente pelo militante Josias Reis, mas faltavam os móveis. Por um mensageiro, Martins mandou a Josias dinheiro para que ele completasse a instalação da casa "com móveis bem vistosos, para dar uma boa impressão aos vizinhos". Pouco antes das onze da manhã, hora H menos dezesseis horas, acabou a reunião no alto do morro do Pinto e seus participantes dispersaram-se depois de combinar pontos de encontro para a tarde e noite.

Por outra dessas extraordinárias coincidências históricas, junto à colina do Kremlin, em Moscou, no lado oposto do mundo, os nove homens do Comitê Executivo da Internacional Comunista (EKKI) reuniam-se naquele exato instante da terça-feira, 26 de novembro, para aprovar formalmente o telegrama no qual davam luz verde e prometiam mais 25 mil dólares para a insurreição no Brasil. Devido à diferença de fuso horário já era fim de tarde, as agências de notícias começavam a divulgar os primeiros telegramas de que algo estava acontecendo no Nordeste brasileiro. Nas proximidades do Kremlin, no quartel-general da revolução mundial, ninguém tinha ainda conhecimento que o levante já estava decidido também para o Rio.

Mas Londres já sabia. No exato momento em que os ativistas do setor civil desciam o morro do Pinto à cata de gente para fazer o levante e, em Moscou, os grandes líderes do movimento comunista internacional aprovavam uma insurreição sem saber que ela já havia começado, chegava ao Foreign Office, em Londres, um telegrama urgente e secreto do embaixador britânico no Rio, sir Hugh Gurney. Aos 57 anos, egresso das escolas de elite de Eton e Trinity, ele desembarcara no Rio em setembro, vindo do posto de ministro plenipotenciário em Copenhagen, e logo mergulhou em intensa atividade. Às 12h05 daquela terça-feira seus esforços trouxeram importante resultado. Menos de 24 horas depois que Prestes, Ewert, Ghioldi e Miranda haviam tomado a decisão pelo levante, o governo britânico já estava informado. A rapidez com que a mensagem chegou decifrada a Londres era espantosa para a época: 35 minutos, e de causar vergonha ao Komintern (cujas mensagens nunca levavam menos de um dia). Às 15h40, hora de Londres, também o Almirantado estava avisado, por telefone, do conteúdo do telegrama:

Soube por fonte confidencial que existe a possibilidade de uma tentativa de golpe no Rio de Janeiro dentro das próximas 48 horas por certas seções do Exército que apóiam Prestes com a assistência do prefeito do Rio de Janeiro.[18]

Na véspera, sir Gurney já mandara dois telegramas com informações excepcionalmente exatas sobre o que acontecera no Nordeste, graças a despachos recebidos de seu cônsul no Recife. O embaixador britânico estivera na tarde de segunda-feira também com o ministro das Relações Exteriores brasileiro, Macedo Soares, "que acredita que o levante foi financiado por Moscou, pois dinheiro chegou a Montevidéu para organização russa", informou sir Gurney a Londres. O governo brasileiro estava tão seguro dessa informação a ponto de, semanas mais tarde, levar o governo uruguaio a romper relações diplomáticas com a União Soviética. Provas jamais foram apresentadas, nem sequer nos "processos" movidos na Liga das Nações, em Genebra, mas desde setembro os governos sul-americanos — além do britânico — sabiam, após a prisão no Chile de um conhecido agente do Komintern, que recursos humanos e financeiros estavam sendo canalizados por Moscou para a região.[19] O agente era o austríaco Fritz Glaubauf, ou "Diego", que fora bastante maltratado pela polícia e acabou num hospital, de onde o deportaram, em outubro, para a Europa. Glaubauf tinha endereços da conspiração no Brasil. Granjeara no Chile o ódio de um militante que também guardava rancor de Ewert e Ghioldi: o alemão Jan Jolles, ex-instrutor do PCB, cuja correspondência vinda do Brasil (de onde fora expulso pelo BSA) o austríaco Fritz interceptara em Santiago, precipitando medidas disciplinares contra ele.

Quem foi o informante de sir Gurney, na manhã da terça-feira, 26 de novembro de 1935, permanece um mistério. A expressão "soube por fonte confidencial", com a qual começa seu telegrama, às vezes era empregada por diplomatas britânicos para referir-se ao Intelligence Service, mas não se refere necessariamente ao serviço de espionagem da Grã-Bretanha. Impressiona nas poucas linhas enviadas com tanta rapidez a Londres o grau de exatidão: sir Gurney fala de "certas seções" do Exército e do apoio do prefeito do Rio, Pedro Ernesto. Mostrou-se rigorosamente correto nos dois pontos. As medidas que Getúlio Vargas começara a tomar a partir da manhã daquela terça-feira, porém, sugerem que o governo brasileiro estava muito bem informado sobre a conspiração de Prestes, e que pelo menos nesse caso os britânicos ficaram sabendo de tudo através dos brasileiros e não vice-versa.

Antes mesmo de Prestes iniciar, no dia 26, sua furiosa atividade de envio de recadinhos e bilhetinhos convidando correligionários, amigos, conhecidos e pretensos seguidores a participar de uma insurreição que eclodiria na madrugada seguinte, as principais unidades militares, sobretudo o 3º RI, na Praia Vermelha (uma tropa bem armada, de efetivo sempre completo, e que além disso dava guarda no palácio do governo) estavam de prontidão. Os militares de destaque envolvidos na direção da ANL tinham sido afastados de seus postos semanas antes, inclusive o major Costa Leite, um dos principais colaboradores de Prestes e ligação importante com militantes comunistas nos quartéis.

Mesmo para as ações do setor civil o governo Vargas estava preparado: alguns dos ativistas que haviam participado da reunião matinal na casa de Desidério, no morro do Pinto, não encontraram os sindicalistas com quem foram tratar de greves de ferroviários, marítimos ou têxteis, pois todos já haviam sido presos. Assis Brasil, encarregado de levar a ordem de insurreição para o Rio Grande do Sul, foi preso antes mesmo de subir no avião. Motoristas de táxi estavam sendo revistados em cruzamentos importantes no Rio já no começo da tarde do dia 26. O prefeito do Rio, que dera dinheiro e prometera mobilizar a Polícia Municipal em apoio aos revoltosos, sabia que algo ocorreria em questão de horas, e avisou Getúlio disso (como o avisava, aliás, dos contatos que mantinha indiretamente com os conspiradores). O intermediário entre Prestes e Pedro Ernesto, o médico Eliezer Magalhães, conhecia desde terça-feira cedo até mesmo a hora exata do levante e quais seriam as principais unidades militares envolvidas nos planos.

Vazamentos também ocorreram quando Prestes passou a despachar estafetas para procurar militares dos quais ele nem sequer sabia se estariam dispostos a levantar suas tropas contra o governo. Comentado à exaustão no Brasil desde aquela época, entre outros, foi o episódio no qual Prestes abordou o comandante do Grupo de Obuses de São Cristóvão, Newton Estillac Leal, pedindo que este, caso concordasse em se rebelar, se entendesse com Pedro Ernesto. Estillac não concordou, tentou prender o mensageiro e avisou em seguida o então comandante da 1ª Região Militar, general Eurico Gaspar Dutra (de quem, mais tarde, seria ministro da Guerra), e o chefe da Polícia, Filinto Müller. Diante da pressa, ingenuidade e descuido — três palavras que caracterizam incompetência — de Prestes nas horas que antecederam o levante, governo nenhum do mundo precisava de agentes duplos ou secretos infiltrados na organização dos conspiradores. Escrevendo mais tarde sobre o que se comentava entre diplomatas e políticos no Rio, naquela terça-feira, o embaixador britânico mencionou que "há muito tempo se sabia que os comunistas estavam preparando um levante que era para começar no Norte, no final do ano". Talvez nem sequer Prestes tivesse ilusões quanto à impermeabilidade de sua rede, acreditando que a força de seu nome e o prestígio de sua pessoa seriam suficientes para compensar a notória deficiência de sua organização.

Seu principal colaborador e homem de confiança, Arthur Ernst Ewert, não alimentava as mesmas ilusões. Já não dormira na noite anterior, preocupado com as conseqüências de um eventual fracasso da insurreição. Na tarde da terça-feira, recebeu a inesperada visita de Jonny de Graaf, que foi até seu aparelho na rua Paul Redfern, em Ipanema. Ambos conheciam-se bastante bem, desde 1921, e apesar de uma perigosa briga em Xangai, em 1934, pareciam ter recuperado uma relação em bons termos. Era a Ewert que Jonny se dirigia com queixas. Uma delas ocorrera poucos dias antes: os dois alemães da organização de Prestes (Ewert e Jonny) eram a favor da criação de "grupos especiais", cuja atividade poderia "no momento do levante fazer com que o adversário ficasse sem seus mais perigosos líderes, provocando dessa maneira desorganização nas fileiras reacionárias", conforme escreveu mais tarde Locatelli. Em outras palavras, eles queriam criar comandos para liquidar personalidades importantes inimigas da insurreição. Talvez deixando-se levar pelo instinto, Prestes se opôs a esse método, que significaria introduzir no Brasil o assassinato político em grande escala. Jonny, o terrorista nato (segundo seu professor na escola especial em Moscou, Vassiliev), achava que essa seria a única maneira, por exemplo, de neutralizar a cúpula da polícia.

A Ewert, Jonny foi correndo contar o que pudera observar na reunião da manhã, na casa do Desidério. "Os militantes e dirigentes de trabalhadores brasileiros se entreolhavam enquanto Martins explicava tudo, perguntando-se como iriam preparar tudo em tão pouco tempo", contou Jonny a Ewert. "Nessa reunião com os militantes e dirigentes, ficou terrivelmente claro para mim que o partido não estava preparado e, portanto, contra todas as minhas afirmações e exigências, não podia começar a mobilizar os trabalhadores uma hora antes da insurreição. Mas os militantes que também tinham esses temores foram silenciados por Fernandes (Miranda), que dizia que só lhes restava seguir em frente." Na verdade, conforme Locatelli observaria, com muita propriedade, "a preparação do levante estava sob responsabilidade do Comitê Revolucionário Militar, o levante tinha um caráter militar, o partido limitou a participação de massas, e esse fato, o de que tudo estava nas mãos do Comitê Revolucionário Militar, explica por que em alguns bairros da cidade os órgãos do partido nada sabiam do começo do levante". Jonny terminou a curta narrativa e ouviu de Ewert:

"Tenho o mesmo tipo de receios que você, Jonny, mas Fernandes [Miranda] garante que o partido está pronto para atacar."

"Nós vamos perder", disse Jonny.

"Eu também estou com dor de barriga, mas não temos outro jeito, temos que atacar, não podemos deixar o Nordeste abandonado, mesmo que a gente não ataque o governo vai acabar com tudo por aqui'', respondeu Ewert.

Os dois se separaram depois desse diálogo. Ewert foi para o QG, em Vila Isabel, e Jonny para seu lugar de ação no centro da cidade, ''para minha posição perdida'', conforme definiu.

Enquanto nesse momento, cerca de quatro da tarde, dois enviados do Komintern lamentavam, em Ipanema, as poucas perspectivas de vitória da insurreição, do outro lado da cidade os dois principais homens do PCB, Miranda e Martins, encontravam-se para tentar saber o que estava acontecendo no setor militar. Miranda entregou ao secretário de organização vinte contos de reserva (cerca de 1100 dólares), pediu que o mantivesse informado sobre os preparativos nos quartéis e dirigiu-se ao QG da insurreição, em Vila Isabel.

Martins conversou rapidamente com o tenente Soveral, do Comitê Revolucionário Militar, e só ouviu boas notícias: estava tudo caminhando muito bem, os primeiros pacotes de manifestos haviam sido entregues ao setor militar e seu batalhão já havia entrado em estado de alerta. Por isso, Soveral precisava retornar ao quartel, deixando que Martins o representasse num encontro com o homem de ligação do Comitê Revolucionário no famoso 3º RI, na Praia Vermelha, o camarada Alcebíades. As informações que Martins recebeu de Alcebíades, somadas às de Soveral, deveriam ter feito soar imediatamente o alarme no comando da insurreição: os preparativos nessa unidade também iam acelerados, ''mas esses quartéis também estavam em estado de alerta e isto impediu que as células do 3º RI se comunicassem com os camaradas nos fortes''. Alcebíades recomendou então a Martins que avisasse Miranda e o QG da importância de se mobilizar o comandante do Forte do Pico, capitão Canrobert Pereira, simpatizante ativo bastante dedicado a Prestes, ''para que ele comece o bombardeio do Palácio da Guanabara uns vinte minutos antes da hora H, o que dará tempo para que as primeiras tropas do 3º RI cheguem em caminhões'', relatou Martins.

Ele correu de táxi para a casa de Desidério, onde às sete da noite os responsáveis pelas brigadas mobilizadas de manhã deveriam relatar os resultados alcançados e aguardar mais instruções para o momento do levante, para o qual só faltavam oito horas. Martins mandou um bilhete para o QG da Vila Isabel contando o que lhe dissera Alcebíades a respeito do 3º RI e da necessidade de se avisar o comandante do Forte do Pico, o único na baía da Guanabara que não tem ângulos mortos.

Mas a partir de seu detalhadíssimo relatório, redigido em Moscou pouco mais de três anos depois, não fica claro se as más notícias que Martins recebeu dos responsáveis pelo setor civil também foram comunicadas aos comandantes da insurreição em Vila Isabel. Pois já na noite de terça-feira ele sabia que as brigadas da Light e da Central do Brasil, duas das mais importantes, não poderiam agir devido ao grande número de prisões que o governo efetuara naquela tarde entre os militantes mais conhecidos. Como alternativa improvisada para provocar um colapso no tráfego ferroviário, Aço ficou encarregado de conseguir gente e material para explodir, de madrugada, as cabines de sinais de São Diogo e Engenho de Dentro. A fabricação de granadas, por outro lado, começou lentamente, e até às dez da noite, segundo Martins, só haviam sido feitas cerca de cinqüenta. Mais quarenta chegariam à 1h30 da manhã, faltando uma hora e meia para a hora H. Elas começaram a ser distribuídas por mulheres transportadas por motoristas de táxi, uma delas levando um menino pequeno, para afastar suspeitas dos policiais e soldados que prosseguiam revistando veículos no centro. Outros camaradas do Comitê Regional partiam com a informação de que a insurreição começaria às três da manhã, mas num caso, o do camarada Magno, nem foi necessário. Ele chegou à casa de Desidério já sabendo da hora H, que lhe havia sido transmitida por um soldado amigo seu, que nem sequer era do círculo de conspiradores.

À meia-noite de terça-feira, faltando três horas para a insurreição, o levante estava praticamente derrotado. O adversário sabia dos planos, intenções e movimentos dos conspiradores e já tomara todas as precauções, colocando em alerta as unidades militares visadas pelos conspiradores e efetuando a prisão de ativistas sindicais e alguns dos correios de Prestes. Pelo menos no centro da cidade, a direção do PCB sabia que não haveria greves de apoio, e que as brigadas civis não tinham condições de atuar conforme planejado. O episódio do Forte do Pico, que ainda não havia sido avisado, mostrava já antes do início do levante que o sistema de comunicações montado por Prestes no "seu" setor, o militar, não estava funcionando. Quanto aos levantes no Nordeste, na tarde do dia 26 também já se sabia que tinham sido derrotados pelo governo. Note-se que essa massa de informações e indícios estava à disposição dos chefes da insurreição *antes* de iniciado o levante. Prosseguir nos planos nessas condições não era heroísmo. Era burrice.

Nos fundos da casa de Desidério, no alto do morro do Pinto, havia um pequeno terraço do qual se dominava, pelo menos com a vista, todo o centro do Rio. Às 2h45 da madrugada de 27 de novembro, ali estavam quatro silhuetas silenciosas, contemplando a cidade adormecida e esperando alguma coisa acontecer. Elas eram Desidério, Martins, Bonfim metalúrgico e a correio Beatriz Bandeira. Fazia meia hora que um grupo de estivadores tinha deixado o local, rumo ao centro. "Às três horas nada, nem no QG do Exército, nem na cabine de São Diogo, nem em qualquer parte do centro (nós podíamos ver muito bem o QG dos bombeiros, a cúpula da polícia central)", contou Martins. Seu informe, arquivado em Moscou, é o único relato pessoal a respeito das horas decisivas da insurreição, produzido por um dos dois participantes do PCB (o outro era Miranda) no círculo de comando. Possui ainda a vantagem de ter sido feito para seus chefes em Moscou, que realizavam uma inquirição sobre as causas do fracasso da operação brasileira. Vale a pena reproduzir alguns trechos, traduzidos do francês (Martins escrevia bastante bem esse idioma):

> Pouco depois das 3h30, nenhum disparo, nenhum estouro de granada. Nós não entendíamos nada e estávamos muito nervosos. Foi nesse momento que pudemos distinguir uma mobilização de homens no pátio interno do QG do Exército. Quando ouvimos o barulho dos motores de motocicletas, achamos que o quartel do Batalhão da Guarda finalmente se revoltava. Poucos minutos depois conseguimos ouvir um "hurra" e o destacamento de motocicletas partiu a toda velocidade. De novo o silêncio, nenhum tiro, nós ficamos de novo sem entender nada.

Lá embaixo, no centro do Rio, Jonny de Graaf vivia experiência semelhante. Também seu relato dos eventos da madrugada constitui o único depoimento pessoal de um dos enviados do Komintern sobre o início e alguns aspectos do desenrolar da insurreição. "Hora do levante", escreveu Jonny com seu estilo tosco e seco, tornado ainda mais cru pelo alemão repleto de erros ortográficos e gramaticais:

> Nada se ouve, nenhum tiro, nenhum alarme, nenhum movimento. Quatro da manhã: ainda nada, o último estafeta nos deixou com material já às duas da manhã, nenhum contato, nenhuma informação. Dou diretrizes aos meus dois homens, ando pela cidade, todas as principais ruas estão ocupadas por tropas do governo ou polícia. Tudo tranqüilo, alguns transeuntes andam despreocupados. Na praça da República tudo calmo, só os portões do Ministério da Guerra estão fechados, lá atrás soldados com metralhadoras.

Não fica claro, a partir do relatório de Jonny, qual era a função do "especialista" alemão em bombas e guerra civil no centro do Rio, acompanhado de duas pessoas que não identificou (ele mesmo só era conhecido pelos brasileiros por "Pedro", e apenas Miranda e Martins o tratavam por Gruber, o nome falso em seu passaporte austríaco). Jonny trazia consigo dois revólveres. Talvez comandasse o único "grupo especial" à disposição da conspiração, pois seus dois homens ficaram "em posição" no centro do Rio durante mais onze horas, até que Jonny viesse pessoalmente dispensá-los. Pouco antes do amanhecer, enquanto Jonny passeava pelo centro tentando saber o que estava acontecendo, Martins recebia, no morro do Pinto, as primeiras informações:

> Pouco antes da alvorada o camarada Desidério, que saíra para ver se havia novidades com os companheiros que não moravam muito longe, informou que as brigadas haviam retornado. Os estivadores permaneceram quase uma hora perto do quartel do Regimento Naval e como este não ensaiava nenhuma saída e os estivadores começavam a atrair atenção, decidiram voltar. A brigada do [túnel] João Ricardo ainda não havia regressado, mas alguns dos camaradas não agüentaram ficar esperando tanto tempo e a abandonaram. Nenhuma tropa havia tentado atravessar o túnel. A brigada do Zacarias chegou [ao morro do Pinto] logo depois sem ter cumprido sua tarefa de ocupação da Rádio Tupi por vacilo e falta de energia de seu comandante, "que esperou que os outros começassem", a despeito do fato de que o edifício não estava guardado por mais do que dois soldados da polícia e de que a brigada dispunha de granadas para atacá-los.
>
> Ao amanhecer chegou o camarada Aço. Ele não pôde realizar sua tarefa (cabine de sinalização de São Diogo) porque apenas um homem da sua brigada compareceu ao ponto de encontro e a cabine estava ocupada por um pelotão de soldados da polícia com sentinelas postadas a distância. Ele não veio nos comunicar isso antes na esperança de convencer dois companheiros da equipe de motoristas a não trabalhar. Em seguida ele saiu para tentar conversar com os trabalhadores do depósito de locomotivas.

E assim por diante. A brigada da Juventude Comunista chegou a se concentrar diante da Casa de Detenção, mas não atacou pois não havia recebido granadas e só dispunha de alguns revólveres. A brigada dos metalúrgicos comandada por Cardoso foi protagonista de um episódio cômico. Sua tarefa era entrar no quartel da Polícia Municipal e confraternizar com a tropa. Cardoso e mais três entraram e fizeram discursos inflamados aos policiais, que não se mostravam hostis, até pelo contrário. "Mas alguns oficiais, que nos haviam assegurado ser revolucionários, explicaram a Cardoso e seus homens que devia haver algum engano de hora ou dia, e que era melhor tomar cuidado para não dar pretextos aos reacionários", contou Martins. "Esses oficiais eram traidores e ficamos sabendo mais tarde que a atitude enérgica de nossos camaradas os fizeram pensar que a insurreição já havia começado e, em vez de prendê-los, estavam tentando ganhar tempo." Cardoso e seus metalúrgicos tentaram convencer do contrário os oficiais da Polícia Municipal, mas vendo que a tropa não marchava sem os oficiais e como tempo passava, sem que se ouvisse nenhum barulho de luta pela cidade, "eles resolveram sair dali em busca de conselhos".

Medina e o presidente da Federação dos Marítimos chegaram ao morro do Pinto às seis da manhã, com a má notícia de que apenas três navios menores haviam aderido à greve, os outros esperavam os eventos para se decidir e fora impossível convencê-los. Martins os mandou de volta para tentar de novo o que não haviam conseguido até então. "Pelo menos um dos navios grandes", recomendou. À essa altura, cerca de sete da manhã, o grupo no morro do Pinto combinou que apenas Desidério ficaria ali, os outros (cinco pessoas, entre elas duas mulheres) foram cada um para seu lado, em busca de informações. Martins, o mais importante, era o único que podia dirigir-se ao QG na Vila Isabel, para onde se encaminhou, por transporte público.

No mesmo momento, Jonny regressava de um longo passeio de carro até as proximidades da Praia Vermelha, onde viu de longe que a avenida Pasteur, que dá acesso ao quartel do 3º RI, estava fechada. Logo percebeu que lá dentro ainda se lutava, "mas a cidade estava nas mãos do governo". Jonny voltou à sua posição, onde ninguém havia aparecido, e lá permaneceu calmamente até as três da tarde, "pois eu era responsável por armas, bombas e gente". Além do mais, Jonny havia pedido uma ligação direta com o QG de Vila Isabel, mas esta lhe fora negada, e ninguém lhe mandara um estafeta.

Martins chegou à casa da rua Correia de Oliveira, em Vila Isabel, por volta das oito da manhã. Tinha trabalhado praticamente como um repórter e entrevistara várias pessoas que estavam desembarcando de manhã na Central do Brasil, que se transformaram na principal fonte de informação do secretário de organização do PCB. Populares disseram que a Escola de Aviação estava revoltada e havia canhoneio nas proximidades da Vila Militar. Martins pôde ver alguns destacamentos de soldados desses quartéis chegando ao centro do Rio, "e por seu ar resignado e atitude silenciosa tive a impressão de que ali não houve revolta". Para sua grande surpresa, os chefes da insurreição no QG de Vila Isabel estavam menos informados do que ele. "A notícia da revolta na Escola de Aviação deixou-os muito interessados, eles ainda não sabiam", contou Martins.

Existem poucas informações sobre o ambiente e as palavras trocadas dentro do QG da insurreição em Vila Isabel. Vários oficiais amigos de Prestes, entre eles um capitão identificado por Martins como Benedito de Oliveira (deve ser Benedito de Carvalho), além de diversos mensageiros, entraram e saíram do local, sem ficar ali muito tempo. As pessoas que permaneceram durante a madrugada e a maior parte do dia 27 foram: Prestes e Olga, Josias Reis (que alugara a casa) e sua mulher, Ewert, Lena (mulher de Jonny), Miranda e Elza (sua mulher, que ele já pusera no Pleno do CC em novembro ajudando na cozinha). Só Prestes falou, anos mais tarde, e pouco disse sobre aquelas horas angustiantes. Mas Lena, a alemãzinhazinha, ao voltar para casa em Copacabana, à noite, contou tudo para o marido, e Jonny pôs alguma coisa no papel.

Durante a madrugada e a manhã do dia da insurreição, Ewert e Prestes tateavam no escuro. Reinava no QG a mais pura e simples confusão, e o comandante militar da revolução brasileira não tinha a menor idéia do que estava acontecendo. Às cinco da manhã, um mensageiro anunciou que a Vila Militar, onde se concentravam 10 mil soldados do Exército, havia aderido à insurreição. Quinze minutos depois, outro mensageiro chegou dizendo que a Vila Militar estava do lado do governo. Às oito da manhã, com Martins avisando que a Escola de Aviação Militar havia se rebelado (nesse exato momento os revoltosos nessa unidade estavam se rendendo), Prestes estava fora de si e exigia ser levado imediatamente para a Vila Militar, onde pretendia colocar-se à frente das tropas revoltosas. Lena contou a Jonny como foi a cena, relatada também por Martins:

> Prestes exigia que o levassem à Vila Militar, pois quando aparecesse por lá os oficiais e soldados imediatamente iniciariam a marcha sobre a cidade. Mas todos, sobretudo o camarada Ewert, o desaconselharam, pois em primeiro lugar era impossível e, em segundo, inútil. Prestes estava muito nervoso, tinha perdido toda a calma e a capacidade de raciocinar, enquanto Ewert, com toda paciência e autocontrole, passava a dar as instruções necessárias.

Apenas no quartel do 3º RI, na Praia Vermelha, os combates entre revoltosos e tropas legalistas prosseguiram até o meio-dia. O governo não teve dificuldades para controlar o levante militar. A reconstituição dos eventos isolados na Vila Militar, Escola de Aviação e 3º RI já foi feita em volumosa literatura e não cabe repeti-la aqui.[20] Por isso, vou me limitar a tentar mostrar como os chefes da conspiração reagiram ao receber as más notícias, que é o que se pode extrair do material inédito existente em Moscou.

Entre as oito da manhã e o meio-dia de 27 de novembro, a derrota ficou clara e patente. Um mensageiro trouxe a informação de que uma companhia de metralhadoras estacionada no Ministério da Guerra nada fez, pois seu comandante, comprometido com a insurreição, fora preso e não havia sido substituído. Armas haviam sido previamente inutilizadas para que revoltosos não as pudessem utilizar. O 3º RI continuava cercado, agora sob o bombardeio também de aviões, sem a menor possibilidade de romper o cerco estabelecido por Dutra e Estillac Leal, que comandaram o fogo de artilharia contra os amotinados.

De volta à casa de Desidério por volta de meio-dia, Martins recebeu da sua correio Beatriz uma mensagem fechada de Miranda. Ela continha duas exigências importantes e desesperadas. A primeira é que se tentasse levantar os trabalhadores do Arsenal de Guerra, com o objetivo de capturar as armas ali armazenadas e distribuí-las a operários. A operação, a cargo de uma brigada de metalúrgicos comandada por Zacarias, tinha sido abortada pelo próprio chefe, que disse preferir realizá-la quando os operários do Arsenal estivessem trabalhando, pela manhã. Na casa de Desidério houve então uma áspera discussão entre os dirigentes do PCB a respeito dessa exigência de Miranda, que àquela altura dos acontecimentos lhes parecia absurda. Martins assumiu a responsabilidade de não se tentar o levante do Arsenal, e mandou para Vila Isabel um mensageiro anunciando essa decisão, que enfureceu Miranda e companhia.

A segunda exigência vinha de Prestes. Era uma carta fechada que deveria ser entregue ao capitão Canrobert, o comandante do Forte do Pico. Tratava-se de um patético pedido, àquela altura, para o forte entrar ao lado da insurreição. Mais tarde, num de seus "categóricos desmentidos", Prestes afirmaria jamais ter feito esse pedido, que de fato existiu. Martins enviou Cardoso ao encontro do capitão Canrobert, que só foi alcançado às quatro da tarde, quando tudo estava encerrado. O mensageiro do PCB só pôde transmitir a Martins a reação de Canrobert: ele justificou sua recusa em participar afirmando que já era muito tarde, e que os outros pontos de resistência haviam sido liquidados pelo inimigo. Martins mandou um mensageiro ao QG com a resposta do comandante do Forte do Pico.

A última comunicação recebida do QG de Vila Isabel, por volta das três da tarde, era um recado de Miranda, reclamando da decisão de não se tentar o levante do Arsenal de Guerra (que poderia ter provocado um banho de sangue) e marcando um encontro para mais tarde. "É evidente que tínhamos sido derrotados", escreveu Martins. Também nessa hora Jonny por fim decidiu abandonar seu posto no centro da cidade. Foi de carro até perto da Praia Vermelha e ainda assistiu aos revoltosos sendo levados presos. "Milhares de pessoas cercavam as ruas nesse momento, sem aplaudir ou protestar", contou. Voltou para o centro e, percebendo que a vida ali já seguia praticamente normal, mandou seus dois homens para casa com a ordem de não fazerem nada. Em seguida, foi procurar Ewert, mas só encontrou a mulher dele, Sabo, que lhe deu o endereço do QG. Em Vila Isabel, Jonny não achou mais ninguém. "Eles viram que tinham perdido a luta e resolveram voltar para casa", comentou.

Em Copacabana Jonny encontrou-se com Lena, que acabara de levar Ewert, Prestes e Olga para seus respectivos aparelhos, e viera buscá-lo para que às oito horas da noite também estivesse na Barão da Torre, o esconderijo de Prestes. Ewert obviamente estava presente, mas não havia ninguém do PCB para resolver um problema que Jonny considerava urgente: recolher e armazenar todas as armas e bombas distribuídas nas últimas

24 horas. De maneira nenhuma, dizia Jonny, elas poderiam voltar para a casa de Francisco Romero, no Grajaú. Muita gente já sabia da existência desse lugar como arsenal da insurreição. Ewert prometeu discutir imediatamente o assunto com os dirigentes do partido. Jonny dirigiu-se então a Prestes e, segundo conta, tentou discutir calmamente sobre a derrota. Mas o momento não poderia ser pior: "Foi impossível. Ele ergueu-se e gritou que agora iam tentar fazê-lo responsável também pelo fracasso do partido. Ele ainda não havia entendido que toda a sua organização também havia fracassado de maneira absoluta".

De todos os participantes da insurreição, Jonny foi o único que deixou críticas duras e contundentes a Prestes, dirigidas justamente ao campo no qual o comandante da Coluna se considerava um talento excepcional: a condução de operações militares. Jonny de Graaf era o que hoje se chamaria de cara-de-pau e cínico, mas possuía enorme experiência na arte da insurreição, do motim (liderara uma rebelião num couraçado da Marinha Imperial alemã durante a Primeira Guerra) e do levante militar. Ele resumiu para os dirigentes em Moscou, dezoito meses depois, as causas militares do fracasso da insurreição, atribuindo-as diretamente a Prestes. Suas observações começavam com uma lição sobre a psicologia da tropa, na qual procurava explicar por que motivo nem sequer um quarto dos contingentes militares "comprometidos" com o levante de fato lutaram por Prestes: "Para nós revolucionários absolutamente lógico, para um oficial não: soldados e oficiais seguem todo comando legal de seu chefe, mas nunca cem por cento uma ordem que os leve a lutar contra o governo, a não ser que se tenha realizado nessa tropa um longo trabalho político".

Mas os oficiais brasileiros associados a Prestes acreditaram que bastaria o prestígio pessoal deste para levar soldados e oficiais incondicionalmente ao combate. Além disso, prosseguiu Jonny, Prestes acreditou em informações fornecidas por amigos, sem que tivesse se dado ao trabalho de confirmá-las. Isto teria ocorrido no caso do 3º RI: "Prestes acreditou que o regimento estava ao seu lado só porque um camarada oficial lhe contou". A esse fato soma-se o mau funcionamento da rede de contatos e comunicação montada por Prestes — em relação ao qual Jonny citou o exemplo do Forte do Pico, que teria de ser comunicado com pelo menos catorze horas de antecedência sobre sua possível entrada em ação.

Pior ainda, segundo Jonny, foram os erros militares táticos. "Prestes não se deu conta do perigo que significava o isolamento das tropas rebeladas no 3º Regimento, que poderia ter se entusiasmado e saído para a rua caso Prestes tivesse reunido os elementos do partido e da ANL em grupos de combate, conforme eu queria", escreveu. "Da mesma maneira, ele não me deu as pessoas que eu precisava para destruir um campo de aviação da Marinha e a ponte que leva à ilha das Cobras, onde há um importante batalhão de fuzileiros navais." As conclusões finais de Jonny couberam em duas frases: "Todos os fatos mostram que Prestes sempre se baseou apenas nas forças do Exército à sua disposição. E subestimou as do adversário".

Em São Paulo não houve insurreição, e o principal responsável por isso foi Amleto Locatelli. Ele deixou o Rio na noite de segunda-feira e amanheceu no dia 26 de novembro na capital paulista sem nenhuma orientação sobre como estabelecer contato com a liderança local do partido. Miranda lhe havia dado apenas uma referência — o Café Paraventi. "Meu primeiro contato em São Paulo foi estabelecido por um comerciante que não era do partido, por quem o representante do OMS no Rio recebia dinheiro de Moscou", lembrou-se Locatelli. Tratava-se de Celestino Paraventi. "Isso impressionou muito os camaradas em São Paulo, pois esse elemento era conhecido pela polícia como nosso simpatizante. Além disso, podia ter sido feito contato mais direto."

Depois de passar por outros três intermediários, Amleto chegou ao secretário regional do PCB em São Paulo, Sebastião Francisco, conhecido como "Castro". Já eram oito da noite, no Rio os preparativos para a insurreição praticamente estavam concluídos e pela primeira vez a seção paulista ia ouvir a resolução, tomada trinta horas antes, de que também teria de se levantar em solidariedade e apoio às rebeliões no Nordeste. Com Castro estava uma figura-chave para o PC em São Paulo: o militante argentino Esteban Peano, codinome "Grassi". Como sempre, havia um estrangeiro tomando conta em nome do Komintern dos negócios internos dos comunistas. No caso de Peano, porém, para vantagem da organização local do PCB.

Peano e Locatelli entenderam-se de imediato. Com 37 anos na época, o argentino fizera uma longa carreira, desde 1924, como líder de trabalhadores em frigoríficos em Buenos Aires, um setor vital da economia exportadora da Argentina. Em São Paulo desde 1934, o experiente Peano percebeu que pisava em terreno perigoso. Logo ao chegar achou estranho o padrão de vida do secretário de organização local, que era desempregado mas morava num apartamento grande, com empregada. Por sugestão de Peano, um truque primitivo foi empregado contra esse dirigente: um militante vindo do interior ficou hospedado em sua casa e começou a reclamar do partido. Imediatamente o secretário de organização regional ofereceu-lhe dinheiro e uma carteirinha de policial, para poder viajar de graça. De acordo com Peano, também o presidente do comitê de greves do setor de construção civil estava ligado à polícia.

Além disso, o partido em São Paulo tinha outra tradição de discussão política, sendo considerado pelos dirigentes nacionais, no Rio, como um antro onde proliferavam "tendências trotskistas" (até Prestes acusaria Miranda, mais tarde, de regressar de São Paulo "marcado por posições oposicionistas"), uma acusação de heresia bem pior, na época, do que ser tratado por fascista ou reacionário. Descrito como pessoa séria, tímido e fechado, Peano estava preocupado em sobreviver: pedia para ser transferido para o interior do país ou qualquer outra parte, e apenas sua mulher conhecia seu endereço.

Na noite de terça-feira, Peano, Castro e Locatelli combinaram "em princípio" a data do levante para a madrugada de quinta para sexta-feira, ou seja, para dali a 48 horas. Tudo dependeria, porém, da convocação de uma reunião, que só poderia ter lugar no dia seguinte, quarta-feira, 27 de novembro, com todos os responsáveis pela direção local do partido e pela ANL, comandada em São Paulo por Miguel Costa, um destacado amigo de Prestes. Cautelosos, Peano e Locatelli deram instruções para que ninguém, em setor algum, desencadeasse qualquer ação sem ordens claras da direção.

Nem era necessário: em São Paulo absolutamente nada havia sido preparado para a insurreição. Para começar, na reunião do Comitê Regional de São Paulo, no dia seguinte, nem sequer compareceram todas as pessoas convocadas. A representante do Comitê Revolucionário Militar, pessoa essencial em qualquer projeto de insurreição, não havia sido comunicada da reunião. O presidente do Comitê Militar da ANL fora preso na madrugada anterior, perto da uma da manhã. Em nome de Miguel Costa, monopolizava toda a atividade militar revolucionária da ANL, só ele conhecia o plano de ação das unidades militares em caso de levante. "Dessa maneira, se o levante fosse realizado, ninguém sabia em quais pontos estratégicos e táticos tinham de ser mobilizadas unidades militares", contou Locatelli.

Locatelli, Peano e Castro pensaram numa solução alternativa. Presente estava o encarregado do trabalho militar do partido, um militar cujo nome Amleto não identificou. Havia pouco tempo para discussões: o camarada pertencia a uma unidade do Exército estacionada fora da cidade e, por culpa do estado de alerta, tinha de se apresentar logo de volta ao seu quartel. Locatelli pediu a esse militante uma lista detalhada de unidades policiais e militares, assim como seu equipamento.

> Considerando uma a uma, perguntava a ele quais as unidades que poderiam imediatamente ir ao levante e quais seriam contra nós. Assinalei a enorme responsabilidade a ele atribuída, falando das conseqüências caso nos desse alguma informação incorreta. Disse-lhe que não podia, em sua análise, deixar-se

levar pelo próprio entusiasmo. Deveria considerar apenas os fatos reais. Naquele momento esse camarada foi o único que pôde nos dar informações. Ficamos então sabendo que nem 25% das forças policiais adeririam a nós, e não 60% ou 70%, como ele mesmo dizia anteriormente.

Enquanto o camarada do setor militar falava, Peano, Locatelli e Castro começaram a rabiscar um grande mapa da cidade de São Paulo. Com lápis vermelho, assinalaram as unidades da polícia ou do Exército que participariam de um levante. Com um risco azul, as indecisas, e com dois traços em azul, as contrárias aos rebeldes. A correlação de forças era totalmente contrária a qualquer insurreição. Cheios de dúvidas quanto à possibilidade de levantar São Paulo e sem informações precisas sobre o que estava acontecendo no Rio — já passava do meio-dia e a insurreição de Prestes havia sido derrotada na capital do país —, Castro, Locatelli e Peano foram mais tarde para uma decisiva conversa com Miguel Costa, que o agente italiano sempre descreveu, em seus relatórios, como ''velho chefe de polícia''.

''Para que utilizar até a última bala?'', perguntou por sua vez Miguel Costa, ao ser indagado sobre uma insurreição em São Paulo. ''Eu acho que nada disso acontecerá'', prosseguiu. Miguel Costa era um dos nomes com os quais Prestes sempre contou.

Um rápido levantamento do material à disposição do levante mostrou a Peano e Locatelli que existiam apenas trinta fuzis, mas nenhum ''grupo especial'' capaz de utilizá-los com eficácia. Ainda por cima, estavam guardados fora da cidade, e era difícil e perigoso movimentar-se sob o estado de sítio. Existiam dentro da cidade alguns revólveres e bombas preparadas com antecedência (resultado de um rápido curso que Jonny de Graaf ministrara em São Paulo em meados do ano), ''mas a maior parte nunca explodiria'', constatou Locatelli. Agora caprichando na exatidão das informações, o camarada do setor militar afirmou que dos 6500 homens da polícia e Exército, o partido poderia contar com exatos 396, dos quais seis oficiais. Diante disto, Locatelli tomou uma decisão, a única possível: ''Fui decididamente contra o levante. Falei aos camaradas que, na minha opinião, uma tentativa de levante nessa situação seria um *putsch* condenado de antemão à derrota, ainda mais com a situação no Rio. Chamei a atenção para as conseqüências que poderiam haver''.

Peano e Castro, inteiramente de acordo, não encontraram muita dificuldade para convencer os outros membros da direção local, ''empenhados numa discussão séria, com relatórios que não eram vazios e mostrando que os camaradas reconheciam a gravidade da situação'', assinalou Locatelli. Bem ao contrário da véspera, quando o mesmo tipo de intervenção otimista e desligada da realidade parecia sugerir que, também em São

Paulo, apesar da inexistência de condições e preparo, poderia ter sido desencadeado um levante contra o governo.

Os três homens que decidiram abortar o levante tomaram, então, uma série de medidas de desmobilização destinadas sobretudo a proteger o aparato do partido da inevitável repressão policial. Nos dez dias seguintes, em uma estrutura partidária que contava com um número de militantes estimado entre trezentos e quatrocentos, houve apenas vinte prisões, e todas elas de gente já fichada e sem importância na cadeia de comando, segundo Locatelli. No entanto, mesmo essas informações, o próprio Locatelli, em seu relatório, coloca em dúvida: jamais os responsáveis pela organização do partido em São Paulo foram capazes de fornecer dados exatos sobre o número de militantes, células e sua organização. Da mesma maneira, exageravam de forma irresponsável seu grau de influência e infiltração nos sindicatos, "julgando que um secretário comunista ou um membro comunista na direção dos sindicatos já significasse que essa organização obedecia ao partido". Quanto à ANL, segundo os dados que Locatelli recebeu naqueles dias em São Paulo, ela contava com cerca de quinhentos militantes.

Nos dez dias em que se cuidou da preservação do partido em São Paulo, Locatelli conversou com todos os integrantes da direção e traçou uma competente radiografia da organização:

> Em São Paulo existiam boas possibilidades materiais. Havia 38 ativistas liberados de qualquer outro trabalho, mas apenas três ligados ao campo, o que mostra como era mal organizado esse trabalho, e precária a distribuição de tarefas. Utilizavam dois carros. Os gastos podiam ser cobertos com mensalidades, além das contribuições dadas por simpatizantes pequeno-burgueses.

Segundo Amleto, o balanço mensal do comitê regional de São Paulo era, no final de 1935, de cerca de 1200 dólares. O salário dos ativistas era modesto, por volta de dezesseis dólares mensais. A maior parte do orçamento era consumido com o jornal diário, compra de material, confecção de panfletos e viagens. A Locatelli não escapou, porém, a debilidade fundamental do Partido Comunista numa cidade que já abrigava a maior concentração de trabalhadores no país:

> Fiquei sabendo que, dos cerca de 65 a 70 mil trabalhadores da indústria têxtil, a maior de São Paulo, apenas 38 eram comunistas e só existiam células em cinco das 150 fábricas. Entre os 25 a 30 mil trabalhadores metalúrgicos, havia 25 comunistas; e entre os 50 a 60 mil trabalhadores na construção civil havia quarenta militantes comunistas.

Ao voltar ao Rio, Amleto Locatelli foi alvo de profunda antipatia por parte de Prestes, que o responsabilizou pelo fato de São Paulo não ter se levantado (embora o principal responsável na ANL fosse seu amigo Miguel

Costa, a quem Prestes havia prometido o governo de São Paulo). Mas Ewert e Ghioldi, com quem Locatelli se entendia bastante bem, aprovaram sua conduta na capital paulista. Locatelli recebeu então uma tarefa secundária: com ordens para manter contatos exclusivamente com o Comitê Regional, devia ajudar a recompor a estrutura local do partido no Rio, dizimada pela repressão que apenas se iniciava. Dos trezentos militantes registrados antes do levante, constatou Locatelli em sua primeira conversa com a organização regional, em Niterói, apenas cem estavam em liberdade. Nenhum comitê local funcionava, e pior ainda era a situação no Exército, depois da derrota. Tudo estava aos pedaços.

Mas não era bem assim que os eternos otimistas viam as coisas.

9
DESASTRE

★

Passada a emoção do dia D, Prestes recuperou a visão rósea da realidade. Apesar de tudo, o aparato da conspiração sobrevivera intacto à derrota. É bem verdade que Prestes perdera alguns homens importantes. Silo Meirelles, velho companheiro de Montevidéu e Moscou, fora preso em Pernambuco. Nas unidades que se revoltaram no Rio, o número de soldados presos podia completar um regimento (cerca de 1500 homens), mas não havia entre eles nem sequer vinte oficiais graduados. Alguns, como Agildo Barata (chefe do motim no 3º RI), eram pessoas dedicadas, valentes e de toda confiança. Vários outros importantes elementos de articulação, incluindo Costa Leite, estavam foragidos. Mas o comandante supremo da revolta permanecia livre e, tanto Getúlio como Prestes, há bastante tempo um símbolo, entendiam perfeitamente a importância dos mitos. A revolução baseada em um nome não estaria derrotada enquanto ele pudesse, da clandestinidade, dar orientação política, catalisar descontentamentos e, sobretudo, distribuir fundos. Nenhum dos civis presos ocupava cargo de destaque na estrutura de comando do partido. Aparentemente, o governo não tinha noção da presença dos enviados estrangeiros do Komintern no Brasil, pois a polícia não chegara a um único aparelho montado pelo PCB, muito menos àqueles ligados ao OMS.

Dois dias depois da derrota, em 29 de novembro, os conspiradores enviaram a Moscou um telegrama otimista. Ele resumia o pouco que se sabia dos levantes no Nordeste e a decisão pela insurreição no Rio. Transmitia muita confiança, apesar da derrota:

> Todos os nossos oficiais e dirigentes do trabalho militar indicavam profunda vontade de luta das unidades importantes. Do sucesso das nossas tropas dependia a entrada das massas na luta e o começo da luta nacional. Mas nossas

forças militares não puderam sair a campo. Depois de nove horas de combate o governo permaneceu vitorioso.

Ninguém se considerava perdido, as coisas evoluíam até da maneira que Moscou sempre quis: "Em Pernambuco e Rio Grande do Norte o movimento toma agora a forma de colunas armadas que marcham pelo interior, pois a resistência nas capitais é impossível; três colunas se formaram com mil homens e bastante munição". É quase desnecessário repetir que essa informação era pura fantasia.

Além disso, informava o telegrama, a Assembléia no Rio havia se recusado por 21 a 19 votos a congratular Getúlio. Começava uma grande campanha contra o estado de sítio e pela libertação dos combatentes nacional-revolucionários. Havia esperança de que o principal órgão da ANL, o jornal *A Manhã*, suspenso desde a insurreição, voltasse às ruas em poucos dias. A fragilidade do regime se traduzia no fato de que "o governo não ousou até agora fuzilar ninguém". O telegrama dizia categoricamente que os principais dirigentes e Prestes não estavam em perigo. Suas duas frases cruciais eram estas: "Derrota não é total. Não há desânimo".[1]

Velho colecionador de derrotas, Georgi Dimitrov, presidente formal da Internacional, pouco se impressionou com o conteúdo do telegrama, do qual só tomou conhecimento em 13 de dezembro, devido aos velhos problemas de comunicação. Embora até aquela data nenhuma outra informação, pública ou não, tivesse alterado radicalmente o que Prestes e Ewert tinham comunicado a Moscou, o búlgaro, com sua letra grande e espichada, ocupando quase toda a página onde os decifradores datilografaram o texto (em francês e alemão), rabiscou com lápis vermelho um recado cético para o chinês Van Min: "Preparar propostas concretas sobre a reação no Brasil", escreveu, em russo. Dimitrov sabia ler nas entrelinhas.

Ele não participara da última sessão do Secretariado do EKKI, em 28 de novembro, na qual Togliatti, Manuilski, Kuusinen, Pieck, Van Min, Florin, Gottwald e um novo nome do Departamento de Quadros, Müller (pseudônimo de Melnikov), haviam discutido formalmente a situação brasileira, segundo relato de Fernando de Lacerda.[2] No comando da revolução mundial reinava a escuridão de sempre sobre o palco escolhido para um levante. O representante do PCB em Moscou não dispunha de nenhuma informação nova ou atualizada. Só ao meio-dia e meia de 29 de novembro chegou, de Paris, um resumo de cartas aéreas recebidas pela rede de contatos de Prestes, liderada por Afonso de Figueiredo. Ele é transcrito aqui na íntegra (traduzido do francês) para que se tenha uma idéia da confusão que deve ter causado em Moscou:

> Situação no Brasil de acordo com cartas aéreas de Ghioldi, Prestes, Miranda e Orestes Ghioldi e telegramas recebidos em bom estado por Paris. Grandes levantes comunistas no Norte do Brasil, quatro estados entre os quais Pernambuco, adesão de vários batalhões do Exército. Revolucionários tomaram Natal, Olinda e parte do Recife e Paraíba. Governo Vargas decretou estado de sítio e lei marcial em todo o país, e enviou tropas, esquadrilhas aéreas, cruzadores ao Norte.[3]

Prevalecia em Moscou o mesmo clima alienado da realidade que já existia entre os conspiradores no Brasil. Enquanto os jornais na Europa e Estados Unidos noticiavam o esmagamento dos levantes (a imprensa soviética nada comentava), os dirigentes do Komintern, acreditando piamente que no outro lado do mundo desenrolavam-se "batalhas", adotaram mais medidas concretas em apoio a uma insurreição que já fora sufocada. Pela via N20 — o rádio de Baron, que naquele instante estava desligado —, tentaram passar na tarde daquele dia um telegrama anunciando o envio de instruções para Buenos Aires orientar a formação de comitê popular amplo, que arrecadaria víveres, medicamentos e dinheiro para as vítimas dos bairros revoltosos. Em toda a América do Sul, seriam criados "comitês de solidariedade com a luta de libertação do povo brasileiro, contra o bombardeio da população civil e pela restauração dos direitos democráticos no Brasil".[4]

Justiça seja feita, não era apenas Prestes e Moscou que atribuíam ininterrupta fragilidade a Getúlio, que justamente naqueles dias consolidava base, apoio e instrumentos políticos com os quais se manteria por mais dez anos no poder. Em Londres, os especialistas de Sua Majestade para a América Latina receberam com grande cautela as notícias sobre a vitória do governo. O responsável pelo Brasil no Foreign Office, John Monro Troutbeck, 41 anos, era um brilhante diplomata com facilidade para línguas e disposição para aventuras em paisagens exóticas. Aprendera turco em Istambul, em 1927, amárico em Adis Abeba, em 1930, e português no Rio, onde foi encarregado de negócios em 1933-4. Julgando-se bom conhecedor do país, que analisava sempre com forte ponta de ironia, Troutbeck achou melhor recomendar ao seu embaixador no Rio que transmitisse apenas verbalmente congratulações ao governo brasileiro. No dia 29 de novembro, na mesma data em que os conspiradores enviavam o telegrama otimista para Moscou (que por sua vez ensaiava o protesto contra o "bombardeio da população civil"), Troutbeck formulou instruções mostrando não estar, de maneira alguma, convencido de que Getúlio continuaria firme na sela:

> 1) Não se pode descontar a possibilidade de que os revolucionários tentem outra vez. Se conseguirem vencer o segundo assalto e tomar o governo, pode-

ria ser um pouco demais se encontrassem nossa mensagem de congratulações nos arquivos (embora eles estejam sabendo que nós advertimos o governo brasileiro alguns meses atrás de que problemas estavam surgindo).

2) De acordo com algumas notícias na imprensa, houve muitas baixas entre os revolucionários e Moscou (que está por trás do movimento revolucionário) pode talvez começar a espalhar informes sobre brutalidade desnecessária por parte das autoridades.[5]

De certa maneira, Troutbeck sugere aqui uma resposta à questão colocada capítulos atrás:[6] em que momento o governo britânico avisou Vargas dos "problemas", isto é, da operação que o Komintern estava montando? Não parece ter sido às vésperas da revolução, o que indica também que o telegrama de sir Gurney, o embaixador britânico no Rio, notificando Londres do levante quinze horas antes de seu início, tinha como fonte talvez o próprio governo brasileiro. Inspiravam pouca confiança em sir Gurney as garantias, oferecidas por Macedo Soares, o ministro das Relações Exteriores, de que a situação estivera todo o tempo sob controle. Escrevendo com mais calma ao Foreign Office, dias depois de terminado o levante, sir Gurney achava que a luta havia sido bastante equilibrada, e decidida em favor do governo apenas pela atitude passiva dos trabalhadores. No fundo, os britânicos davam toda razão ao plano de Prestes: "Se a revolta militar tivesse tido êxito, levantes civis teriam acontecido em todo o país".[7] Nem Prestes nem o Foreign Office haviam captado a essência do fenômeno getulista.

Não podia haver dúvidas, por outro lado, quanto ao caráter do fracassado levante. Ele se diferenciava de todas as demais experiências brasileiras: "As revoluções normais no Brasil são a tentativa dos que estão 'de fora' de suplantar os 'de dentro', e as coisas raramente são levadas a extremos", escreveu sir Gurney. Mas os levantes de novembro foram uma tentativa de "acabar com todas as instituições existentes e implantar um regime comunista no Brasil; foram inspirados e dirigidos pelo Komintern, agindo através de seu agente, Luís Carlos Prestes, treinado em Moscou". Um de seus principais aliados, prosseguia, tinha sido o prefeito do Rio, Pedro Ernesto, cujo jogo duplo era conhecido também pela embaixada britânica: "Estou informado por boa fonte que pouco antes do levante ele deu a Prestes enorme quantia de dinheiro. Mas ele nada fez até que a revolução tivesse sido suprimida, e aí foi um dos primeiros a telefonar para o presidente e congratulá-lo, além de ir visitar os legalistas feridos nos hospitais".[8] Quanto a Getúlio, era o homem do momento. "Ele é um notório homem de sorte, e a sorte não o abandonou nesse momento de necessidade. Paradoxalmente, a revolução foi tão favorável a ele que as bruxas dizem que ela pode ter sido obra sua", comentou sir Gurney.

Os documentos do PCB e um texto preparado por Ewert naqueles dias, analisando a derrota, foram reproduzidos na literatura sobre 1935 mas não refletem nem de longe as discussões dentro da conspiração. Ao contrário do que escreveu, Ewert tinha muitas dúvidas sobre a decisão da qual fora um dos principais responsáveis. O grau de seu conflito interior pode ser averiguado por uma inusitada atitude do enviado alemão: deixou transparecer sua incerteza a subordinados do PCB. Num encontro com Martins, no bar no final do Leblon, Ewert perguntou-lhe se ele achava que a decisão de desencadear o levante em solidariedade ao Nordeste havia sido um erro. Martins respondeu que não, e falou com bastante interesse de sua planejada viagem ao Nordeste, onde deveria recompor estruturas e investigar o que havia acontecido. Nesses dias Prestes despachava cartas afirmando que a luta naquela região continuaria, mas Ewert proibiu a viagem de Martins, sem dar explicações.

O alemão confessou-se surpreso também com a "falta de reação" ao levante, contando a Martins que, em outros casos, as tropas legalistas haviam fuzilado um entre cada dez nos batalhões revoltosos. Ewert experimentaria em breve, tragicamente, essa "falta de reação" do governo brasileiro, que Martins tentava explicar em função das "tradições liberais" do país. Da mesma maneira que a revolta de 1935 fora algo novo no histórico das rebeliões brasileiras, o medo e o choque que elas provocaram nas elites trariam à tona nas autoridades um componente de brutalidade e barbárie antes também desconhecido, pelo menos na escala que se verificaria no princípio de 1936. Ewert estava, de fato, muito longe de conseguir captar certos mecanismos e aspectos do que se poderia chamar de mentalidade brasileira, e tampouco entendeu a motivação por trás da atitude da maioria dos revoltosos nas unidades militares. Numa conversa com Jonny e Locatelli, no início de dezembro, ele considerou como uma das causas da derrota do 3º RI o fato de que "os rebeldes revelaram uma compaixão que acabou sendo fatal para eles", contou Amleto. "Os soldados do 3º RI, em vez de imediatamente retirar ou pelo menos neutralizar os oficiais reacionários, ficaram em longas conversações com eles. Com isso, eles tiveram tempo para sair do prédio, que ficava em frente ao ocupado pelos rebeldes, e puderam atirar com metralhadoras sobre nossos companheiros, atrapalhando sua saída do quartel, o que facilitou as tropas que vieram combatê-los", prosseguiu.

Ewert não parece ter se conformado com a recusa de Prestes em tolerar assassinatos premeditados e "liquidação" planejada de adversários políticos durante a insurreição. Nessa mesma conversa, falando sobre o novo comandante militar da região do Norte, enviado por Vargas para substituir o general Rabelo, Ewert fez a Jonny, de acordo com o texto deixado por Locatelli, a seguinte pergunta: "Você teria gente para liquidar esse general antes que ele chegue ao Norte?". Amleto afirma ter se oposto a essa idéia, ainda mais na situação no começo de dezembro. Desconheciam essas conjecturas, aliás, os outros membros do Bureau, isto é, Prestes e Ghioldi.

Pelo menos Amleto Locatelli, que mal passara um mês no Brasil, não tinha ilusões sobre as causas da derrota e as perspectivas a prazo breve da conspiração. Suas conclusões devem refletir de forma acurada o que se discutia entre os participantes estrangeiros da operação no início de dezembro. "Quanto mais retorno aos eventos, mais fico convencido de que a avaliação dos dirigentes do Bureau não era a correta", escreveu. "Os camaradas estavam no caminho errado." Considerando os três itens nos quais se baseou a decisão do Comitê Central pela insurreição — não custa lembrar que essa resolução havia sido elaborada por Ewert —, Locatelli convenceu-se de que nenhuma das premissas funcionava. Começando pela última, o partido (e Amleto agora conhecia bastante bem o PCB) não tivera e nem teria em prazo médio condições de dirigir qualquer levante. O desenvolvimento do movimento de massas, mencionado nos telegramas entusiasmados que Ewert e Prestes mandaram para Moscou, antes do levante, não aconteceu. Não havia movimento camponês, item fundamental no receituário da revolução em país semicolonial. Por último, a propalada desagregação das classes dominantes era um fenômeno superficial, insuficiente "para impedir que a burguesia enfrentasse a crise", assinalou o italiano.

Na direção do PCB a derrota motivou ásperas recriminações pessoais. A autoridade de Miranda havia sido bastante abalada. No dia seguinte ao levante, ele enfrentou a maior parte do Politburo para dizer que não concordava com a decisão, tomada na véspera pelo seu segundo homem, Martins, de não se tentar um levante no Arsenal de Guerra. Martins recapitulou os eventos e mostrou que, ao meio-dia, já se sabia da rendição da Escola de Aviação e que o 3º RI não tinha mais chances, mas Miranda, que passara o dia metido no QG da Vila Isabel, isolado de tudo, insistia em que mesmo assim o levante com operários do Arsenal de Guerra deveria ter sido tentado. Por outro lado, Miranda bloqueou a redação de um documento mais amplo do PCB sobre os erros e detalhes da insurreição, alegando que ainda não haviam informações suficientes do Nordeste. "O documento discutido", lembrou-se Martins, "foi aquele redigido pelo Bureau da IC (Internacional Comunista)", cujas formulações genéricas não comprometiam o secretário-geral do partido.

Miranda virou suas baterias, então, contra Martins, criticando bastante o trabalho de organização. Possuía um excelente pretexto: a polícia havia revistado um motorista de táxi e apreendido em seu carro duas das granadas distribuídas nas últimas horas antes do levante. O caso virara um escândalo de jornal. Martins tentou defender-se, afirmando que nem sequer Romero, o chefe do arsenal do PCB, podia saber o paradeiro das noventa granadas e duas dúzias de armas leves distribuídas na véspera da insurreição. Num tom que não admitia resposta, Miranda disse que Martins seria considerado pessoalmente responsável se outra granada caísse nas mãos da polícia. "O resultado é que passei várias noites a andar por toda parte no Rio com os responsáveis dos setores, coletando granadas e bombas, dezesseis das quais ficaram guardadas comigo", escreveu.

Outra insistência absurda de Miranda relacionava-se à imprensa ilegal do partido. Diante do fechamento de *A Manhã*, ele queria montar seis ou sete tipografias clandestinas, enquanto as duas existentes mal conseguiam funcionar. Martins ficou desesperado, tentou convencer Miranda de que, naquele momento, mais importante do que aumentar o número de tipografias era aproveitar melhor as já existentes. Mesmo em condições de semilegalidade seria difícil encontrar gente responsável e competente para realizar um trabalho desse tipo. Sob estado de sítio, a idéia era praticamente impossível de ser realizada. Martins forçou um impasse: "Não adianta nada a gente se reunir aqui para votar propostas irrealizáveis", afirmou, aos gritos. O secretário de organização tinha passado ao desafio aberto. Quando Miranda lhe recomendou que viajasse ao Nordeste, Martins sabia que Ewert não deixaria. E tinha conseguido também o apoio do verdadeiro chefe do Bureau para sua posição, contra a de Miranda, de que havia sido correto não tentar o levante do Arsenal de Guerra.

Lentamente, no grupo de liderança do Bureau, as diversas maneiras de perceber a realidade também começaram a provocar rachaduras no comportamento dos integrantes da conspiração. Locatelli percebera o dilema em que Prestes e Ewert se encontravam quando estouraram os movimentos no Nordeste, e por isso não criticou o desencadeamento do levante no Rio. "Diria que foi [uma decisão] corajosa, até desesperada, mas tinha condições de ser vitoriosa", comentou. Ele achava otimista demais a avaliação feita por Prestes, no começo de dezembro, considerando temporária a derrota e prevendo novo levante dentro de seis meses. O ponto central do dilema enfrentado por Prestes e Ewert em novembro fora a consciência de que não podiam se furtar à ação, pois o governo, alarmado com os episódios no Nordeste, tentaria assestar um golpe sobre a conspiração, independentemente de o movimento ser ou não deflagrado no Rio. E esta possibilidade, a de o governo desfechar forte repressão, continuava real e iminente, portanto a liderança deveria pensar agora em retirada.

O primeiro a pedir abertamente a conta, com os nervos em frangalhos, foi o argentino Rodolfo Ghioldi, autor de uma trapalhada, em agosto, quando já tentara sair do Rio de Janeiro. Nesse episódio ele ficou sem o passaporte e confirmou à polícia brasileira sua presença no país. Uma das faltas mais graves para qualquer enviado do Komintern, porém, era abandonar o posto sem autorização da central. Ghioldi decidiu perguntar a Moscou se poderia retornar a Buenos Aires e, para tanto, escolheu um caminho indireto — carta aérea aberta, com linguagem cifrada mas não em código —, o que levanta a forte suspeita de que o militante argentino não queria que seu pedido passasse pelo canal habitual do OMS no Rio. Escreveu a Afonso de Figueiredo, em Paris (que encaminhou a carta para Moscou), afirmando que o empreendimento de novas atividades era muito difícil com a total clandestinidade de Prestes e Ewert, não havendo, portanto, muita coisa para se fazer naquele momento. "Com os recursos disponíveis e a situação atual é uma ilusão acreditar na realização de novas tarefas", arrematou Ghioldi. "É preciso modificar a empreitada, mas antes de partir ainda tenho de acertar uma série de coisas, há tempo para se esperar uma resposta de Moscou."[9]

Ghioldi teria encontrado em Stuchevski um importante aliado para seus planos de retirada. Normalmente desconfiado e cauteloso, o agente responsável pela sucursal do OMS no Rio redobrou seus cuidados, ao passo que os casais Ewert—Sabo e Prestes—Olga continuavam agindo como se nada tivesse acontecido, isto é, viam-se todos os dias. O mesmo acontecia com a jovem Marga, a argentina que trabalhava como secretária técnica de Ewert no aparelho deste em Ipanema. A primeira providência de Stuchevski foi alterar o principal endereço no Rio para recepção de correspondência aérea. No começo de dezembro, mudou também os endereços telegráficos, e recomendou que o tráfego principal fosse desviado para Buenos Aires. Mandou Baron desligar o rádio e avisou Moscou disso, num telegrama no qual as entrelinhas traduzem alívio e preocupação ao mesmo tempo: "Prestes, Miranda, Politburo e Bureau fora de perigo. Nosso aparato de ligação não foi atingido, mas atualmente impossível utilizar rádio".[10]

A principal providência de Stuchevski, contudo, foi acionar "Carmen", correio argentino que circulava entre Buenos Aires e Rio.[11] O agente soviético convocara Carmen ao Brasil em novembro, e sua passagem pelo Rio coincidiu com o levante de 27 de novembro. "Com a derrota do levante e calculando que Prestes fosse enfrentar dificuldades", escreveu Stuchevski, "pedi a Carmen que preparasse passaportes para Prestes, Olga, Rodolfo e sua mulher, e tenho certeza de que lhe entreguei as fotos dos camaradas Prestes e Olga. Disse a ele para me mandar os passaportes o mais depressa possível." Como de hábito entre espiões naquela época, antes de sair do Rio, Carmen acertou com Arias, o correio pessoal de Stuchevski no Brasil, um ponto de encontro constante, isto é, um lugar e hora por onde um dos dois passaria a intervalos determinados. Era óbvio que Stuchevski estava preparando tudo para uma eventual retirada.

A sorte de Prestes, Ewert & Cia. terminou na última semana de dezembro. Em meados do mês a polícia chegou, por fim, a um dos participantes do Pleno ampliado de novembro do Comitê Central, que aprovara a resolução pela insurreição nacional: o militante baiano José Francisco de Campos, conhecido como "Bagé" (esse apelido causou dificuldades nas transcrições em russo). Bagé não criou o menor problema para os interrogadores, embora Miranda, mais tarde, criticasse a pressa com que o acusavam de "provocador". Alertas de que Bagé abrira a boca na polícia vieram dos detidos no navio *Pedro I*, ancorado na baía da Guanabara. Não era muito o que ele sabia sobre a estrutura de aparelhos do partido, e Martins lembra-se de que teve de "desmobilizar" pouca coisa. Mas Bagé pôs Filinto Müller, o poderoso chefe da polícia de Getúlio, numa pista importante: na reunião do CC em Jacarepaguá, no aparelho alugado por Abóbora, participara também um estrangeiro, que falou em inglês (Ewert).

Preocupado, Ewert preparou um telegrama para Moscou afirmando que Bagé, membro do CC do PCB, fora "desmascarado como provocador policial". Restava apenas confiar no princípio dos compartimentos estanques, isto é, um golpe contra a estrutura do partido não deveria afetar o Bureau, cujos contatos diretos e constantes com o PCB ocorriam apenas por intermédio de Miranda e Martins, e ambos não se consideravam em perigo com a prisão de Bagé. Mas a polícia, que estava realizando um amplo arrastão, pusera as mãos em outro militante: "Magno" (não consegui identificar seu nome verdadeiro). Ele estava diretamente ligado ao aparato de organização do partido, chefiado por Martins, que decidiu pôr em prática as medidas de praxe no caso de prisões: desmontar ou mudar tudo o que Magno soubesse. A prisão desse militante era potencialmente bastante comprometedora. Magno passara várias noites com Martins recolhendo granadas distribuídas por toda a cidade. Elas haviam sido transportadas para o "arsenal" da insurreição, uma casa de família na rua Borda do Mato, no Grajaú. Era preciso fechar esse aparelho, e bem depressa.

A instalação de um arsenal nessa casa no Grajaú tinha sido uma medida improvisada, perigosa e irresponsável. Antes da insurreição, o arsenal do partido estava localizado numa chácara em Bangu, na época um subúrbio distante do centro. Derrotada a insurreição, pareceu perigoso a Martins levar as granadas prontas, as armas e o material de fabricação de explosivos para o mesmo lugar. O caminho para Bangu passava pelas proximidades da Escola de Aviação, onde ainda havia muita vigilância. A solução provisória foi guardar tudo num aparelho alugado anteriormente no

Grajaú para alojar um simpatizante que prometera retirar de um banco uma verdadeira fortuna e entregá-la à ANL. Ali estava morando, para manter as aparências, Francisco Romero, sua mulher e os cinco filhos do casal.

Embora Romero, um chacareiro espanhol vindo de São Paulo, tivesse sido o melhor aluno de Jonny de Graaf em sua escola de fabricação de explosivos e luta de rua, o "especialista" alemão ficou furioso quando soube, dias depois da derrota da insurreição, que o "material" fora guardado na casa em Grajaú. "Isto foi feito contra a minha vontade, e só fiquei sabendo quando todo o transporte já havia sido feito", escreveu Jonny. "Recebi a ordem de não entrar nessa casa, onde morava uma família com crianças e estavam guardados agora cinqüenta quilos de dinamite, mil detonadores, fios para pavio, trezentas granadas prontas, fuzis, munição, revólveres e produtos químicos para fabricação de explosivos." Boa parte desses explosivos e detonadores havia sido comprada de um comerciante de São João de Meriti, que vendera ilegalmente a mercadoria. Pior ainda, do ponto de vista das normas de segurança: a casa de Romero, no Grajaú, servira de aparelho para reuniões às quais compareceram Prestes e Ewert. Jamais todos os níveis da atividade clandestina (político e militar) poderiam ter sido misturados daquela maneira, se os conspiradores tivessem a intenção de permanecer em liberdade.

Martins se defenderia mais tarde dizendo que Romero e um motorista de caminhão simpatizante haviam decidido por conta própria guardar todas as caixas no Grajaú, pois ficaram com medo de transportá-las para outro lugar. Como secretário de organização, Martins jamais poderia ter permitido uma falha de segurança dessa dimensão e muito menos que subordinados operassem sem seu consentimento. Na mesma ocasião em que comunicou a Martins que estava vivendo no meio do arsenal do partido, Romero mostrou-se preocupado também com um vizinho curioso, que fazia muitas perguntas sobre sua vida e profissão. O aluguel da casa custava cerca de 35 dólares, era alto para a época, e não combinava com o padrão social de Romero. Agora muito alarmados, Jonny e Martins insistiram para que Romero chamasse o motorista de caminhão, que só ele conhecia, e tirasse tudo dali o mais rápido possível. Martins deu-lhe noventa dólares para que alugasse outra casa e deixou-o, de novo, encarregado de tudo.

Três dias se passaram sem que nada acontecesse. Na véspera do Natal, Martins recebeu um recado urgente da mulher de Romero. O vizinho abelhudo havia importunado inclusive as crianças, perguntando o que o pai delas fazia e por que tinham tantas caixas dentro de casa. Diante disso, Martins deu ordens para que se agisse imediatamente. Para complicar, no dia seguinte, Natal, não haveria quase nenhum tráfego de caminhões e veículos comerciais, o que despertaria ainda mais a atenção dos vizinhos.

Por intermédio de Abóbora, então, conseguiu-se um pequeno caminhão que ficou estacionado nas proximidades, pronto para entrar em ação quando a "mudança" ficasse pronta. Faltava muita coisa ainda para ser desmontada e empacotada. Martins deixou seu correio pessoal encarregado de ajudar Romero e voltou para casa.

O "material" de confecção usado por Jonny de Graaf era extremamente inseguro e já houvera vários casos de combustão espontânea e acidentes com ferimentos mais ou menos graves. O correio de Martins, identificado como "camarada Manon", desmontou as camas no primeiro andar e levava os pedaços para fora quando foi atingido por uma explosão que lhe arrancou quase toda roupa e o projetou vários metros pelo jardim. Ela ocorrera num pequeno armário colocado no hall de distribuição da casa, contendo vidros com detonadores e parte da dinamite. Por medida de precaução, Romero havia pregado as portas do armário, mas não pensara nos trancos que este sofreria ao ser transportado. A violência da explosão provocou grande destruição na parte interna do imóvel, além de ferimentos em duas das crianças e na mulher de Romero. Em pânico com a idéia de que os cinqüenta quilos de dinamite guardados num quarto atrás da cozinha também fossem pelos ares, o camarada Manon pulou o muro dos fundos e fugiu correndo pelas ruas, seminu e chamuscado. Uma hora depois encontrou-se com Martins e contou que várias pessoas haviam corrido para socorrer a família. Quando viram armas, munição e componentes de rádio, os vizinhos chamaram imediatamente a polícia. Romero, o chefe do arsenal do partido, fora preso. E ele conhecia pessoalmente Prestes, Ewert, Jonny, Miranda e Martins.[12] Além disso, assistira a pelo menos uma reunião de alta cúpula na casa da rua Borda do Mato, em agosto, na qual Prestes travou conhecimento com alguns militantes.

Quatro horas depois da explosão, Miranda e Martins desmobilizavam diversos aparelhos e despachavam mensageiros avisando a direção do partido. Martins estava assustado, pela primeira vez, com a própria segurança. A casa do Grajaú fora alugada sob um nome falso com o qual ele operava no Rio: Henrique Vieira da Silva, exportador de frutas, domiciliado em Campo Grande (uma atividade que ele de fato desempenhara no final dos anos 20). E, com o mesmo nome, Miranda o havia apresentado à dona de um apartamento no qual morou por uns tempos com a secretária Eneida Costa, e que pretendia passar adiante. Com o escândalo que a explosão fatalmente provocaria, pensava Martins, era inevitável que o nome "Henrique Vieira da Silva" aparecesse nos jornais, e a proprietária do apartamento logo associaria as duas coisas. Isto significava também modificar esconderijos e locais de reunião dos quais se servia Miranda, e o mesmo se aplicava a simpatizantes, como Carlos e Mariana, que desempenhavam tarefas que mais tarde ficariam conhecidas, no jargão político da luta armada, como "linha auxiliar". Não há evidência mais clara da precariedade e fragilidade do esquema da conspiração, apoiado em tão poucas pessoas.

Miranda foi pessoalmente a Ipanema avisar Ewert, e lá encontrou o comando da conspiração também alarmado, mas por outro motivo, se bem que igualmente grave. Fora preso Orlando Leite Ribeiro, oficial de confiança de Prestes e que o acompanhara no vôo de Montevidéu a Florianópolis, com o qual Prestes e Olga haviam entrado no Brasil em abril de 1935. Velho companheiro dos tempos de exílio na Argentina e Uruguai, esse militar era o único que conhecia o nome (Antonio Vilar) que Prestes usava em seu passaporte português. Se ele falasse, não seria difícil para o adversário descobrir o aparelho de Prestes. Era necessário, portanto, desativá-lo imediatamente. Para combinar os detalhes da mudança de esconderijo e reorganização do trabalho foi marcada uma reunião para as três da tarde de 26 de dezembro na casa de Ewert, na qual também estariam presentes Olga, Amleto Locatelli, a argentina Marga, Jonny de Graaf e sua mulher, Lena. A reunião jamais se realizaria.

Até então em nada havia se alterado a rotina dos protagonistas da conspiração. Em Moscou, Jonny lembrou-se que a derrota deveria ter levado todos a adotar maiores cuidados, mas, como sempre, diariamente Prestes e Olga visitavam Ewert ou vice-versa. Eram todos muito amigos, e isto impressionou bastante a Locatelli. "O trabalho do Bureau do Komintern não se dava por vias normais, apesar de os camaradas dizerem que tudo não podia estar caminhando melhor", explicou, mais tarde, em Moscou. "Pode até ser que se entendessem muito bem, mas isso mesmo, a amizade entre eles, foi a causa da falta de cuidados na área da conspiração." Apenas Ghioldi, como sempre assustado, em duas ocasiões encarregou Jonny de jogar literatura revolucionária no mar. Havia, de resto, pouco respeito pela capacidade de ação de uma polícia de país semicolonial. A suposta segurança em que todos se sentiam reflete-se nos curtos telegramas despachados a Moscou naqueles dias de dezembro. No dia 18, Stuchevski dizia que em breve o rádio poderia ser colocado de novo em funcionamento, e aproveitava para mandar uma reclamação que causou enorme surpresa em Moscou: o Bureau Sul-Americano, escreveu, estava totalmente sem dinheiro.[13] Ewert, por sua vez, telegrafava a Manuilski dizendo ser difícil no momento organizar viagens de delegações pela América Latina, e sugeria a instalação de um representante fixo em Santiago.

Moscou tratava de tudo com aparente normalidade. Em 17 de dezembro, a presidente mundial do Socorro Vermelho, Helena Stassowa, telegrafava para o agente do OMS no Rio avisando que 5500 dólares haviam sido destinados pela Internacional às vítimas da repressão no Brasil. O OMS, por sua vez, perguntava ao Rio quando "Victor", que já havia completado a permanência na Suíça para compor sua "lenda", receberia o visto para o Brasil.[14] Ou seja, enquanto a reação do governo no Brasil alcançava seus primeiros resultados, a Maison ainda pensava em reforçar a equipe de enviados com mais um casal de agentes.

Em Romero a polícia brasileira começou imediatamente a aplicar o seu método favorito de investigação: a tortura. O aparato de contra-inteligência que Prestes havia montado em setores do governo informou que Romero tentara resistir. Mas acabou cedendo quando os torturadores passaram a enfiar objetos pontiagudos em suas feridas não cicatrizadas, resultado não só da explosão da véspera de Natal, mas também de um acidente anterior com as fórmulas de detonadores propostas por Jonny.

No início, os carrascos de Filinto Müller concentraram-se em pistas secundárias. Queriam saber quais eram os fornecedores de armas e munições do partido, e não se deram conta de quem caíra, por acaso, em suas mãos. Romero, que de fato parece ter demonstrado muita coragem física e presença de espírito, pôde contentar seus algozes com informações que não prejudicavam seriamente a estrutura do partido, pelo menos nas primeiras horas, as mais importantes. Denunciou o comerciante de São João de Meriti; um contato na fábrica de explosivos de Piquete; o tenente Tojal, simpatizante não ligado ao Comitê Militar, que havia fornecido revólveres e munição; a casa de Desidério, no morro do Pinto, que não estava mais sendo utilizada; outro comerciante que havia vendido detonadores. Diante do que Romero sabia, era pouco. Ele sabia os endereços dos aparelhos em Bangu e Pavuna onde o partido fizera reuniões ampliadas do Comitê Central; de uma tipografia e um mimeógrafo clandestinos; do aparelho de Abóbora em Jacarepaguá; e de três outros aparelhos onde ele mesmo ministrara cursos de explosivos. Quando Romero, por fim, começou a falar também dos dirigentes que ele conhecia do Politburo — a polícia foi se convencendo apenas lentamente de sua importância —, o partido já tivera tempo para se proteger. Romero descreveu também um estrangeiro branco, alto, cujo codinome era "Negro". Tratava-se de Ewert.

Às duas da tarde de 26 de dezembro, uma quinta-feira, a polícia bateu à porta de Arthur Ewert, na rua Paulo Redfern, 33, em Ipanema. Os policiais chegaram em grande número e aparentemente não sabiam muito bem quem estavam prendendo. O lugar não havia sido mantido sob vigilância. Uma circunstância sugere que nem sequer foi um "assalto" realizado em segundos por tropa bem treinada: Sabo, a mulher de Ewert, teve tempo para começar a queimar alguns papéis, enquanto Ewert era detido tentando fugir pelos fundos. Em outro ponto a polícia revelaria enorme inexperiência nesse tipo de guerra urbana, que corrigiria, aliás, com bastante rapidez nas três semanas seguintes: não deixou um único homem de plantão no aparelho já "estourado", e nem se preocupou em vigiar a rua.

Pouco antes das três da tarde, vindos de direções diferentes, começaram a chegar os participantes da reunião marcada para aquela hora. Sobre aqueles minutos dramáticos existem apenas dois relatos, feitos por Amleto Locatelli e Jonny de Graaf (a versão de Prestes é de segunda mão: é o que ouviu de Olga). O italiano vinha descendo a rua Redfern em direção à praia.

> Vi a uma distância de cinqüenta ou sessenta metros que nas janelas das casas em volta havia muita gente e, em frente ao aparelho de Ewert, um carro muito grande e pessoas desconhecidas na varanda da casa. Todas as janelas estavam fechadas, embora este não fosse o costume. Segui em frente bem devagar, lendo o jornal e cheguei até a praia, no final da rua, pois se não o fizesse meu comportamento chamaria a atenção dos agentes da polícia, que poderiam estar colocados ao redor.

Para sorte de Locatelli, não estavam. O italiano passou tão preocupado pela frente da casa de Ewert que não percebeu, na esquina, a figura forte e atarracada de Jonny de Graaf.

> Eu recebera ordem de vender o carro e comprar outro, que deveria ainda amaciar. O carro estava pronto na garagem, minha mulher e eu a caminho para buscá-lo. Pouco antes de entrar na rua secundária onde morava Ewert, vimos um monte de gente. Fomos imediatamente para o outro lado da rua e dali podíamos ver a casa de Ewert. Na frente estavam parados carros da polícia e policiais. Mandei na hora minha mulher avisar Prestes, enquanto eu ficava cobrindo pessoalmente a casa.

Nesse instante, vinda da direção da praia, aparecia Olga para o encontro marcado. Ela falou com Jonny e mencionou ter visto Amleto afastando-se dali, mas sua atenção fora atraída pela confusão de gente e policiais — os quais, sem o saber, tinham ali na rua, indefesas e atônitas, algumas das principais figuras da conspiração.

Olga correu para a rua Barão da Torre, distante poucos metros, enquanto Lena e Jonny iam buscar o carro, do qual agora dependia a fuga de Prestes. Nessas providências foram gastos cerca de vinte minutos, mas a incompetência da polícia salvou o chefe da insurreição — pelo menos temporariamente. Prestes e Olga bateram atrás de si a porta da casa, deixando no aparelho o cachorro e o armário repleto de documentos e protegido pela bomba instalada por Jonny. Este foi a Copacabana avisar Ghioldi, enquanto Lena levava Prestes e Olga para o mesmo bairro. A primeira idéia de Prestes, contaria mais tarde a mulher de Jonny, era esconder-se no aparelho desse casal alemão, nas proximidades da rua Sá Ferreira. Foi Lena quem o dissuadiu, lembrando a Prestes que Jonny poderia ter sido denunciado por Romero.

Sem ter nenhum plano de fuga nem para onde ir, Prestes resolveu apelar para o casal de agentes soviéticos, Sofia e Pavel Stuchevski, que até então haviam sido os mais experientes e cautelosos de toda a operação. Eles moravam bem perto, no prédio do Lido, e Lena sabia o endereço. Ela ajudara Stuchevski a mudar-se de seu antigo aparelho em Ipanema, na Prudente de Morais. A mulher de Jonny era a única pessoa que conhecia todos os participantes da conspiração e seus endereços. Para Stuchevski, a súbita aparição de Prestes significava um problema de enormes proporções. Ele não podia abrigar Prestes em seu próprio apartamento, o que teria sido uma violação inimaginável das normas de segurança, mas também era co-responsável pela proteção ao chefe da insurreição. A solução de emergência foi oferecer-lhe um aparelho então vazio, que havia sido ocupado pelo americano Victor Allen Baron e no qual este instalara o rádio. Também era usado pelo correio Arias, que estava sob as ordens de Stuchevski). De qualquer maneira, Stuchevski estava rompendo o princípio dos compartimentos estanques e colocando em risco sua própria estrutura, mas não havia outro jeito. Naquela mesma noite, por intermédio de Baron, o argentino Ghioldi conseguiu encontrar-se com Prestes — o que revela a fragilidade do esquema de proteção ao líder da insurreição. Stuchevski, Jonny e mulher, Ghioldi e mulher, Baron e o correio Arias, além de mais dois brasileiros, moravam todos nas redondezas da N. S. de Copacabana com Sá Ferreira. Com mais um detalhe: no mesmo prédio de Baron, viviam o jornalista Osvaldo Costa (*A Manhã*) e o médico Eliezer Magalhães. Era o quarteirão da conspiração.

Ghioldi tinha apenas um pedido a Prestes: ir embora do Rio. O argentino, que há meses não pensava em outra coisa, dessa vez tinha fortes argumentos. A prisão de Ewert era uma catástrofe para toda a operação. Prestes deveria dar a ordem para que todos saíssem do Brasil, insistiu Ghioldi, e contou isso mais tarde a Locatelli. Prestes, de acordo com essa versão, respondeu que não sairia. Estava preocupado sobretudo com aquilo que os camaradas pensariam de sua retirada, mas seu argumento principal para permanecer, segundo Locatelli, era outro. "Dentro de um mês a situação já podia ser outra, e dentro de um mês já se teria surpresas", escreveu o italiano, resumindo o que dissera Prestes. "Se nada acontecesse até lá, Prestes então não se oporia a sair do país."

Assustado ou não, Ghioldi avaliara melhor a situação do que Prestes, como sempre vítima de sua perigosa tendência de tornar-se prisioneiro das próprias palavras e ilusões. Quem se enfureceu com a teimosia de Prestes, outra característica de sua personalidade, foi o alemão Jonny, com o qual o chefe da insurreição também já não se entendia. "Prestes queria tentar chegar ao Nordeste e, assim como fizera em 1924, formar uma coluna, com a qual desencadearia uma guerra de guerrilhas", escreveu Jonny. "Mais uma prova de que Prestes não percebia qual era a situação, acreditando que o Brasil ainda era o mesmo de 1924. Ele se recusava [a sair] sempre."

Jonny julgava conhecer a razão da teimosia de Prestes e de seu comportamento incompreensível diante de uma situação que nada mais permitia do que uma rápida retirada. Na opinião de Jonny, e dos outros estrangeiros, a derrota definitiva do grupo ocorrera com a prisão de Ewert. Prestes não queria admitir isso e fazia o que bem entendia, segundo Jonny, pois tinha conhecimento de uma ordem secreta que o homem forte do Komintern, Dimitri Manuilski, dera a outros participantes da operação brasileira: o responsável por uma eventual queda de Prestes seria fuzilado. Jonny de Graaf é o único a fazer menção a uma ordem desse tipo, cuja existência me parece bastante plausível:

> Havia ainda uma outra ordem da IC (Internacional Comunista). Todo o nosso pessoal lá no Brasil podia cair, menos Prestes. Quem fosse culpado pela queda de Prestes seria fuzilado. Ainda hoje estou de acordo com essa ordem, pois Prestes era para nós o mais importante e devia ser protegido por todos os meios. *Mas essa ordem não poderia de maneira alguma ter sido comunicada a Prestes. Por causa disso ele se tornou negligente e não aceitava conselhos, agindo sempre como bem entendia.* Menciono isto apenas para provar que Prestes, sabendo dessa ordem, achava que podia fazer o que queria. Nesse caso foi errado deixar Prestes saber da ordem.[15]

A quantidade e o valor dos documentos que a polícia encontrou na casa de Ewert eram incalculáveis. Esses papéis não apenas comprovavam as conexões internacionais do movimento, o que em si já se constituía em apreciável reforço propagandístico, que o governo Vargas soube utilizar com eficiência. Os mais de mil documentos apreendidos, segundo os autos policiais, permitiam uma visão em profundidade dos objetivos, métodos e estrutura da organização do Bureau Sul-Americano do Komintern, e não apenas no Brasil. Além de um salvo-conduto que Prestes assinara para Ewert no dia da insurreição, fato bastante divulgado na época, os homens de Filinto Müller apreenderam outro documento de incalculável valor: o código Mosse de Ewert e uma tabela de decifração. Para completar, a fotografia de uma misteriosa mulher — Olga Benario. A conspiração inteira estava nas mãos da polícia, mas ainda havia mais.

Além dos papéis, que levariam algum tempo para "falar", os policiais encontraram na casa de Ewert outra preciosa fonte de informação, talvez a pessoa de maior valor para a repressão: uma moça simples do povo, a doméstica Deolinda Dias. Ela contou aos policiais que os melhores amigos de seus patrões moravam na rua Barão da Torre, onde trabalhava uma amiga sua, e os levou até lá. Cerca de uma hora depois da fuga de Prestes, guiada pela doméstica de Ewert, a polícia "estourou" o aparelho do chefe da insurreição, descobriu a segunda porta no armário-bomba preparado por Jonny e realizou outra volumosa apreensão de documentos. Deolinda também fez uma descrição preciosa para os policiais. Um homem muito sério e importante que visitou Ewert morava ali perto, na Prudente de Morais. A mulher desse senhor não andava bem de saúde, mancava de uma perna. Era a agente soviética Sofia Stuchevskaia, mulher de Pavel, que tinha flebite na perna direita. O topo hierárquico da operação montada havia tanto tempo pelo Komintern no Brasil fora denunciado por uma doméstica, cujo salário (cerca de nove dólares por mês) saía, aliás, do ouro de Moscou.

Prestes vinha dando provas de perigoso amadorismo na montagem de sua rede desde antes de sair de Moscou, mas a irresponsabilidade que Ewert e ele demonstraram ao conservar tal quantidade de documentos ainda hoje é inexplicável. Excesso de confiança na vitória? Desprezo completo pela polícia, que julgavam talvez incapaz de chegar a seus esconderijos? Hábitos incorrigíveis de intelectuais? Prestes e Ewert, sobretudo este, não eram novatos no jogo da conspiração e da vida na clandestinidade e exílio. Ewert fora advertido por Stuchevski, por Ghioldi, por Locatelli, por Jonny e pela própria mulher, Sabo, e não respeitou os conselhos. Ao tomar conhecimento da extensão da apreensão feita pela polícia, Ghioldi, formalmente o chefe do Bureau, disse a Locatelli não entender como isto fora possível. "Se soubesse teria dado uma ordem", disse o argentino. Segundo Locatelli,

> quando soube que a polícia havia encontrado tal quantidade de material, pensei tratar-se de uma informação falsa. Não podia acreditar que um camarada responsável pudesse ter tal quantidade de documentos consigo. Mas Ghioldi me disse que não podia haver dúvidas. Agora a polícia tinha certeza de que deveria procurar Prestes no Rio. E os documentos encontrados com Ewert podiam provar que Prestes era um agente de Moscou.

Em relação à responsabilidade de Prestes pelos documentos apreendidos em seu aparelho, Locatelli fez em Moscou uma denúncia contra Olga, a responsável pela segurança do chefe da insurreição:

> Ao abandonar seu aparelho, Prestes não levou seus documentos. Pode ser que tenha agido assim porque ele e sua companheira estavam convencidos de que o artefato feito por Gruber (Jonny) funcionaria, o que não aconteceu. Parece que a polícia não tentou abrir a porta com a chave, mas simplesmente desmontou o armário. Mesmo assim acho que Olga podia ter cuidado desses documentos. Ela podia deixar a casa um pouco depois do camarada Prestes, não precisava sumir imediatamente, em apenas quinze minutos resolvia tudo. Os

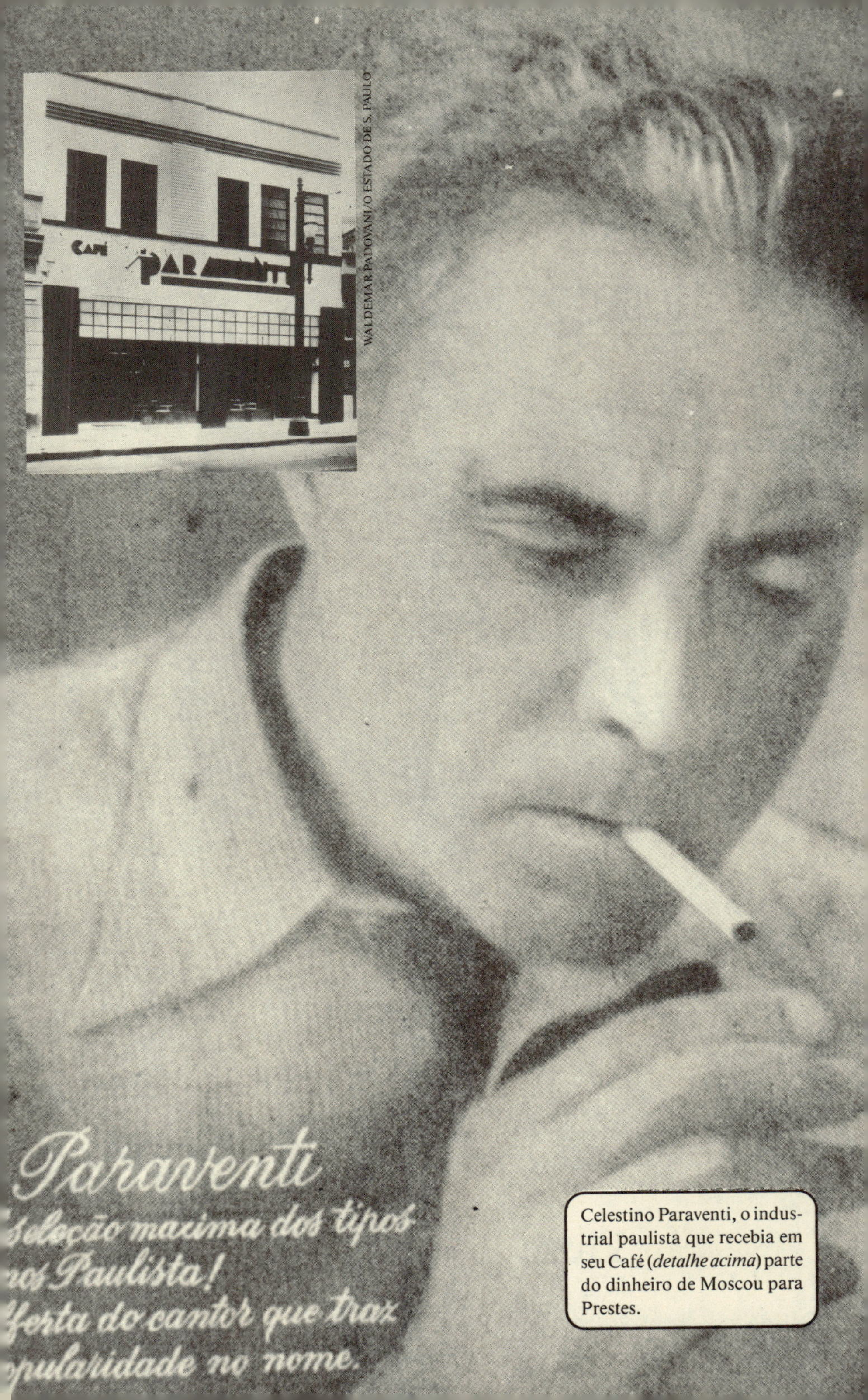

WALDEMAR PADOVANI/O ESTADO DE S. PAULO

Celestino Paraventi, o industrial paulista que recebia em seu Café (*detalhe acima*) parte do dinheiro de Moscou para Prestes.

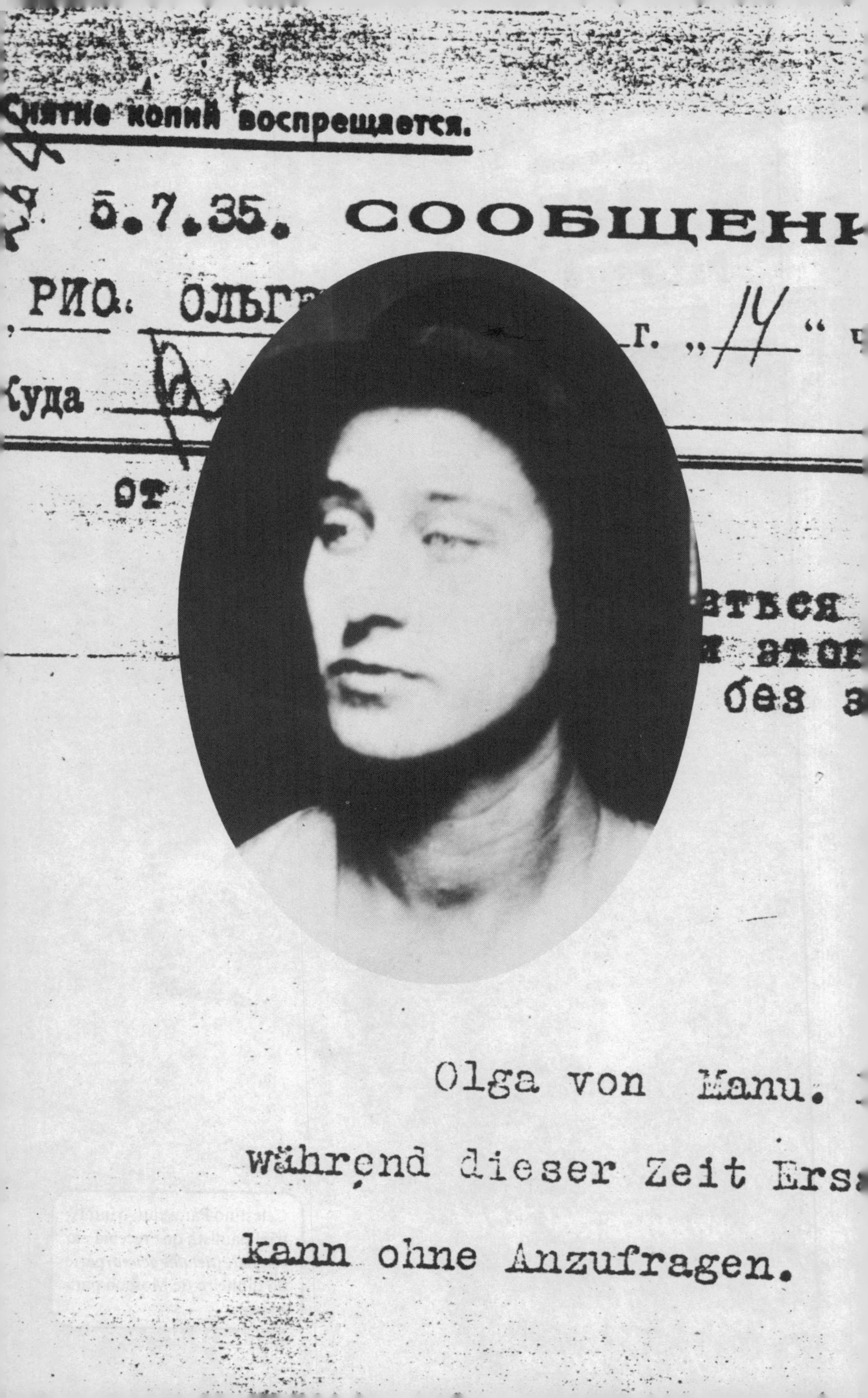
Снятие копий воспрещается.

5.7.35. СООБЩЕНИ

РИО. ОЛЬГ

г. „14“

Куда

от

ется

и это

без з

Olga von Manu.

während dieser Zeit Ers

kann ohne Anzufragen.

ТЕЛЕГРАММА

Сов. Секретно.

ШИФРОМ.

15" мин. 58

Исход. № 3776

Спец. № 102

Транз. №

на два месяца обеспечив
ремени зпт после чего Ольга
оса тчк №................

ten noch 2 Monate zu bleiben und

zu sichern wonach Olga zurückkeh

Olga, a agente do serviço secreto militar soviético, recebe ordem para prolongar por dois meses sua estada no Brasil.

Olga em 1928, em Moscou, durante reunião de uma célula da Juventude Comunista no bairro de Krasno-Presnenski. Os outros participantes não foram identificados.

Marx, Engels e Lenin vigiam os segredos do Arquivo do Komintern (Arquivo Histórico) em Moscou.

ALMIR RIBEIRO AMÉRICO/O ESTADO DE S. PAULO

Soldados leais ao governo Vargas atacam o 3º RI na manhã de 27 de novembro de 1935.

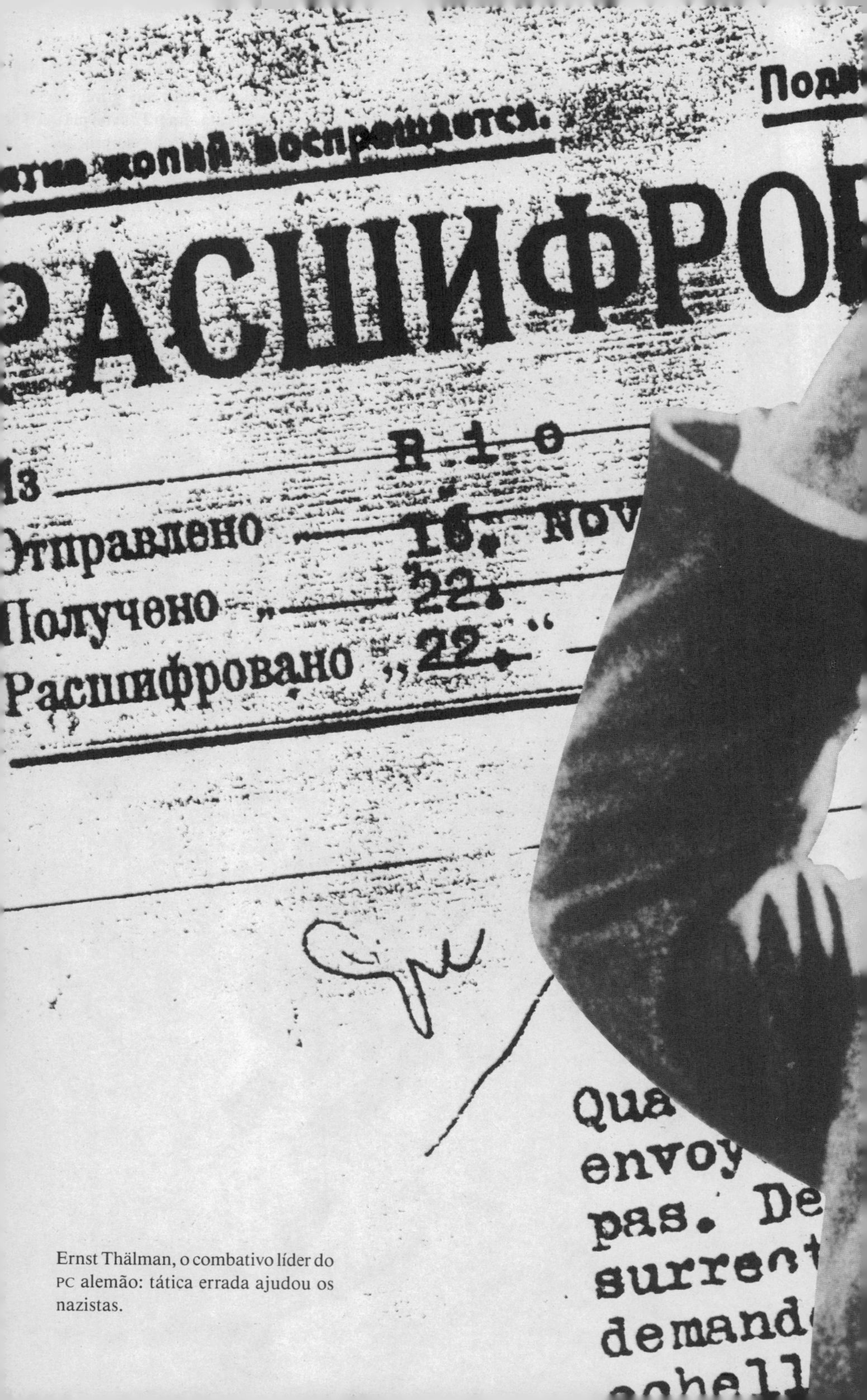

Ernst Thälman, o combativo líder do PC alemão: tática errada ajudou os nazistas.

т возвращению в
АННОЕ СООБ
12час
15час

Fernando de Lacerda, o representante do PCB junto ao Komintern: doente, nervoso e mal-informado.

"Abóbora": leal mas limitado.

"Miranda": destruído pelos companheiros.

"Martins": o "gordo nefasto".

Praia Vermelha, em frente ao 3º RI, pouco depois do meio-dia de 27 de novembro: rendição dos rebeldes.

''Bruno'': o italiano jamais identificado.

Pavel Stuchevski, o agente soviético, controlava toda a operação do Komintern no Rio.

documentos lá encontrados forneceram novas provas e fortaleceram a campanha do governo.

O dano era irreparável e Pavel Stuchevski sabia disso. Antes mesmo que o governo iniciasse o carnaval de publicações com parte dos documentos encontrados, o que só aconteceria a partir de 6 de janeiro, isto é, onze dias depois da prisão de Ewert e do "estouro" do aparelho de Prestes, o chefe do OMS no Rio já informara Moscou do desastre. Ele mandou dois telegramas, via Suíça, um no dia 28 e o outro no dia 31 de dezembro, que chegaram decifrados aos gabinetes dos líderes do Komintern (Manuilski, Dimitrov e Van Min rubricaram suas iniciais ao lado das mensagens) apenas em 6 e 7 de janeiro, respectivamente. Por coincidência, a sede da revolução mundial tomou conhecimento da prisão de Ewert no mesmo dia que os leitores de jornal no Brasil. "Albert [Ewert] e sua mulher foram presos em 26 de dezembro com documentos comprometedores", escreveu Stuchevski. "Situação de Altobelli [Ghioldi] precária. Fernandes [Prestes] em grande perigo. Faço todo o possível para garantir sua segurança embora arrisque meu aparato."[16] No segundo telegrama, três dias depois, Stuchevski acrescentava duas informações: "Keiros [Miranda] e camaradas dirigentes do partido intactos. Bagé membro CC desmascarado como provocador".[17]

A pergunta óbvia que todos se faziam era como tinha sido possível a prisão de Ewert. "Ninguém conseguia entender como isto havia acontecido, levando em consideração que, de todos os enviados do Komintern, fora o único a ser detido", resumiu Locatelli. A primeira versão sobre o que levou Ewert à prisão é, curiosamente, a que durou mais tempo. Martins recebeu a notícia no mesmo dia, graças a Pedro Luís Teixeira, secretário pessoal de Miranda, que fora esconder as galochas soviéticas do chefe. Miranda julgava saber o motivo da prisão: um telegrama do Intelligence Service chegara de Londres dando o nome e o endereço de Ewert como um importante comunista estrangeiro. Miranda disse isso logo na primeira reunião da direção do PCB, ainda antes da virada do ano, e transmitiu a mesma informação — que teria sido obtida de três fontes independentes dentro do governo — aos outros estrangeiros. Poucos dias depois, o próprio Miranda mudou um pouco essa versão. A polícia teria chegado a Ewert, cujo nome possuía, por um caminho bastante simples. Obteve a data de entrada no país e o local onde se hospedara ao desembarcar no Rio, o Hotel Palace. Ali interrogou o porteiro, que se lembrava da bagagem do alemão, e de ter conseguido um motorista para levá-la. O motorista indicou a casa na Paul Redfern, em Ipanema. De qualquer maneira, o Intelligence Service teria ajudado a polícia, pelo menos fornecendo o nome de Ewert — que usara seu passaporte americano, em nome de Harry Berger, já no

Uruguai, em 1931-2, e depois, passando por várias cidades européias, na China, em 1933-4. Jonny, quem melhor conhecia Ewert, no início também deu crédito a essa explicação, que parecia a mais óbvia e tinha a vantagem de pôr a culpa numa esfera fora da organização. Não podia haver dúvidas de que a contra-espionagem britânica já conhecia Ewert.

O partido afastou de cara a hipótese de que o delator tivesse sido Romero, o aluno de explosivos e chefe do arsenal, que também conhecia Ewert. Os argumentos eram bastante plausíveis, lógicos e combinavam com a sucessão dos fatos. Romero fora preso dois dias antes de Ewert. Primeiro foi levado a uma delegacia de bairro, sendo transferido apenas horas depois para a Polícia Central, e torturado barbaramente. Os indícios recolhidos pela rede de Prestes na polícia davam conta de que o interrogatório se concentrara inicialmente na questão menos importante (o modo pelo qual Romero havia obtido os explosivos). Quando a resistência do prisioneiro foi quebrada — os policiais ameaçaram torturar sua mulher e seus filhos —, ele, psicologicamente abatido e disposto a suicidar-se, começou a dar nomes e endereços, Ewert provavelmente já havia sido preso. Romero reconheceu-o numa foto, e depois, acareado com o alemão, o apontou como o homem que estivera duas vezes em seu aparelho. Além disso, com bastante paciência, Martins e Miranda elaboraram uma lista de todos os membros do Comitê Central que estiveram com Ewert nos plenos do final de julho e de novembro, cerca de quarenta pessoas, e atribuíram a cada uma "nota", de acordo com o grau de confiança. Sua conclusão era a de que não se podia excluir uma delação anterior — coisa para a qual o Bureau, que nunca confiara no PCB, estava preparado, pelo menos em princípio.

Outra versão veiculada poucos dias depois da prisão de Ewert ganhou notoriedade décadas depois, como se fosse uma "descoberta". A escritora Eneida Costa ouvira de Caio Prado, dirigente da ANL e simpatizante do PCB em São Paulo, uma frase que lhe fora dita pelo ministro das Relações Exteriores, Macedo Soares, segundo o qual um estrangeiro, talvez alemão, teria denunciado Ewert, mas não à polícia, e sim ao Itamarati. "Nós encaramos essa informação como uma manobra da polícia para nos colocar numa pista errada e encobrir a verdadeira", escreveu Martins, em Moscou, em 1938.[18] Sobretudo nas versões romanceadas, a hipótese do agente duplo infiltrado na cúpula do movimento no Brasil ganhou enorme — e injustificável — destaque.

Sendo correta a informação da escritora Eneida Costa (jamais pôde ser confirmada), as suspeitas aqui vão em outra direção do que a de Jonny de Graaf. Existia, de fato, um alemão com raiva de Ewert, por quem se julgava pessoalmente prejudicado: Jan Jolles, aliás "Alonso", o homem que Ewert e Ghioldi haviam afastado do Brasil e, mais tarde, também de Santiago. Já a prisão, em julho de 1935, no Chile, de Fritz Glaubauf (''Diego''), um veterano ''instrutor'' do Komintern na América do Sul e em quem Ewert confiava, havia despertado suspeitas sobre Jolles. Glaubauf também foi alvo de investigações quando o governo chileno o deportou para a Europa e ele chegou a Moscou. Ao que parece, falou mais do que devia (a polícia chilena o maltratou tanto que precisou interná-lo num hospital). Glaubauf conhecia os endereços, pelo menos de correspondência, no Rio. Para manter o rigor e não excluir nenhuma alternativa, temos agora, em matéria de alemão delator, não apenas um, mas três suspeitos.

Um historiador brasileiro, Hélio Silva, apresenta a versão que me parece a mais plausível de todas. ''Filinto Müller foi chamado ao gabinete do ministro das Relações Exteriores, José Carlos de Macedo Soares, que lhe apresentou um cartão, onde estava escrito Harry Berger. Perguntou: 'Conhece esse homem?'.''[19] O nome teria sido fornecido pelo Intelligence Service. Filinto Müller disse que não o conhecia, mas deveria ser o homem que estava procurando.

O defeito da versão envolvendo o Intelligence Service e o da ''denúncia do alemão'' é o de que nenhuma das duas combina com o comportamento da polícia brasileira, que, mesmo durante a prisão de Ewert, deu provas cabais de que não sabia estar lidando com uma conspiração pretensamente bem organizada. Martins já observara essa contradição na tática da polícia, ''que de um lado trabalhou bem e chegou dois dias depois da prisão de Romero ao camarada Ewert, e de outro lado não foi capaz de estabelecer uma vigilância em torno do seu aparelho de pelo menos 24 horas, que fatalmente a teria levado ao aparelho da Barão da Torre'' (onde vivia Prestes). Jonny elaborou um pouco mais sobre essa questão:

> Depois da prisão do camarada Ewert, reinava entre todos os camaradas a opinião de que Ewert havia atraído a atenção internacional por sua atividade na China, e por ter utilizado o mesmo passaporte para entrar no Brasil. Mas, refletindo com calma e analisando com lógica, o comportamento global da polícia brasileira nesse caso nos conduz a outra conclusão. Se o camarada Ewert, por sua atividade na China, foi seguido até o Brasil, e denunciado às autoridades locais, então essas autoridades deviam saber sua função e que ele não estava ali só. Nesse caso, a ação de prender de repente o camarada Ewert, sem observá-lo antes para chegar a outras pessoas, seria por parte da polícia brasileira simplesmente uma enorme besteira. Pois observando o camarada Ewert e sua casa, a polícia teria chegado a todos os outros.

Em seu próprio aparelho, ou nas proximidades dele, Ewert encontrava-se diariamente com Prestes, Ghioldi, Jonny, a secretária Marga e, com alguma freqüência, também com Stuchevski. A jovem argentina Marga, por sinal, cometeu uma imprudência fenomenal na tarde da prisão de Ewert, que só não teve maiores conseqüências devido ao comportamento bisonho da polícia. Marga chegou atrasada ao encontro das três horas e, mesmo vendo a casa de Ewert com todas as janelas fechadas, bateu à porta. Ninguém respondia. Um vendedor de sorvetes, da rua, gritou-lhe que estava ali à toa, pois os donos haviam sido levados pela polícia. Marga dirigiu-se então para Copacabana, diretamente para o aparelho de Ghioldi — e não foi seguida por ninguém.

Em Moscou, mais tarde, Jonny insistiu bastante na versão de que a empregada ou os vizinhos haviam denunciado Ewert:

> Ao escrever este relatório sobre o Brasil, tudo ficou novamente muito nítido, e passei a achar mais provável essa terceira possibilidade, a da denúncia por parte de vizinhos e da empregada. A polícia teria suspeitado de alguma coisa estranha e isso explica a maneira impetuosa como agiu a Polícia Especial. Uma hora mais tarde a polícia teria achado na casa de Ewert também Olga e Bruno (Locatelli).

Deolinda Dias contou aos policiais todos os detalhes do comportamento do casal, inclusive o fato, que já chamara a atenção de Jonny, de que Ewert a punha para fora da sala quando recebia seus amigos, e escondia cartas e papéis. Proporcionou ainda as indicações exatas das pessoas que Ewert e Sabo freqüentavam fora do círculo do partido ou dos conspiradores, e eram apenas duas: um professor de português e uma costureira, que tinha até o número de telefone de Sabo, que lá fora com Olga. O professor também dava aulas para Jonny e Lena, outra freguesa da costureira.

De qualquer maneira, enquanto permanecerem fechados os arquivos do Intelligence Service, em Londres, fica a dúvida sobre quem levou a polícia, afinal, a Arthur Ewert. Os relatórios da embaixada britânica a Londres, no começo de 1936, sugerem que sir Gurney, o embaixador, só ficou sabendo da prisão de Ewert pelos jornais. Seu telegrama de 8 de janeiro, dois dias após a notícia da prisão, nada acrescentava ao que saíra nos jornais. Dois dias depois, contudo, sir Gurney enviou ao ministro das Relações Exteriores britânico, Anthony Eden, um longo relatório: "Estou informado de que os documentos apreendidos com ele [Ewert] dão evidência completa sobre as origens do movimento e sua posição como principal agente de Moscou, sem dúvida o principal representante do Komintern, embora isto não esteja na imprensa".[20]

Só *depois* dessa prisão os homens de Filinto Müller mudaram radicalmente seus métodos de operação. Os documentos nos aparelhos de Ewert e Prestes eram bastante eloqüentes sobre a dimensão e os propósitos da operação, nem seria necessário interrogar Ewert a respeito. O mais provável é que os carrascos da polícia brasileira tenham começado a torturá-lo para que informasse o paradeiro de Prestes, do qual não tinha a menor idéia. Tratado como animal, presenciando suplícios infligidos à sua companheira e recebendo violentos choques elétricos na cabeça, Ewert foi pouco a pouco perdendo a razão. Ele seria mais uma das vítimas da "falta de reação" das autoridades brasileiras, erroneamente atribuída à "tradição liberal" do país. Filinto Müller merece com toda justiça o título de patrono da arma dos torturadores. E, a partir de então, nunca mais as autoridades brasileiras renunciariam à tortura como forma sistemática de reprimir movimentos políticos.

Repetidas denúncias e a crise social no Brasil a partir dos anos 70 mostraram que a tortura, ao longo das décadas, transformou-se numa instituição, uma prática banal e corriqueira, parte da cultura brasileira.

10
SUSPEITAS

★

QUINTA-FEIRA, 3 DE JANEIRO DE 1936
Zona Sul, 11h30

O banho de Sofia Stuchevskaia foi interrompido pela empregada. Um jovem, dizendo-se da polícia, estava procurando a patroa. Ainda pingando água, enrolada numa toalha, a agente soviética viu cinco homens na entrada de seu apartamento, em Copacabana, até aquele momento o mais secreto de todos os aparelhos do Komintern no Brasil. Voltou ao quarto, colocou um roupão e foi tranqüilamente perguntar o que eles queriam. Procuravam seu marido, Pavel Stuchevski, que ainda não havia chegado da rua. Um dos policiais perguntou a Sofia, em português, há quanto tempo ela vivia ali e se conhecia alguém chamado Harry Berger (o pseudônimo que Ewert usava no Brasil).

Nesse instante Pavel Stuchevski chegou em casa. O chefe da sucursal do OMS no Rio comportou-se como profissional. Imediatamente exigiu telefonar para seu cônsul. Os policiais não deixaram. Permitiram apenas que Sofia voltasse ao quarto para se vestir, mas nenhum a acompanhou. No quarto de dormir Sofia guardava, numa caderneta, os números da codificação dos últimos cinco telegramas transmitidos a Moscou. Teve tempo de destruí-los e voltou para a sala com um ar de dignidade ofendida.

O chefe do grupo disse a Stuchevski tê-lo visto na casa de Ewert. Não obteve do experimentado agente a menor reação. Acostumados a encontrar grande quantidade de papéis nas casas dos últimos "estrangeiros" que haviam visitado (os aparelhos de Ewert e Prestes, "estourados" em 26 de dezembro), os policiais começaram a revistar o apartamento. Pediram a Sofia as chaves das malas do casal e numa delas descobriram 6 mil pesos argentinos (cerca de 1700 dólares, bastante dinheiro para a época), mas escapou dos inexperientes investigadores brasileiros o grosso do que restara do ouro de Moscou, 12 mil florins (7800 dólares), escondidos no fundo falso de outra mala e num pequeno atlas de geografia. Enquanto isso, outro policial fuçava no piano da sala. Entre partituras encontrou um romance com uma dedicatória a Sofia, e nela constava a palavra "comunista". O livro foi apreendido, sem que o policial soubesse o que tinha nas mãos: o código do Komintern para a estação Stock, a sucursal do OMS no Rio. Com aquele livro Sofia cifrava telegramas.

Dois ficaram com Sofia no apartamento, enquanto os outros três levaram Pavel até Ipanema, à casa que fora o aparelho de Ewert, agora guardada por cinco ou seis homens armados. "Um deles me perguntou se já havia estado lá, se sabia quem morava ali", recordou-se Pavel, em Moscou, um ano depois. No apartamento, Sofia tentava conversar animadamente com os policiais. Contava coisas sobre a Bélgica, "pois nós eramos 'belgas' ", escreveu Sofia. Na volta de Pavel o chefe do grupo mostrou-se bem informado sobre o casal. Por que eles haviam dito ao proprietário de seu apartamento anterior que se mudariam para Petrópolis, e vieram dar em Copacabana? "Não tenho obrigação de dar satisfações a meu senhorio", respondeu Sofia, procurando tratar os policiais com certa arrogância e superioridade, indo ao ponto de desafiar um deles: "Não vou permitir ao senhor gritar comigo dentro de minha casa". O chefe do grupo foi ao telefone e teve um curto diálogo com alguém que Sofia não conseguiu identificar. "Não, esta é loira, olhos azuis, cabelos pintados."

No mesmo carro que levara Pavel até a casa de Ewert o casal de agentes soviéticos foi conduzido à seção política da Polícia Central, e imediatamente separado. Cada um preencheu um questionário e viu um álbum com as fotografias de Ewert e sua mulher. A de Ewert era colorida, a polícia brasileira a recortara da primeira página de uma revista alemã onde estavam retratados deputados do Reichstag (Parlamento) de 1927, ano em que Ewert fora eleito pelo KPD (o PC alemão). Pavel e Sofia disseram nunca terem visto o homem. Passavam das três da tarde quando ambos foram colocados em celas separadas, a de Sofia com vinte camas e nenhuma pessoa, a de Pavel com igual número de leitos e dois militares, dois médicos e três dirigentes sindicais. Continuava insistindo sem êxito em falar com o cônsul belga, e tranqüilizou-se quando percebeu que podia ver Sofia na outra cela.

Zona Sul, cerca de 19 horas

O argentino Rodolfo Ghioldi, formalmente o chefe do Bureau Sul-Americano do Komintern, não entendia mais nada. À tarde, Pavel Stuchevski deixara de comparecer a um "ponto" que haviam combinado. Reunido com o italiano Amleto Locatelli e o alemão Jonny de Graaf, Ghioldi achava que o "belga" (que todos tratavam por "Leon") só podia também ter sido preso. Mas como obter a confirmação? O ultracauteloso agente soviético programava sozinho seus contatos. Mantinha com seus dois principais homens de ligação, o americano Baron e o argentino Arias, encontros em locais ignorados por Ghioldi. Eram justamente esses dois que fechavam o circuito com o novo esconderijo de Prestes e os aparelhos dos camaradas do PCB, endereços que Ghioldi também não possuía. Ewert cuidara sempre disso, e ele estava desde 26 de dezembro na cadeia.

Ainda por cima, Ghioldi estava inconformado com a recusa de Prestes em sair do Brasil, com isso bloqueando a retirada de todo o grupo de enviados, para a qual Ghioldi, após a prisão de Ewert, já estabelecera até mesmo uma escala: primeiro deixaria o país Locatelli, a seguir o casal alemão, Jonny e Lena. "Mas enquanto Prestes não saísse, Ghioldi dizia que não podia sair também", lembrou-se Locatelli. O argentino criticava Prestes abertamente, dizendo que a conduta deste contrariava instruções do Bureau e que apenas a presença dele, Ghioldi, no Rio, "podia ajudar a diminuir as conseqüências da atitude de Prestes". Na semana anterior, uma das primeiras cartas que Prestes recebera em seu novo esconderijo fora do insistente Ghioldi. Ao saber também das críticas do argentino, o vaidoso comandante da revolução brasileira nunca mais na vida o perdoaria.

A situação de Ghioldi, já bastante precária, logo se tornou desesperadora. Dentre os estrangeiros em liberdade, o caso dele era o pior. Já estava sem passaporte e, com a correria para trocar de esconderijo após a prisão de Ewert, acabou ficando sem teto pela segunda vez. Depois de abandonar um apartamento que Jonny arranjara com um médico, Locatelli conseguira-lhe um lugar na pensão em que se hospedava em Copacabana, apresentando-o como "um amigo de praia". No último dia de 1935, também Locatelli "sugeriu" diretamente a Stuchevski que o mandasse de volta à Maison para fazer um relatório, pois era o único que ainda tinha um passaporte "bom", isto é, um documento cujo nome não atraíra a atenção da polícia. Stuchevski respondeu que não era hora de sair, e sim de ajudar Prestes, e entregou a Locatelli 3 mil pesos (880 dólares) para tranqüilizar Ghioldi. Não havia jeito: a verba não era suficiente para a retirada do grupo, Ghioldi precisava comunicar-se com Prestes, e tudo isto passava pelo agente soviético. Mas onde estava ele?

Gabinete do delegado Miranda Correia, Polícia Central, 22 horas

Reunidos na sala do chefe da seção política, o secretário pessoal de Filinto Müller, Carlos Brantes, e seu principal investigador, o delegado Francisco Meneses Julien, tinham desarticulado a operação montada pelo Komintern no Rio, e não perceberam. Desconheciam que suas mais recentes presas, Sofia e Pavel Stuchevski, eram o principal elo dos conspiradores com Moscou, dois agentes profissionais, de nacionalidade soviética, responsáveis pelo financiamento e comunicações da insurreição, além da segurança e discreto controle político dos principais participantes — todas as atividades que desempenhavam em missão no estrangeiro os integrantes da polícia política soviética, na qual Pavel fizera carreira. Jamais a polícia política brasileira saberia ter engaiolado um colega soviético, representante da NKVD, enquanto Sofia vinha pelo IV Departamento do Estado-Maior do Exército Vermelho (espionagem militar).[1] Ignorava também que, naquele momento, os enviados do Komintern ainda em liberdade não sabiam como encontrar seu chefe, Prestes, e este não tinha forma de entrar em contato com os estrangeiros. Não havia mais fundos nem comunicações diretas com a Maison.

Como os homens de Filinto Müller chegaram tão depressa ao chefe do aparato mais secreto da conspiração, o único razoavelmente intacto no começo de 1936, e não sabiam quem eram seus chefes? Para responder à essa questão existem fortes indícios, mas nenhuma prova conclusiva. A derrocada desse esquema dentro da estrutura (sete pessoas eram diretamente subordinadas apenas e somente a Stuchevski) começou com a prisão de Ewert. Deolinda Dias, a empregada do alemão, fez uma descrição bastante exata (entre outros) de Pavel e Sofia, a senhora que mancava de uma perna, e deu à polícia o primeiro endereço dos Stuchevski, na rua Prudente de Morais. Precavido, Pavel havia trocado de aparelho e rompera contato com o engenheiro Pompeu Magalhães e o comerciante não identificado que passavam telegramas cifrados para a Europa. Simpatizantes conhecidos, foram dos primeiros a serem presos. Magalhães logo foi liberado, o que se explicava, segundo Pavel, pelo fato de ser primo do interventor da Bahia, mas não sabia por que o comerciante também não ficara detido mais do que algumas horas. Esses dados já bastariam para levar a polícia até o novo endereço do casal soviético, e não se pode excluir que os interrogadores tivessem obtido algum indício suplementar através de Ewert ou de sua mulher.

Talvez a polícia nem sequer tivesse encontrado o casal de agentes soviéticos em Copacabana se não fosse pela desabalada fuga de Prestes. Ao sair às pressas da Barão da Torre o chefe da insurreição não tinha para onde ir, e buscou refúgio no apartamento de Stuchevski, que o levou a Baron e o colocou no aparelho onde estivera o rádio, ocupado também por Arias. Estavam todos muito próximos entre si, e era óbvio que Prestes e Olga não poderiam permanecer muito tempo ali. Não se podia esperar ajuda do PCB, considerado um risco de segurança pelos conspiradores. Stuchevski foi obrigado a queimar sua própria "reserva estratégica": deu a Prestes um aparelho que mantinha para si mesmo em caso de retirada, ocupado por um casal simples e de absoluta confiança, indicado pelo partido mas subordinado ao homem do OMS, que lhes pagava o salário. Era uma casinha na rua Honório, 279, no bairro popular do Méier.[2] Por medida de segurança, Prestes cortara todos os contatos diretos anteriores, inclusive com sua motorista, Lena, a mulher de Jonny. Por isso, na noite de 29 de dezembro, quem o levou ao novo esconderijo foi o radiotelegrafista americano Victor Allen Baron, agora fazendo as vezes de motorista e mensageiro. Prestes passou a depender do aparato do agente soviético, que sabia muito bem do grave risco que corria. Basta lembrar seu telegrama a Moscou, de 28 de dezembro, dizendo que fazia todo o possível para garantir a segurança de Prestes, "embora arrisque meu aparato".[3]

Partindo da certeza de que a casa de Ewert era um dos centros da insurreição e que o estrangeiro que acabavam de prender a freqüentara, Francisco Julien e Carlos Brantes sabiam que Pavel Stuchevski fizera parte da operação. Naquela noite decidiram inaugurar novos métodos de investigação, quem sabe com resultados mais positivos do que as pancadas, maus-tratos, suplícios e torturas inflingidas a Ewert e Sabo.

Pavel foi levado para o gabinete de Miranda Correia. Falando bom francês, Julien e Brantes o convidaram a se sentar e lhe ofereceram uma taça de café, escreveu mais tarde o agente soviético. Percebeu depressa que a polícia não tinha noção exata de quem ele era, situação reconfortante para um interrogado experiente: Stuchevski fora treinado para comportar-se assumindo que a polícia política sempre sabe mais do que o prisioneiro supõe.[4] Julien e Brantes interessaram-se pela origem do dinheiro, pelas atividades de Stuchevski na Europa e no Brasil, por seus conhecidos no Rio de Janeiro, se sabia quem era Ewert e, por fim, fizeram algumas ameaças. Pavel tinha mais um cheque de 7200 francos (cerca de quinhentos dólares) num banco no Rio e o disse. Explicou que os pesos argentinos haviam sido comprados no Banco di Roma, em Genebra, seguindo o conselho de amigos que lhe disseram ser melhor a taxa de câmbio na Europa, onde encerrara seus negócios antes de partir para o Brasil.

Como qualquer espião bem treinado, Stuchevski tinha um "falso" segredo para desviar a atenção do verdadeiro e desarmar momentos de suspeita. Repetiu aos policiais brasileiros a mesma história que contara ao ser preso como espião em Paris, em 1929, com a vantagem de que Sofia, de quem era mantido separado, também a conhecia:

> Disse que Sofia não era legalmente minha mulher, que ela ainda estava casada, mas que vivia com o filho, longe do marido. Como seu marido não queria lhe conceder o divórcio e pretendia ter a guarda do filho, ela se juntou a mim, depois de colocar o menino num colégio interno suíço. E disse, para finalizar, que só tenho um bem em minha vida: a felicidade da minha mulher. Por esta razão não podia dar detalhes sobre minha vida, meus negócios e meus amigos, pois assim se saberia quem era a minha mulher e lhe fariam mal.

Os dois policiais brasileiros não se deixaram levar pela primeira história contada pelo interrogado. Mas decidiram levar adiante o jogo. Monsieur Vallée (o nome falso de Stuchevski em seu passaporte belga) não precisava temer nada, assegurou Julien, "o que nos interessa é a luta contra o comunismo, pouco nos importa o resto, e não queremos incomodar nenhuma pessoa", disse ao soviético. Enquanto Brantes insistia agora sobre a figura de Ewert, Julien saiu da sala e foi procurar Sofia, a única habitante em sua espaçosa cela. Ela se lembrou, menos de um ano depois, de todos os detalhes desse primeiro contato:

> Entrou um sujeito que falava muito bem francês. Ele disse que havia acabado de falar com meu marido, que ele nada dissera sobre a origem do dinheiro, nem dera informações sobre seus negócios, e que ele estava escondendo alguma coisa. Eu lhe disse que minha educação não me permitiria jamais intrometer-me nos negócios de meu marido, mas que achava que tudo deveria estar em ordem, pois havíamos conseguido os pesos em Genebra, no Banco di Roma, e que eu estava presente quando ele trocou o dinheiro. Disse que não conhecia gente no Rio, que estava na cidade para descansar. Ele me garantiu que não nos iria fazer mal, que eu podia dizer onde meu marido trabalhou depois de 1929, pois só até ali ele dera informações. Ele me repetiu várias vezes que não estava acreditando nessa história.

Apesar de sua desesperadora situação, nas mãos do inimigo, Pavel conseguira uma pequena vitória tática sobre a polícia: um dos interrogadores fora dizer involuntariamente à sua parceira qual lenda Pavel estava contando e que história, por sua vez, ela deveria apresentar aos policiais. Se, até então, Sofia tinha alguma dúvida sobre a maneira como Pavel tentaria driblar os interrogadores, Julien contribuiu em boa parte para dissipá-la. No entanto, o policial brasileiro não estava convencido, e ensaiou uma ameaça, quem sabe com uma mulher isso funcionasse:

> Perguntou-me se eu recebia cartas de meus pais, ao que respondi afirmativamente. Ele me pediu algumas mas eu lhe disse que não as guardava. Durante essa conversa, duas outras pessoas entraram. Cada uma ficou de um lado da

cama. Conservei minha calma e fiquei encarando os três. Um deles perguntou se eu estava com meu passaporte. Ele fez um movimento em direção à minha bolsa de mão, tocou-a mas não a abriu. Eu lhe entreguei o passaporte. Ele encontrou algum dinheiro brasileiro mas me devolveu. O primeiro repetia todo o tempo: "É melhor que a senhora seja sincera, madame. Nada temos contra os senhores, diga o que sabe sobre seu marido e em seguida nós os levaremos de carro para casa". Ele disse que se eu não contasse tudo, teriam meios de me fazer falar.

A tentativa de Julien de introduzir uma cunha entre os dois agentes, acenando com punição e recompensa, era bastante bisonha. Sofia blefou: "*Allez y, monsieur, je suis seule ici sans defense et vous êtes trois*". Mas Julien disse que ela não o havia entendido, que ninguém lhe faria mal, "vocês estão sob a proteção da polícia brasileira".

SEXTA-FEIRA, 4 DE JANEIRO DE 1936
Copacabana, cerca de 9 horas

Sem ter a menor idéia do que acontecera a Pavel e Sofia, Ghioldi, Locatelli, Jonny e Lena decidiram revezar-se discretamente diante do Edifício Rosada, avenida N. S. de Copacabana, 92, onde morava o casal Stuchevski. Mas em qual apartamento? Lena, a ex-motorista de Prestes, que a todos conhecia e tudo sabia, desta vez não se lembrou do número. Em compensação, era capaz de mostrar em qual das janelas do sexto andar, olhando para o Lido, ela certa vez tinha visto Stuchevski desde o balcão da pensão de Locatelli, muito surpresa de que todos fossem vizinhos tão próximos.

As longas horas de vigilância não trouxeram nenhum resultado. Tampouco havia sinal de Baron ou de Arias. Ghioldi estava com os nervos à flor da pele, lamentando a série de erros cometidos e a situação em que todos se encontravam. Voltava sempre ao tema dos documentos apreendidos na casa de Ewert (que a polícia nem sequer havia começado a publicar). "Ele me dizia que reconhecia toda a sua responsabilidade, por ser dirigente do Bureau do Komintern", escreveu Locatelli. "Estava preocupado com as medidas que o Komintern adotaria diante dos fatos ocorridos. Eu o via muito nervoso, embora ele fizesse grande esforço para escondê-lo. Criticava muito os erros cometidos."

Ghioldi queria encontrar Prestes de qualquer maneira, e estava convencido de que só o conseguiria por meio de Stuchevski. Embora as circunstâncias falassem por si — isto é, algo ocorrera ao chefe do OMS no Rio —, Ghioldi e Locatelli optaram por fazer algo que só podia ser caracterizado como uma rematada loucura. Resolveram bater à porta do apartamento, sem saber qual era e sem ter a menor idéia do que os esperava. Locatelli aceitou a missão. ''Embora isso fosse contra as normas mais elementares de segurança, tinha de ser feito'', escreveu. Após estudarem bem as janelas que davam para o Lido, convenceram-se de que apenas dois apartamentos, naquele andar, estavam voltados para aquela direção.

Polícia Central, 10 horas

Um sujeito muito polido e amável, dizendo-se seu amigo e companheiro, procurou Sofia em sua cela, falando macio. Grande dama ofendida, Sofia o tratou com desprezo:

''Não procuro meus amigos entre policiais''.

O visitante disse que não era policial. Apresentou-se como secretário do chefe da polícia, Filinto Müller, e exibiu uma carteirinha onde constava Carlos Brantes, secretário. Era o prosseguimento da tática ''macia'' iniciada por Julien na véspera. Explicou a Sofia que o Brasil atravessava um momento muito difícil, ''os comunistas tentaram derrubar nosso regime, eles fizeram muito mal a nosso país''. Falou longamente sobre a hospitalidade brasileira, mas que não era possível permitir o que estava acontecendo. O distinto casal estrangeiro poderia continuar vivendo sem o menor problema, mas se ela ou ele estivessem escondendo algo, era melhor dizê-lo, mesmo que fossem problemas pessoais. Tudo permaneceria apenas entre eles. Sofia pediu o prazo de uma noite para pensar no que iria dizer a Brantes — ganhando assim um pouco mais de tempo. Ficara muito preocupada com o começo da conversa: Brantes lhe mostrara uma foto de Olga Benario, perguntando se a conhecia.

''Quem sabe a senhora a viu na praia'', disse Brantes, mencionando a seguir um importante detalhe: ''A mulher de Harry Berger disse que [Olga] tinha uma amiga com uma perna doente que morava muito perto de sua casa''. De fato, Olga e Sofia conheciam-se desde a ''casa de chocolate'', o discreto edifício do IV Departamento do Estado-Maior do Exército Vermelho, em Moscou, para o qual trabalhavam. Se fora Sabo ou a empregada Deolinda que fornecera à polícia a descrição exata de Sofia — que continuou amiga de Olga no Rio e sofria de flebite na perna direita — não importa. Sofia sentiu-se cercada. Brantes lhe mostrou, além disso, alguns cadernos de exercício. Pavel e ela estavam aprendendo português, e o professor era o mesmo dos casais Ewert—Sabo e Jonny—Lena, outra assombrosa falha de segurança.

''Eu tenho uma perna enferma, mas é ridículo achar que sou a única com uma perna ruim'', respondeu a Brantes.

Copacabana, 21h30

A tensão e a incerteza entre os enviados do Komintern em liberdade tornaran-se insuportáveis. Locatelli entrou no Edifício Rosada e subiu pela escada até o sexto andar. Ali teve uma desagradável surpresa:

Em vez de dois apartamentos, havia quatro voltados para o Lido e três para o pátio interno. Sem saber qual o nome que Vallée adotara, comecei a tocar as campainhas, dizendo para mim mesmo que podia dizer às pessoas que tinha sido um engano. Toquei as campainhas dos três primeiros apartamentos, e só apareceram pessoas estranhas. Pensei então que estava na hora de sair do prédio, pois havia sido visto por várias mulheres. Sobrara apenas um apartamento e resolvi voltar lá no dia seguinte à noite.

O italiano teve mais sorte do que se tentasse a roleta-russa: o quarto apartamento (o de número 81) era o de Stuchevski — e ali dentro estava a polícia. Amleto escapara da ratoeira sem o saber.

Polícia Central, cerca de 23 horas

Sozinha em sua cela, Sofia repassava mentalmente a conduta que teria de seguir depois do segundo interrogatório, que tivera lugar na manhã daquela sexta-feira. ''Pensei em inventar alguma coisa, pois eles não tinham provas contra nós, nada havia sido descoberto na revista do apartamento e eu tinha certeza de que Ewert e Sabo nada diriam'', escreveu. De fato, naquele momento os policiais brasileiros estavam dispostos a liberar a notícia da prisão de Ewert e do material encontrado em seu aparelho e no esconderijo de Prestes na rua Barão da Torre, talvez por terem se convencido de que nada conseguiriam arrancar do homem forte do Bureau do Komintern no Rio. Sofia pensou naquilo que Julien lhe dissera no primeiro interrogatório, e imediatamente ligou as evidências.

''Lembrei-me da história que Pavel inventara em Paris ao ser preso. Imaginei que ele fosse fazer uso dela outra vez'', recordou.

SÁBADO, 5 DE JANEIRO DE 1936
Polícia Especial, cerca de 9 horas

Sofia mandou chamar Brantes a sua cela.

Muito séria, contei a ele que tinha me casado muito jovem na Bélgica, que meu marido me tratava mal, que era um Don Juan, que minha família lamentava o casamento, que tinha um filho com ele, que não me permitiam viver com meu filho, que Pavel era muito bom e generoso comigo e com meu filho, que meu primeiro marido não me dava o divórcio, que Pavel não disse onde trabalhou depois de 1929 porque ele é sócio de meu marido em negócios e não posso dar o nome dele, pois a polícia acabaria dando indicações a meu marido sobre onde me encontrar.

A história não era de todo má, e tinha a vantagem de possuir um detalhe verdadeiro, que poderia ser confirmado por qualquer polícia (se bem que a francesa não se deixou convencer por isso): o filho de Sofia estava internado num colégio suíço, chamava-se Eugène e seu pai era mesmo Pavel (também o casal Ghioldi deixara uma filha pequena, Susana, mas num internato em Moscou). No seu minucioso relatório, escrito em francês, a agente soviética deixou transparecer um raríssimo e encantador traço de emoção pessoal ao explicar seu comportamento diante da polícia brasileira. "Seguramente ao falar de meu filho eu tinha uma voz sincera e emocionada", escreveu.

Sofia terminou a "confissão" dizendo a Brantes que havia contado tudo, sua vida estava agora nas mãos dele. "Ele me disse que acreditava em tudo o que eu dissera e que eu havia salvo meu marido com uma só frase: a de que ele era sócio de meu primeiro marido e não podia dizer seu nome." Mas Brantes mostrava-se mais malicioso — se bem que algo primitivo — do que Sofia calculava. Disse que iria a Pavel comunicar que ela havia contado o segredo. Talvez fosse melhor ainda que ela mesma, Sofia, dissesse isso a Pavel. Brantes entregou-lhe uma folha de papel e um lápis e ditou-lhe uma frase em francês, que ele entregaria a Pavel: "J'ai dit tout a M. Brantes".

O truque era simples demais para que tivesse êxito com uma agente experiente como Sofia. "Percebi muito bem o que ele queria, pretendia arrancar alguma palavra para extrair coisas de Paul", recordou. Sofia garantiu a Brantes que não poderia fazer aquilo, Pavel talvez chegasse a conclusões erradas. Fez uma contraproposta a Brantes, e escreveu no pedaço de papel: "Léon, j'ai dit a M. Brantes toute la vérité en ce que concerne notre situation, c'est à dire, que j'ai un mari, mais je n'ai pas dit son nom e l'endroit on se trouve mon petit en Suisse, Aline". Brantes partiu com o papel nas mãos e voltou pouco depois, comentando que Pavel lera o bilhete e nada dissera. "Meu marido não é muito jovem e por isso é muito desconfiado", disse Sofia. Brantes nunca mais voltou à sua cela.

Copacabana, cerca de 11 horas

Ao iniciar sua segunda aproximação ao apartamento do casal Stuchevski, desta vez Locatelli optou por algo mais simples. Para evitar ser visto de novo pelos vizinhos, procurou o porteiro do prédio com uma desculpa esfarrapada. Tinha conhecido um senhor muito distinto na praia, cujo sobrenome não se lembrava, a quem emprestara um livro que não era seu e gostaria agora de tentar recuperá-lo. A narrativa de Locatelli, reproduzindo o cômico episódio, deixa entrever nitidamente a desconfiança com que o porteiro ouviu a história, pronunciada provavelmente numa mistura de italiano com espanhol e algumas poucas palavras em português:

> Antes de me dar qualquer resposta, (o porteiro) ficou me olhando, depois olhou para trás, pareceu-me muito estranho. Enfim respondeu:
>
> "O senhor que está procurando chama-se Vallée, ele foi preso pois é comunista. A polícia está no seu apartamento."
>
> Eu não esperava por isso. Sem me denunciar, pois achei que por toda parte deveria haver gente da polícia, mostrei-me muito surpreso.
>
> "Impossível isso, meu senhor, deve haver um engano, o senhor Vallée parecia uma pessoa muito distinta. Estou convencido de que tudo isso não passa de alguma confusão."
>
> "Não quer subir e pegar seu livro?"
>
> "Não vale a pena, afinal não é nada tão importante, e estou certo de que ele logo será liberado."
>
> Depois disso saí sem demora, fazendo uma enorme volta para me encontrar de novo com Ghioldi, que ficou espantadíssimo com a notícia, e não queria acreditar.

Nessas circunstâncias, perguntou Ghioldi, como encontrar Prestes? Stuchevski estava preso, os homens de seu aparato desaparecidos. Prestes não podia saber onde estavam os remanescentes do Bureau, e Ghioldi não tinha contato com os dirigentes do partido, que naqueles dias também estavam trocando de aparelho.

Centro, 16 horas

Locatelli encontrou-se com Jonny e Lena num café não mencionado. Deu a notícia da prisão do chefe do OMS, contou em detalhes as preocupações de Ghioldi, que não queria se expor e deixou que o italiano cuidasse de todos os contatos (só ele sabia onde moravam Ghioldi e mulher, ou seja, na sua pensão em Copacabana). Locatelli fazia conjecturas sobre o possível comportamento de Prestes, baseado no fato de que apenas um dos enviados do Komintern não havia mudado de aparelho: Jonny de Graaf.

"Tínhamos esperança de que Prestes utilizasse a última possibilidade para restabelecer o contato, exatamente por intermédio de Gruber (Jonny), que não mudara de apartamento. Saberia Prestes o endereço? E se soubesse, consideraria correto procurá-lo?", escreveu o italiano.

Para sua sorte, Prestes não o fez.

Copacabana, 20 horas

No seu carro, Jonny e Lena voltavam para casa, vindo do encontro com Locatelli. "Estávamos quase chegando quando percebemos que a casa estava cercada pela polícia, e que era impossível fugir", contou Jonny, mais tarde, em Moscou.

> Mal entramos em casa e a empregada contou para minha mulher que a polícia estivera ali. Então a campainha tocou. Ao perguntar a que se devia aquela honra, disseram-me que tinham ordens de revistar a casa. Quinze homens da Polícia Especial vasculharam a casa de cima a baixo, sempre na minha presença e da minha mulher, até umas onze e meia da noite. Nada encontraram. O delegado disse-me então que deveria ter havido um engano, mas primeiro ele tinha de telefonar para a Polícia Central. Depois do telefonema, ele me disse que eu e minha mulher teríamos de acompanhá-lo para esclarecer algumas questões. Não precisaríamos levar nada, logo estaríamos de novo em casa. Fomos com nosso próprio carro para a polícia.

Começa aqui um dos episódios mais misteriosos e discutidos de todos os acontecimentos relacionados ao levante de 27 de novembro. Jonny de Graaf, conhecido na literatura apenas por seu pseudônimo (Gruber), foi popularizado como agente duplo, às vezes trabalhando para a Gestapo, às vezes para o Intelligence Service, às vezes para ambos, ou só para o Itamarati. Isso desde que chegou ao Brasil, segundo algumas versões, ou só depois que foi preso, de acordo com outras. Também teria recebido dinheiro dos americanos. Alguns acham que ele foi preso em 1936, outros em 1940, e, outros ainda, que ele nunca teria sido detido. As versões sobre a atuação desse personagem tornaram-se cada vez mais rocambolescas com a passagem do tempo. Os rumores que circulavam na época se transformaram em "informação", a seguir em "fato histórico" (tudo isso sem qualquer comprovação documental, ou baseado em interpretações distorcidas de fragmentos), sem nunca terem deixado de ser lenda. Com o fim da União Soviética emergiu dos arquivos uma voz que se julgava para sempre perdida:

a do próprio Jonny de Graaf. Eis a sua versão, fixada em alemão num relatório aos seus superiores, em Moscou, catorze meses depois do episódio:

> Lá (na polícia) nos mostraram as fotos de Ewert e mulher, de Olga e de outros que não conhecíamos. Negamos conhecer essas pessoas. O delegado tornou-se agressivo. Nós dois declaramos que se ele não se comportasse como um cavalheiro não lhe daríamos mais nenhuma resposta. Ele se negava a dizer por que nossa casa havia sido revistada. Depois da meia-noite fomos conduzidos ao chefe de polícia, que com extrema cordialidade fez suas perguntas e respondeu as minhas sobre os motivos disso ou daquilo. Ele esclareceu que eu havia sido denunciado por nosso antigo professor de idiomas, o qual dissera que eu deveria estar ligado a Ewert, Berger. Eu protestei e exigi que buscassem o sujeito, continuei exigindo ser acareado também com Ewert. O chefe da polícia declarou-se disposto a mandar buscar o professor de idiomas imediatamente, mas colocar o senhor e mulher diante de Berger é inútil, pois Berger não o reconheceria mesmo que o senhor fosse seu irmão.
>
> Tínhamos deixado esse professor de idiomas quando constatamos que também Ewert e mulher tinham aulas com ele. Esse sujeito queria agora se fazer de interessante junto às autoridades. Quando ele foi trazido, enrolou-se em muitas contradições e só pôde fazer conjecturas. Depois disso, o chefe de polícia gritou com ele e o pôs para fora.
>
> Ele disse então: "Nós estamos vendo agora que nos enganamos, mas o senhor é estrangeiro e de qualquer maneira temos que nos interessar pelo senhor". Para nós começou aí o perigo. Eu reproduzo um trecho da conversa:
>
> "Polícia: 'O senhor está há um ano aqui no Rio e quais são seus negócios?'.
>
> "Eu: 'Não tenho nenhum'.
>
> "Polícia: 'Mas o que o senhor faz aqui e do que vive?'.
>
> "Eu: 'Eu gosto tanto do Rio que depois de uma vida cheia de trabalho posso me permitir passar alguns anos sem fazer nada, e já que não pude depois do casamento fazer uma viagem de lua-de-mel com minha jovem esposa, estamos fazendo isto agora aqui. O senhor tem alguma coisa contra estrangeiros que vêm para cá gastar seu bom dinheiro?'.
>
> "Polícia: 'Não, pelo contrário. Em qual banco está depositado o seu dinheiro?'
>
> "Eu: 'Em nenhum, seus bancos e a taxa do mil-réis não me parecem suficientemente seguros'.
>
> "Polícia: 'Quanto dinheiro o senhor tinha ao chegar?'.
>
> "Eu: 'Mil libras esterlinas e algumas centenas de dólares americanos'.
>
> "Polícia: 'Mas o senhor é austríaco e não pode trazer dinheiro de lá'.
>
> "Eu: 'O senhor tem razão, mas nós comerciantes aprendemos com a guerra, naquela época perdemos tudo e não somos tão idiotas a ponto de deixar todo o nosso dinheiro lá outra vez'.
>
> "Polícia: 'Em qual banco europeu está depositado seu dinheiro?'.
>
> "Eu: 'No Banco de Londres'.

"Polícia: 'Pode-se telegrafar?'.

"Eu: 'Claro, meus senhores, naturalmente às suas custas'.

"Polícia: 'Obrigado, é suficiente'."

Enquanto isto, tinham ido buscar o proprietário de nossa casa para que prestasse declarações sobre nós. Ele é diretor da Transatlantik Kabelgesellschaft e deu um bom testemunho, declarando que eu era um cidadão democrata tranqüilo e bem situado. Durante a noite tinham interrogado meus vizinhos e todos haviam falado bem de nós.

O chefe de polícia desculpou-se pelo erro e declarou que nós não precisávamos nos considerar como prisioneiros, mas só pela manhã poderíamos ser liberados, devido a algumas formalidades. Minha mulher foi colocada para dormir num sofá de couro nesse gabinete e eu fui para a delegacia.

De todos os participantes da conspiração, o terrorista alemão Jonny de Graaf era o mais experiente em luta de ruas, fora preso o maior número de vezes e o único a comandar um aparato militar ilegal (por seis meses) na Alemanha nazista, o que exigia muita coragem. Tinha formação política elementar e questões ideológicas não o interessavam. O mergulho desde a adolescência em aventuras como marinheiro, a dedicação exclusiva à sua especialidade (bombas e terrorismo), o jeitão rude e ao mesmo tempo atento aos prazeres materiais da vida — tudo isto colocava Jonny seguramente na zona cinzenta entre atuação política e banditismo (do que havia sido, inclusive, acusado pela Comissão Internacional de Controle do Komintern). Ele era maduro, hábil e enfrentar a polícia não o deixava de maneira alguma nervoso. Mas seu depoimento acima jamais o livraria de suspeitas.

DOMINGO, 6 DE JANEIRO DE 1936
Polícia Central, madrugada

Lena, a alemãzinha que tudo sabia, ficou para trás e Jonny foi levado para uma cela, a mesma onde estava Pavel Stuchevski. Do outro lado, o alemão avistou Sofia, mas não podia falar com nenhum dos dois. Ela estava muito distante e, na cela dos homens, com vários prisioneiros, Jonny diz ter logo suspeitado da presença de delatores infiltrados pela polícia. De fato, além dos dois carcereiros que ali dormiam, havia um brasileiro, que falava muito bem francês, sobre o qual também recaíra a desconfiança de Stuchevski. "Na delegacia eu vi o camarada Leon (Pavel) e sua mulher", escreveu Jonny. "Ele dormia, de manhã me reconheceu imediatamente, dava uma impressão sólida e tranqüila. Nem podíamos pensar numa comunicação, pois havia espiões no recinto."

Pavel descreveu a cena do mesmo modo, com apenas algumas modificações. "Os guardas trouxeram Gruber (Jonny). Eu estava deitado no meu catre e ele ficou andando de um lado para o outro, com um ar muito preocupado. Em determinado momento, ao passar ao meu lado, ele murmurou qualquer coisa que não compreendi, e então eu lhe disse, com o canto dos lábios, *Achtung*" ("atenção" ou "cuidado", em alemão). Sofia também viu e reconheceu Jonny, "que já havia encontrado alguma vez nas escadarias do Komintern ou em algum outro lugar", escreveu.

> Ele me reconheceu também. Ele andava de um lado para o outro na primeira cela. Um guarda me disse que tinham prendido o secretário de Berger com sua mulher e que ela era bonita e elegante. Mas sua mulher não ficou na minha cela. No dia seguinte, eles levaram para a cela uma mulher de uns trinta anos, loira, muito bonita, forte, pequena e que só falava alemão. Ela chorava o tempo todo, pedia alguma coisa em alemão mas eu lhe respondia em português que não entendia o idioma que ela falava. Eu pensei que essa mulher fosse a esposa do Gruber, mas por Olga eu sabia que a mulher de Gruber era ainda mais jovem, graciosa e elegante, enquanto esta mulher era um pouco forte e nem um pouco elegante. Então, eles a chamaram para ser fotografada. No mesmo dia ela foi levada da minha cela e nunca mais a vi. Pavel disse-me depois que talvez se tratasse da mulher de um homem, um judeu, que eu vira em outra cela.

Pela manhã Jonny foi tirado da cela e levado de volta ao chefe de polícia, conforme contou. Ele e sua mulher receberam "corteses desculpas" e a promessa de que se precisassem de alguma coisa era só procurar a polícia, que se empenharia ao máximo como forma de reparar o erro cometido. O casal voltou para casa no próprio carro. "Como estávamos de carro, tínhamos também maior possibilidade de saber se estavam nos vigiando. Mas logo constatamos que ninguém nos seguia", escreveu Jonny.

Em sua cela, na mesma manhã, Stuchevski foi indagado por dois policiais se conhecia o prisioneiro da madrugada anterior: "Perguntei de quem eles falavam. Fizeram a descrição de Gruber. Respondi que nunca o vira antes. Aí um policial disse ao outro: 'Ele o conhece, ele o conhece' ".

O que aconteceu nas quase doze horas que Jonny e Lena permaneceram nas mãos da polícia no Rio não está definitivamente esclarecido. Na falta de provas conclusivas, é inesgotável o campo para especulações. Suponho que, ao entrar na Polícia Especial, na noite de sábado, Jonny não era um informante da polícia brasileira. Os motivos de sua prisão parecem consistentes. O professor de idiomas existia, chamava-se Willi de Souza e trabalhava na Escola Berlitz. Alguns dos enviados tiveram aulas de português com ele, a quem se atribuiu também a denúncia do casal Stuchevski. Prestes, ao saber mais tarde disso, pediu a Martins que o PCB desmascarasse esse professor como delator da polícia. A empregada de Ewert também deve ter fornecido uma descrição de Jonny e de Lena, que freqüentavam a casa do patrão. E os torturadores tinham vencido a resistência de um prisioneiro que conhecia Jonny muito bem: José Romero, seu aluno no curso de bombas (mais tarde, fora do Brasil, o alemão diria que seu maior temor fora Romero), que falou de "Pedro" (Jonny), o professor. Ou seja, a polícia estava no encalço de Jonny.

Filinto Müller anunciou aos jornais ter capturado "o secretário de Berger" (Ewert), e o colocou na rua poucas horas depois. Não era maneira adequada de se tratar um agente duplo ou informante de valor. Todo mundo ficou sabendo de sua prisão, a começar pela cúpula do PCB. Jonny e Lena estavam queimados.

Supondo que Jonny tenha sido um traidor, abrem-se aqui duas possibilidades para explicar as circunstâncias de sua libertação, nenhuma delas totalmente convincente. A mais famosa é a da intervenção do Intelligence Service, que, ao saber da prisão de seu agente duplo no Rio, teria, de Londres, pressionado as autoridades brasileiras, obtendo sua libertação.[5] Há apenas um defeito nessa versão: no momento em que teria ocorrido a intervenção em favor de Gruber — 1940 —, Jonny de Graaf já estava morto.[6] A segunda hipótese é a de que ele ou Lena tenham comprado sua liberdade com informações. A "alemãzinha" conhecia como ninguém todos os participantes da conspiração, e não há o menor registro ou referência sobre o quê ou com quem ela conversou enquanto Jonny ficou trancado numa cela com Pavel Stuchevski. O defeito desta segunda possibilidade é o de que as prisões subseqüentes dificilmente podem ser atribuídas a informações em poder de Jonny, ou mesmo de Lena.

Uma terceira alternativa é a mais espantosa de todas, mas não pode ser excluída: a de que as coisas tenham transcorrido como Jonny contou. Ou seja, a polícia acreditou ter cometido um erro, pois não encontrou no aparelho do casal provas de nenhum tipo, nem sequer muito dinheiro, e os amigos alemães de Jonny lhe conferiram um ar de seriedade. Para as duas bombas que não funcionaram no aparelho de Prestes (na lanterna e no armário, confeccionadas com dinamite obtida por Martins) pode valer a desculpa de que os artefatos de Jonny sempre explodiam na hora errada e nunca funcionavam no momento desejado. Mais tarde, sob fogo cerrado de camaradas e interrogadores em Moscou, curiosamente o item bomba no armário não foi jogado contra ele. Ganhou destaque apenas entre Martins e Miranda, que sobre ele construíram um edifício de provas para explicar os êxitos da polícia contra os aparatos da Internacional.

TERÇA-FEIRA, 8 DE JANEIRO DE 1936
Copacabana, pela manhã

Num acaso que dá o que pensar, Locatelli, ao dirigir-se a um fotógrafo, encontrou-se com o americano Victor Allen Baron:

> Ao sair, tive a impressão de ver, poucos metros adiante, no outro lado da rua, o Baron. Não estava certo de que era ele. Fui até lá e me convenci de que era mesmo o Baron. Passei por ele e, em voz baixa, pedi-lhe que me seguisse. Entramos num hall de cinema. Minha primeira pergunta foi: "Você sabe onde está Prestes?".
>
> "Se você quiser podemos ir lá agora." Depois acrescentou: "Sabe que Vallée (Stuchevski) está há cinco dias preso?".
>
> "Sim, nós sabemos. Você tem carro? Não vamos ao Prestes, vou te levar até alguém de total confiança."
>
> Depois disse a ele que me esperasse num lugar perto da praia do Leme, um quilômetro de distância da pensão do Ghioldi. Meia hora depois eu o levei a Ghioldi.

O espantoso nesse curto relato são dois elementos, ambos relacionados à segurança de Baron e, por conseqüência, à de Prestes. O primeiro é o fato de que Baron circulava nas proximidades de onde morava, mesmo sendo uma pessoa (muito alto e muito magro) fácil de ser reconhecida na rua. O segundo é que ofereceu-se de imediato para levar Locatelli até Prestes — sem ter a menor idéia de que função exata tinha o italiano. Locatelli transformara-se por dois dias numa espécie de pivô de todos os contatos. Através de Baron, que ainda tinha um carro, os enviados perdidos e desorientados no Rio retomaram a ligação com a cúpula do PCB (Baron também sabia onde era o aparelho de Abóbora, para o qual convergia parte da correspondência de Prestes com o partido, que não havia sido interrompida, além de manter contato com o caseiro, Escarsema, e com o correio argentino Arias). Através do italiano também Lena entrou em contato com Baron, e contou-lhe a versão do casal alemão sobre sua própria prisão.

Ghioldi e o italiano Locatelli, com quem Jonny e Lena logo tinham se encontrado, parecem ter atribuído bastante crédito à narrativa feita pelo casal alemão. Por fim, o argentino decidiu desmontar de qualquer maneira o time de enviados, e ordenou que Locatelli e o casal Jonny e Lena deixassem o país o mais rápido possível. Quanto a ele, Ghioldi, ainda tinha esperança de encontrar Prestes e tentaria sair mais tarde com ele. O dinheiro das viagens poderia ser conseguido com a venda do carro de Jonny. Ghioldi combinou o trabalho futuro do alemão em Buenos Aires (para onde Locatelli também seguiria inicialmente) e, segundo Jonny, concordou que ele voltasse à polícia brasileira para obter um visto de saída e entrada — pois já expirara o visto de turista com o qual entrara no Brasil um ano antes. Jonny continuou vivendo em seu apartamento em Copacabana, reuniu seus amigos de fora da conspiração — entre eles um militar austríaco e o alemão diretor da Transatlantik — e anunciou que em breve partiria para visitar outros países sul-americanos.

QUARTA-FEIRA, 9 DE JANEIRO DE 1936
Polícia Central, à noite

Sofia e Pavel Stuchevski notavam há algum tempo sensível melhora no modo como eram tratados, mas ainda não tinham idéia do que lhes estava reservado. "Um dos guardas disse que o tenente lhes havia dito para nos tratar bem, pois eu era uma pessoa séria e distinta", contou Sofia, que descrevia sua própria atitude frente aos captores como "não fria, mas de superioridade". Pavel assumira uma postura de mutismo e desinteresse, mas Sofia mostrou-se ativa e começou a conquistar a simpatia de seus carcereiros. No quarto ou quinto dia de cadeia (Sofia diz que foi no sexto), eles foram fichados: deixaram impressões digitais e fotografias. Brantes disse outra vez a Sofia que Pavel não entendera o bilhete. Preocupada, ela procurou uma maneira de comunicar-se diretamente com o marido preso numa cela do outro lado. Encontrou-a na figura de um policial:

> Entre os guardas havia um simpático que falava bem francês, havia estudado dois anos na Bélgica, sobre a qual conversávamos. Um dia em que ele estava de sentinela eu lhe disse que era o aniversário de meu filho e perguntei-lhe se ele deixaria que eu abraçasse meu marido. Ele respondeu que era necessário aguardar até a madrugada, quando eu poderia abraçar meu marido mas que eu não podia dizer nada. Eu lhe prometi isso. Arranquei a folha de um livro e escrevi a Pavel que no bilhete a Brantes escrevera que éramos casados e os outros detalhes. Depois de uma hora o guarda nos deixou sair da cela e eu abracei Pavel e coloquei em sua mão o bilhete. Estava tranqüila e sabia que Pavel saberia utilizar a mesma versão.

Pavel estava sendo submetido, sem o saber, a mais um teste da dupla Julien—Brantes. Dois dias depois que Jonny passara por sua cela, entrou ali um novo prisioneiro, um homem de estatura média que foi colocado para dormir ao lado do agente soviético. Entre os presos continuava aquele brasileiro que falava bem francês, e que sempre tentava se aproximar de Pavel. Um dia ele perguntou se Stuchevski conhecia seu vizinho de leito. "É Romero, o homem da explosão do Grajaú", disse o "provocador." Stuchevski prossegue:

> De fato, esse homem tinha os dedos de uma mão muito machucados, e bem podia ser o Romero (eu não o conhecia). Estava muito abatido. O provocador o questionava bastante. Romero dizia que não tinha outro desejo senão o de morrer, que o haviam torturado de maneira horrorosa, que ele nada havia traído, mas que seus filhos haviam contado muita coisa.

Stuchevski possivelmente foi salvo pelo fato de Romero também não o conhecer. Mas o soviético incluiu após essa descrição uma frase que ficaria para sempre na ficha de Romero em Moscou, qualificando-o como colaborador da polícia: "Durante o tempo que estive com ele, saiu duas ou três vezes, e recebia uma ração melhor que os outros prisioneiros".

Isto, aliás, acontecia também com Sofia. Da sala do tenente ela pôde ligar para casa e pedir roupas e sapatos para a empregada, que foram prontamente entregues. Os guardas trocavam dinheiro e compravam livros para ela. Sofia, que se recusou a aceitar a comida da prisão, recebia refeições compradas pelos guardas num restaurante. "Um dos guardas (um italiano), que uma vez trocou dinheiro, disse-me que havia entendido alguém dizer que nada havia contra nós e que logo sairíamos", escreveu Sofia. "Ele tinha duas crianças, mostrou-me as fotos e disse que trabalhava na polícia não por gosto, mas porque tinha de alimentar uma família muito grande."

QUINTA-FEIRA, 10 DE JANEIRO DE 1936
Moscou, edifício do Komintern, 15h45

Quatro dias depois de receber a mensagem de que Prestes corria grave perigo, o Secretariado Político do EKKI reagiu da única maneira possível. Formulou em russo um telegrama de três linhas, que foi transmitido em francês. Era uma inconfundível ordem de retirada: "Em vista do perigo de prisão de Fernandes (Prestes), o Secretariado propõe que ele parta imediatamente para a França".[7]

SEXTA-FEIRA, 11 DE JANEIRO DE 1936
Zona Norte, aparelho do Abóbora, à tarde

Miranda e Martins andavam preocupadíssimos com a segurança de Prestes. Assim que soube, através de Ghioldi, das peripécias de Jonny de Graaf e sua mulher com a polícia brasileira, o secretário-geral do PCB escreveu uma carta a Prestes denunciando o alemão como provocador. Depois da série de prisões, atingindo quase todos os figurões enviados pelo

Komintern, Miranda perguntava a Martins, seu secretário de organização, se o partido não poderia tomar a si a tarefa de garantir a segurança de Prestes. Nessa reunião, os dois principais dirigentes do PCB traçaram uma solução para o problema do esconderijo de Prestes. Martins possuía um aparelho em Jacarepaguá, que poderia colocar à disposição do líder da insurreição. Maria Banejas ("Antonia"), a argentina companheira de Martins, fora inclusive avisada da senha que Prestes utilizaria se decidisse usar esse aparelho. Mas Prestes, que não confiava no PCB, recusou a oferta e preferiu ficar onde estava, na discreta casinha que Stuchevski lhe proporcionara no Méier.

Para si mesmo Miranda tinha planos ambiciosos. Naquela semana, conseguira que a direção do partido aprovasse uma nova viagem sua a Moscou, onde ele — eleito membro do Comitê Executivo da Internacional Comunista (EKKI), durante o VII Congresso, em julho-agosto de 1935 — faria um relatório completo sobre a insurreição. Desde outubro os dirigentes em Moscou vinham pedindo aos responsáveis diretos pela operação brasileira que mandassem alguém prestar contas.

Polícia Central, quase meia-noite

Sofia e Pavel Stuchevski, presos há nove dias, foram levados ao gabinete de Brantes e recebidos muito amavelmente por Julien, que tinha os dois passaportes na mão. Estava tudo claro, Pavel e Sofia podiam sair, mas enquanto durasse o estado de sítio teriam a obrigação de se apresentar no gabinete de Julien, trazendo os passaportes, duas vezes por semana, às segundas e sextas. Julien prometeu que não os faria esperar, perguntou se haviam sido tratados corretamente e, quando Pavel indagou quando seria devolvido o dinheiro apreendido, garantiu que o mais depressa possível. Deu a mão aos dois agentes soviéticos, virou-se para Sofia com grande cordialidade e lhe disse em tom sério: "*Madame, sur la tête de mon fils je vous jure que votre secret sera respecté*".

Pavel e Sofia tomaram um táxi para o apartamento em Copacabana. Ao entrar, encontraram dois guardas tomando conta, que partiram imediatamente. Os dois agentes tinham plena consciência do que Julien estava tentando. A polícia brasileira não se convencera da história contada pelo casal. Num dos interrogatórios, Pavel ouviu de Julien a clara ameaça de que seriam solicitadas informações à França, país onde ele fora preso e cumprira pena como espião soviético. Ao libertar o casal, Julien tinha esperanças de que o acabassem levando a Prestes, conforme declarou mais tarde durante o processo contra os insurretos, pois sabia que era o "homem do dinheiro". Mas não está claro em que momento as suspeitas do delegado ganharam maior consistência. Na ocasião em que deixou os Stuchevski sob liberdade vigiada, apenas quatro pessoas nas quais a polícia pusera as mãos conheciam a fundo a importância do casal "belga": Ewert e Sabo, Jonny e Lena.

Stuchevski percebeu sem a menor dificuldade a ostensiva vigilância que pelo menos dois policiais mantinham sobre o apartamento. "O carro deles estava sempre estacionado na fila dos táxis perto de casa", observou. Naquele fim de semana ele seria ainda convidado a comparecer à delegacia do bairro. "Fui muito bem tratado, mas o objetivo desse convite era simplesmente o de me mostrar para todos os policiais daquela região", escreveu. Diante daquelas circunstâncias, como restabelecer contato com os enviados ainda em liberdade?

DOMINGO, 13 DE JANEIRO DE 1936
Praça Mauá, pela manhã

O italiano Amleto Locatelli embarcou num navio de bandeira inglesa com destino a Buenos Aires. Tinha sido o último dos enviados de Moscou a chegar ao Rio e era o primeiro a sair. Passara exatamente dois meses no Brasil.

Polícia Especial, à tarde

Bem ao seu estilo, Jonny de Graaf e sua mulher decidiram levar adiante um arriscado jogo. Com Ghioldi sabendo o que iriam fazer, Jonny e Lena voltaram à polícia e solicitaram um visto de saída com direito a nova entrada. No seu relatório aos superiores em Moscou, Jonny diz ter sido recebido pelo próprio "chefe de polícia", mas não fornece o nome.

> Na polícia nos deram com extrema cortesia nosso visto por um ano, o chefe de polícia desculpou-se de novo, desejou-nos boa viagem para o Chile, Peru, etc., e esclareceu: *"Bom, Herr Gruber, quanto ao senhor cometemos um erro, mas em compensação capturamos um outro". Eu disse se poderia perguntar quem era. "Sim, claro, o secretário do Partido Comunista Brasileiro, mas o sujeito é um covarde. Todo o meu respeito para Berger, é um homem que sabe o que quer e não fala, mas esse brasileiro é um covarde, logo nas primeiras horas ele traiu centenas da sua gente".*[8]

No final do dia Jonny tinha um "ponto" com Ghioldi, e aproveitou para vingar-se de Miranda. "Eu o avisei e Ghioldi avisou o partido", escreveu Jonny. Ele sabia das acusações que Miranda fizera a seu respeito quando entrara e saíra da polícia, uma semana antes. Prestes escrevera então duas breves cartas ao alemão, recordou Locatelli. Ao levar adiante a frase que ouviu (ou talvez não?) do "chefe de polícia" sobre um pretenso comportamento de Miranda (que até aquela hora, como se verá adiante, não correspondia aos fatos), Jonny pagou-lhe na mesma moeda e ajudou a lançar toda a organização num precipício de desconfianças, suspeitas, intrigas, pânico e ódio do qual jamais sairia.

SEGUNDA-FEIRA, 14 DE JANEIRO DE 1936
Zona Norte, aparelho do Abóbora, 20h30

Foi só então que Martins ficou realmente preocupado. Desde a tarde de domingo ele estava à espera de Elza, a bonita mulher e mensageira de Miranda, com quem acertaria uma reunião do Secretariado Nacional. Elza não aparecera e, convencido de que houvera alguma confusão, Martins decidiu dormir ali mesmo. Na noite de segunda-feira, como não recebera ainda nenhum sinal de Elza, Martins telefonou para a mãe de Pedro Luís Teixeira, o secretário pessoal de Miranda, e estranhou a resposta: ninguém sabia onde Pedro estava. Ligou então para o próprio apartamento de Miranda, e uma voz masculina respondeu que "Adalberto [os documentos de Miranda estavam em nome de Adalberto de Andrade Fernandes] não está mas volta logo, não quer deixar um recado?". Martins foi diretamente para o aparelho de Tampinha com a notícia do desastre. Para se convencer, Tampinha também ligou. Uma voz de homem em falsete apresentou-se como "Elza".

Agora era a vez de os dirigentes brasileiros ficarem desorientados e confusos, perguntando-se como um desastre daquela magnitude podia ter ocorrido. O secretário-geral do partido trocara quatro vezes de aparelho nos últimos seis meses. Como o apartamento da rua do Bispo, onde se sentia mais seguro, havia sido alugado com o mesmo nome falso que Martins utilizara para providenciar a casa do Grajaú, na qual fora pelos ares o arsenal do partido, Miranda refugiou-se logo depois do Natal num apartamento alugado por Josias Reis (o mesmo que providenciara o QG da Vila Isabel). Andava muito descontente. Ele e Elza não se entendiam com a mulher de Josias. Além do mais, esse aparelho já fora utilizado para encontros com Ewert e Locatelli, e os cuidados elementares recomendavam que fosse também desmobilizado. Envolvidos nessas considerações logísticas, Miranda e Martins receberam notícias tranqüilizadoras de Pedro Luís Teixeira, o aplicado secretário técnico do chefe do PCB. Ele visitara o aparelho utilizado por Miranda até o desastre do Grajaú e a prisão de Ewert — na avenida Paulo de Frontin, 606 — e nada constatara de suspeito. Era um grave engano: a polícia tinha esse endereço, ali vivia um simpatizante do partido e o escritor Jorge Amado, também na mira da repressão. A polícia começara a modernizar seus métodos e, antes de entrar arrebentando, passou a colocar seus alvos sob vigilância. Miranda voltou para o aparelho da Paulo de Frontin na quinta-feira e no domingo a polícia bateu à sua porta, bem cedo pela manhã. Prendeu-o com Elza e o fiel escudeiro, Pedro Luís Teixeira.

Percebendo como estavam atrasados em relação ao cerco policial (as primeiras providências foram tomadas 36 horas depois da detenção de Miranda, Elza e Pedro Luís), Martins e os outros dois homens do círculo íntimo de direção do PCB, Tampinha e Abóbora, apressaram-se em desativar aparelhos, alertar gente responsável e, sobretudo, impedir que Prestes fosse ocupar a casa em Jacarepaguá — o que não estava, de qualquer maneira, nos planos do chefe da insurreição. Ironicamente, esse aparelho jamais foi descoberto pela polícia, e Miranda pensava que Prestes iria ocupá-lo. A salvação para os dirigentes em liberdade foi a velha tia de Fernando de Lacerda (o representante do PCB em Moscou), cuja casa, tradicional reduto em dias de tempestade policial, acabou servindo mais uma vez de refúgio.

A resistência inicial de Miranda à pancadaria salvou de uma catástrofe a direção do partido. Se ele ou Elza tivessem falado nas primeiras horas de torturas, teriam proporcionado à polícia a oportunidade de prender de uma só vez todos os dirigentes importantes do partido. Nenhuma das figuras então em destaque no PCB seria encontrada pela polícia nos dois anos seguintes, e isto em meio a uma inédita onda repressiva, apoiada por instrumentos legais de exceção e um furioso clima anticomunista — o que não impediu que essas mesmas pessoas logo a seguir destruíssem sistematicamente a reputação e a pessoa de Miranda.

SEXTA-FEIRA, 18 DE JANEIRO DE 1936
Zona Sul, pela manhã

Martins e Ghioldi, os dois principais dirigentes que ainda circulavam livremente pelas ruas, encontraram-se para discutir a crise. Ghioldi havia decidido partir. Talvez não tivesse tido tempo ainda de receber o telegrama que Van Min assinara em Moscou dois dias antes, com apenas uma frase: "Autorizamos Altobelli (Ghioldi) partir para o país proposto".[9] Era, afinal, a resposta aos seus insistentes pedidos de remoção. Mas seguramente conhecia a mensagem do dia 10 de janeiro, na qual Moscou mandava Prestes retirar-se para a França. Porém, nada disse a Martins, que o intrigaria junto ao comandante da revolução brasileira, a quem acusou o argentino de abandonar o Rio sem consultar ninguém (na linguagem do Komintern, o mesmo que deserção). Ghioldi apenas avisou Martins que Stuchevski estava sob forte vigilância policial.

Só não percebera que ele, Ghioldi, também estava sob a mira da polícia.

Gabinete do delegado Francisco Julien, 14 horas

Era a segunda vez que Pavel se apresentava ao delegado e, alegando que o episódio todo deixara sua mulher muito nervosa e ainda mais doente da perna, pediu permissão de retornar sozinho. A desculpa era convincente, pois, em pleno verão, o calor provavelmente agravava a flebite de Sofia. Julien concordou, contanto que Pavel levasse sempre os dois passaportes. Continuava muito amável, embora não tivesse resposta sobre quando receberiam de volta o dinheiro apreendido. Julien tinha motivos para estar satisfeito. Sem que Pavel e Sofia provavelmente soubessem, a idéia de deixá-los sob liberdade vigiada estava dando resultados.

Desde que foram postos na rua, uma semana antes, Pavel e Sofia tinham adotado a única tática possível: enfraquecer a vigilância do adversário. De braço dado, todo dia percorriam várias vezes o mesmo caminho nos arredores do edifício que habitavam em Copacabana, lembrou Pavel, "para cansar os policiais". Não era um percurso acidental. O casal de agentes soviéticos passava metodicamente pelos conhecidos pontos de encontro com seus dois principais subordinados, o americano Baron e o argentino Arias. Também Ghioldi avistou-se por duas ou três vezes com Pavel e Sofia, mas em momento algum estabeleceram contato. "Passávamos um pelo outro como se não nos conhecêssemos", escreveu Pavel. Os outros agentes perceberam que só deveriam abordar o casal se recebessem um sinal. Era óbvio que a polícia estava em seu encalço.

Se a repetição dos mesmos lugares e itinerários podia servir para relaxar a atenção dos perseguidores, não se pode excluir (ao contrário, deve-se mesmo assumir) que houve também repetição de pessoas "casualmente" nesses lugares. Ao depor no inquérito sobre a insurreição, meses mais tarde, Julien disse que Ghioldi havia sido descoberto "por acaso" por um delegado da sua equipe. A explicação parece pouco convincente. Ghioldi, inconfundível com seu nariz adunco e óculos de intelectual, começou a ser seguido justamente na semana em que passou a avistar-se, sem se comunicar, com Stuchevski. O mesmo deve ter ocorrido com Baron, uma figura alta e inesquecível. Sem querer, Pavel, o homem do OMS, estava ajudando o adversário.

SEGUNDA-FEIRA, 21 DE JANEIRO DE 1936
Jacareí, cedo pela manhã

A polícia (teria sido o próprio delegado Julien) deu voz de prisão a Rodolfo Ghioldi e sua mulher, Carmen de Alfaya. Eles haviam decidido sair do país pelo Sul, tomando um trem para São Paulo na noite de domingo, dia 20 de janeiro, com a esperança de seguir dali por terra. Foram presos numa parada normal do trem em Jacareí, quando Julien convenceu-se de que o casal argentino estava tentando a fuga. Ghioldi insistiu que era uruguaio, jornalista, e se chamava Luciano Busteros. Retornou escoltado no mesmo dia para o Rio, de avião. Talvez pensasse o mesmo que Locatelli colocaria no papel ao chegar a Moscou: "Se Prestes não tivesse se recusado tanto tempo em sair do país, Ghioldi e ele não teriam sido presos".

Praça Mauá, próximo do meio-dia

Jonny de Graaf e Lena deixaram a cidade, de navio, indo para a Argentina com os necessários contatos em Buenos Aires já providenciados pelo próprio Ghioldi. Seus amigos de fora da conspiração foram até o porto para despedir-se do casal.

As denúncias que Jonny espalhara sobre o comportamento de Miranda na cadeia tiveram efeito devastador. O alemão repetira a mesma história, sobre sua prisão e a de Miranda, ao dr. Barbosa de Mello, diretor de um centro cirúrgico que funcionara como primeiro endereço para quem chegava de Moscou. Em contato direto com Ilvo Meirelles, o principal correio de Prestes, o médico alertou o chefe da insurreição. Aquilo que Jonny relatara, escreveu Martins, dois anos depois, "eu de imediato considerei pouco consistente e disse a Ilvo que transmitisse essa opinião ao camarada Prestes, sobretudo o caráter maligno de se veicular rumores da polícia a respeito do camarada Queiroz (Miranda)".[10]

Prestes enviou uma resposta irada. Segundo Martins,

> ele considerou a atitude de se duvidar do camarada Gruber como inadmissível e como representando um aspecto de falta de confiança na Internacional Comunista. Eu lhe respondi, de acordo com os camaradas do Secretariado Nacional, que nós tínhamos o dever e o direito de dar nossa opinião sem que por isso estivéssemos assumindo a posição de desconfiança em relação à IC, que nossa opinião era contrária à transmissão de rumores da polícia sobre o camarada Queiroz e achávamos estranho a forma pouco rigorosa de agir da polícia em relação ao camarada Gruber.

Não só as acusações contra Miranda encontraram no chefe da insurreição ouvidos atentos — Prestes detestava Miranda —, mas Jonny tinha junto do comandante uma aliada excepcionalmente influente: Olga Benario. Em primeiro lugar, sua melhor amiga no Rio era Lena, a mulher de Jonny, uma jovem berlinense que provavelmente tivera o mesmo tipo de vivência que Olga (ambas tinham sido da Juventude Comunista da capital alemã). Tanto Olga como Prestes confiavam irrestritamente na moça, que lhes servira durante meses como motorista e mensageira. Segundo, Olga achava que Jonny era um tipo experiente e capaz de se safar de circunstâncias difíceis. Quando leu nos jornais que "Gruber, o secretário de Berger" havia sido preso, Prestes comentou com Olga que Jonny dificilmente sairia da cadeia, pois Romero o conhecia. Conforme Pavel Stuchevski recordaria mais tarde, Olga respondeu então que Jonny era um *nakhalni* ("cara-de-pau", em russo) e escaparia de qualquer situação. Olga tinha uma particular predileção, aliás, por indivíduos resolutos e dispostos à ação. Prestes, relatou Stuchevski, não gostava de Jonny e tampouco de Locatelli, a quem acusou de ter mantido contato com "gente errada", em São Paulo. Mas, entre suspeitar de Miranda ou de Jonny, Prestes, pelo menos naqueles dias, fez uma clara escolha.

Os passos seguintes da polícia pareciam dar razão a Jonny. A resistência de Miranda foi sendo quebrada em sessões de pancadaria (ele perdeu um rim em conseqüência disso) e de um suplício mais "refinado", e que tinha a vantagem de não deixar marcas: os interrogadores faziam Miranda correr até quase desmaiar e não o deixavam dormir. Logo depois de sua prisão, foram detidos Benjamin Schneider e sua mulher Eva, num apartamento na Sá Ferreira, em Copacabana (o quarteirão da insurreição). Eles ocupavam posição secundária, como correios de ligação com o Bureau. A polícia começou a procurar também os simpatizantes Carlos e Mariana, e chegou aos apartamentos da Haddock Lobo e rua do Bispo, que não eram mais utilizados. Por outro lado, o jovem Pedro Luís Teixeira, graças às ligações de sua família — era filho de um almirante reformado e tinha como emprego fictício um cargo no gabinete do prefeito Pedro Ernesto, conseguido por influência do partido — escapou das sessões de tortura. Mas um jornal, *A Noite*, publicou em seguida uma matéria, que Martins julgou plantada pela polícia, sobre um "jovem comunista de boa família", cujos parentes ajudaram as autoridades, fornecendo informações.[11]

SEXTA-FEIRA, 25 DE JANEIRO DE 1936
Polícia Especial, 14 horas

Pavel Stuchevski notou no delegado Francisco Julien uma sensível mudança de trato. No encontro anterior (tinha de se apresentar toda segunda e sexta), perguntara se pelo menos Sofia poderia viajar sozinha para a Europa, e o policial brasileiro dissera que tentaria obter uma autorização com seu chefe, Miranda Correia. Ao indagar de novo, Stuchevski teve uma desagradável surpresa:

> Bruscamente Julien disse que isto seria impossível, que minha mulher também deveria permanecer no Rio. Continuando no meu papel, disse que teria de procurar um advogado para defender meus interesses. Aí ele perdeu a calma e pediu nossos passaportes. Pensei que seria preso no ato. Perguntei se uma vez que ele tinha nossos passaportes, nós teríamos de nos apresentar na segunda-feira. Ele disse que sim. Levantei-me e saí sem dar-lhe a mão. Pensava que seria preso a qualquer momento, mas nada aconteceu.

Ao voltar para casa, Pavel disse a Sofia que teriam de fugir imediatamente. Decidiram romper a cautela e abordar Baron, com quem estavam diariamente em contato visual. O americano os seguia com um carro (o que com certeza não deve ter escapado aos vigias da polícia). ''Quando nos viu, Baron entrou numa ruela, nós fomos atrás dele, convencidos de que ninguém nos seguia e entramos no carro que logo arrancou'', disse Pavel. Transformado de radiotelegrafista em motorista e responsável pela segurança, Baron relatou rapidamente as novidades. Ele e Arias tinham mudado de endereço, mas continuavam ali por perto. Jonny e Lena haviam deixado o Brasil, depois de receber um visto da polícia. Do casal alemão, Baron disse ter recebido mil pesos (cerca de trezentos dólares). Stuchevski deu-lhe mais novecentos dólares. Marcaram encontros para o sábado e o domingo. O casal de agentes soviéticos tinha 48 horas para encontrar uma saída, ou então voltar diretamente para a cadeia. Segunda-feira era dia de se apresentar a Julien, e Pavel estava convencido de que dessa vez seria preso.

DOMINGO, 27 DE JANEIRO DE 1936
Copacabana, 16 horas

De braços dados, os agentes soviéticos saíram do apartamento na mesma hora de sempre, sem nenhuma bagagem. Era o dia de folga da empregada. Para ''prosseguir a comédia'', contou Pavel, no sábado o casal fora a um advogado e marcara um encontro com ele na segunda-feira no gabinete de Julien. Agora estava tudo pronto para se livrarem definitivamente dos colegas da polícia política brasileira, deixando a ratoeira armada para outros.

Tomaram um ônibus e foram a um café. Dali se dirigiram a pé a um cinema, do qual saíram no meio da projeção. Andaram mais um pouco e, seguros de que não estavam sendo seguidos, entraram em outro café. Saíram por volta das sete da noite (Pavel lembrou-se até que já estava escuro). Subiram num ônibus, desceram e tomaram um táxi e, em seguida, outro ônibus. Ao descer, foram a pé até o ponto de encontro, cuja localização Pavel, infelizmente, não menciona em seu relatório. Arias os esperava com o endereço no qual Baron estaria esperando por eles, de carro, dentro de uma hora. Pavel e Sofia separaram-se de Arias, tomaram um táxi e depois mais um ônibus. No ponto marcado já estava Arias, poucos minutos depois apareceu Baron.

Stuchevski garantiu em Moscou, meses depois, ter sabido por Baron, apenas quando já estava no carro, que estava sendo levado para o esconderijo de Prestes e Olga. Para as normas do Komintern, isto configurava uma inimaginável violação das mais elementares regras de segurança. Sabendo que a polícia o vigiava, jamais Stuchevski poderia buscar refúgio no esconderijo do chefe da insurreição — o único, segundo as ordens de Moscou, que não poderia cair nas mãos do adversário. ''Fiquei furioso, mas como sabia que seria preso na segunda-feira, não tinha saída'', justificou-se. Provavelmente Pavel tinha pleno conhecimento de que nunca conseguiria afastar de si as suspeitas, mesmo atribuindo (como o fez, ao chegar a Moscou) toda a responsabilidade a Prestes. Pavel forneceu evidências indicando que Prestes determinara a quebra frontal das regras de conspiração, sem calcular as conseqüências disso para Stuchevski e para si mesmo.

Martins reforçou esse indício, favorável ao agente soviético, ao tentar reconstituir em Moscou os passos de Pavel e Sofia no Brasil. Martins e Prestes mantinham intensa correspondência naqueles dias. Pouco antes de comunicar ao PCB, por carta, ''que o camarada Leon (Stuchevski) e sua mulher estavam refugiados com ele'', Prestes solicitara a Martins que providenciasse um aparelho, o qual o secretário de organização do PCB (e principal dirigente em liberdade) deduziu não ser para Prestes e Olga. A direção do partido enviou a Prestes o endereço do camarada Pereira (Abóbora), mas o chefe da insurreição respondeu dizendo que abrigar o casal Stuchevski consigo no Méier parecia-lhe a melhor solução. O mais provável é que a enorme desconfiança de Prestes (ainda mais depois das prisões de Miranda e Ghioldi) em relação aos aparelhos organizados pelo PCB — que recusara para si mesmo — tivesse prevalecido sobre o raciocínio conspirativo.

Pavel fez questão de relatar em detalhes sua chegada ao esconderijo de Prestes no Méier:

> Depois de uma hora no carro, chegamos à esquina de uma rua na qual Sofia desceu com Arias. Eu devia seguir por ali quinze minutos depois. Avistei

> Messie (Escarsema, o caseiro de Prestes) numa casa. Entrei e ali já estavam Sofia, Prestes e Olga me recebendo de braços abertos. Logo ao chegar disse a Prestes que se soubesse que viria a ele eu teria me recusado. Ele riu, dizendo que havia dado a ordem para não me dizerem nada. Ele disse que eu podia muito bem viver ali uns dias até achar outra coisa.

Essa curta passagem de Stuchevski demonstra que não só Baron mas também o argentino Arias, dois homens de Stuchevski, sabiam perfeitamente onde era o esconderijo do chefe da insurreição, do qual apenas uma pessoa entrava e saía para transportar correspondência: o caseiro Escarsema (também do aparato do OMS). Com enorme probabilidade, o próprio chefe do OMS no Brasil pusera a polícia (independente do que Ghioldi possa ou não ter confessado) na pista de seus peões. Como num tabuleiro de xadrez, para salvar uma figura importante sacrificaram-se duas peças.

TERÇA-FEIRA, 29 DE JANEIRO DE 1936
Zona Norte, aparelho de Abóbora, à tarde

No encontro habitual, Arias levou uma péssima notícia para Martins, Escarsema e para o próprio Abóbora. Escarsema ali comparecia, às vezes mais de uma vez por dia, entregava mensagens de Prestes e recebia as de Ilvo Meirelles (irmão de Silo, preso em Pernambuco), que era o principal elo com outras instâncias. "Ramon", como Arias era conhecido pelos brasileiros, acabara de presenciar a prisão de Victor Allen Baron, de quem morava muito próximo, em Copacabana. Martins obteve mais tarde a confirmação da notícia por dois integrantes da organização brasileira que também presenciaram a ação policial: o jornalista Osvaldo Costa e o médico Eliezer Magalhães (que fazia os contatos com o prefeito Pedro Ernesto). Ambos moravam no mesmo prédio em que Baron vivia. Arias adiantou aos brasileiros reunidos no aparelho de Abóbora que estava se preparando para deixar o país, por ordem de Stuchevski, que o encarregara de uma importante missão.

Foram as últimas palavras que se ouviram dele. Na véspera, segunda-feira, Sofia e Pavel Stuchevski não haviam se apresentado no gabinete do delegado Francisco Julien. Em menos de 24 horas o americano Baron estava preso. Pouco tempo depois (não tenho a data exata), também Arias, cujo nome verdadeiro era Marcos Youbmann, de nacionalidade polonesa e argentina, foi detido. Furioso com o desaparecimento do casal "belga", Filinto Müller decidira acabar com o jogo de gato e rato, e com a tática "suave". Baron e Arias não escapariam com vida das garras de seus torturadores.

Todo mundo entendeu que a queda dos dois era grave ameaça para a segurança do aparelho no Méier, menos Prestes. Martins e Stuchevski mostraram-se imediatamente alarmados, e insistiram para que Prestes trocasse de esconderijo. Pavel empenhou-se, outra vez, em afastar de si qualquer suspeita: "Desde a prisão de Baron eu insistia para que Messie (Escarsema) procurasse outra casa, mas Prestes deu uma contra-ordem dizendo que tinha plena confiança em Raymond (Baron), e Messie comentou que seria chamar a atenção da polícia abandonar depois de um mês a casa, quando havia sido feito depósito para três meses".

Não foi bem assim que o próprio Escarsema se lembrou, no dia em que Prestes foi preso, dos eventos. Indagado pelos dirigentes do PCB se havia transmitido a Prestes o recado para sair da rua Honório, pois Baron conhecia o aparelho, Escarsema descreveu a Martins até mesmo a cena que presenciara ao levar essa recomendação ao chefe da insurreição: Prestes virou-se para Stuchevski, como pedindo que ele respondesse, e ouviu do soviético que não era necessário sair do lugar, pois Baron era confiável e estava com os documentos em ordem.

Pouco depois da prisão de Baron, o próprio Stuchevski não parecia estar tão seguro do que dissera. Por insistência do soviético, bem mais experiente nessas lides do que ele, Prestes escreveu a Martins pedindo que encontrasse um casal de toda confiança, que deveria ser apresentado a Escarsema. Martins concluiu imediatamente do que se tratava: encontrar um esquema para retirar Stuchevski e mulher. Seriam necessários quinze dias para que o secretário de organização do PCB recebesse do Comitê Militar Regional a indicação de um homem de confiança, o sargento-enfermeiro Higino e sua mulher, que Martins instruiu pessoalmente antes de enviá-lo a Escarsema.

Na mesma época, Prestes recebeu por suas próprias fontes (seu serviço de contra-espionagem na polícia, composto por ex-integrantes da Coluna) a confirmação de que a repressão fechava o cerco sobre o bairro do Méier. Nas décadas seguintes, respondeu quase sempre da mesma maneira quando lhe indagaram por que, afinal, não saiu do aparelho da rua Honório se dispunha de gritantes indícios de que corria sério perigo. "Eu me sentia seguro", repetia Prestes.

Quem proporcionava essa segurança era o agente soviético Pavel Stuchevski, que lhe garantira que a salvação estava a caminho.

11
OS ASSASSINATOS

★

Na última semana de janeiro, o principal homem de ligação de Prestes, Ilvo Meirelles, recebeu estranha comunicação de seu irmão Francisco. Ambos faziam parte de uma família devotada a Prestes, mas Francisco fora expulso do partido, acusado de ser "trotskista e sectário".[1] Francisco fora procurado em casa pela bonita e simpática Elza, a mulher de Miranda, o secretário-geral do PCB, com quem fora presa em 13 de janeiro.

Os dirigentes do partido também foram avisados da inexplicável ocorrência. Elza contou a Francisco que a polícia a pusera na rua com pena de sua pouca idade, mas que poderia visitar regularmente o marido — teoricamente sob completa incomunicabilidade. Para Martins, as coisas não combinavam. Na mesma ocasião, começaram a chegar da prisão as primeiras informações sobre o comportamento de Miranda, e nada havia de suspeito. Mattoso, ex-secretário geral do Socorro Vermelho e jornalista de *A Manhã*, vira Miranda com marcas de violenta tortura. Em seu único recado, este pedia que Martins e Abóbora desaparecessem, pois eram os mais procurados. Mais dois informes semelhantes chegaram aos dirigentes do PCB. Como explicar — se Elza estivesse falando a verdade — que o chefe do partido a mandara procurar Francisco, oficialmente um renegado?

A intenção de Miranda era proteger e afastar Elza da linha de fogo. Além de Francisco Meirelles, que morava em Pedra de Guaratiba (na época um distante subúrbio do Rio), e não tinha envolvimento com a conspiração, mandou-a com um bilhete pedindo ajuda ao dr. Barbosa de Mello, diretor de um centro cirúrgico e ativo simpatizante. As palavras dirigidas a Barbosa de Mello continham uma espécie de garantia, dada por Miranda, de haver dito na polícia que esse médico não compartilhava as idéias do PC. Enquanto Francisco, expulso do partido, acolheu Elza em sua casa, o simpatizante Barbosa de Mello recusou-se a recebê-la e apressou-se em comunicar tudo aos dirigentes. É possível que Miranda ignorasse a importância que o médico assumira meses antes como principal contato inicial dos agentes recém-chegados de Moscou. De qualquer maneira, Barbosa de Mello sentiu-se terrivelmente comprometido com a visita de Elza, que logicamente deveria estar sendo seguida pela polícia (não estava).

Pior fora o comentário feito por Elza a Francisco e Barbosa de Mello, atribuindo a Ewert a prisão de Miranda. Também isto não se encaixava com as informações de Martins. A "contra-espionagem" de Prestes na polícia (dois informantes, ex-comandados da Coluna) dizia que Ewert nada falara. Portanto Elza, ao atacar a reputação revolucionária de Ewert, só poderia estar realizando um trabalho de desagregação, inspirada pela polícia. Antes mesmo de ter lido os bilhetes levados por Elza, Martins escreveu a Prestes contando todo o episódio.

Atendendo a uma sugestão de Prestes, segundo relataria mais tarde em Moscou, Martins e a direção do partido mandaram retirar Elza da casa de Francisco Meirelles e a levaram para um aparelho ocupado por Tampinha no subúrbio de Deodoro, onde ficou completamente isolada — o que hoje seria chamado de seqüestro. Na época Martins definiu isto como "medidas de precaução".

Com o primeiro lote de bilhetes de Miranda recebidos por Elza, a situação ficou ainda mais confusa. Martins e os outros dirigentes do Partido identificaram a letra bastante característica de Miranda. "De cara nós tomamos os bilhetes por verdadeiros", escreveu Martins, em Moscou. "Nós todos reconhecemos sua letra. Os bilhetes nos causaram má impressão, como de desmoralização por parte do camarada Queiroz (Miranda). Igualmente nos pareceu estranho que o camarada Queiroz não utilizasse essa possibilidade de comunicação para escrever à direção do partido ou a algum de seus integrantes."

Um dos recados que Miranda enviara da prisão acusava o alemão Gruber (Jonny de Graaf) de ser agente policial. Jonny de Graaf fora o primeiro a lançar dúvidas sobre o comportamento de Miranda na cadeia. Se Elza não estava mentindo, e os bilhetes a lápis e com letra miúda haviam mesmo sido escritos na sua presença por Miranda, então o comportamento do secretário-geral do PCB era no mínimo contraditório e inexplicável. Ou estava traindo o partido e se transformara em colaborador de uma campanha policial para desmoralizar os comunistas?

Martins mandou a Prestes uma carta expondo essas dúvidas, acompanhada dos bilhetes originais de Miranda. Nesses dias Stuchevski vivia também no aparelho da rua Honório, no Méier, depois de driblar a vigilância da polícia. Um ano depois, ele se lembraria da chegada dessa mensagem e da reação de Prestes:

Ele me mostrou uma outra carta que o partido recebeu da prisão. Nessa carta Keiros (Miranda) pedia a (Francisco) Meirelles para ajudar Elza. O partido considerou autêntica a carta, mas Prestes, depois de analisar a escrita e suas características, disse que duvidava de sua autenticidade. Além do mais, parecia-lhe inconcebível que Keiros estivesse enviando uma carta justamente a Francisco Meirelles, que havia sido excluído do partido.

Também em Moscou, meses depois de Stuchevski, Martins recordaria:

O camarada Prestes respondeu nos criticando, insistindo sobre as enormes possibilidades de que dispunha a polícia para forjar falsificações e nos dizendo que o tom das cartas não era de maneira alguma o tom do Queiroz (Miranda) que todos nós conhecíamos. Foi justamente esse argumento que importou mais na nossa mudança de opinião sobre os bilhetes. Essa carta do camarada Prestes nos pareceu correta e nos levou a rever nossa opinião e considerar como falsos os bilhetes recebidos por Elza.

Prestes ou Stuchevski não eram grafólogos, nem estavam em condições de julgar a autenticidade dos bilhetes de Miranda. Na atmosfera de *bunker* em que se encontravam Prestes e Stuchevski, o problema principal nem parecia ser o comportamento de Miranda, a julgar por uma observação que Sofia (também vivendo naquele aparelho) deixou num de seus relatórios: "Prestes, Martins e Bangu não acreditavam que (Miranda) pudesse fazer aquilo, mas não tinham dúvidas de que as cartas haviam sido escritas por ele". Prestes mobilizou todos os seus contatos, até que um deputado (não mencionado por Sofia) conseguiu avistar-se com Miranda. Relevante para Prestes, sob a influência direta de Stuchevski, o chefe do OMS no Rio, era o fato de que a mulher do secretário-geral do PCB conhecia todos os participantes estrangeiros da operação montada pelo Komintern. Stuchevski não deixou a menor dúvida quanto a isto:

A polícia sabia que Elza conhecia muitos endereços. Ela disse que a polícia lhe havia mostrado fotos nas quais ela reconhecera Prestes, Olga, Ghioldi e sua mulher, Ewert e Sabo, a mulher de Gruber (Jonny) e fotos de outras pessoas que ela disse que não conhecia. Elza se contradisse várias vezes. O camarada que a interrogou estava convencido de que ela mentia e que tentava enganar.

Quem mente aqui é Stuchevski. O camarada que interrogou Elza foi Tampinha, o dirigente famoso por seus ataques de medo e nervosismo, o homem que se escondia tão bem que nem mesmo o partido conseguia localizá-lo. Convivendo com Elza no aparelho em Deodoro, Tampinha não parecia nem um pouco convencido da culpa da moça. Mesmo em 1938, em Moscou, quando ainda era necessário manter a ficção de que o partido havia eliminado uma provocadora, Martins deixou transparecer as fortes dúvidas que haviam assaltado os dirigentes: "Embora estivéssemos convencidos de que os bilhetes se tratavam de falsificações fabricadas pela polícia para tentar desmoralizar o camarada Queiroz (Miranda), parecia-nos bastante estranho que eles fossem dirigidos à Elza e não à direção do partido''.

Martins e camaradas pediram a Prestes para elaborar um questionário que aplicariam a Elza. E Prestes convivia com um especialista, treinado pela polícia política soviética: Pavel Stuchevski. ''Enquanto Elza estava completamente isolada, a direção pediu a Prestes que elaborasse um questionário. Prestes me pediu que o ajudasse nisso. Foi assim que fiz dois ou três questionários que Prestes traduziu para o português'', contou Pavel. Depois da aplicação desses questionários, ''a direção do partido chegou à conclusão que Elza, por suas contradições, suas respostas evasivas, sua decisão de nada dizer sobre o que acontecera na polícia, e pelo fato de que no dia mesmo de sua saída visitou Barbosa e outros, havia se passado para a polícia'', escreveu o agente soviético.

Note-se aqui a importância que Stuchevski atribui a Elza e ao comprometimento de Barbosa de Mello, um simpatizante que poderia reconhecê-lo a qualquer momento, além de todos os enviados de Moscou — e nenhuma palavra sobre o comportamento de Miranda.

Não está claro em que momento exato surgiu, nas discussões quase diárias da direção do partido, a idéia de ''eliminar'' Elza. A correspondência entre os dirigentes em liberdade e Prestes sugere que o exame de ''medidas definitivas'' contra a moça foi discutido inicialmente por Martins, Bangu, Tampinha, Abóbora e José Lago Morales, que se revoltou com a idéia e não mais tomou parte nessas deliberações. Mas em seu detalhado relatório sobre as circunstâncias da prisão de Prestes, escrito em francês e guardado num arquivo em Moscou, Martins faz uma afirmação importante: ''A sugestão quanto à necessidade de guardá-la (a Elza) e, talvez, de ir mais longe do que isso partiram do camarada Prestes, que se baseara nas primeiras informações do camarada Ilvo, muito antes de ter recebido os bilhetes''. Em outras palavras, a execução de Elza fora decidida com razoável antecedência. ''O principal problema'', acrescentou Martins, ''foi o bilhete para Barbosa de Mello: ele era um dos principais pontos de apoio do aparelho da IC, o caso era muito grave.'' Nem sequer em seu copioso depoimento à polícia brasileira, em 1940, Martins repetiria essas frases.

Em linguagem atual, o assassinato de Elza foi uma queima de arquivo. Desde que convidara Martins para o jantar de núpcias com Elza, em julho de 1935, Miranda passara a levar a moça para todos os círculos de comando. Viajou com ela a São Paulo para inspecionar o trabalho do partido, encarregou-a de transmitir mensagens e recados a endereços importantes, apresentou-a a todos os principais envolvidos e, sobretudo, levou

Elza consigo na noite de 26 para 27 de novembro ao QG da insurreição, em Vila Isabel. A espontaneidade, ingenuidade e simplicidade de Elza a tinham tornado pessoa bastante conhecida (Jonny ainda se referiu em seu relatório à "linda mulher desaparecida"). Pavel Stuchevski colocou as causas da condenação de Elza em palavras burocraticamente simples, típicas de um assassino de escrivaninha, do qual Prestes se tornou cúmplice:

> Considerando que Elza conhecia muitos camaradas, como Prestes, Olga, Ghioldi e sua mulher, a mulher de Gruber e muitos membros do CC, que ela conhecia muitos endereços e que ela esteve na casa do quartel-general no 26 de novembro, que ela fez com Keiros a viagem para São Paulo, e que ela em liberdade poderia fazer um mal imenso ao partido, a direção do partido resolveu fazê-la desaparecer. A direção considerou a medida inevitável. Esta era a opinião de Prestes, e também a minha.[2]

Ainda assim, houve considerável relutância por parte dos dirigentes do PCB no momento de passar à execução da moça de cuja culpa nem mesmo estavam convencidos. Martins procedeu com notável ambigüidade, por um lado falando em liquidar Elza, por outro argumentando que a execução não poderia ser realizada, pois seria muito difícil esconder pistas e ocultar provas. Numa intensa troca de cartas com Prestes, publicadas várias vezes nas últimas décadas, obteve do comandante da revolução brasileira uma ordem por escrito para o assassinato: "Com plena consciência da minha responsabilidade, desde os primeiros instantes tenho dado a vocês minha opinião sobre o que fazer com ela. Ou bem vocês concordam com as medidas extremas, e neste caso já as deviam resolutamente ter posto em prática, ou então discordam. Assim não se pode dirigir o partido do proletariado, da classe revolucionária", diz Prestes numa passagem de sua famosa carta.

De acordo com as informações dadas por Abóbora e Martins menos de dois anos depois em Moscou, Elza foi assassinada no dia 2 de março de 1936 no aparelho de Tampinha, em Deodoro. Martins comandou a execução, realizada por Cabeção, que passou uma corda de varal pelo pescoço da vítima e a estrangulou. Foi ajudado por Bangu e Abóbora, que instantes depois começou a se sentir mal. Cabeção, 53 anos, membro do partido desde os anos 20 e indivíduo de baixa instrução, quebrou alguns ossos do cadáver para enfiá-lo num saco de aniagem. Elza foi enterrada numa cova aberta aos pés de uma mangueira, da qual alguém do grupo cortou dois galhos para fazer uma cruz.

Ao contrário do que ocorreu no Brasil, em Moscou nunca houve dúvidas sobre a autoria e responsabilidade pelo crime. Antes mesmo de a polícia brasileira prender, em 1940, todos os participantes da execução — que prestaram depoimentos detalhados, ajudaram a desenterrar o cadáver, participaram da reconstituição do crime e reconheceram como verdadeiras as cartas de Prestes —, na sede do Komintern estavam todas as informações relevantes ao caso: a participação de Stuchevski, a ordem de Prestes, o desempenho de Martins, a biografia de Cabeção, as dúvidas e o mal-estar de Abóbora. Quando a famosa líder comunista espanhola e fiel stalinista Dolores Ibarruri, a Pasionaria, mudou-se para Moscou após a derrota dos republicanos na Guerra Civil espanhola e assumiu o Secretariado Latino-Americano, mandou preparar um curto dossiê sobre o "caso Elza". Recebeu do Departamento de Quadros um pequeno relatório com as fichas de todos os participantes. Cópias foram enviadas também ao presidente da Internacional, o búlgaro Georgi Dimitrov. Moscou pôs as coisas nesta ordem: a sugestão foi de Stuchevski, a ordem de Prestes e a execução coube aos dirigentes do partido.[3]

Antes de qualquer investigador brasileiro, o Departamento de Quadros do Komintern em Moscou também já havia esclarecido outro crime, cuja autoria ainda em 1992 era atribuída à polícia.[4] No final de 1934, a direção do PCB mandou matar Tobias Warchavski, membro da Juventude Comunista, filho de uma família judia de classe média no Rio. Ele era acusado de ter provocado a prisão de Tampinha, e estava sempre em liberdade quando outros militantes eram procurados e detidos pela polícia. Foi atraído para um encontro perto de sua casa e abatido a tiros. Imediatamente o partido apresentou Warschavski como vítima da repressão policial, transformando-o em símbolo da perseguição aos comunistas. Até comissões parlamentares se ocuparam do caso.

Enquanto a opinião pública brasileira debatia apaixonadamente o assassinato, em Moscou não havia nenhuma dúvida sobre sua autoria. Baseado em depoimentos, informações e relatórios dos próprios dirigentes brasileiros, o Departamento de Quadros elaborou *spravkas* (informes) atribuindo o crime a Francisco Natividade Lira, o Cabeção. A decisão de matar o estudante Warschavski, segundo o material em Moscou, fora tomada por Martins, Tampinha e o instrutor alemão Jan Jolles, reunidos na casa do jornalista Osvaldo Costa, enquanto Miranda estava fora chefiando a delegação do PCB à União Soviética. Quando passou por Moscou, pouco mais de dois anos depois do crime, Abóbora recebeu em nome do PCB uma reprimenda oficial pelo fato de o partido ter liquidado um provocador e o transformado em vítima da polícia.[5]

* * *

Para escapar do cerco policial, que sabia estar se fechando ao seu redor, Prestes dependia mais uma vez do funcionamento eficaz do aparato montado pelo homem do OMS, que já o salvara em dezembro quando teve de sair às pressas de seu esconderijo em Ipanema. O agente soviético dera a Prestes seu aparelho de reserva, onde o chefe da insurreição brasileira se encontrava agora, no Méier. Por sua vez, para iludir a vigilância policial a que estava submetido ao sair da cadeia, Pavel Stuchevski colocara em risco os dois principais homens de ligação que restavam de seu aparato original, o americano Baron e o argentino Arias. Sem que Prestes e Stuchevski ainda soubessem, o sacrifício dessas peças tinha sido decisivo para sua derrota. Baron levaria a polícia até o Méier, enquanto a prisão de Arias impediu que a salvação viesse a tempo.

Quando chegou ao aparelho de Prestes, na rua Honório, em 27 de janeiro, a primeira medida de Stuchevski foi despachar Arias imediatamente para Buenos Aires com uma carta cifrada para Carmen. Este correio argentino estivera no Rio durante o levante de novembro, a chamado de Stuchevski. Naquela ocasião, já preocupado com a possibilidade de uma retirada imprevista, Stuchevski entregou a Carmen fotos de Prestes e Olga (além de Ghioldi e mulher) e o instruiu para regressar a Buenos Aires, preparar novos passaportes para os dois casais e trazê-los ao Rio. Para sua volta à capital brasileira, Carmen combinara com Arias pontos de encontro.

Os passaportes tinham se transformado na derradeira esperança para Prestes. Olga e ele, que por fim concordara em sair do país (havia também uma "sugestão" do Komintern nesse sentido, datada de 10 de janeiro), não podiam utilizar os antigos, portugueses, já conhecidos da polícia. Sofia e Pavel Stuchevski tinham sido obrigados a deixar os seus nas mãos do delegado Francisco Julien. Mas Carmen deveria estar chegando a qualquer momento com os novos documentos. De fato, o correio argentino desembarcou no Rio, mas não tinha com quem se encontrar: Arias fora preso. Ia todos os dias ao ponto de encontro, sem entender por que o contato de Stuchevski não aparecia. A disciplina de Carmen era elogiável: fez isso durante cinco semanas seguidas.

Ao saber que a ligação com Buenos Aires fora interrompida com a queda de Arias, Pavel Stuchevski precisou encontrar uma forma de achar Carmen. Pediu a Martins que providenciasse um endereço no Rio (o do engenheiro Orlando Alves, um simpatizante) para receber mensagens originadas na própria cidade. Via São Paulo, mandou esses dados para Buenos Aires. As novas instruções, porém, chegaram muito tarde: Carmen já partira com os quatro passaportes novos para o Rio de Janeiro, e o pessoal de Stuchevski na Argentina ainda não sabia como localizar esse correio no Brasil. Prestes e Stuchevski permaneciam no Méier, aguardando notícias de Carmen. E Carmen, hospedada em lugar que não ficou registrado, na mesma cidade, esperava uma notícia dos chefes.

Apesar de tudo, Prestes continuava cuidando de política. Mostrava a Pavel tudo o que escrevia. "Foi assim que li seus artigos sobre a questão agrária, sobre uma nova e muito ampla frente popular etc., assim como suas propostas sobre questões de organização de células do partido no Rio e instruções para guerrilhas", contou o soviético. A guerrilha no Nordeste era uma idéia fixa que Prestes alimentava naqueles dias em que a polícia cada vez mais se aproximava dele. Stuchevski, com o pseudônimo de "Eça", aparece na conhecida correspondência de Prestes da época sempre como responsável pelo fornecimento de fundos, desta vez para uma guerrilha em Pernambuco que só existiu na fantasia do chefe da insurreição. Ele tinha um sincero interesse também pela situação de Ewert e insistia com Ilvo Meirelles para que este contratasse um advogado capaz de ajudar o enviado alemão.

Em meio à intensa troca de cartas sobre o "caso Elza", a dupla soviética preparava-se para deixar o esconderijo da rua Honório, no Méier, que passaram a considerar um grave risco. Martins conseguiu afinal o aparelho e o casal de inteira confiança que Prestes pedira duas semanas antes. Stuchevski garantiu em Moscou, mais tarde, que ofereceu a Prestes o novo aparelho. "Insisti em que Prestes e Olga fossem para lá, mas eles se recusaram, dizendo que não conheciam Higino (o novo caseiro de confiança), mas tinham toda confiança em Messie (Escarsema) e Júlia (dos Santos, sua mulher)", escreveu Pavel. "Deixamos a casa no dia 18 de fevereiro, depois de pedir mais uma vez a Prestes que saísse de lá." Agora também o caseiro Escarsema estava bastante alarmado com a prisão de Baron e Arias, mas só Prestes, vítima de sua proverbial teimosia, recusava-se a deixar o esconderijo.

E Prestes começou a mudar de opinião sobre Jonny de Graaf. Ao saber que a polícia já o procurava no Méier, Prestes responsabilizou Jonny, atribuindo a prisão de Baron ao fato de o americano ter se encontrado com Lena após a rápida passagem do casal pela prisão, no começo de janeiro. Mas isto implicava duvidar da firmeza de Baron. Depois, passou a acusar Ghioldi, a versão predileta para o resto da vida.[6] De qualquer maneira, parecia ter mais medo da organização do partido que da polícia. Sofia Stuchevskaia contou:

> Quando meu marido ficou sabendo daquelas informações [sobre a polícia procurando Prestes no Méier], propusemos que Olga e Prestes viessem para aquela casa onde nos refugiáramos, mas eles não quiseram, pois não julgavam confiáveis as pessoas que nos haviam sido dadas por falta de alternativa. Meu marido sabia que Baron conhecia o endereço do aparelho e que Prestes deveria mudar-se, mas convencê-lo era impossível.

Dado o precário estado de saúde de Baron, foi extraordinária sua resistência à tortura. Tuberculoso, sifilítico e descrito por camaradas como muito nervoso, o americano foi vítima de um capitão-médico da Marinha. Espancado, torturado com choques elétricos, acabou cedendo e disse de maneira aproximada o nome da rua e sua localização no Méier. Um dos métodos de tortura consistia em aplicar injeções de álcool na língua. O enfermeiro que ajudou a fazer a autópsia de Baron, um simpatizante do partido, contou mais tarde que, além de grande quantidade de álcool no estômago e sinais de uma sonda no esôfago (provavelmente tentaram fazer uma lavagem de último minuto), havia apenas hematomas espalhados por todo o corpo, causados quando Baron, provavelmente já morto, foi jogado do segundo andar do prédio da Polícia Central. Sabe-se muito pouco sobre o que aconteceu com o argentino-polonês Marcos Youbman, o correio Arias. Ao contrário de Baron, pelo qual a embaixada americana demonstrou interesse, Arias simplesmente desapareceu. Semanas depois os jornais em São Paulo (os do Rio nada disseram) publicaram informações sobre seu "suicídio" quando estava sob a guarda da polícia brasileira.

Em 3 de março, um dia após a execução de Elza, Prestes exigiu e obteve de Martins a devolução dos originais das cartas trocadas com a direção do partido. Mas, em vez de destruir a comprometedora correspondência, guardou-a entre seus papéis. Como se não bastasse o que ocorrera dois meses antes nos aparelhos de Ipanema, quando a polícia apreendeu impressionante quantidade de documentos tanto no seu aparelho quanto no de Ewert, o líder da insurreição montou no Méier mais um arquivo que, apreendido pela polícia, traria grave prejuízo a ele e às pessoas com quem trabalhava.

A Polícia Especial o surpreendeu de pijama, por volta das sete da manhã do dia 5 de março de 1936, no quarto dos fundos da casinha no Méier. Cumprindo sua última missão de zelar pela segurança de Prestes, no momento da invasão Olga Benario colocou-se diante do comandante da revolução brasileira, provavelmente salvando-lhe a vida. Stuchevski relatou o fato a Moscou, em meio a grandes elogios a Olga. Fazia poucos dias que estava grávida.

Escondidos numa casa guardada por Higino, o sargento-enfermeiro da Marinha, Sofia e Pavel ficaram sabendo em instantes da prisão de Luís Carlos Prestes, o homem que deviam ajudar a tomar o poder no Brasil. No momento em que a Polícia Especial "estourou" o aparelho no Méier só um dos quatro habitantes estava fora: o caseiro Escarsema, cuja mulher, Júlia dos Santos, também foi presa. Saíra bem cedo para as compras matinais e, ao regressar a pé, logo deu-se conta do desastre. Correu então para o aparelho de Abóbora, onde encontrou Martins, e daí ao esconderijo de Stuchevski. Por Escarsema, que constava de sua folha de pagamentos, o soviético mandou aos camaradas dirigentes do PC brasileiro uma ordem tão irresponsável quanto irrealizável: organizar em poucas horas um levante das forças militares do partido, em protesto contra a prisão de Prestes. Martins recusou-se, e conseguiu naquela mesma noite o apoio dos outros dirigentes do PCB.

Stuchevski só tinha uma preocupação: salvar a própria pele. Era agora o último dos enviados do Komintern no Brasil ainda em liberdade, mas em precária situação, sem passaporte nem aparato local. A salvação que não chegara para Prestes talvez ainda servisse para o casal de agentes soviéticos. De fato, poucos dias depois da queda de Prestes e Olga, Buenos Aires recebeu o endereço carioca de Carmen, que disciplinadamente continuava indo todos os dias ao ponto marcado com o desaparecido Arias, e enviou as instruções de Stuchevski sobre como estabelecer contato, feito por fim através do fiel Escarsema. Ao receber os ansiosamente aguardados passaportes, Pavel e Sofia tiveram nova decepção: o trabalho dos falsificadores em Buenos Aires fora tão bem feito que se arrancassem as fotos de Prestes e Olga (para quem estavam destinados), os documentos se tornariam imprestáveis.

O nervosismo e irritação de Sofia chegaram ao ponto de ruptura. Provocava constantes brigas com a mulher do sargento-enfermeiro. O inferno doméstico reforçou em Pavel a disposição de trocar mais uma vez de aparelho — convencido, de qualquer maneira, que segredos e lugares secretos no Brasil não duravam muito. Os agentes soviéticos refugiaram-se então na casa de uma comadre de Abóbora, uma simpática portuguesa. Martins e Abóbora, encarregado das ligações com marinheiros, ofereceram então a Pavel uma modalidade de fuga que consideravam segura: como passageiro clandestino de um navio. Mas Pavel não quis ir embora sem Sofia, para a qual essa forma de escapada era considerada inviável.

Outra vez, a salvação estava com Carmen. Curiosamente, em seus relatórios, ao falar desse correio argentino, Pavel se refere a "ele", Sofia a "ela". Provavelmente era uma mulher. Sofia contou que, embora não fosse casada, Carmen podia se apresentar na embaixada da Argentina como mulher de um argentino, identificado como Mora, que viajava com seu nome verdadeiro e também estava no Rio. Com esse estratagema, Carmen obteria um passaporte argentino e ficaria com o seu, que era suíço. Mora comprou duas passagens de primeira classe para Buenos Aires, e combinou que Sofia embarcaria no navio em Santos. "Maquiei-me bem e parti com Mora para a estação Pedro II", contou Sofia, descrevendo seus últimos momentos de suspense no Brasil. "Passamos pelo controle e vi dois fulanos que passeavam perto de um trem. Um olhou fixamente para Mora, mas não se preocupou comigo. Eu estava muito mudada e tinha também um rabo de cavalo." Um acidente de carro entre São Paulo e Santos a fez perder o navio, mas por sorte seguia no mesmo dia outro para o Sul. Em Santos recebeu o passaporte de Carmen, trocou a foto e desceu em Montevidéu sem maiores problemas. Na capital do Uruguai precisou mudar de passaporte mais uma vez, para não entrar como argentina em Buenos Aires. Tornou-se então a "esposa" de um simpatizante que tinha sido cônsul e estava precisando de uma ajuda em dinheiro.

Através de um anúncio combinado no *La Prensa*, Sofia avisou Pavel no Rio que a rota podia ser utilizada. Providenciou um mensageiro para levar ao marido um passaporte falso. "Elias", o novo correio, de fato chegou ao Rio, portando más notícias. Mora, que não era muito hábil em falsificações, estragara a foto de Stuchevski ao tentar derreter sobre ela a cera para um lacre. A derradeira saída para o agente soviético ficou sendo o passaporte de Elias, um cidadão espanhol, que foi a São Paulo e comprou uma passagem para Buenos Aires. Stuchevski o encontrou no dia seguinte:

> Tinha deixado crescer um bigode e pintei os cabelos. Parti com Messie (Escarsema) cerca das sete da noite, a pé. Depois pegamos o bonde para Cascadura, onde param todos os trens. Estávamos na plataforma um ou dois minutos antes da chegada do trem e entramos no nosso compartimento de primeira classe sem ser incomodados. Chegamos a São Paulo pela manhã. Carmen nos esperava dentro de um táxi no qual fomos para o porto de Santos. Desci e entrei num hotel, com uma mala, e dei um nome qualquer. Carmen veio me encontrar com o passaporte de Elias. Trocamos a fotografia de Elias pela minha (essa foto com a parte do lacre já havia sido preparada no Rio). Depois, cada um por si, fomos para o barco no qual embarquei sem problemas.

Stuchevski fugiu do Brasil no final de maio de 1936; Sofia estava desde o segundo dia desse mês em Buenos Aires. Um ano e meio depois da chegada do primeiro enviado, com a fuga do chefe da filial do OMS terminava a fracassada operação brasileira. Antes de deixar o Rio, Stuchevski manteve contato com Olga Benario através de cartas cifradas, cujo conteúdo não ficou registrado. Manteve também um derradeiro encontro pessoal com Martins, por quem transmitiu uma recomendação e um recado aos camaradas brasileiros. Recomendou que nenhum deles se deixasse apanhar vivo pela polícia (na esmagadora maioria das vezes esse conselho não foi respeitado).

Quanto ao recado, Martins ainda se lembrava bastante bem de seus termos, que reproduziu por escrito menos de dois anos depois em Moscou. Ao se despedir para sempre do Brasil, Stuchevski deixou aos camaradas do PCB sua explicação das causas do fracasso: "Os estrangeiros foderam vocês", disse, referindo-se aos enviados do Komintern.

Em Moscou tivera início um processo de "repensar" o Brasil. Fator importante parece ter sido o relatório que o Departamento de Quadros do Komintern finalmente divulgou sobre o PCB. Por coincidência, o documento, baseado em meses de entrevistas e avaliações, ficou pronto no dia em que Prestes era preso no Rio, no início de março de 1936. O relatório confirmava tudo aquilo que os agentes do Komintern que atuaram na América Latina já sabiam (às vezes por dolorosas experiências próprias) sobre a organização comunista brasileira: infiltração policial até nas cúpulas dirigentes (a respeito da qual não fornecia maiores detalhes), falta de política de quadros (isto é, de efetivo controle sobre as estruturas partidárias), afastamento de pessoas capazes por culpa de políticas equivocadas da direção. "A política do partido na área da ilegalidade sempre foi muito fraca", diz esse relatório confidencial, distribuído na cúpula do Komintern e ainda arquivado em Moscou.[7] "A luta pela legalidade do partido é substituída por verbalismo revolucionário, o real por frases de efeito nos comícios e na imprensa" — partindo de Moscou, um veredicto demolidor, e absolutamente correto, aliás. Um dos trechos recomendava, para o PCB, uma radical mudança de orientação:

> Em conseqüência dos levantes parciais em novembro, o partido sofreu grandes perdas em seus quadros, muitos ativistas foram presos, e o PCB por inteiro está na ilegalidade. A nosso ver, o partido, em lugar de falar em luta armada e todo poder à Aliança Nacional Libertadora, tem de reconstituir seu trabalho, colocar seus quadros em organizações de massa e pôr em prática uma linha de ação legal, utilizando uma linguagem que não sirva de pretexto para a polícia. A questão atual é preservar os quadros de modo que escapem aos golpes da reação, o que é difícil no momento, devido a uma avaliação equivocada da realidade.

Outra interessante conclusão desse relatório era a constatação de que na Escola Lenin, onde eram preparados os quadros da revolução mundial, não havia, no início de 1936, nenhum aluno brasileiro. "Levando-se em conta a importância desse país para nosso movimento, achamos que, havendo possibilidade, é necessário preparar um grupo significativo de camaradas brasileiros." Moscou se dedicaria a isto apenas no fim da Segunda Guerra Mundial, dez anos depois de apresentado esse relatório. Outras recomendações ao PCB incluíam: "Prestar atenção ao trabalho de quadros, explicando que a situação mudou depois de novembro"; "reestruturar os métodos de trabalho"; "editar livro sobre luta contra provocação e dar instruções sobre comportamento na prisão" — em outras palavras, fechar a loja e começar tudo de novo.

Nessa mesma pasta ultraconfidencial sobre o PCB, há um documento, redigido em bom francês, datado de 10 de maio de 1936 e sem assinatura.

Parece ter sido feito por alguém com melhor capacidade de raciocínio e análise política do que os homens anteriormente implicados na operação do Komintern no Brasil. Suas formulações, excepcionalmente lúcidas, sugerem tratar-se de uma carta enviada de Moscou aos líderes em liberdade do PCB:

> Estamos acompanhando daqui todos os acontecimentos. Pelo que lemos nos jornais burgueses, podemos fazer as seguintes sugestões que poderão ajudá-los. Quanto ao que fazer, não devemos acreditar que sofremos apenas uma derrota e que Vargas esteja em situação pior do que a nossa, que tudo se esclarecerá por si e que todos aqueles que se opõem ao comunismo no momento sejam contra-revolucionários. Nós sofremos uma derrota de proporções sérias. Temos de agir habilmente para recuperar as forças. Isto significa: a) passar à defensiva, pensando na contra-ofensiva para o momento oportuno, exigindo por meios legais liberdade e autodefesa, protestando contra o cerceamento de liberdades etc.; b) reorganizar a direção nacional; c) entrar imediatamente em contato com a minoria parlamentar, pedindo que organizem blocos contra o estado de guerra, os quais devemos apoiar sem cair na linguagem vermelha e violenta; d) estabelecer canais de comunicação seguros e mandar o mais depressa possível o melhor quadro para discutir aqui conosco.

O retraimento de Moscou também se devia aos constrangimentos diplomáticos ocasionados pelo fracasso da insurreição. Nas principais capitais na Europa e Estados Unidos havia poucas dúvidas quanto ao envolvimento de Moscou nos levantes brasileiros do final de 1935, e isto foi dito ao ministro das Relações Exteriores soviético, Maxim Maximovitch Litvinov, na Liga das Nações, em Genebra, na qual a URSS entrara pouco antes. Moscou empenhava-se em organizar com as outras potências da Liga (Alemanha, Itália e Japão haviam abandonado esse grêmio) uma frente antifascista, esforçando-se em apagar nos outros governos a idéia de que a União Soviética só pensava em subverter o restante do mundo. Casado com uma inglesa, Litvinov desempenhava papel crucial nessa estratégia. O noticiário sobre os intentos revolucionários no Brasil e a prisão de pelo menos um notório enviado do Komintern — o alemão Arthur Ernst Ewert — caiu como uma bomba no meio da delicada teia de relações que o ministro soviético estava costurando exatamente com a Grã-Bretanha.[8]

Em 21 de janeiro de 1936 — bem antes, portanto, da prisão de Prestes e da divulgação de novos documentos comprometedores —, Litvinov reuniu-se com o ministro das Relações Exteriores britânico, Anthony Eden, durante uma das sessões da Liga das Nações, em Genebra. O assunto era o rompimento das relações diplomáticas entre o Uruguai e a União Soviética, por culpa dos acontecimentos no Brasil. Na mesma noite, Eden ditou um pequeno protocolo do encontro, que pode ser lido no Public Records

Office, em Londres. Litvinov garantia a Eden que o Uruguai não tinha qualquer motivo para agir daquela maneira (e, de fato, tinha razão: não fora através de Montevidéu que o ouro de Moscou chegara ao Rio), e que nem sequer estava interessado em ter embaixadas na América do Sul. "Nós conhecemos bastante bem o argumento de que a Terceira Internacional e o governo soviético são entidades independentes, mas isto não convence ninguém", disse Eden a Litvinov. Quanto ao argumento, apresentado pelo soviético, de que a URSS não ajudava partidos comunistas, Eden foi sucinto: "*We know better*". Este diálogo ocorreu exatamente durante uma conversa, pedida por Litvinov, para propor a Eden o estreitamento de relações entre Londres e Moscou.

Londres continuou recebendo informações sobre o envolvimento de Moscou na insurreição brasileira. Assim que a campanha de libertação de Prestes começou a ser organizada, um relatório confidencial, enviado da Espanha ao Foreign Office, afirmava que Moscou estava por trás de tudo. De fato, fora idéia do genial propagandista do Komintern, Willi Münzenberg (casado com a irmã de Margarete Buber-Neumann), a viagem da mãe e de uma das irmãs de Prestes, dona Leocádia e Lygia, a fim de participar de comícios em Madri e Paris. Por esse motivo, os britânicos decidiram não intervir em favor dos prisioneiros no Brasil, conforme a minuta preparada para Eden pelo chefe da seção americana do Foreign Office, Troutbeck, em março de 1936. O ministro britânico havia recebido uma carta da "Liga contra o Imperialismo e pela Independência Nacional" (uma organização "de frente") pedindo sua intervenção em favor de Prestes e Ewert, e solicitara a seus subordinados uma proposta de resposta.

Troutbeck a formulou de maneira brutalmente franca: "Nós não apoiamos o governo Vargas, embora naturalmente no interesse de nossos próprios cidadãos, nós o preferimos a um movimento que coloca em primeiro lugar no seu programa o não pagamento da dívida externa". Depois de resumir o alerta que o governo britânico fizera a Vargas sobre o movimento em preparação, o memorando ressaltava não haver "a menor dúvida de que a tentativa de revolução foi dirigida por agentes da Terceira Internacional". E prosseguia:

> Os brasileiros jamais entenderiam nossos motivos. Depois de termos tido o trabalho de adverti-los contra um movimento comunista, por que razão iríamos voltar atrás e pedir clemência. Não deveríamos fazer nem mesmo uma abordagem informal em favor dos prisioneiros. Além disso, Getúlio disse a Gurney que não haveria execuções. Possivelmente existe algo como um reino do terror no Brasil. Nós realmente não sabemos. Mas que proporção isto guarda com os kulaks liqüidados na Rússia?[9]

Em outra minuta dirigida a Eden, o mesmo Troutbeck caracterizava de maneira extremamente apropriada os papéis de Prestes, descrito como ''líder revolucionário profissional de forte personalidade'', e de Ewert, ''seu principal colaborador e experimentado agente do Komintern''. Eles poderiam ter vencido, proporcionando a Moscou um extraordinário ponto de partida em território incontestado das potências ocidentais: ''Parece ter sido por pouco que o movimento não teve êxito no Rio de Janeiro. Contudo, a combinação de sorte e atitude resoluta viraram o dia em favor do governo. Agradecidamente, a classe trabalhadora permaneceu passiva'', resumiu Troutbeck.[10] Eden nem sequer aceitou receber uma delegação da ''Liga contra o Imperialismo'', mandando dizer que seu governo não podia interferir em assuntos internos de outros países.

A atitude morna dos dirigentes do Komintern em relação ao Brasil só mudaria quando começassem a chegar de volta a Moscou, a partir de julho de 1936, os enviados que tinham conseguido sobreviver ao desastre.

12
INQUISIÇÃO

★

Quando escaparam do Brasil e chegaram a Buenos Aires, ainda em janeiro de 1936, os enviados Jonny de Graaf, sua mulher Lena e o italiano Amleto Locatelli não tinham muita coisa a fazer. Os três se reencontraram apenas em março. Jonny e Lena passaram todo esse tempo ''passivos, sem fazer nada, para saber se estavam sendo seguidos'', justificou-se o terrorista alemão. Sem qualquer missão, Locatelli insistia em voltar para a Europa. Sentou-se com Jonny e Lena para combinar o que diria ao chegar em Moscou, trato que não respeitaria. Em junho, Amleto embarcou para a França num navio de bandeira italiana, algo totalmente proibido pelas normas de segurança do Komintern.

Jonny ativou no PC argentino os contatos que Ghioldi lhe dera ainda no Rio, pouco antes de ser preso. Adotou o pseudônimo de ''Walter'' e retomou sua velha atividade como professor de bombas, sabotagem e luta de rua, instruindo agora militantes argentinos. Todavia, com a chegada de Pavel Stuchevski a Buenos Aires no começo de junho, tudo mudou.

O agente soviético alimentava fortíssimas suspeitas sobre o terrorista alemão, e transmitiu-as aos dirigentes argentinos. Corriam rumores no Brasil de que ''Gruber'' (Jonny de Graaf) era um agente duplo, ou no mínimo o responsável pelas prisões de Miranda e Ghioldi, que contrabandearam recados para fora da cadeia denunciando o alemão. Pavel encontrou-se duas vezes com Jonny em Buenos Aires e armou-lhe uma cilada. Perguntou detalhes das circunstâncias de sua prisão (ambos, o soviético e o alemão, chegaram a passar algumas horas juntos na mesma cela, sem poder conversar) e notou que Jonny não estava disposto a falar. Quis saber, então, se ao sair da polícia o alemão havia se encontrado com o americano Baron, e Jonny disse que não. Mas Pavel sabia, pelo próprio Baron, que pelo menos Lena, a mulher do Jonny, havia se encontrado com o americano, a quem dera dinheiro. Era uma óbvia contradição e, em 22 de junho de 1936, Pavel telegrafou a Moscou, em nome do partido argentino — pelo jeito, onde havia um soviético era bem clara a ordem hierárquica — pedindo a volta de Jonny para a União Soviética, "pois está comprometido no Brasil, enviem instruções".[1]

No mesmo telegrama, o agente soviético dizia que Jonny estava "exigindo" 10 mil pesos (cerca de 3 mil dólares, uma pequena fortuna). "Tenho algumas dívidas", respondeu quando Stuchevski quis saber o que faria com tanto dinheiro — na verdade, o alemão estava empenhado num mirabolante projeto para o qual esperava atrair até mesmo os "órgãos competentes" soviéticos.

Para surpresa de Stuchevski, quem recebeu ordem para retornar imediatamente a Moscou foi ele e não o terrorista alemão. Em 8 de julho, a Maison enviara curta mensagem telegráfica a Stuchevski mandando-o cortar todas as ligações com o Brasil, e confirmar a execução da ordem.[2] O telegrama foi repetido em 26 de julho, com aquele fatal adendo que se tornaria mais tarde folclórico sinônimo de condenação à morte: "Venha para cá o mais depressa possível, transmita o aparelho para Carmen".[3] Em 18 de agosto, Stuchevski entregou tudo a Carmen — dinheiro (restavam 11 mil dólares em caixa, avisou), códigos e endereços — e anunciou que estava de partida para Zurique, onde apanharia o visto para Moscou. Com um passaporte grego em nome de Christos Thomas Sacarney, e acompanhado de Sofia, Pavel Stuchevski embarcou para a última viagem de sua vida.

Por intermédio do contato de Prestes em Paris, Afonso de Figueiredo, Moscou fora avisada de que a imprensa brasileira noticiara a prisão do "secretário de Berger" (Jonny). Ghioldi mandara pela mesma via um confuso relato sobre a prisão do casal responsável pelo OMS no Rio, mas a Maison não possuía detalhes das peripécias do casal Stuchevski nas mãos da polícia brasileira, episódio que inevitavelmente faria soar o alarme. Quem deu a notícia foi o italiano Amleto Locatelli, cuja chegada a Moscou, em julho de 1936, teve o impacto de um terremoto na atitude dos dirigentes do Komintern.

Primeira testemunha ocular e participante direto da insurreição a voltar para casa, Locatelli levou do Brasil um relato espetacular — por suas implicações para as carreiras políticas de muita gente, a começar pelo principal articulador da operação, Dimitri Manuilski, e seu realizador, Luís Carlos Prestes. No Komintern, os êxitos ou derrotas de um agente refletiam-se de imediato sobre a influência e o prestígio de seu protetor. E aquilo que Locatelli, com data de 20 de julho de 1936, colocou em 82 páginas datilografadas sobre o fracasso de Prestes punha por terra todo o empreendimento pelo qual Manuilski tanto se empenhara. O homem forte da Internacional apoiava Prestes (manteve estreita ligação com uma das irmãs do camarada brasileiro) e escolhera pessoalmente os participantes da fracassada aventura sul-americana. Sua auto-estima, segundo o relato de uma testemunha, o militante peruano Eudócio Ravines, sofrera sensível abalo, ratificando os mordazes comentários de que Manuilski era inapto para conquistar qualquer vitória.[4]

A maior parte do conteúdo do relatório de Locatelli foi abordada em capítulos anteriores. Expondo em detalhes tudo o que vivenciara, o italiano captou os dilemas e as difíceis circunstâncias que levaram a decisões cruciais (a deflagração do levante de 27 de novembro no Rio, por exemplo). Descreveu relacionamentos pessoais e fez considerações políticas, sem deixar de esconder certa simpatia pela maior parte dos camaradas retratados. Contudo, ao resumir suas opiniões nos interrogatórios e *debriefings* aos quais foi intensamente submetido em Moscou, na segunda metade de julho de 1936, as opiniões nuançadas, as apreciações balanceadas, algumas conclusões claramente cautelosas e o cuidado na abordagem dos assuntos mais espinhosos transformaram-se em frases lapidares, curtas e implacáveis. As fichas dos camaradas no Departamento de Quadros, preparadas com base nos depoimentos de Locatelli, ficaram assim:

Ghioldi: fraco de caráter, vacilante e descuidado;

Baron: entregou Prestes à polícia;

Ewert: culpado pela destruição de tudo ao guardar tantos documentos, além de cometer graves erros de avaliação política e precipitar a decisão do levante;

Olga: aproveitava-se de sua posição para interferir em assuntos que não eram de sua alçada; com Ewert tentava manter Prestes afastado do partido;

Sabo: freqüentava com Olga a mesma costureira, uma falha na segurança;

Miranda: desorganizado e descuidado;

Prestes: prejudicou toda a organização ao não querer sair do país; deixou que documentos fossem apreendidos pela polícia, "fortalecendo a repressão e aumentando o número de presos"; seu prestígio foi muito abalado com os papéis encontrados em seus aparelhos, "e hoje para muitos burgueses e pequeno-burgueses ele é um agente de Moscou".

Todas essas pessoas estavam presas. Quanto aos enviados ainda em liberdade, Locatelli fez apenas breves menções. Justificou a prisão e quase imediata libertação de Jonny de Graaf pelo fato de os documentos do alemão estarem em ordem. Sobre Sofia e Pavel Stuchevski, dos quais o italiano seguramente sabia que tinham ligações com os "órgãos competentes", nem sequer um adjetivo além de uma curta frase, que deve ter provocado sensação em Moscou: "Presos e soltos em dez dias". Seis dias depois de o italiano assinar seu relatório, o casal de agentes soviéticos recebeu a ordem para voltar da América do Sul.

Locatelli reiterou que o fracasso da operação devia ser atribuído a erros de análise política, deficiência de preparação e, sobretudo, seguidas violações das normas de segurança. Forneceu detalhes elucidativos, como estes (mencionados ao examinar hipóteses sobre a prisão de Prestes):

> Olga, Sabo e a esposa de Gruber (Jonny) iam juntas a uma mesma costureira. A esposa de Gruber estava na costureira e ouviu quando esta comentou, ao ver as fotografias de ambas (Olga e Sabo, publicadas nos jornais): mas essas damas são algumas das minhas clientes. Apontando para a mulher de Ewert, ela disse: "Tenho até o número dessa". A esposa de Gruber disse nunca ter estado nessa costureira com as outras camaradas, o que parece ser verdade. Caso contrário, a polícia a teria associado aos outros.

Em relação ao item segurança, Locatelli não deixou um só setor da conspiração sem nota baixa. Mesmo Jonny — a quem protege em pelo menos um trecho, quando menciona que o alemão não queria delatar em Moscou as brigas anteriores que tivera na China com Ewert (bobagem, pois Jonny já o fizera em 1934) — é acusado de ter permanecido com o mesmo passaporte em Buenos Aires, "embora a polícia o estivesse procurando de novo". O italiano espalhou em Moscou a versão (que se revelaria falsa) de que Baron procurara o embaixador americano no Rio, pedindo para ser repatriado aos Estados Unidos, e fora entregue à polícia pelo diplomata. Contou com profusão de detalhes como Prestes e Ewert tomavam decisões de todo tipo sem consultar Ghioldi, formalmente o chefe do Bureau, o qual só mais tarde ficava sabendo das coisas, quando ficava sabendo. Foi implacável com Ewert e Prestes pelo fato de terem guardado tantos documentos em casa:

> Eles comprometeram muitos políticos importantes, entre eles Pedro Ernesto, o prefeito do Rio, que depois do levante ainda depositou na conta da Aliança quarenta contos (2200 dólares), e prometeu outros 102 mil francos franceses (cerca de 6300 dólares), o que não aconteceu depois que Ewert foi preso. Muitos, ao saberem dos documentos, ficaram com a impressão de que haviam sido enganados, dirigidos por agentes de Moscou, usados para fazer uma revolução comunista, perdendo assim toda confiança na ANL. Até a prisão de Ewert, a polícia nem sequer imaginava a existência do Bureau. Claro que ela não sabia muita coisa, foram os documentos guardados por Ewert que a puseram na pista. Sua negligência não foi apenas um erro, foi um crime.

Pelo mesmo motivo que agira por conta própria em São Paulo, em novembro de 1935, impedindo que se tentasse um inútil levante, também ao escrever seus relatórios em Moscou provavelmente Locatelli achava estar cumprindo seus deveres de revolucionário. Esqueceu-se de que em Moscou esse tipo de virtude não era bem-vista. Com a reputação em jogo, o esperto Manuilski possuía recursos de sobra para lidar com um petulante como esse italiano: caíra em suas mãos um excelente material para desacreditar o autor daqueles demolidores relatórios sobre a operação brasileira. Ao que parece, os italianos do aparato ilegal do PCI que haviam criticado a "falta de solidez" de Locatelli — o eufemismo para homossexualismo — tinham toda razão.

Num lance que se pode chamar de teatral, na mesma semana em que Locatelli entregou seu relatório à cúpula do Komintern (também escreveu cartas ao italiano Marcucci e ao chinês Van Min), Manuilski recebeu da sucursal do OMS em Paris, por onde o italiano passara a caminho de Moscou, dois curtos e pesados textos. Um deles, em alemão, com data de 25 de julho de 1936, enviado para Marcucci, tinha o seguinte teor:

> Quando A. o procurou certa manhã às nove horas no hotel, a porta estava trancada. Teve de esperar bastante tempo, até que um rapaz saiu e foi embora. Savel disse então que era seu alfaiate. O dono do hotel, porém, afirmou que o rapaz havia chegado tarde da noite com Savel e que dormira ali. Isto já acontecera várias vezes. Primeiro Savel tentou mentir, mas acabou confessando que se tratava de uma pessoa totalmente estranha, e confessou, chorando, o tipo de relação que mantinha com ele. Isto causou péssima impressão ao dono do hotel, um camarada, e tivemos de tranqüilizá-lo. Em anexo, uma declaração de Savel.

Savel era um dos pseudônimos de Locatelli. De passagem por Paris em plena primavera, livre de maiores cuidados e preocupações, e prestes a enfrentar os rigores de Moscou, Locatelli encontrou um jovem turista canadense num teatro, com quem viveu um curto romance na maravilhosa cidade. Esqueceu-se que a grande preocupação da rede secreta soviética era primeiro com seus próprios participantes, e ao hotel onde se hospedou, controlado pelo OMS, não pode ter escapado o fato de que uma pessoa completamente estranha à organização — o amante canadense de Locatelli — estava passando as noites ali. "A.", o agente encarregado de surpreendê-lo, arrancou por escrito de Locatelli uma declaração em francês, ainda arquivada em Moscou: "Declaro que recebi várias vezes um cavalheiro (três vezes ele passou a noite) sem que ele jamais tenha ficado sabendo de minha situação e das missões que recebi".[5]

Esses dois pedaços de papel estavam, agora, nas mãos de Manuilski. Sobre os fatos subseqüentes existem apenas referências em dois impressionantes documentos assinados por Locatelli. No dia 13 de agosto de 1936, ele foi chamado para uma conversa pessoal com Manuilski. Seis dias depois, a lápis, riscado em vários lugares e com letra nervosa e tremida, Locatelli redigiu um texto de dezoito páginas, dividido em duas partes. A primeira era uma autocrítica de sua atividade política no Brasil, na qual renegava o volumoso relatório que havia entregue antes. Alguns trechos:

> Depois de conversar com Manuilski a respeito do que ocorrera no Brasil comecei a refletir sobre os acontecimentos de novembro do ano passado. Nesses eventos ocupei uma posição em São Paulo que me dava certas responsabilidades perante a insurreição. Ao examinar mais tarde as posições que adotei em São Paulo, verifiquei que elas incorriam em três erros graves: 1) não haver compreendido que, apesar das ordens recebidas e das dificuldades objetivas, era necessário desencadear de qualquer maneira a insurreição, uma vez que já havia sido declarada no Nordeste e no Rio, sobretudo considerando-se a importância de São Paulo como o maior centro industrial e proletário do país. Acender um foco insurrecional em São Paulo teria facilitado os movimentos do Rio e no Nordeste. O governo seria obrigado a descentralizar suas forças e, em conseqüência, diminuiriam as possibilidades de repressão do movimento insurrecional e aumentariam as chances de vitória, sem falar no encorajamento que um movimento em São Paulo teria dado aos camaradas em luta, nas possibilidades de expansão do movimento às outras regiões do país e na influência sobre as massas trabalhadoras de outras localidades; 2) influenciei de maneira negativa os camaradas de São Paulo a respeito da decisão a ser tomada, e objetivamente os contive no seu propósito de desencadear a insurreição; 3) não compreendi minha tarefa em São Paulo, que deveria ser apenas a de ajudar os camaradas, de apoiá-los, e não de fazê-los aceitar diretivas completamente alheias à minha tarefa no país.
>
> Esses erros são muito graves e justificam plenamente a apreciação feita pelo camarada Manuilski. Eles demonstram incompreensão do objetivo do meu trabalho no Brasil, falta de apreciação bolchevista do caráter dos eventos e debilidade política.

O italiano assumiu até mesmo erros que não havia cometido, mas o astuto, inescrupuloso e implacável dirigente da Terceira Internacional introduziu um elemento ainda mais perigoso para derrubar Locatelli: acusou o italiano de haver comprometido todo o aparato da insurreição ao participar de encontros e visitar aparelhos com os quais nada tinha a ver. Locatelli defendeu-se, afirmando ter caído "sem querer no meio de um sistema de encontros já estabelecido e, aparentemente, ninguém no Brasil assumia responsabilidade por esse sistema de trabalho". Concordou que não deveria ter tentado descobrir o apartamento de Stuchevski, no cômico episódio em que saiu apertando campainhas de um andar inteiro num prédio em Copacabana, escapando da polícia por sorte, "mas não havia outro jeito". Teve de explicar também por que havia viajado num navio italiano ao voltar para a Europa: "Não havia lugar no francês *Florida* e num inglês eu não queria entrar, depois da prisão do Ewert". E quanto ao homossexualismo?

Em sua resposta por escrito à chantagem — não se pode chamar isso de outro nome — feita por Manuilski, o italiano oscilou entre assumir abertamente sua condição de homossexual e tentar disfarçar evidências que ele mesmo sabia comprometedoras:

> Penso que já expliquei minhas relações com um turista canadense de Quebec, que estava em Paris visitando seus pais. Ele não tinha nenhum vínculo com o partido, nos conhecemos no teatro, fomos juntos a museus e teatros enquanto esperava o visto para Moscou. Três vezes ele passou a noite comigo. Gostaria de dizer que minha situação no hotel era legal. Não mantive nenhuma outra relação desse tipo e jamais saí com mulheres. Não considero essa ligação comprometedora, pois ele ignorava o que eu fazia (considerava-me um turista como ele) e eu não tinha nenhuma ligação com os companheiros no país.

Locatelli alegava ainda ter ficado confuso quando estava com o rapaz no quarto e foi surpreendido por um camarada que logo começou a falar em homossexualismo:

> Comecei a explicar que não era isso, embora houvesse evidências e circunstâncias que poderiam levá-lo a supor tal coisa. Ele me pediu então que fizesse uma declaração que ele mandaria a Moscou, para se eximir de qualquer responsabilidade, com a qual concordei, tentando explicar que tipo de relacionamento havia tido. Confesso que, contrariamente às ordens recebidas, iniciei uma relação, o que configura uma violação às normas de segurança. Por isso estou disposto a acatar disciplinadamente todas as medidas disciplinares que a IC considerar necessárias no meu caso.

Para Manuilski, o caso estava encerrado. Locatelli agora não passava de um trapo humano, derrotado, humilhado e comprometido tanto em termos pessoais quanto políticos. Por coincidência, assinou sua autocrítica em 19 de agosto de 1936, no mesmo dia em que o ex-presidente da Terceira Internacional, Grigori Zinoviev, foi julgado e condenado à morte no primeiro dos grandes julgamentos-farsa encenados pelos stalinistas. Zinoviev fora derrubado do cargo por ninguém menos que o próprio Manuilski, nove anos antes. Nesse caldeirão, Locatelli não era páreo para ninguém. Seu longo relatório inicial, porém, levantara uma série de "momentos de suspeita", e iniciou-se em Moscou a inquisição sobre a operação brasileira, uma parte ínfima do Grande Terror.

Essa expressão, o Grande Terror, é utilizada pelos historiadores modernos para designar a maior, mais terrível e inimaginável onda de violência que jamais um ditador desatou na história da humanidade. No período de 1929 a 1953, entre 19 e 22 milhões de pessoas tornaram-se vítimas da opressão desencadeada por Stalin, sem contar os mortos na Segunda Guerra.[6] Esse número equivale à metade da população brasileira de 1935.

Existe acordo sobre a data que marca o início do Grande Terror, embora a coletivização forçada da agricultura, as deportações em massa de populações e etnias inteiras e a destruição de boa parte do campesinato tivessem começado anos antes: dezembro de 1934, logo após o assassinato, ordenado pelo próprio Stalin, do líder do PC em São Petersburgo (Leningrado), Sergei Kirov. Houve pelo menos três grandes ondas sucessivas de prisões, deportações, condenações e execuções sumárias. A volumosa literatura sobre o período, enriquecida com a abertura de arquivos em Moscou, periodiza essas ondas — na verdade os "picos" de uma contínua e sistemática repressão — em torno dos grandes processos ou julgamentos-farsa dirigidos diretamente por Stalin. O primeiro deles, conhecido como Processo dos Dezesseis, terminara com a condenação de Zinoviev. E no momento em que Locatelli assinava qualquer coisa, só pensando em sobreviver, e Stuchevski voltava de Buenos Aires (a mesma época em que o governo Vargas ultimava a deportação de Sabo e Olga para a Alemanha), o terror stalinista já havia alcançado alguns dos nomes e personagens que passaram por esta narrativa.

A NKVD ampliou suas instalações no Hotel Lux, que muitos estrangeiros ali hospedados já consideravam uma espécie de ante-sala da Lublianka, a temida sede da polícia política, para onde eram levados os prisioneiros arrebanhados em incursões noturnas. As pessoas desapareciam sem vestígios, e o refeitório principal do Lux, usado como salão de reuniões, vivia com periodicidade sessões de "autocrítica" das quais se sabia perfeitamente que o "réu" pouco depois sumiria, levado pela NKVD. Numa delas selou-se o destino de Sinani, o antigo chefe do Secretariado Latino-Americano do Komintern, atacado até pelo fato de sua mulher pintar os cabelos "como uma burguesa",[7] e também o do russo-mexicano Julio Gomez. Ambos tinham sido bons amigos de Prestes entre 1932 e 1934. Sinani, um ex-oficial czarista que se passara para os bolchevistas, homem elegante, inteligente, discreto e de grande tenacidade e brilho intelectual, foi preso e fuzilado em 1936, enquanto Gomez acabou internado num campo de concentração, ao qual sobreviveria. Abraham Guralski, personagem do qual Prestes tanto falou em suas entrevistas, e com o qual esteve junto por meses em Buenos Aires e Montevidéu, estava afastado desde o começo de 1935 do trabalho no Komintern e, em 26 de agosto de 1936, foi expulso também do PC soviético. Sinani e Guralski tinham sido muito ligados a Zinoviev.

Duas outras figuras que apareceram bastante neste livro, ambas responsáveis pelo OMS, já haviam sido afastadas de seus cargos e esperavam pelo pior: Jossip Piatnitski (o chefe de finanças) e Alexander Abramov (seu sucessor por curto período). Mishka Slavutska, a linda moça que trabalhava na seção de codificação do OMS e fora a melhor amiga de Olga no Lux, tinha sido detida já em março de 1936, acusada de ser a mulher de um agente da Gestapo. Tratava-se de seu marido, Kurt Müller, ex-líder da Juventude Comunista do PC alemão (outro bom amigo de Olga), que havia dois anos estava nos cárceres nazistas depois de ter sido mandado pelo próprio partido para uma missão ilegal na Alemanha de Hitler. Mishka suspeita até hoje que os verdadeiros motivos para sua prisão nada tinham a ver com política. Seu chefe, Boris Melnikov (pseudônimo "Müller", embora fosse russo e não alemão), um sujeito repulsivo com o rosto marcado pela varíola, tentou molestá-la sexualmente e recebeu uma bofetada que lhe partiu os óculos. Furioso, prometeu que ela pagaria caro por aquilo. "Meus interrogadores me obrigavam a permanecer de pé o dia inteiro, até que as pernas ficassem excepcionalmente inchadas, e repetiam sempre a mesma pergunta, hora após hora: 'Relate as atividades anti-soviéticas de seu marido, o agente da Gestapo Müller' ", contou Mishka Slavutska.[8]

Altos funcionários, como Manuilski, dispunham de poder de vida ou morte sobre seus subordinados. Exemplo foi o caso de Heinz Neumann, o "açougueiro de Cantão" (e uma das personalidades políticas que haviam influenciado Olga no início da década de 30). Depois de cancelar pessoalmente a viagem de Neumann ao Brasil em julho de 1935, Manuilski também vetou, em agosto do ano seguinte, a ida do alemão à Espanha, onde participaria da Guerra Civil. Para justificar sua decisão, o principal dirigente do Komintern recorreu a um pequeno recorte de um jornal português, no qual Neumann era acusado de ter praticado atrocidades no começo da guerra espanhola, embora desde 1933 não tivesse posto os pés na Espanha. Pouco depois a NKVD foi buscá-lo no Lux, onde só mesmo os ratos, para usar a imagem de Ruth von Mayenburg, viviam em relativa segurança.

No caso do Brasil, o caminho mais óbvio para a infernal maquinaria da inquisição soviética era investigar o que estava ao seu alcance: a rede de contatos internacionais montada por Prestes. Os expurgos, prisões e execuções relacionados à operação brasileira do Komintern começaram com uma "investigação preliminar", levada a cabo por um indivíduo de sobrenome (ou pseudônimo, não foi possível averiguar) Rabinovici. Ele assinou em 15 de agosto de 1936, dois dias depois da "conversa" de Manuilski com Locatelli, um extenso relatório endereçado ao chefe do Departamento de Quadros, Chernomordik. Tratava-se de um típico inquérito de organismo secreto, no qual as questões políticas ou ideológicas não tinham a menor importância. Em nenhum momento Rabinovici discutiu o acerto das decisões, a exatidão das análises ou dos pontos de vista políticos. Estava preocupado apenas em saber como a organização fora destruída. Seu relatório, o primeiro de uma longa série de documentos semelhantes, levantava duas hipóteses para explicar a derrota no Brasil: uma provocação (o jargão da época para infiltração policial) no aparato do Komintern no Rio, ou a atuação de Figueiredo, o homem de Prestes em Paris.

Afonso de Figueiredo, cunhado de Martins, conhecia Prestes desde 1929, e o ajudara de Paris, em 1934, a organizar as viagens de alguns dos enviados do Komintern ao Brasil, começando por Jonny de Graaf e esposa (a pedido do próprio Prestes). O chefe da insurreição manteve correspondência com Moscou por intermédio de Figueiredo até mesmo no período em que ficou escondido no aparelho da rua Honório, no Méier.[9] No começo de 1936, Moscou pensou em chamar Figueiredo para dar-lhe instruções, e a sorte dele foi não ter ido. O inquérito preliminar do Departamento de Quadros o denunciava como "muito duvidoso":

> Nós já o surpreendemos em muitas contradições, ele está informado sobre muitos aparelhos. Nos últimos tempos não recebia dinheiro, não está claro quem o sustentava, é pessoa ligada à embaixada brasileira em Paris, pelo que ele mesmo diz, tem bom relacionamento com o cônsul. A embaixada o ajudou quando o governo francês quis deportá-lo, apesar de ele trabalhar abertamente na Campanha Prestes. Queria esconder de nós vários fatos sobre a prisão de Prestes, como o fato de que a imprensa brasileira publicara a carta de recomendação que Figueiredo deu a Prestes para apresentação no Brasil. Figueiredo nos envia apenas cópias da correspondência, ficando com os originais. Não é companheiro antigo de Prestes, ligou-se a ele em 1929, quando Prestes estava se juntando a nós.

A investigação do Departamento de Quadros seguia a implacável linha do Grande Terror, a da "culpa por associação". O ponto de partida era uma pessoa já atingida: Sinani, o colaborador de Zinoviev, por sua vez rotulado de "renegado trotskista". Sinani mandara como "instrutor" ao Brasil o alemão Jan Jolles, aliás "Alonso", que durante cerca de um ano deu as cartas no PCB. Jolles recomendara Figueiredo, alertava a investigação do Departamento de Quadros, e indicara também pessoas de contato para Prestes no Brasil. Estas eram Américo Dias Leite, cuja irmã (casada com Carvalho, por algumas semanas secretário de organização do PCB) tinha um caso com Jolles, e o estudante Tomás, que alugou o primeiro aparelho que Prestes e Olga (a qual, por sua vez, usava Tomás como correio para levar mensagens até Stuchevski, no Rio) utilizaram no Brasil. Dias Leite tentara chegar naquela época (fins de 1934) até Moscou, mas seu visto fora negado, embora Guralski tivesse aprovado sua viagem. Guralski era outro amigo de Sinani, que patrocinara a volta de Jolles à América do Sul. E Jolles fora um aliado de Guralski no começo da década, na Argentina. E ajudara o suspeitoso Figueiredo a montar a rede para Prestes. As coisas não se encaixavam?

No fantástico acervo do arquivo de fichas pessoais do Departamento de Quadros, campo de caça dos "órgãos competentes", o investigador Rabinovici fisgou os relatórios que o austríaco Fritz Glaubauf (aliás "Diego", um veterano instrutor do Komintern em Montevidéu, Buenos Aires e Santiago) fizera sobre o episódio Jolles—Ewert, em meados de 1935. Jolles, removido no começo daquele ano por Ewert e Ghioldi para Santiago, continuava recebendo cartas de sua amante no Rio (a mulher de Carvalho) sobre a situação interna do PCB. Fritz Glaubauf as havia interceptado e alertado Ewert. Em 1936, Fritz estava de volta a Moscou. Seus longos relatórios sublinhavam o fato de que Jolles tinha um irmão fascista na Alemanha e levantavam novos "momentos de suspeita" sobre esse enviado alemão. Na ficha de Jolles constava evidentemente o parecer feito anos antes por Inês Guralski, a veterana intrigante. Chamada a depor no Departamento de Quadros, acionou uma verdadeira metralhadora giratória, incriminando não apenas Jolles e Sinani, que agira contra os conselhos dela, mas também os irmãos Ghioldi (cujas brigas internas ela descreveu em minúcias), a mulher de Rodolfo Ghioldi (acusada de manter "ligações com elementos provocadores") e até Vitório Codovilla, descrito como "um inimigo". Quanto a Figueiredo, o investigador do Departamento de Quadros procurou até mesmo o chinês Van Min, que fez uma declaração por escrito afastando de si qualquer responsabilidade. "Quando assumi a direção do Secretariado Latino-Americano", escreveu, "há tempos Figueiredo estava em contato com os partidos da região, por seu intermédio recebíamos correspondência confidencial desses países. Quando pedi informação sobre essa pessoa a Abramov, foi-me dito que ele era amigo de Prestes."

Rabinovici finalizou seu "inquérito preliminar" afirmando que os fatos por ele levantados ainda eram insuficientes. "A investigação tem de ser muito mais ampla para examinar as raízes contra-revolucionárias de Sinani, e o papel desempenhado por Guralski. Peço instruções sobre o caráter e a ordem de investigação", concluiu. Em breve haveriam tantas "raízes contra-revolucionárias" e "momentos de suspeita" que nem seria necessário fixar-se em alguns poucos nomes. Uma primeira conseqüência foi a imediata interrupção dos serviços prestados por Afonso de Figueiredo à Internacional. Um telegrama de Fernando de Lacerda, o representante do PCB em Moscou, dirigido a todos os partidos latino-americanos, comunicou no final de 1936 que Figueiredo não mais "trabalhava para a Maison".

O único participante direto dos episódios no Brasil ao alcance da inquisição era justamente o italiano Amleto Locatelli. Em 9 de setembro de

1936 o moedor de carne humana sob seus pés começou a rodar. Uma *spravka* (informe) secreta sobre Locatelli dizia, em russo, sem mencionar maiores detalhes, que havia "dúvidas sobre sua atuação no Brasil". O curto documento terminava com a recomendação de afastá-lo dos quadros do Komintern e entregá-lo aos cuidados da Comissão Internacional de Controle. Seu destino estaria selado ali mesmo, provavelmente com uma bala na nuca disparada num dos porões da Lublianka (o método preferido de execução pela NKVD), se não fossem as asas protetoras de Palmiro Togliatti. Por interferência do principal comunista italiano em Moscou, Locatelli formulou à Comissão de Controle, em outubro, um pedido para que seu caso fosse logo tratado a fim de que ele pudesse ir para a Guerra Civil na Espanha. A solicitação foi aceita, e Locatelli ganhou uma sobrevida de alguns meses.

Outro provavelmente salvo por Togliatti foi o suíço Jules Humbert-Droz (um dos primeiros responsáveis pela América Latina no Komintern, na década de 20, e que na época chegou a passar pelo Brasil), providencialmente enviado na segunda metade de 1936 para uma missão no estrangeiro, da qual nunca mais voltou à União Soviética. A ambos pode ter ajudado o fato de que, no final de setembro de 1936, o todo-poderoso chefe dos órgãos de repressão, Genrik Yagoda, fora destituído e preso. A onda de expurgos alcançava as entranhas da NKVD, por algumas semanas ocupada sobretudo consigo mesma.

No final de outubro ou início de novembro de 1936, chegou em Moscou o casal que sabia de tudo: Sofia e Pavel Stuchevski. Eles não presenciaram momentos cruciais, como a reunião em que foi decidida a insurreição. Mas haviam se encarregado do controle das finanças e das comunicações. Portanto, de toda a conspiração, a começar pelo próprio Prestes. Regressaram à Maison um ano depois dos traumáticos acontecimentos de novembro de 1935, e obviamente não foram tratados como heróis. Tornaram-se vítimas da mentalidade que permeava o partido soviético: eram suspeitos por estar em liberdade, suspeitos por terem sido presos, suspeitos porque a operação fracassou, suspeitos porque vinham do estrangeiro, suspeitos porque outros participantes da conspiração (Locatelli) os haviam tornado suspeitos — e meses mais tarde suspeitos porque antigos chefes tinham sido executados ("culpa por associação"). De 14 de novembro de 1936 (data do primeiro relatório assinado por Sofia) até meados de março de 1937 (último interrogatório de Pavel), o casal produziu cerca de uma centena de páginas escritas de punho próprio, além de material para dezenas de folhas de papel rabiscadas com datas, nomes, informações e até um "sociograma" da conspiração, traçado pela inquisidora-mor do Komintern, Stela Blagoeva.

Descrita pela primeira vez nos anos 50 pelo peruano Ravines, essa personagem parecia uma caricatura exagerada do terror stalinista. Podia ser interpretada como personificação literária de várias outras figuras repugnantes, perigosas e negativas — portanto irreal, ainda que muito didática. Mas Stela Blagoeva existiu mesmo, e suas fichas em Moscou sugerem que ela era ainda pior do que aparece na prolixa descrição feita pelo "renegado" Ravines, com quem esteve pela última vez em fevereiro de 1938.

> Foi recebido por uma mulher desdentada, de idade indefinível, que podia ter tanto quarenta como 55 anos. Descuidada, com o cabelo castanho opaco, caído em mechas sobre os ombros, as unhas empretecidas nas pontas, os dentes que ainda lhe restavam de coloração amarelada e recobertos por espessa camada de resíduos, com uma linha esverdeada junto às gengivas, que pareciam apodrecidas. Seus olhos claros tinham um jeito suave e eram o único ponto que refletia certa frescura naquele rosto ácido, enrugado e murcho.[10]

No final de 1936 a búlgara Stela Blagoeva, nascida em Sófia, tinha exatamente 49 anos. Era uma ex-professora de história que perdera o marido, funcionário do PC búlgaro, em 1925. Georgi Dimitrov a levara para o Departamento de Quadros do Komintern já em 1931. Tornou-se vagarosamente, ao longo de anos, a figura mais temida na pesada burocracia da Internacional, diretamente vinculada aos homens da NKVD. Era amiga pessoal de Manuilski e de sua mulher. A austríaca Ruth von Mayenburg, que conviveu com Blagoeva no setor privilegiado de *dachas* dos dirigentes do Komintern, no final da década de 30, a descreveu como alguém que se considerava "uma espécie de mãe de todos os comunistas".

Mas ai de quem se tornasse ovelha negra. Com a chegada do casal Stuchevski, o volume de material a ser examinado cresceu a ponto de justificar a formação de uma pequena comissão, presidida por Blagoeva. Ela se reportava a três pessoas: Dimitrov, Manuilski e Belov, o homem da NKVD, uma figura sinistra cujo verdadeiro nome, Georgi Damianov, só foi descoberto em 1992 (também era búlgaro). Quando começaram a ser interrogados pela búlgara, Sofia e Pavel Stuchevski viram-se numa situação muito mais precária que a enfrentada nas mãos da polícia brasileira. Blagoeva estava na posição clássica de saber mais do que os interrogados supunham: possuía dezenas de páginas produzidas por Locatelli, além dos relatórios preliminares do próprio Departamento de Quadros. Ao contrário do italiano, que trouxe novidades e depois teve de se explicar, o casal de agentes soviéticos mandados para o Brasil ficou na defensiva desde o início.

Sofia pôs no papel uma série de recordações pessoais de grande vivacidade e riqueza de detalhes, especialmente sobre o período que passou na prisão, em janeiro de 1936. Pavel mostrou-se bem mais "liso", malicioso e perigoso. Sua tática, e não podia ser outra, foi a de eximir-se de responsabilidades e atribuí-las a outros. Até mesmo a maior parte das críticas que fez a alguns participantes, Stuchevski procurou transmiti-las a partir de frases que terceiros teriam dito. Para comprometer Locatelli, por exemplo, ele mencionou o fato de que nem Ewert ou Prestes gostavam do italiano. "Sei por Prestes que sua permanência (de Locatelli) em São Paulo fora infrutífera e que ele voltara de lá sem combinar sua partida com o Bureau. Prestes e Ewert não estavam muito satisfeitos com ele." A acusação de abandono do posto era das mais graves, mas sutilmente Stuchevski acrescentou mais uma sobre o italiano: "Depois da prisão de Ewert, Walter (Locatelli) me propôs ser enviado para a Maison a fim de fazer um relatório". Era uma insinuação de que Locatelli poderia ser um traidor, embora Stuchevski jamais tivesse dito isso.

Sabendo muito bem que Prestes detestava Miranda, Stuchevski pintou o pior quadro possível do secretário-geral do PCB, então na cadeia e sem saber que sua mulher Elza fora executada por ordem de Prestes e do soviético. Miranda não foi capaz de fornecer as informações que Prestes e Ewert lhe solicitavam sobre a força do partido, levava sua mulher a encontros da cúpula do partido e da insurreição, tinha um relacionamento ruim com Prestes ("sei que escreveu em duas ocasiões cartas ofensivas a Prestes e lutou contra a entrada dele no Comitê Central do PCB") e, pior de tudo, "a propósito de uma viagem de Keiros (Miranda) a São Paulo entendi Prestes dizer que Keiros voltara de lá influenciado pela linha oposicionista da organização nessa cidade". Em outras palavras, estava chamando Miranda, por intermédio de Prestes, de "trotskista", a pior de todas as blasfêmias e heresias naquela época. Stuchevski também usou Martins para criticar Miranda. Mesmo o secretário de organização do PCB não ficou sem uma farpa do agente soviético: embora Martins fosse, entre os brasileiros, o que melhor sabia observar as regras da conspiração, "ele pôde me ajudar muito pouco", queixou-se.

Quanto a Ewert (que sabia ser amigo de Prestes), considerado por Locatelli o principal responsável pela destruição do aparato do Komintern no Brasil, Stuchevski foi mais suave: "Tínhamos dificuldade para nos entender por causa do idioma, eu falo muito mal alemão e ele não fala francês", escreveu. "Mas Olga me disse que Ewert tinha grande autoridade nas reuniões da direção do partido. Seu ponto fraco era a segurança, guardava em casa muitos documentos, apesar da insistência de sua mulher, Sabo, para que não o fizesse." Sobre Prestes, Stuchevski não arriscou nenhum comentário, apenas descreveu minuciosamente quem freqüentava seu aparelho em Ipanema e com quais pessoas o líder da insurreição tinha contato direto (nesse contexto ele mencionou que Prestes recebera gente de fora da conspiração: o comerciante Fernando Garagori, vindo de Montevidéu, e seu amigo Celestino Paraventi, de São Paulo, ambos fichados em Moscou como "suspeitos"). "A seu pedido, fui vê-lo algumas vezes à noite. Prestes guardava os documentos mais importantes em um pequeno esconderijo, construído por Gruber (Jonny), que deveria explodir assim que se abrisse a porta. Mas a polícia se apoderou dos papéis sem que a bomba funcionasse."

Jonny de Graaf foi o bode expiatório escolhido por Stuchevski para tentar salvar a própria pele. Ele não só atribuiu ao alemão a culpa pelo fato de a polícia ter chegado ao americano Baron (a maior probabilidade indica que a culpa foi do próprio Stuchevski), e depois disso a Prestes, mas também o acusou diretamente de traidor. Não como agente inglês ou da Gestapo, as versões preferidas no Brasil, mas a serviço de reacionários russos. Eis o tom original da denúncia de Stuchevski sobre Jonny de Graaf:

> No Rio encontrei-me com ele uma única vez na casa de Ewert, em julho ou agosto. Em Buenos Aires eu o vi duas ou três vezes. Ele me deu informações que eu telegrafei. Eu me encontrei com ele uma vez da seguinte maneira: entrei num café com Carmen. Gruber (Jonny) estava lá com sua mulher. Assim que me viu fez sinais amistosos e me convidou à sua mesa. Não podia recusar. Gruber parecia ser muito conhecido do pessoal, sobretudo de um dos garçons, que devia ser um russo branco, pois falava russo.

Em 22 de novembro de 1936, pouco depois da chegada do casal Stuchevski a Moscou, um telegrama foi enviado a Buenos Aires exigindo o retorno imediato de Jonny e sua mulher. "Ele pode escolher o itinerário que quiser, mas terá de passar por Paris onde há um visto à sua espera", dizia a mensagem, assinada por ninguém menos do que o próprio Manuilski.

Quando Stuchevski começou a colocar no papel, escrevendo em francês, tudo o que havia dito em seus interrogatórios, seu destino estava selado e ele provavelmente nem sabia disso. Já em 8 de janeiro de 1937, sete semanas antes de assinar seu primeiro depoimento, Blagoeva e Müller (aquele que causara a prisão de Mishka Slavutska) concluíram um relatório com severas acusações ao casal de agentes soviéticos que controlara a operação do Komintern no Rio. A primeira das críticas era genérica, e se referia ao fato de que Stuchevski permitira, no Rio, contato muito estreito entre os diversos aparatos que formavam a conspiração, algo pelo qual ele pouco podia ser responsabilizado, pois fora a amizade entre Ewert, Prestes e Ghioldi que misturara tudo. A segunda crítica tinha sido reconhecida pelo próprio Stuchevski: "Embora ele afirme que não soubesse, depois da sua prisão, que estava sendo levado para o aparelho de Prestes, não podia ter permanecido nem sequer um dia no local, para não aumentar o perigo de prisão do camarada Prestes. Tal comportamento do casal constitui uma violação das mais elementares normas de segurança''. Stuchevski, é claro, afirmou que Prestes fora o responsável por sua ida para a rua Honório, embora as circunstâncias indiquem que ele agiu às pressas, sabendo que o delegado Julien o prenderia em poucas horas. A terceira crítica tinha tom pérfido. Os inquisidores do Komintern acusaram Stuchevski de não ter se empenhado o bastante na proteção a Prestes. ''Tendo permanecido no país, não fizeram tudo o que podiam para ajudar Prestes, como se vê pelo fato de terem saído do Brasil com facilidade após sua prisão.''

Isto não pode ser chamado de outra coisa do que de mórbida ironia. O próprio Prestes foi o principal responsável por sua prisão, vítima de sua teimosia em não abandonar um aparelho que sabia estar na mira da repressão. Stuchevski foi alvo da lógica e da mentalidade bastante peculiares dos burocratas que lidavam, em Moscou, com os aparatos de segurança e repressão, onde ele mesmo atuara.

As duas polícias mais temidas do mundo na época, a NKVD e a Gestapo, não eram conhecidas por deixar escapar ninguém, não importa o grau de suspeita, e o próprio Stuchevski mencionara que a repressão brasileira tinha mais do que meros indícios sobre sua atuação no Rio. Numa situação dessas, das mãos da NKVD ou da Gestapo só conseguiam retornar à rua aqueles dispostos a colaborar de alguma maneira. Essa era a lição, a isso estavam acostumados os burocratas que investigaram a vida de Stuchevski em Moscou. Como convencê-los de que sua história era plausível, que a polícia brasileira não tinha o mesmo padrão de comportamento das outras com maior *know how* de repressão? Em janeiro, a comissão dirigida por Blagoeva disse que precisava de mais material para julgar se Stuchevski e mulher tinham cooperado com a polícia brasileira. Mais afinada com o espírito daquele tempo, a búlgara Blagoeva insistiu em fixar por escrito uma opinião especial sobre esse inciso do relatório: ''Os detalhes da libertação de Stuchevski não podem ser considerados totalmente esclarecidos''.

Em breve a búlgara inquisidora teria razão. Desde novembro de 1936, o OMS recebera em Moscou pedidos de ajuda de um militante não identificado que aparecera em Paris, dizendo ter chegado do Brasil sem passaporte mas com documentos da maior importância para a Maison. Era Eduardo Ribeiro Xavier, o Abóbora, o marinheiro português que participara como quadro secundário das principais operações do PCB nos últimos meses. Sem passaporte e sem dinheiro, ajudado por marinheiros estrangeiros, ele viajou como clandestino para a França e bateu às portas de Figueiredo, em Paris, sem saber que este já havia sido cortado da lista de servidores da revolução mundial. O PC francês, para o qual Abóbora foi encaminhado, demorou semanas para se convencer da história, e mais algumas para pedir instruções a Moscou.

Quando, por fim, chegou à capital soviética, Abóbora era o primeiro brasileiro a contar o que havia experimentado. Definido por Fernando de Lacerda como um indivíduo simples e de poucos dotes intelectuais, mas de extrema disciplina e dedicação ao partido, Abóbora pôs mais lenha na fogueira administrada por Blagoeva a mando de Manuilski. Abóbora não tinha condições de redigir de punho próprio o mesmo tipo de relatórios que Locatelli e Stuchevski haviam proporcionado. Por isso, foi sendo "debrifado" em longas sessões que se iniciaram no final de janeiro de 1937 e se estenderam até pelo menos 20 de março, quando Blagoeva fez novas anotações (cometendo inúmeros erros ortográficos em russo) sobre as informações proporcionadas pelo camarada brasileiro. Abóbora não era um indivíduo com acesso ao círculo íntimo da operação montada pelo Komintern no Brasil, mas através dele a inquisidora Blagoeva checava suas próprias suposições e dúvidas. E formulava mais perguntas.

Da búlgara antipática, malcuidada, malvestida e mal-intencionada pode-se dizer tudo, menos que não tenha trabalhado. Nota-se em suas anotações a enorme dificuldade que nomes em alemão e português lhe proporcionavam. Constantemente ela pedia que fossem repetidos endereços, logradouros, cidades ou nomes de organização, que invariavelmente anotava de forma diferente. Sua preocupação central era traçar o "sociograma" da conspiração, ou seja, o mapa dos inter-relacionamentos dos participantes. Em duas folhas de papel ela foi colocando os nomes (também grafados sempre de maneira diferente) dos protagonistas da insurreição. Traços ligavam uns aos outros, pontos de interrogação ao lado de linhas pontilhadas indicavam onde Blagoeva tinha dúvidas se um camarada freqüentava o aparelho do outro, se sabia onde o outro morava, se tinha contatos e, principalmente, se estava autorizado a ter aqueles contatos. Todo nome novo, toda referência, frase ou observação eram imediatamente incluídos nas anotações de Blagoeva. A libertação dos Stuchevski lhe parecia cada vez mais estranha.

Ela deu grande importância às seguidas sessões com Abóbora (que chamava pelo sobrenome verdadeiro de Xavier). Não só ela: desde 15 de janeiro o Departamento de Quadros, através de seu novo alto funcionário, Alichanov, reforçara a investigação. Blagoeva (subordinada diretamente à direção do Komintern), bastante interessada, pediu que Abóbora contasse em detalhes o que sabia da atuação de Jolles no Brasil na virada de 1934 para 1935, seus casos amorosos no Rio, o papel de Miranda e Martins.

Abóbora, homem de mentalidade simples, também parecia escandalizado: "Jolles e Carvalho dividiam a esposa, e Carvalho continua amigo de Jolles, apesar de tudo", anotou Blagoeva, depois de mais uma conversa com o português-brasileiro.

Em 25 de fevereiro, Blagoeva concluiu um relatório estritamente confidencial sobre a insurreição no Rio e a situação do PCB, baseada nas informações de Abóbora, conforme assinalou logo debaixo do título. Abóbora acrescentava apenas detalhes secundários ao que já se sabia pelos relatos de Locatelli e do casal Stuchevski, mas confirmava histórias lamentáveis, como o episódio em que Ghioldi perdeu seu passaporte no Rio, em agosto de 1935, ou o fato de que Prestes se recusava a sair do aparelho da rua Honório apesar de alertado por seu próprio esquema de contra-espionagem na polícia brasileira. As referências de Abóbora a camaradas estrangeiros ou do PCB eram muito cautelosas e, a julgar pelo que anotava a búlgara inquisidora, o militante parecia preocupado em esconder toda opinião pessoal ou especulação sobre causas de prisões e tipos de comportamento. Ele foi o segundo a informar sobre a execução de Elza, e o primeiro a mencionar que o partido havia assassinado, no final de 1934, o estudante Tobias Warchavski.[11]

Abóbora tornou-se ainda mais cauteloso ao respirar o ar gelado de Moscou no final de fevereiro de 1937. No dia 27 desse mês, Stalin dirigiu o Pleno do Comitê Central do PC soviético que terminaria com a prisão de Bukharin, ex-presidente da Internacional e destacado pensador marxista. Nesse dia Manuilski acrescentou mais uma importante pedra em sua reputação de fiel stalinista. Bukharin fora chamado a comparecer diante do CC naquela manhã para defender-se das acusações de ser um sabotador e espião trotskista (evidentemente, todas falsas). O Pleno deliberou sobre uma resolução já elaborada na véspera por Stalin, prevendo a expulsão de Bukharin do partido, sua entrega a um tribunal militar e conseqüente fuzilamento. Entre os participantes da reunião, cinco votaram a favor da expulsão e do processo, mas não do fuzilamento. Quatro votaram pela expulsão e pelo fuzilamento, entre eles Manuilski. Stalin, constatando que não havia decisão unânime, modificou a resolução. Propôs então a expulsão de Bukharin e, em vez de entregá-lo a um tribunal, "sugeriu" que o caso fosse tratado pela NKVD, o que equivaleria na prática a uma execução. Já não era novidade em Moscou o significado da expressão "a NKVD se ocupará do caso".

Exatamente nesses dias Blagoeva recebeu o relatório de Losovski, o dirigente do Profintern, a central vermelha de sindicatos, que estivera no Brasil pouco antes da insurreição e se impressionara com o grau de infiltração policial na cúpula do PCB em São Paulo. Ela promoveu também uma acareação entre Stuchevski e Müller, responsável pelo setor de comunicações do OMS. Stuchevski se queixara (como muitos outros agentes do Komintern) de códigos impraticáveis ou perigosos para a transmissão de telegramas "abertos", isto é, aqueles enviados por serviços públicos. Tivera a mesma disputa com o antecessor de Müller, o burocrático Abramov. Depois de transmissões experimentais para Buenos Aires, a comissão concluiu que Stuchevski não tinha razão, o que reforçou a impressão de que ele não era apto para esse tipo de trabalho.

Foi em meio a esse ambiente que desembarcou em Moscou, em 5 de março de 1937, o alemão Jonny de Graaf — sozinho. Por ordem de Manuilski (o documento ainda está preservado), desde o final de janeiro havia em Paris um visto de entrada na União Soviética para o casal "austríaco" Erna e Franz Gruber, mas Jonny já chegara desacompanhado à capital francesa. O que teria acontecido com Lena, a alemãzinha, sua jovem e bela segunda mulher?

De todos os participantes da operação do Komintern no Brasil, a mulher que serviu de motorista para Prestes e foi a melhor amiga de Olga no Rio era a única que conhecia praticamente todos os rostos, quase todos os nomes e a maior parte dos endereços dos integrantes de diversos setores, aparatos e organizações (ela fazia contatos também com a ANL e as Forças Armadas). Prestes e Olga tinham por ela grande estima e admiração. Muitos relatos fazem referências à "alemãzinha" (Elza a tratava assim). Blagoeva, a única a descobrir seu verdadeiro nome (Helena Kruger) — depois de perguntar três vezes a Jonny —, percebeu que Lena ou Lee aparecia em todos os círculos e traços com os quais tentava ligar cada um dos participantes no Rio. Jonny a tratava por um diminutivo ("Lee" ou "Lena"). Para os demais, era apenas a "esposa de Gruber", a "alemãzinha", a "motorista de Prestes", mas ninguém mencionou seu nome — para ser exato, nem sequer seu codinome. De todos os participantes diretos da operação, Lena é a personagem sobre a qual menos se sabe. Não encontrei nos arquivos da Juventude Comunista ou do KPD em Berlim nenhum registro a seu respeito. Também em Moscou não localizei outras referências além das breves anotações à mão feitas por Blagoeva durante o interrogatório de Jonny. Lena era esperta e de grande vivacidade, segundo várias menções. E essa mulher aparentemente resoluta, contou Jonny, simplesmente havia se suicidado no dia 3 de dezembro de 1936, em Buenos Aires, às vésperas de retornar para a Europa.

Para tornar as coisas ainda mais confusas, Jonny não avisou o partido nem o OMS em Buenos Aires do suicídio. De acordo com as declarações verbais que deu a Blagoeva, ele mesmo ajudou a polícia argentina a investigar o caso, e pôde deixar sem problemas o país no dia 21 de dezembro, embora apresentasse lá o passaporte com o qual fora preso no Brasil. Uma virtual provocação às autoridades, pois era procurado internacionalmente sob o nome Gruber (até Locatelli ficou sabendo disso mais de seis meses antes, em Paris, onde corria o rumor de que a polícia brasileira oferecia recompensa a quem ajudasse a recapturar Gruber), e entre as polícias do Brasil e da Argentina havia um acordo de cooperação. A imprensa argentina nada publicou sobre qualquer suicídio naquele período.

Igualmente bizarro é o fato de que tudo isto Blagoeva ficou sabendo através do próprio Jonny, e ele conhecia suficientemente estrutura, métodos e mentalidade das organizações para as quais trabalhava para saber que estaria levantando selvagens suspeitas contra si mesmo. Para voltar à Europa, prosseguiu Jonny, ele embarcou num navio inglês, transgredindo uma das regras básicas dos serviços secretos soviéticos, dos quais o terrorista alemão fazia parte. Além disso, quando recebeu o visto em Paris, em vez de se dirigir diretamente para Moscou, via Escandinávia ou embarcando num navio nos Países Baixos, a rota mais usada desde que Hitler chegara ao poder na Alemanha, tomou um trem e desceu em Berlim, onde passou três dias.

Sob o nome Graaf e vários pseudônimos (''Mattern'', ''Richard''), Jonny era procurado com intensidade pela Gestapo desde 1933, fichado como um dos comandantes de grupos paramilitares comunistas. Em 1936, a Gestapo não conhecia ainda sua identidade como Gruber. Apenas em 1940, depois de uma visita do delegado Miranda Correia à Alemanha, a Gestapo incluiu Franz Gruber no seu livro de buscas[12] — por coincidência alfabética, Graaf e Gruber estavam na mesma página, com datas de nascimento idênticas, ainda que em cidades diferentes. As fotos de Graaf (de boné de marinheiro) e de Gruber (gordo e com cara de homem rico) estavam também na mesma página,[13] e a Gestapo não percebeu que se tratava da mesma pessoa.

Mesmo assim, utilizar a rota mais vigiada que existia para entrar na Alemanha era um risco formidável. Jonny não contou isto a Blagoeva, mas se vangloriou de sua coragem em pelo menos duas conversas que teve na capital soviética, onde reinavam denúncia e delação. Em poucos dias, Blagoeva sabia que Jonny tinha estado na capital do inimigo (Losovski, o dos sindicatos vermelhos, ouviu a conversa e contou à búlgara). Ela descobriria de qualquer jeito: Jonny apanhou em Berlim um visto de trânsito para a Polônia, carimbado em seu passaporte austríaco. Blagoeva ficou sabendo também qual justificativa Jonny mencionara para sua ida a Berlim: queria visitar a mãe de sua mulher, que vivia nessa cidade.

Se é verdade que Jonny queria falar com a mãe da ''alemãzinha'', o que tinha a dizer? Comunicar o triste suicídio? Ou avisar que a filha ainda vivia? O mistério em torno do desaparecimento de Lena talvez jamais seja resolvido. Ela desapareceu sem deixar o menor vestígio. Nunca se ouvira falar dela antes de 1933, quando apareceu com Jonny em Praga, na então Tchecoslováquia, nem depois do final de 1936, quando ainda foi vista em Buenos Aires. Qualquer especulação aqui é possível. Acredito, apoiado no comportamento de Jonny, que a moça não tenha se suicidado. Notório cara-de-pau, o alemão chegou a Moscou com uma história incrível — além dessa do suicídio —, cujo único propósito era o de obter o mais rápido possível seu retorno para a América do Sul, e com bastante dinheiro. Na melhor das hipóteses, o plano de Jonny era maluco (mas tudo antes não havia sido também?). Desta vez, porém, fez um grosseiro erro de cálculo ou perdeu a razão, ou ambos.

Por duas vezes, em junho e em agosto, Jonny anunciou a Moscou a invenção, na Argentina, de um "canhão elétrico que trabalha apenas com energia elétrica, sem pólvora, fumaça, barulho ou detonação", conforme escreveu no relatório entregue a Blagoeva, no começo de março. O inventor dessa arma maravilhosa, aparentemente uma pessoa de confiança do partido argentino, oferecia seu invento ao movimento comunista internacional e exigia como recompensa apenas a livre entrada para si e família na União Soviética. Obviamente, prosseguia o relato por escrito de Jonny, só ele mesmo poderia cuidar de tudo. Não fazia apenas uma promessa:

> Para a IC esse problema todo (fracasso da operação no Brasil) é tão importante e só pode ser completamente esclarecido pelos próprios camaradas no Bureau Sul-Americano, isto é, Ewert, Ghioldi e Prestes. Esses camaradas podem dizer por que o plano da IC para atacar no Nordeste não foi obedecido etc., e podem analisar todos os acontecimentos políticos no Brasil. As contradições políticas internas no Brasil, as manobras de Vargas para atribuir a outros a responsabilidade pelas prisões em massa etc. Minhas boas ligações pessoais com gente rica, doutores, advogados etc. me permitem ir para a América do Sul. Se a IC me der mão livre e suficiente dinheiro, acredito poder afirmar com 90% de segurança que liberto Ewert e Ghioldi e os trago de volta a Moscou. Quanto a Prestes, no momento não posso dar essa garantia, mas apenas depois de um cuidadoso estudo de sua situação.

Para completar seu rocambolesco pacote, Jonny propunha prosseguir seu trabalho de formação de terroristas sul-americanos, infiltrando-os no Exército e Marinha da Argentina, "nos quais nada foi feito".

Aqui também só é possível especular. Conhecendo Moscou e as ordens absurdas que levaram à insurreição no Brasil, achava Jonny que os dirigentes do Komintern eram todos desvairados completos e só acreditavam em maluquices? Ou ele mesmo, talvez convertido em agente duplo ou triplo, acreditava na própria capacidade de manobrar em proveito próprio qualquer tipo de situação? No final de 1936 já corriam entre os agentes a serviço da União Soviética no estrangeiro rumores terríveis sobre o destino de quem regressava à Maison e, no começo de 1937, ocorreram as primeiras deserções espetaculares na Europa, logo seguidas de assassinatos não menos espetaculares desses "renegados". Acreditava Jonny que sua história fantástica o tornaria imune aos perigos em Moscou, apostando que continuariam a considerá-lo útil no vital campo militar? Blagoeva não se mostrou nem um pouco interessada nos projetos de Jonny. Ao contrário, comportou-se como qualquer cidadão "normal" diante de um louco perigoso: chamou a polícia.

Enquanto Jonny de Graaf, hospedado no quarto 670 do Hotel Novo Moskovskaia (onde ficavam agentes ligados a operações militares), batia à máquina relatórios sobre as operações no Brasil, sobre as prisões dos enviados, sobre as circunstâncias de sua própria prisão e também sobre as brigas com Ewert na China em 1934, Blagoeva enviava, em 14 de março de 1937, um memorando confidencial à NKVD, solicitando informações sobre Jonny. Aproveitou para anexar na mensagem à polícia política dados biográficos do alemão e perguntar se eles também investigavam paralelamente o caso. Se ainda não estava, a NKVD ficou muito interessada em Jonny, que passou a ser vigiado dia e noite. Num arquivo em Moscou pode-se ler a delação feita por uma arrumadeira do hotel, que encontrou um revólver no quarto dele, e a observação, no mesmo papel, de que todas as pessoas ao redor de Jonny receberam instruções para não deixá-lo perceber que a arma fora achada. Na mesma pasta, há informações da portaria do hotel sobre uma mulher que o alemão levou uma noite para o quarto, além de endereços de lugares e outros hotéis que ele visitava. Pessoas que haviam estado em contato com Jonny também foram entrevistadas, entre elas Abóbora, que não pôde dizer muita coisa, e Stuchevski, que o comprometeu ao máximo. Quem parecia conhecê-lo melhor, porém, fora seu antigo professor na "escola especial", Vassiliev, que caracterizou Jonny como um "terrorista nato" e fez uma recomendação à NKVD: "Se vocês nada tiverem contra ele pelo assunto brasileiro, façam o possível para não deixá-lo na URSS, enviando-o imediatamente ao exterior para trabalho diversionista e terrorista".

Em seus relatórios, o alemão pedira que tudo fosse examinado e decidido com a maior rapidez, pois ele precisava "tomar providências" e preparar seu regresso à América do Sul. Mas já havia se passado um mês desde sua volta ao QG da revolução mundial, e nada acontecera. Talvez ainda confiante em si mesmo, Jonny tentou um salto por cima da burocracia. No dia 3 de abril escreveu uma carta a Manuilski, colocou-a num envelope cuidadosamente datilografado, com a palavra "pessoalmente" em cor vermelha, e foi entregá-lo ao homem forte do Komintern. O recado era simples: Jonny dizia estar em Moscou desde 5 de março e um mês depois ainda não conseguira ser recebido por Manuilski. "Trata-se da questão Prestes—Ewert—Ghioldi, posso ser encontrado todo dia até às doze horas no Hotel Novo Moskovskaia, quarto 670", escreveu. Não se sabe se Manuilski, que provavelmente farejava de longe o odor de gente morta, ainda que se movessem e falassem, tomou ou não conhecimento da carta, mas com certeza encaminhou-a aos "órgãos competentes".

Nesses mesmos dias o destino de três dos enviados ao Brasil que haviam regressado a Moscou — o casal Stuchevski e Jonny de Graaf — estava selado pelo Departamento de Quadros do Komintern. Também, por macabra coincidência, o de um quarto enviado, Amleto Locatelli, mas bem longe dali, na Espanha. Em 9 de abril de 1936, os inquisidores Blagoeva e Alichanov assinaram um informe estritamente secreto dirigido a Manuilski, dando o parecer final sobre o "caso Stuchevski":

> Achamos que o comportamento deles no Brasil levanta vários momentos de suspeita. Moraram na casa de Prestes depois de terem sido presos, e cometeram falhas de conspiração. Levando em conta os muitos anos que dedicaram à nossa linha e a outros órgãos soviéticos, e considerando que pessoalmente nada há de comprometedor contra eles, achamos adequado deixá-los trabalhar no aparelho de comunicações em Moscou.

Era uma condenação à morte em prestações. Jonny de Graaf foi brindado com um texto mais longo, igualmente de responsabilidade da dupla de inquisidores. O relatório principal apresentado pelo alemão em Moscou não fora propriamente uma denúncia, como o fizera Stuchevski. Continha, porém, graves e severas críticas ao comportamento de Prestes e Ewert, sobretudo uma demolidora análise de Prestes como chefe da insurreição. De todos os documentos arquivados em Moscou, o texto de Jonny de Graaf é o único que reduz Prestes à condição de péssimo comandante militar, embora outros, como Locatelli, ressaltassem também sua incapacidade de análise política. Stuchevski, Locatelli e Jonny talvez tivessem se esquecido da regra de aço do Komintern, esse clube de colecionadores de derrotas: a culpa pelos fracassos jamais era assumida pelos chefes. Isto ocorrera na Alemanha e na China — por que seria diferente no caso do Brasil? Dimitrov, Manuilski e Van Min estavam a salvo, assim como a reputação de Prestes. Aos enviados, se já não estivessem pagando o pato nas mãos dos torturadores brasileiros (caso de Ewert, Baron e Arias), seria apresentado o resto da conta em Moscou.

A de Jonny de Graaf era das mais longas. Blagoeva e Alichanov não se deixaram levar por nenhum de seus mirabolantes projetos. Tudo o que fez ou deixou de fazer foi usado contra ele. O relatório enumerava dez "momentos de suspeita": 1) Jonny e esposa foram presos e soltos pela polícia brasileira; 2) receberam visto de entrada e saída com o Brasil em estado de sítio; 3) Romero denunciou Lena, então por que não delatou Jonny, se Romero era um provocador? (conforme Moscou erradamente assumiu que fosse); 4) foi noticiado que Jonny era o secretário de Ewert; 5) no dia de sua prisão um alemão diretor de empresa (o que bastava a Moscou para ser suspeito de nazismo) foi à polícia depor em favor de Jonny; 6) ao chegar à Argentina manteve contatos com o partido local utilizando passaporte já marcado pela polícia brasileira, com a qual a polícia argentina cooperava; 7) ao chegar a Moscou comunicou o suicídio de sua esposa, disse que ele mesmo havia ajudado a polícia a investigar e não teve problemas para deixar o país; 8) seu passaporte não tinha permissão policial para sair da Argentina; 9) com esse mesmo passaporte passou três dias em Berlim, sem informar o Departamento de Quadros do Komintern; 10) chegando a Moscou sugeriu sua urgente volta para o Brasil, onde salvaria Ghioldi e Ewert, "mas estando na Argentina durante quase um ano nunca levantou essa questão, apesar de estar em contato conosco". A conclusão dos inquisidores cabia numa frase simples: "Baseado em tudo acima consideramos que a NKVD tem de estudar o caso de Graaf".[14]

O significado disto era claríssimo para qualquer um dos implicados. Moscou entrava na pior fase do Grande Terror, que se abriu com o célebre "julgamento" de Bukharin diante do Comitê Central do PC soviético, no final de fevereiro de 1937, e se estendeu até quase meados de 1938. Nesse período de cerca de doze meses calcula-se que de 4 a 5 milhões de pessoas foram perseguidas, das quais 800 mil executadas. Foi nessa época que Stalin deu início a um segundo expurgo nos órgãos repressivos, livrou-se de alguns cúmplices importantes da primeira onda do Grande Terror (como Yagoda), e desfechou o golpe contra o Exército Vermelho, atingindo até mesmo um dos maiores heróis da época, o marechal Tuchachevski. O ditador soviético confirmou nessa fase do Grande Terror 383 listas de condenados à morte, mais do que uma lista por dia (seu recorde, em março de 1938, foram 3167 vítimas que ele mesmo enviou à morte num único dia).

Ruth von Mayenburg, uma rara testemunha daqueles dias tenebrosos em Moscou, lembra-se do ambiente no Lux: "As pessoas acabavam sendo acometidas de uma forte esquizofrenia. Após as assembléias do partido as privadas ficavam cheias, mas as cabeças não se livravam com tanta rapidez dos excrementos quanto os intestinos. Acumulados na caixa craniana, eles acabavam empesteando também o cérebro: desconfiança, mau humor e subserviência e tudo o mais que cresce com esse tipo de adubo, com exceção de solidariedade".[15] Houve acerto de contas de todo o tipo e ninguém parecia livre das perseguições. Stalin mandou prender parentes próximos ou até esposas de quase todos seus assessores ou dirigentes importantes. Não escaparam da maior repressão do século nem sequer os parentes da primeira e segunda esposas do ditador.

A NKVD passou à destruição aberta de seu "concorrente", o IV Departamento do Exército Vermelho, para o qual trabalhavam Olga Benario e Sofia Stuchevskaia. Começou pelo comandante, o carismático general Bersin, preso e fuzilado em 1937 ao regressar da Guerra Civil da Espanha. Depois de quase dois anos na lista de espera, no final de abril de 1937 chegou a vez de Heinz Neumann ser recolhido, à noite, em seu quarto no Hotel Lux. Dimitrov (que afinal de contas fora uma vez hóspede da mulher de Neumann, Margarete, na Alemanha) tentara ajudá-lo, propondo-lhe trabalhar num livro sobre a atuação dele, Dimitrov, à frente da Internacional, mas Neumann recusou-se. Supõe-se que tenha sido fuzilado em 1938, o mesmo ano em que Margarete foi presa pela NKVD e enviada para um campo de concentração na Sibéria. No começo de maio, a NKVD levou da sede do Komintern o chefe do serviço de comunicações do OMS, Müller, e sua principal assistente, Grete Wilde — outra amiga importante de Olga Benario, citada por esta em sua autobiografia. Trancafiada numa cela individual da Gestapo em Berlim, e sem saber se sua filha, Anita Leocádia Prestes, então com seis meses, seria entregue à família do pai ou iria para um orfanato nazista, Olga Benario provavelmente não tinha conhecimento de que todos os seus amigos do começo dos anos 30 (Kurt Müller e mulher, Grete Wilde, Heinz Neumann)[16] compartilhavam o mesmo destino de prisioneiros políticos, vítimas da Gestapo ou da NKVD — o que, no fundo, fazia bem pouca diferença.

Faltavam ainda alguns detalhes, que Blagoeva encaminhou entre maio e junho. Em 15 de maio, a búlgara assinou um informe secreto responsabilizando o alemão Jan Jolles, no Equador na época em que os eventos tiveram lugar, pela prisão de Ewert no Rio de Janeiro, e denunciando-o como "agente da Gestapo e de Sinani". Em julho, Jolles foi expulso do Komintern pela Comissão Internacional de Controle. Quase um ano depois, jornais comunistas em toda a América do Sul publicaram artigos "desmascarando o perigoso espião fascista", agora também a serviço do Japão e de "assassinos trotskistas". A prisão de Müller, do OMS, comprometeu Stuchevski, que fora seu antecessor, e disto aproveitou-se Blagoeva. Numa daquelas assembléias para examinar a atividade partidária dos camaradas, Pavel Stuchevski distanciou-se de Müller, e disse que confiava na sucessora dele, uma mulher chamada Berta. Mas Berta também foi presa em junho, e então Stuchevski tentou dizer que não a conhecia. Müller, interrogado pela NKVD, disse que fora Berta quem levara Stuchevski para o OMS, três anos antes. "Foi levado para lá também por Abramov" (que já fora detido também), acrescentou Blagoeva, mencionando ainda que o marido de uma tia de Pavel fora preso pela NKVD. "Minha conclusão:", escreveu Blagoeva, em 2 de julho, "(Stuchevski) é inapto para o trabalho no Komintern." Cinco dias antes desse veredicto, que significava perda de emprego, moradia e qualquer tipo de privilégio, Sofia Stuchevskaia já pudera perceber que tipo de vento soprava para seu lado. Como sempre, ela solicitou aos superiores dinheiro para transferir ao filho internado na Suíça e licença para ler jornais estrangeiros. No alto de seu requerimento alguém escreveu à mão, em russo: "Negar".

Jonny de Graaf prosseguiu em sua quixotesca tentativa de ser mandado de volta para a América do Sul (onde Lena o esperava?). Em junho escreveu ao camarada Anwelt, da Comissão Internacional de Controle, pela qual Jonny já passara uma vez, em 1933, no episódio relacionado à "expropriação" do caixa de uma organização ilegal. Sua última esperança parecia ser a fábula em torno do mágico canhão elétrico:

> Eu mesmo atirei com um protótipo do canhão, e estou convencido de sua utilidade. Sustentei pessoalmente o inventor desse canhão com meu dinheiro, pois considero que, do ponto de vista da técnica militar, trata-se de uma invenção grandiosa. Tudo o que o inventor quer é vir para a União Soviética. Como já falei com várias pessoas e nos últimos três meses nada aconteceu, acho que está havendo sabotagem dos interesses da União Soviética. Na minha opinião, o Estado-Maior devia se interessar por essa invenção, e depende de vocês me colocar em contato com alguém de importância por lá. Vocês podem me encontrar todo dia por telefone no Hotel Novo Moskovskaia, quarto 670.

O camarada Anwelt, da mesma maneira que Manuilski, um mês antes, encaminhou adiante carta e envelope. Mesmo que a "invenção" descoberta por Jonny tivesse despertado qualquer interesse militar em Moscou, naquela semana não haveria a quem encaminhá-lo: no dia 11 de junho a imprensa soviética anunciou a prisão de todos os principais comandantes do Exército Vermelho.

Quanto ao partido brasileiro, Blagoeva acreditava em abril já ter resolvido as questões principais. No dia 23 daquele mês ela convocou pela última vez Abóbora, deu-lhe cerca de 1800 dólares, além de quase trezentos para gastos pessoais de viagem, e fez algumas recomendações (detalhadas também numa comunicação interna ao Departamento de Quadros do PC soviético). O essencial para o PCB era modificar sua luta contra os provocadores, não era certo liquidá-los e depois colocá-los como vítimas da polícia, advertiu Blagoeva. Apoiada num memorando do final de março feito pelo próprio chefe do Departamento de Quadros, Chernomordik, comunicou a Abóbora que os acertos financeiros para o necessário suporte ao partido brasileiro teriam de ser feitos agora com Earl Browder, o chefe do PC americano, em Nova York. Acertou com Abóbora também questões de pessoal, sua especialidade: descanso para Lacerda, mais uma vez ruim da cabeça em Moscou, autorização da ida do major Costa Leite para a Guerra Civil da Espanha, instruções para a mãe de Prestes, empenhada em Paris na campanha pela libertação do filho e de Olga. Curioso é que Blagoeva não gastou uma só palavra com um drama que se desenrolava no Brasil, e do qual a búlgara já havia recebido copiosas informações.

Na cadeia, Miranda passou o resto de 1936 corroído por incertezas sobre o que acontecera com a mulher que amava, Elza, executada por ordens de Stuchevski e Prestes, sob a supervisão e participação direta de Martins, que havia sido seu amigo. Com Prestes na prisão e Stuchevski fora do Brasil, os dirigentes do partido fizeram com que Miranda pensasse que Elza continuava viva, escondida em alguma parte. Miranda tinha suas fontes de informação dentro da Casa de Detenção, para onde fora transferido e onde havia uma Fração Comunista do Coletivo de prisioneiros, e sabia que Elza fora praticamente seqüestrada por Tampinha. Em mensagens cada vez mais desesperadas, passou a exigir dos dirigentes em liberdade que permitissem a Elza entrar em contato direto com ele. Numa dessas cartas contrabandeadas para fora da prisão, e cujas cópias invariavelmente iam parar (às vezes com bastante atraso) em Moscou, Miranda ameaçou romper a disciplina partidária se não lhe dissessem onde estava Elza e o que acontecia com ela.

Bastante grave, do ponto de vista do partido — e de Moscou — era um bilhete que Miranda mandara para fora da prisão com data de 15 de novembro de 1936. Ao contrário da versão que Prestes espalhou mais tarde, Miranda acabou tendo pleno conhecimento de que o chefe da insurreição fora um dos responsáveis principais pela execução de Elza, e que era também o articulador da campanha de desmoralização do secretário-geral do PCB, isto é, dele próprio. Em algumas cartas que ele sabia que teriam circulação mais ampla, Miranda mostrava-se apenas surpreendido que Prestes pudesse estar "participando da campanha da minha destruição". Nesse bilhete, porém, que estava cercado de instruções para que chegasse a Moscou (onde efetivamente foi protocolado e traduzido para o russo), Miranda declarava guerra a Prestes: "Meu assunto com Prestes vamos discutir na IC e não aqui. Prestes quer esconder seus enormes erros e vai me culpar, e sabemos que não tenho medo de discussão na IC, que gosta muito de Prestes, mas gosta muito mais do nosso partido. Vamos confiar na Internacional, que vai resolver o assunto".

Miranda procurava defender-se com dignidade das acusações de que havia "cantado" dentro da prisão. Não negou que tivesse dito coisas à polícia, o que exigia considerável coragem para admiti-lo, mas explicava as razões de sua conduta: "Durante uma semana fui barbaramente torturado, agüentei. Depois de um mês prestei depoimentos com base em documentos, era impossível não fazer isso, pois fui acareado com várias pessoas. Ghioldi fez o mesmo. Com a prisão de Prestes, novos documentos dificultaram tudo, complicaram mais ainda. Liquidem todos os documentos".

Por isso mesmo, Miranda não podia entender a razão de estarem dizendo que os prisioneiros eram uns "fracassados com teto, casa e comida". Principalmente os presos de origem social simples, assinalou Miranda, "estão totalmente entregues ao arbítrio da polícia, que fala em dar sumiço em alguns deles" — uma dolorosa constatação para uma organização partidária que se dizia defensora justamente das classes baixas. Um dos pontos que reiterava em todas as cartas era a defesa contra as acusações de ter feito "informes-baluartes", isto é, relatórios exageradamente otimistas que levaram a decisões erradas. Miranda lembrou que o próprio Ewert fora ao Nordeste e fizera um relatório otimista quando regressou de lá, e que todos puderam ouvir os informes, que foram lidos na reunião ampliada do Comitê Central que aprovou a insurreição, no final de novembro de 1935.

Aos apelos de Miranda o partido reagiu com fenomenal hipocrisia. Os dirigentes do lado de fora, gente que antes se dizia amiga, garantiam que Miranda continuava a receber "todo o nosso apoio", que suas queixas sobre a campanha de desmoralização eram infundadas, "você sabe que a polícia faz provocação contra muita gente". Exigiam dele, por outro lado, manter-se incondicionalmente dentro "dos princípios bolchevistas que nos dão unidade". O ponto mais traiçoeiro relacionava-se à questão de Elza, como se pode ler numa carta enviada a Miranda pelos dirigentes do partido:

> Você acha injustificável nosso silêncio a respeito dela. Nós não estamos entendendo. Será que os bilhetes anteriores não foram claros? Nós dissemos e continuaremos a dizer que toda responsabilidade sobre ela está com a polícia, exclusivamente. Esta é a nossa posição interna e externa. Mais tarde nós colocamos a possibilidade de desmascarar todos os rumores imundos e provocações da polícia, obtendo, se possível, que ela (Elza) conceda entrevistas na imprensa estrangeira. E nós nunca concordamos, e nunca concordaremos, com a afirmação de que Elza, depois de estar na casa de Francisco Meirelles, foi capturada pelo partido.

Mesmo o desesperado Miranda percebeu a grosseira contradição dos missivistas do partido: se a responsabilidade pela moça era da polícia, como iriam obter dela entrevistas para a imprensa estrangeira?

Em 18 de julho de 1937, Miranda contrabandeou um texto enorme, de quase quatrocentas linhas, para fora da Detenção. É o último documento no qual ele ainda tentava uma conciliação com o partido, e mostra grande empenho em defender sua dignidade pessoal. Fora da prisão continuava a campanha de desmoralização do secretário-geral do PCB, fato que não podia entender, pois havia se deixado massacrar pelos torturadores "sem entregar um companheiro, um endereço, uma pessoa", e todo mundo se aproveitava de sua incomunicabilidade, sua impossibilidade de se defender, para transformá-lo em covarde e traidor. Como sempre, o problema central era Elza. "Ela também se conduziu heroicamente, apesar de sua inexperiência, e nada traiu", escreveu Miranda. "Eu esperava, ao menos como gratidão pelo fato de que nos deixamos massacrar para salvar a totalidade do nosso aparato, que Elza fosse sempre afetuosamente recebida, por ser jovem e inexperiente mas, como todos sabem muito bem, porque eu a amo muito." Miranda expôs num tom sereno as contradições em que caíram seus companheiros em liberdade ao tentar "explicar" o que acontecera com Elza, e aí produz talvez o melhor trecho de sua carta, ao discutir o problema da disciplina partidária e da consciência de cada militante:

> Não se pode exigir somente disciplina, sobretudo num partido ilegal. Disciplina se obtém com a elaboração de uma linha justa, linha que mobiliza a ação e a vontade até o último militante. Disciplina se obtém agindo com justiça e honestidade. Exigindo-se somente disciplina pode-se obter a aceitação de algumas coisas, mas isto não convence as consciências, não resolve as questões. Isto não é a disciplina bolchevista, isto é o divórcio entre a convicção e a ação, entre a palavra e atividade.

Fez em breve outra constatação, que o destruiria por dentro: estava sozinho e abandonado, era a vítima principal de uma sórdida campanha cujas causas não conseguia entender. Por que seus companheiros, justamente seus camaradas, o submetiam ao pior tipo de sofrimento, o da dúvida? E por que o abandonavam, como prisioneiro indefeso? "Se eu fosse um capitão, um tenente, um doutor, eu e Elza não teríamos experimentado tanta desgraça, nós teríamos uma defesa e seríamos respeitados. Mas sou o que sou, e ela uma analfabeta, filha de um trabalhador", escreveu.

Em 25 de outubro de 1937, por fim, Miranda não era muito mais do que um trapo humano. Numa carta com instruções para ser destruída logo depois de ser lida (o que evidentemente não aconteceu, pois foi parar em Moscou), ele mostrava-se acabrunhado e derrotado:

> Ninguém me ajuda. Estou pobre e sem dinheiro. Quando vocês estavam sem dinheiro eu ajudava vocês. Ninguém me visita, nem uma só pessoa. Sofro terrivelmente. Um dia virei com as provas de que as coisas foram muito diferen-

tes e aconteceram de outra forma do que se pensa. Elza está viva? Está morta? Sei os nomes dos dirigentes que participaram da decisão sobre ela. Ela não disse nada, não contou nada, foi uma mártir. Qualquer dia eles pagarão caro, mais caro do que pensam, por esse crime. Há outras provas do espírito que os possui. Tudo era uma linha política corrompida, aventureira e de acordo a um plano. Nós somos homens e não degenerados, aventureiros, maus caráter, sem sentimento.

Em Moscou existe uma frase fechando a pasta de Miranda: "Por seu comportamento na polícia, deve ser considerado um provocador".

EPÍLOGO

★

No começo de 1938 a operação brasileira era para o Komintern um episódio encerrado. A inquisição produzira os resultados esperados: encontrara culpados. As diretrizes estavam corretas, o cumprimento delas é que fora equivocado. O Grande Terror calou vozes e apagou pistas. Daqueles que participaram das principais decisões e preparativos, nesse momento Sinani já tinha sido preso e fuzilado, Guralski estava a caminho de um campo de concentração, Piatnitski torturado na Lublianka, Abramov fuzilado, seu sucessor, Müller (Boris Melnikov), executado, e o IV Departamento do Exército Vermelho — para o qual trabalhavam Olga e Sofia — estava destruído.

Quando o principal homem em liberdade do PCB, Honório de Freitas Guimarães, o Martins, chegou à capital da revolução mundial, nos primeiros dias de 1938, seus detalhados relatórios em francês — em Moscou o maior acervo produzido por um participante brasileiro — não modificaram o quadro traçado pela inquisição. O fracasso dos dirigentes do Komintern foi, como sempre, atribuído a fatores locais. Além de gerar um filho numa datilógrafa chamada Friedel (as fichas sobre os camaradas nada perdoavam), Martins forneceu todo o material que os inquisidores porventura ainda necessitavam para consolidar seu edifício de provas. Apenas Manuilski ainda não estava satisfeito.

Resolveu estatuir um exemplo inesquecível. Em Moscou vivia Octavio Brandão, aquele intelectual do PCB invariavelmente às turras com Fernando de Lacerda, o representante do partido junto à Internacional, e também Martins, recém-chegado do Brasil.[1] Possível candidato à direção do partido, Brandão criticara a ''precipitação'' com que fora decidida a insurreição, afirmando que o país nunca estivera diante de real situação revolucionária. Prestes detestava Brandão, que ficara viúvo em Moscou e se casara com uma de suas irmãs, Lúcia, ligação que possivelmente salvou-lhe a vida. No começo de abril de 1938, Brandão foi chamado para uma conversa com Manuilski. Trancou-se depois disso por um dia em seu quarto no Lux e apresentou, no dia 13 daquele mês, o documento definitivo dos comunistas brasileiros sobre os levantes de 1935. Era uma autocrítica, endereçada em tom de carta a Manuilski. Eis alguns trechos:

> Venho pedir suas críticas e sua ajuda para compreender a dimensão dos meus erros, e para corrigi-los. Cometi muitos enganos, mas no fundo do meu ser sou são: amo a Internacional Comunista. Não compreendi o caráter da revolução no Brasil, não entendi a questão camponesa nem a agrária, subestimei o papel de camponeses, negros, mulatos e índios. Exagerei as contradições entre a burguesia e o feudalismo. Fui influenciado por um grosseiro regionalismo anticomunista. Lutei muito pouco para ajudar os movimentos revolucionários pequeno-burgueses em geral e a Coluna Prestes em particular. Lutei insuficientemente para ajudar a consolidação de células comunistas nos sindicatos, nas federações, e penso que isto é a herança do anarquismo, sobretudo no terreno do trabalho de organização. Falo apenas dos meus erros principais.
>
> Em 1930, encontrei-me com Guralski. Em vez de refletir sobre o que ele dizia, eu, com a ingenuidade e o primitivismo de um caboclo (mestiço de índio) do Nordeste do Brasil, acreditei que Guralski era um camarada capaz e que estava na linha justa. Conclusão: os comunistas sul-americanos não conseguiram resistir a Guralski. A culpa é dos comunistas sul-americanos.
>
> Considero justa a moção de censura da Comissão de Controle da IC sobre minha fraqueza, quando passei duas noites na casa de Josias Leão em Bremen.
>
> A 3ª Conferência dos PCs da América Latina adotou em 1934 a palavra de ordem da luta imediata pelos sovietes no Brasil. E, na época, o camarada Manuilski perguntou a Ghioldi se estava satisfeito com o trabalho de Guralski. Percebo meu erro, pois já há bastante tempo o camarada Manuilski punha concretamente a questão de Guralski diante dos camaradas sul-americanos. Participei dessa conferência dos PCs e nesse momento estava de acordo com a palavra de ordem dos sovietes no Brasil. Os camaradas brasileiros deram informações exageradas. Eles disseram que já haviam conquistado a hegemonia, 70% do Exército etc. Esta é a razão pela qual a 3ª Conferência não traçou uma linha justa para o Brasil. A responsabilidade está conosco, comunistas brasileiros.[2]

Prestes provavelmente não concordaria com alguns dos itens dessa autocrítica, que também a ele comprometia violentamente. Guralski tinha sido, por algum tempo, seu principal contato em Montevidéu. Mas o tema central desse enredo seria repetido por Prestes até o final de sua vida: a responsabilidade cabia apenas aos comunistas brasileiros, que haviam enganado em Moscou os contemplativos e bem-intencionados camaradas soviéticos.

Em 1940, o PCB ainda era objeto de intensa troca de memorandos internos no Komintern, devido à prisão de toda a cúpula do partido e às confissões sobre o assassinato de Elza. Dolores Ibarruri, a famosa Pasionaria, responsável agora pelo Secretariado Latino-Americano (o chinês Van Min estava de volta a seu país, brigando com Mao Tse-tung), o búlgaro Georgi Dimitrov, presidente do Komintern, e Stela Blagoeva montaram uma mini-operação sul-americana. Acertaram, em junho de 1940, o envio de Roberto Morena e Fernando de Lacerda para o Uruguai, onde deveriam reconstituir contatos e entrar clandestinamente no Brasil. Só meio ano depois, em 19 de dezembro de 1940, estava tudo pronto para que os dois candidatos a viajantes pudessem se despedir dos dirigentes. La Pasionaria recomendou-lhes cuidado e muito empenho na luta contra o trotskismo. Às 19h30 daquele dia Dimitrov os recebeu em seu gabinete. De acordo com o protocolo feito pelo Departamento de Quadros, Dimitrov perguntou se estava tudo em ordem e finalizou com as seguintes palavras solenes: "Transmitam saudações em meu nome aos camaradas latino-americanos e ergam bem alto a bandeira internacional do proletariado". Morena e Lacerda não puderam fazer nem uma coisa nem a outra. Manuilski mandou interromper tudo, e Lacerda (e Brandão) só voltariam ao Brasil depois da Segunda Guerra Mundial.

Na segunda metade da década de 30, ofuscada pelos traumáticos acontecimentos na Espanha, a campanha pela libertação de Prestes e Olga esbarrava em dificuldades financeiras e na lentidão do comitê de organização. Criteriosa, dona Leocádia prestava regularmente contas a Moscou do dinheiro recebido, que mal dava para os gastos diários, queixava-se Lygia. Pior ainda era a atitude de madame Willard, a presidente do comitê: dizia abertamente que Olga era quase uma prostituta, uma mulher que tivera muitos maridos, e a criança nascida na Gestapo, em Berlim, talvez nem fosse de Prestes. Interrompia dona Leocádia quando esta falava do casamento de Prestes e Olga, e numa ocasião mandou a Berlim negociar com as autoridades nazistas uma comissão de mulheres belgas que voltou da capital alemã elogiando as condições carcerárias dos prisioneiros políticos. Havia dificuldades também com a direção do próprio PCB.[3]

Prestes e Olga foram preocupação constante do Komintern. Os preparativos da campanha mobilizaram muita gente. O mentor da campanha, Willi Münzenberg, era um competente chefe de propaganda. Mas nessa época estava rompendo interiormente com o sistema, decepcionado com o stalinismo e revoltado com o Terror (Münzenberg de fato rompeu, e apareceu enforcado numa árvore no Sul da França, em 1940, em circunstâncias até hoje não esclarecidas). Como sempre, até os mínimos detalhes foram vigiados e controlados. Toda a correspondência entre Prestes, no Brasil, e Olga, na Alemanha, foi monitorada por Moscou, que recebia transcrições das cartas, rubricadas por dirigentes como Manuilski, Ibarruri, Togliatti, Dimitrov e Pieck. O mesmo ocorria com as cartas entre a irmã de Ewert, Minna, vivendo em Londres, e Sabo, presa em Berlim. Acompanhamento semelhante sofria a correspondência entre Prestes, a mãe e as irmãs, que precisavam de autorização especial de Moscou para mandar dinheiro, presentes e pacotes para Olga. Boa parte das cartas de Olga foi publicada na Alemanha Oriental no começo dos anos 60 e, mais tarde, reproduzida no Brasil. São documentos de impressionante conteúdo emocional, textos que revelam sensibilidade e firmeza ao mesmo tempo.

Faltou apenas mencionar a última e desesperada tentativa de dona Leocádia, a mãe de Prestes, para tirar Olga das mãos dos nazistas. Com o início da guerra e as dificuldades em Paris, dona Leocádia e Lygia, levando a pequena Anita, a filha de Olga e Prestes, partiram em 1939 para o México. No final de agosto daquele ano, a União Soviética e a Alemanha assinaram o famoso acordo, cujos protocolos secretos regulamentavam também a partição da Polônia, logo invadida por nazistas, de um lado, e pelo Exército Vermelho, de outro. Ainda em 1939 Moscou e Berlim assinaram um tratado de amizade ao qual Stalin deu enorme importância. Em 11 de dezembro de 1939 Fernando de Lacerda escreveu uma polida carta à sua chefe imediata, a espanhola Dolores Ibarruri. Em tom de quem pede desculpas por levantar semelhante assunto, Lacerda referia-se a um pedido da mãe de Prestes, que não conseguia ser recebida pelo presidente mexicano. "Diante das relações entre a URSS e a Alemanha, a mãe de Prestes sugere que a URSS peça a entrega de Olga para o México", escreveu Lacerda. "A proposta é ingênua, mas a mãe quer que Manuilski saiba desse pedido."[4]

A idéia nada tinha de ingênua. Na mesma época em que Molotov brindava à saúde de Hitler em Berlim, a mulher de Ernst Thälmann, o chefe do PC alemão e preso pelos nazistas desde 1933, procurou a representação diplomática soviética em Berlim e pediu que Moscou ajudasse a libertar seu marido. Talvez soubesse que os próprios nazistas haviam acenado discretamente aos soviéticos com essa possibilidade. Chegou até a Stalin o pedido da mulher de Thälmann, mas o ditador soviético não estava interessado em salvar alemães das mãos da Gestapo. Pelo contrário, naquele momento estava entregando alguns de seus prisioneiros alemães aos nazistas.

As duas piores máquinas repressivas da época colaboraram entre si, acobertadas pelo pacto Molotov—Ribbentrop, de agosto, e o Tratado de Amizade entre Alemanha e URSS, de novembro de 1939. A NKVD e a RSHA[5] começaram a trocar informações e, em breve, prisioneiros. Cada um tinha "mercadoria" a oferecer ao outro. Os soviéticos receberam dos colegas da RSHA uma lista com 5524 nomes de antifascistas alemães e austríacos encarcerados na União Soviética. Uma parte foi efetivamente entregue aos nazistas. Por que não, se na União Soviética eram considerados "inimigos do povo"? Entre eles estava Margarete Buber-Neumann, a mulher de Heinz Neumann, entregue pelos soviéticos à Gestapo em 3 de fevereiro de 1940. "Não se haviam passado nem quatro anos que a imprensa comunista qualificara a intenção do governo brasileiro de deportar Olga Benario e a mulher de Arthur Ewert para a Alemanha nazista como um horror que não tinha exemplos comparáveis", escreveu Margarete, anos mais tarde. "Bem, a União Soviética cuidou para que esse horror não ficasse sem outro exemplo."[6]

Olga soube da idéia de dona Leocádia. Em 1940 ela já havia sido transferida para o campo de concentração de mulheres de Ravensbrück, poucos quilômetros ao norte de Berlim e onde hoje existe um monumento em sua memória. Até o início da invasão da União Soviética pelos alemães, em junho de 1941, Olga podia mandar e receber cartas, além de pequenas encomendas e dinheiro. Em 11 de novembro de 1940, numa carta dirigida a Lúcia e Clotilde, duas irmãs de Prestes (e devidamente arquivada em Moscou), Olga fez referências aos esforços da sogra, que ela tratava carinhosamente por Mama, embora provavelmente jamais a tivesse visto: "Bom, quando recebi, essa primavera, a carta de vocês eu alimentei esperanças de que conseguiriam apoiar os esforços da Mama de tal maneira que eu não precisasse passar aqui mais um inverno".

As esperanças de dona Leocádia, das irmãs de Prestes e de Olga foram em vão. Não encontrei registros de que o pedido de dona Leocádia tenha sequer chegado a Manuilski. Mas há uma passagem no livro de Margarete Buber-Neumann que resume de maneira apropriada o destino ao qual Olga fora condenada:

> É apenas mais uma prova para a inseparabilidade dos dois sistemas totalitários deste século o fato de que eu tivesse de presenciar como espectadora involuntária o último ato da tragédia dessas duas mulheres. Em 1941, vi, certo dia, na rua principal do campo de concentração de Ravensbrück, uma mulher alta, de cabelos loiros escuros e grandes olhos azuis. Lembrei-me de já tê-la encontrado uma vez, no refeitório do Lux, em Moscou. Era Olga Prestes-Benario, assassinada na primeira ação de extermínio contra "inferiores biológicos ou raciais".[7]

Olga foi morta numa câmara de gás na Páscoa de 1942.[8] Sabo, a mulher de Ewert, morrera de exaustão provocada por pneumonia e maus-tratos em Ravensbrück, cerca de um ano antes.

No momento em que Olga foi assassinada, poucos dos camaradas enviados ao Brasil para a insurreição de 1935 ainda estavam vivos. As últimas referências sobre Amleto Locatelli são de 24 de março de 1937. Dois italianos que voltavam da Guerra Civil espanhola e estavam de passagem por Paris relataram ter visto Locatelli ferido e isolado às margens de um rio, na frente sul, sem condições de fugir para o outro lado. Acreditava-se que teria se suicidado, mas não havia confirmação. Os italianos fizeram algumas perguntas entre aqueles que haviam estado com Locatelli na Espanha, e um deles, chamado Furini, relatou que Amleto era um "bom camarada", mas que "não gostava de falar do Brasil". Locatelli passou por uma importante base militar republicana em Albacete, onde assumiu brevemente o comando de uma brigada internacional. Logo chegou um aviso do PC italiano e ele foi destituído de todos os seus postos, entregues a Gallo (o mesmo que denunciara a "falta de solidez" de Locatelli, anos antes). Algum tempo depois de seu desaparecimento, foi publicado um artigo, numa revista chamada *Emancipation Nationale*, de um Locatelli, que se identificava como desertor das brigadas internacionais, mas os investigadores italianos não conseguiram descobrir se era a mesma pessoa.

As fichas do casal Stuchevski, os agentes soviéticos no Rio, terminam no final de 1938 com uma série de delações sórdidas, feitas por colegas de trabalho e vizinhos. Sofia foi acusada de ter escondido uma pessoa procurada pela NKVD. Pavel, por morar perto da representação comercial alemã e dar festas onde iam não apenas mulheres estranhas, mas também o Müller que fora preso. Os registros de pessoas sumariamente executadas pela NKVD terminavam assim, sem registro.

O mesmo ocorreu com as pastas de Jonny de Graaf. Em agosto de 1937, ele ainda foi interrogado sobre três outros militantes alemães (todos presos e executados), mas não os denunciou. Disse apenas desconhecer que qualquer um estivesse implicado em atividades anti-soviéticas. No começo de abril de 1938, Jonny teve de entregar seu famoso passaporte em nome de Franz Gruber, o que lhe cortava qualquer possibilidade de fuga. A última referência a ele é da mesma época, em russo: um memorando apresentando cópia do relatório, preparado um ano antes, sugerindo que a NKVD se ocupasse de seu caso. Em setembro de 1939, foi acrescentada uma tira de papel à pasta. Com o título "filhos de emigrados políticos e enviados a trabalho partidário", continha duas linhas sobre "de Graaf, Jonny (mesmo nome do pai) — filho do enviado Jonny de Graaf, dezenove anos, foi preso pela NKVD e depois solto". Evidentemente pode-se especular sobre o que isto significa. Baseado nas evidências anteriores, acredito que Jonny de Graaf também foi vítima da NKVD, já em 1938. A referência "foi preso e depois solto" é sobre o filho, e não o pai. Em Nordenham, Alemanha, onde em 1993 ainda viviam parentes de Jonny de Graaf, a última notícia a seu respeito era de 1911. Depois, ninguém mais ouvira falar dele, da mulher ou do filho.

Outro enviado do Komintern ao Brasil e vítima da repressão na União Soviética foi Lovski ou Losovski, cujo nome verdadeiro era Mendel Mirochevski, o homem da central vermelha de sindicatos. Acusado de trotskismo e atividade anti-soviética, foi julgado por uma "troika" a 3 de março de 1938 e executado no mesmo dia. Reabilitado postumamente, em 1955. Outras pessoas importantes do aparato do Komintern que não sobreviveram ao ano de 1938 foram Jossip Piatnitski e, por ironia, também Meier Trilisser, o homem da NKVD que havia ajudado Manuilski a derrubar Piatnitski do cargo de chefe do OMS. Ambos, velhos bolchevistas, foram reabilitados em 1956, e seus parentes ganharam o direito a receber uma pensão.

Dos "instrutores", Jan Jolles teve morte trágica em Guaiaquil, no Equador, de acordo com relato do peruano Eudocio Ravines, que por sua vez morreu com mais de oitenta anos, no México, atropelado por um carro. O austríaco Fritz Glaubauf, durante vários anos em Montevidéu, escapou aos expurgos em Moscou e morreu como escritor em Viena, em 1965. Abraham Guralski (nome verdadeiro: Boris Heifetz) não teve a mesma sorte. Passou parte da guerra num campo de concentração. No final do conflito, foi vítima de uma perseguição movida por Stalin contra judeus, e metido outra vez no sistema conhecido como Gulag. Em 1956, seu caso foi examinado pela comissão de reabilitação, que se recusou a restituir seus direitos, embora Guralski ainda estivesse vivo. A comissão recebera várias cartas de prisioneiros acusando Guralski de ter se transformado num odiado delator a serviço dos guardas do campo de concentração. Morreu em Moscou, em 1960.

Difícil é considerar o caso do alemão Arthur Ernst Ewert como o de um "sobrevivente". Barbaramente torturado pela polícia brasileira, em junho de 1942 foi internado no Manicômio Judiciário no Rio de Janeiro, onde sofreu tratamento duvidoso, como aplicações de testosterona, insulina e cardiazol. Em momentos de lucidez, entrevistado por "médicos" brasileiros, Ewert referiu-se ao horror que lhe haviam causado os choques elétricos, recebidos sobretudo na cabeça. Em 1945, perdera totalmente a razão. Sua irmã, Minna, levou-o em 1947 para Berlim Oriental. Ao chegar à Alemanha, o *Neues Deutschland*, órgão oficial do PC, saudou Ewert como "um dos mais íntimos colaboradores de Thälmann", no mínimo uma amarga ironia — Ewert detestava e combatera Thälmann. Jamais a imprensa alemã oriental mencionou que Ewert ficara louco, necessitando tratamento constante e incapaz de reconhecer qualquer pessoa à sua volta. Do momento em que voltou à Alemanha até a morte, em 1959, ficou internado no principal hospital de Berlim, a Charité. Foi cremado em 9 de julho de 1959, e suas cinzas depositadas no Cemitério Central, Monumento aos Socialistas, em 27 de julho. Orador na cerimônia fúnebre foi seu velho amigo dos anos 20, Gerhart Eisler, então chefe da rádio da Alemanha Oriental.[9]

Rodolfo Ghioldi e a mulher Carmen ficaram pouco tempo presos no Brasil, e ainda durante a guerra foram deportados para a Argentina. Prestes jamais perdoou o argentino. Em 1949, um jovem militante brasileiro, João Amazonas (mais tarde o chefe do PC do B) chegou a Moscou com a informação de que Prestes denunciava Ghioldi como tendo se tornado um delator no período em que fora detido pela polícia brasileira. Em 1950, um homem da confiança de Prestes, Arruda Câmara, levou até Moscou cópias do depoimento de Ghioldi à polícia, com as quais o PCB pretendia provar aos soviéticos que o dirigente do PC argentino não havia se comportado como revolucionário na prisão. Na mesma época, Prestes mencionou suas suspeitas de que Vallée (Stuchevski) era, na verdade, de nacionalidade russa, e que tivera "comportamento obscuro", assunto do qual nunca mais voltou a falar. Em 1952, a pedido de Prestes, os soviéticos iniciaram uma investigação sobre Ghioldi com o objetivo de afastá-lo da direção do partido argentino, mas concluíram apenas que ele sofria "influência negativa por parte de sua mulher". A denúncia de Prestes contra Ghioldi em nada resultou. Em 1971, o governo da União Soviética concedeu ao argentino a Medalha do Centenário de Lenin. Ghioldi morreu em 1985, em Buenos Aires, muito velho e respeitado.

Os principais chefões do Komintern daquela época, em Moscou, eram todos especialistas em sobrevivência, e morreram na cama. O finlandês Otto Wilhelm Kuusinen (dirigiu assuntos da América Latina no começo dos anos 30), que nada fez quando sua própria mulher, Aino, foi presa no Grande Terror, sobreviveu até a Stalin e entrou no Comitê Central do PC soviético. Quando morreu, em 1964, era membro também do Politburo (sua mulher, após resistir a quinze anos de trabalhos forçados no Gulag, escapou para o Ocidente, onde morreu em 1970). O alemão Wilhelm Pieck tornou-se presidente da Alemanha Oriental, morreu em paz e virou nome de rua. O búlgaro Georgi Dimitrov teve destino semelhante: faleceu como presidente da Bulgária, em 1949. Sua fiel servidora, Stela Blagoeva, chegou a ser membro do Comitê Central do PC búlgaro e depois embaixadora de seu país em Moscou, onde morreu, em 1954, com direito a luto oficial e necrológio publicado no *Pravda*.

O chinês Van Min, que coordenou de Moscou os momentos decisivos da insurreição, perdeu em casa o duelo com Mao Tse-tung, que o colocou no gelo, acusado de dogmático; em 1957, foi para tratamento a Moscou, de onde nunca mais saiu. Recebeu não só uma *dacha* de verão mas também duas enfermeiras chinesas, hábito cultural ao qual, aparentemente, nunca renunciou. Em Moscou, no final dos anos 30, Van Min sofrera uma censura do Departamento de Quadros por morar com duas chinesas no mesmo quarto do Hotel Lux. Defendeu-se dizendo que era comum em seu país casar-se com uma moça e levar a irmã. Consta que um conselho errado de Van Min, o especialista em questões chinesas para a direção soviética, conduziu Nikita Kruchev a subestimar o potencial militar chinês, quando Mao rompeu com a URSS, quase jogando os dois gigantes comunistas numa guerra. Van Min teve uma filha, adotada por Dimitrov, e um filho que se tornou um empresário bem-sucedido com o fim do comunismo soviético. Van Min morreu em 1974 e pediu para não ser sepultado no Muro do Kremlin: tinha a esperança de que fosse, mesmo morto, levado de volta à China, mas o PC chinês jamais o reabilitou das críticas feitas por Mao: Van Min introduzira na China a prática stalinista do extermínio da oposição.

Dimitri Manuilski seguiu trabalhando como sempre após o fracasso de "sua" operação no Brasil. Suas previsões políticas revelaram-se, fiéis ao hábito, absurdas e equivocadas. No Congresso do PC soviético de 1939, por exemplo, Manuilski afirmou que a Alemanha não estava ainda preparada para a guerra (que eclodiria pouco depois), seu exército não tinha liderança e a retaguarda estava ameaçada pelo poderoso aparato ilegal do PC alemão, que "realiza um trabalho maciço". É a assinatura de Manuilski que se encontra no documento de dissolução do Komintern, em 1943. Nos dois anos finais da guerra, dirigiu um importante escritório de propaganda para o Exército Vermelho. Em 1946, foi o representante soviético em São Francisco, onde teve lugar a conferência da qual resultou a fundação das Nações Unidas. O velho servidor do stalinismo ganhou pouco depois o posto decorativo de ministro das Relações Exteriores da Ucrânia. Ruth von Mayenburg, que o conheceu muito bem, lembra-se que ele ainda lhe mandou um telegrama de congratulações, no começo dos anos 50, quando nasceu sua filha. A partir de 1955, Manuilski não pôde mais assumir nenhum cargo. Vítima de uma enfermidade que só pode ser caracterizada como bíblica, foi perdendo a vista e tornando-se completamente decrépito. Teve uma longa e dolorosa agonia. Morreu em Kiev, em 1959. Sua mulher, Varia, a loirinha dos inesquecíveis olhos azuis, sempre pensava que morreria antes que Manuilski, mas ainda viveu por mais três anos.

Manuilski e Prestes não mais se encontraram depois do 29 de dezembro de 1934, quando embarcou com Olga para o Brasil. Foi a última vez também que Prestes viu dona Leocádia, falecida no México, em 1943, enquanto o filho estava preso no Brasil. O chefe da insurreição de 1935 foi condenado duas vezes (uma pelo levante, outra pelo assassinato de Elza) e saiu da prisão com a anistia que se seguiu à redemocratização do Brasil, em 1945, depois de passar nove anos em cela solitária. Muitos outros dirigentes comunistas brasileiros também foram beneficiados pela anistia, mas Prestes considerava grande parte deles como traidores, e os condenou ao esquecimento. Consta que Miranda, sem um rim e alquebrado, foi para o interior da Bahia, pobre, tornou-se muito religioso, dirigiu por alguns meses um sindicato católico e morreu no final da década de 40 em Alagoinha. De Martins e Tampinha, não se ouviu mais falar. Silo Meirelles e Caetano Machado, os líderes em Pernambuco, morreram velhos e esquecidos. Bangu e Abóbora sobreviveram pelo menos até os anos 80, deram muitas entrevistas.

Num dos gestos mais polêmicos do pós-guerra brasileiro, Prestes abraçou publicamente a Getúlio, cujo governo deportou Olga Benario para as masmorras nazistas. Eleito senador, alternando curtos períodos de legalidade com muitos anos na clandestinidade, viajando pelo mundo, escrevendo, articulando, Prestes conduziu o PCB até a década de 80. Foi fiel a alguns dos amigos de 1935, como Orlando Leite Ribeiro, Estillac Leal ou Celestino Paraventi, em cujo palacete no Jardim América, em São Paulo, ainda participou, nos anos 50, de almoços reunindo aliados, amigos, desconhecidos, adversários, militares ou padres (Celestino foi preso por pouco tempo em 1936, libertado pela influência de amigos médicos, que o declararam louco, e morreu rico, charmoso e respeitado, em 1987).

Prestes tornou-se lenda em vida. Com exceção de Carmen de Alfaya, a mulher de Ghioldi, que em 1993 ainda vivia em Buenos Aires, Prestes foi o último a morrer dentre os principais participantes dos episódios de 1935. Chegou aos 92 anos de idade, a tempo de ver a queda do Muro de Berlim. Ao morrer, em 1990, a União Soviética ainda não havia se desintegrado, o que talvez fosse para ele completamente impensável. Nos dez anos que separaram seu rompimento com o PCB do dia de sua morte, Prestes deu várias entrevistas sobre os acontecimentos de 1935, omitindo detalhes em algumas, tornando-se mais prolixo em outras. Muito disciplinado, nunca deixou de dizer a mesma coisa.

''Não tinha nada que ouvir qualquer ordem da Internacional. Não havia nada disso, é preciso desmentir tudo isso'', repetia categoricamente.

SIGLAS

★

ANL	Aliança Nacional Libertadora
BSA	Bureau Sul-Americano
CC	Comitê Central
EKKI	Exekutivkommite der Kommunistischen Internationale
GCCS	Government Code and Cypher School
IC	Internacional Comunista
IKK	Internationale Kontroll Kommission
INO	Departamento de espionagem estrangeira da OGPU
KPD	Kommunistische Partei Deutschlands
LAR	Liga de Ação Revolucionária
NKVD	Narodny Kommissariat Vnutrennikh Del (Comissariado Popular para Assunto s Internos)
OGPU	Obyedinyonnoy Gosudarstvennoy Politicheskoy Upravlenie (Diretorado Estatal Unificado Político)
OMS	Otdel Mezhudunarodnykh Svyazey (Serviço de Ligações Internacionais do Komintern)
PC	Partido Comunista
PCB	Partido Comunista do Brasil
PCI	Partido Comunista Italiano
PRO	Public Records Office
RFB	Roter Frontkämpferbund
RSHA	Reichssicherheitshauptamt
SA	Schutzabteilung
SED	Sozialistische Einheitspartei Deutschlands
URSS	União das Repúblicas Socialistas Soviéticas
ZPA	Zentrales Parteiarchiv

NOTAS

★

1. *OS SOBREVIVENTES DO HOTEL LUX* (pp. 15-25)

(1) Ruth von Mayenburg, *Hotel Lux — Das Absteigquartier der Weltrevolution*, pp. 13 ss. Ao falar de "crachá", a autora utiliza a tradução alemã da expressão russa *Propusk*, que significa "autorização" ou "passe". Preferi traduzi-la livremente por "crachá", cujo significado no Brasil é bastante próximo ao de *Propusk* na Rússia, ou seja, sem ele a pessoa não existe.

(2) Entrevista de Ruth von Mayenburg ao autor, Viena, 9/1/93. Mayenburg vive como escritora famosa numa adorável casinha num subúrbio de Viena, sempre convidada para participar de rodas de televisão nas quais brilha, aos 86 anos, com insuspeitada vivacidade e rapidez de raciocínio.

(3) Segundo Mayenburg (op. cit., p. 60), Pieck visitava quase diariamente o marceneiro que trabalhava nos fundos do hotel, e que se encarregara de preparar novos painéis de madeira para seu quarto. Na parte de trás destes, foram coladas figuras de mulheres nuas.

(4) O livro de Theodor Bergmann e Mário Kessler (eds.), *Aufstieg und Zerfall der Komintern — Studien zur Geschichte ihrer Transformation*, é provavelmente o exemplo mais recente desse tipo de literatura.

(5) Bom exemplo é o da alemã Ruth Fischer em seu *Stalin and German Communism*. Fischer foi uma destacada dirigente e líder da ala esquerda do Partido Comunista alemão (KPD) na primeira metade da década de 20. Depois de perder disputas internas e abandonar o comunismo, Fischer emigrou para os Estados Unidos e acabou servindo de testemunha de acusação em processos anticomunistas contra o próprio irmão, Gerhart Eisler.

(6) Segundo uma testemunha da época com acesso aos círculos mais restritos do Komintern, a militante finlandesa Aino Kuusinen, mulher do dirigente Otto Wilhelm Kuusinen, em *Der Gott stürzt seine Engel*, p. 46. Nesta autobiografia, Aino Kuusinen (1886-1970) se denomina como "membro da aristocracia do Komintern" desde 1922 até 1938, quando foi presa e deportada por quinze anos para o sistema de campos de concentração e trabalhos forçados conhecido como Gulag. Ela foi, em 1965, a primeira mulher de um importante integrante de hierarquia soviética a deixar o país rumo ao Ocidente e escrever suas memórias (a filha de Stalin, Svetlana, só o fez em 1967).

(7) Como em outros setores da Terceira Internacional, também os formulários e papéis oficiais desse departamento eram escritos em alemão, adotado como primeiro idioma logo após o II Congresso, quando uma breve enquete revelou que a maioria dos delegados e líderes do-

minava bastante bem a língua natal de Karl Marx e Friedrich Engels (OMS em alemão era *Verbindungsdienst*).

(8) Boa descrição desse funcionamento encontra-se no livro escrito por Walter Krivitski, um dos primeiros desertores de peso do aparato de inteligência soviético. Uma das "fontes malditas" enquanto durou a Guerra Fria, Krivitski experimentou um "renascimento" em 1992, quando seu livro, *I was Stalin's agent*, foi reeditado em Londres. Com a abertura de parte dos arquivos do PC, KGB, Exército Vermelho e Komintern em Moscou, revelou-se que suas informações, publicadas já em 1939, estavam corretas. Nessa reedição consta também pela primeira vez seu nome verdadeiro: Samuel Ginsburg. As citações de Krivitski neste livro foram retiradas da edição em alemão (*Ich war im Stalins Dienst*), publicada em Amsterdam em 1940, e de uma pequena tradução "pirata" em espanhol, editada por anarquistas espanhóis provavelmente em 1939.

(9) Essa prática permaneceu inalterada por quase setenta anos. Quando o Komintern e o OMS foram desativados, o Secretariado Internacional do Comitê Central do PC soviético assumiu suas funções. Ao ser fechado pelo presidente da Federação Russa, Boris Yeltsin, no final de 1991, encontrou-se na sede do Comitê Central, em Moscou, um cofre com listas de financiamento que incluíam também o Brasil, e pilhas de passaportes falsos.

(10) Para o período no qual existiu o Komintern, a melhor leitura são as reminiscências de Heitor Ferreira Lima, que, durante o curso (variava entre um e dois anos), tinha o codinome Mario Silva. Heitor Ferreira Lima, *Caminhos percorridos — Memórias de militância*, p. 82. Para uma excepcional descrição da principal escola de quadros do Komintern, e sua "especialização", se bem que em período posterior, ver Wolfgang Leonhard, *Die Revolution entlässt ihre Kinder.*

(11) A OGPU preservou seu nome até ser incorporada, em julho de 1934, à NKVD (Narodny Kommisariat Vnutrennikh Del, "Comissariado Popular para Assuntos Internos"). A OGPU fora sucessora, por sua vez, da *Cheka*, criada em 1917. Seu primeiro diretor, que morreu no cargo, de morte natural, em 1926 (coisa que não voltaria a acontecer com nenhum de seus sucessores até 1954), foi o polonês Felix Djerjinski. Sua estátua, símbolo dos "chequistas" ("o escudo e a espada do Partido") foi a primeira que a população de Moscou derrubou nos dias que se seguiram ao fracassado golpe contra Mikhail Gorbachev, em agosto de 1991. Ela ficava num pedestal em frente à sede da KGB, a sucessora da NKVD.

(12) Christopher Andrew & Oleg Gordievsky, *KGB — The inside story of its foreign operations from Lenin to Gorbachev*. Gordievski, um agente duplo soviético que serviu também ao MI-6 britânico, teve acesso em Moscou aos arquivos sobre os primeiros anos de operação da OGPU e sobre as relações existentes entre este órgão e o Komintern.

(13) Além de Kuusinen, op. cit., que começou sua carreira no Komintern e terminou no IV Departamento, Krivitski (op. cit., p. 46) conta ter sido recrutado para este Departamento quando trabalhava em 1920 para o Komintern: "Não havia uma clara separação entre o nosso trabalho e o do Komintern". O caso mais famoso foi o do superespião soviético Richard Sorge, ao qual voltaremos mais tarde. Opinião definitiva é a do ex-general da KGB, Dimitri Volkogonov. Ex-integrante dos aparatos de inteligência e repressão na URSS, por ordem de Mikhail Gorbachev foi a única pessoa com acesso irrestrito aos Arquivos Stalin, guardados no Kremlin. Volkogonov descreveu operações internacionais da OGPU na década de 20 e começo dos anos 30. Em seu departamento estrangeiro, "além de soviéticos trabalhavam emigrados políticos do Komintern", intermediados pelos principais dirigentes. Cf. Dimitri Volkogonov, *Trotski — Das Janusgesicht der Revolution*, p. 417.

(14) Conforme uma sobrevivente da época, Margarete Buber-Neumann, *Kriegsschauplätze der Weltrevolution — Ein Bericht aus der Praxis der Komintern 1919-1943*, p. 38.

(15) Cf. Dimitri Volkogonov, *Stalin — Triumph und Tragödie*, pp. 460 ss.

2. *OURO PARA MOSCOU* (pp. 26-47)

(1) Em depoimento que serviu de base para muitos autores, recolhido em Denis de Morais & Francisco Viana, *Prestes: lutas e autocríticas*'', p. 39, Prestes disse que ''a conversa com Astrojildo foi muito boa, mas eu não podia aderir imediatamente a uma ideologia que não conhecia''. Astrojildo Pereira, em *Formação do PCB, 1922-1928* (apud Morais & Viana, ibidem), afirma que ''fácil foi a concordância estabelecida''. Prestes prometeu estudar com afinco a literatura recebida.

(2) Entrevista de dona Maria Ribeiro ao autor, Rio, 12/4/93. ''A mãe ficou para ele sempre como uma mulher exemplo'', disse dona Maria, autora de *Meu companheiro*, um excelente relato sobre sua vida ao lado de Prestes.

(3) Marly de Almeida Gomes Vianna, *Revolucionários de 35 — sonho e realidade*, p. 79.

(4) Morais & Viana, op. cit., p. 48.

(5) *Diário da Noite*, 12/12/30, reproduzido em *O Estado de S. Paulo*, 14/12/30.

(6) Paulo Sérgio Pinheiro, *Estratégias da ilusão — A revolução mundial e o Brasil 1922-1935*, p. 217. Parênteses no original.

(7) Ronald Chilcote, *The Brazilian Communist Party*, pp. 217 e 220.

(8) Protocolo estritamente confidencial nº 27 da sessão de 11/12/29 da Comissão Política do Secretariado Político do EKKI. A lista de participantes é interessante para os acontecimentos dos anos seguintes. Além de Manuilski e Piatnitski, dois dos integrantes da poderosa ''pequena comissão'', entre outros, assinaram essa ata Guralski e Vassiliev. Arquivo do Instituto de Teoria e História do Socialismo do Comitê Central do Partido Comunista da União Soviética (daqui em diante referido como Arquivo Histórico), 495.4.6.

(9) Telegrama de 20/1/30 do EKKI para o PCB, no protocolo nº 74 da sessão do Secretariado Político do EKKI, Arquivo Histórico, 495.3.198. Nessa mesma pasta está o texto de 37 páginas. Presentes a essa reunião estavam, entre outros, Manuilski, Kuusinen, Losovski (dirigente do Profintern para América Latina) e Molotov.

(10) Um terceiro texto dessa época tornou-se bastante conhecido (e publicado): a resolução do Secretariado Político do EKKI sobre a questão brasileira, de 8/2/30. Ela ressalta em considerações genéricas que o caráter ''democrático burguês'' da revolução brasileira (''se a pequena burguesia assumir a hegemonia, a revolução brasileira estará condenada a uma derrota, como a mexicana'') se transformará em socialista apenas na base da ''estreita ligação entre a revolução brasileira, o movimento revolucionário internacional proletário e a URSS, onde se constrói o socialismo''. Arquivo Histórico, 495.20.350.

(11) Gomes Vianna, op. cit., p. 55.

(12) Kuusinen, op. cit., p. 108. Os outros participantes desse encontro, presidido por Kuusinen, foram Manuilski e Piatnitski.

(13) Victor Alba, *Esquema histórico del comunismo en Iberoamérica*, p. 33.

(14) No Arquivo Central do Partido Unificado Socialista da Alemanha (ZPA, Zentrales Parteiarchiv der SED), em Berlim, base para os verbetes biográficos sobre Guralski, algumas informações não estão corretas. Extensa é sua lista de pseudônimos na Alemanha: August Kleine, Lange, Rosenthal, Schmidt, Wagner, Jung, Krebs, Hubert ou Otto.

(15) Ferreira Lima, *Caminhos percorridos*, p. 146.

(16) Cf. Jan Valtin (Richard Krebs), *Tagebuch der Hölle*, p. 193.

(17) Ver despacho do embaixador britânico na Argentina para o Foreign Office em 21/8/31, Public Records Office, Londres (daqui em diante referido como PRO), FO 371/15622.

(18) Valtin (op. cit., p. 193) descreve a formação dessa rede de mensageiros para a América do Sul. Suas informações, incluindo seu encontro com pessoas, em Montevidéu, enviadas por ''Harry Berger'', no começo de 1931 — o próprio Valtin afirma ter levado dinheiro em

mãos para o BSA — estavam corretas, embora muitos autores tivessem se recusado a levá-lo a sério.

(19) Arquivo Histórico, 495.79.184.

(20) Arquivo Histórico, 495.79.186.

(21) Arquivo Histórico, 495.19.184.

(22) "Pierre" é o único dentre todos os enviados de Moscou para a América Latina mencionados neste trabalho cuja verdadeira identidade não foi possível confirmar, embora ele tenha sido detido e deportado pela polícia brasileira em 1931.

(23) Arquivo Histórico, 495.19.184.

(24) Pinheiro (op. cit.) argumenta, baseado em evidências como a publicação do Manifesto de Maio numa revista subordinada ao Komintern, que Prestes aprofundara seus contatos com a Internacional muito antes do que se pensa, enquanto Gomes Vianna (op. cit.) refuta esse tipo de indício afirmando que Prestes escreveu sozinho o manifesto e, ao fazê-lo, não sabia da existência do BSA. Há muitos motivos para se duvidar dessa afirmação de Prestes.

(25) PRO, FO 371/15108.

(26) Citado em Gomes Vianna, op. cit., p. 89.

(27) Arquivo Histórico, 495.19.185.

(28) Arquivo Histórico, 495.19.184.

(29) Idem, ibidem.

(30) Idem, ibidem.

(31) Arquivo Histórico, 495.79.135. Mais adiante, falando sobre o caráter da revolução no Brasil, Kuusinen considera os negros "em algumas grandes cidades do Brasil como maioria", isto é, constituem uma "minoria nacional", à qual deveriam ser garantidos direitos de uma nacionalidade.

(32) Arquivo Histórico, 495.79.137.

(33) Arquivo Histórico, 495.79.151. Uma referência em relatório de Guralski indica que, em setembro de 1930, Arthur Ewert ainda se encontrava em Nova York.

(34) Idem, ibidem. Parênteses no original.

(35) Arquivo Histórico, 495.19.185.

(36) Idem, ibidem. No final dessa carta, Ewert pede a Moscou que apresse a partida de sua mulher, Elise Saborowski, e incursiona pelo habitual campo de Guralski, reclamando da demora na chegada do dinheiro para o Brasil e a Argentina. Chiang Kai-shek (1887-1975), líder nacionalista chinês, massacrara em 1927 o levante comunista de Cantão, expulsando os assessores soviéticos. Tinha sido um dos aliados de Sun Yat-sen na criação do Kuomintang, um conglomerado de partidos nacionalistas.

(37) Arquivo Histórico, 495.19.186.

(38) Supõe-se que, até outubro de 1930, quando foi detido pela polícia argentina em Buenos Aires, Prestes mantinha depositados cerca de 60 mil dólares. Um de seus homens de confiança, o tenente Orlando Leite Ribeiro, fora enviado a Paris com 20 mil dólares e instruções para compras de armas, que nunca chegaram à América do Sul (não se sabe que fim levou esse dinheiro). Boa parte do dinheiro restante foi consumida no financiamento das organizações de Prestes no Brasil. O que sobrou foi retirado da Argentina, pouco antes da prisão de Prestes, e escondido numa lata de querosene pelo capitão Emídio da Costa Miranda. Um resumo das informações disponíveis a respeito dos fundos que Prestes recebeu de Vargas está em José Joffily, *Revolta e revolução — Cinqüenta anos depois*, pp. 370 ss.

(39) Idem, ibidem.

(40) Telegramas cifrados entre Moscou e América do Sul, 1933, Arquivo Histórico. Note-se a disparidade entre os recursos colocados por ordem de Moscou diretamente à disposição dos

partidos comunistas e suas organizações na América do Sul e as somas administradas pelo Bureau Sul-Americano.

(41) Arquivo Histórico, 495.19.185.

(42) Arquivo Histórico, 495.79.151.

(43) Carta de Ewert para o Secretariado Latino-Americano, 2/10/31, idem.

(44) ZPA, 10/397, folha 125.

(45) Entrevista a Yuri Ribeiro.

3. *DECISÃO* (pp. 48-79)

(1) Volkogonov, *Trotski*, pp. 96 e 105.

(2) Isaac Deutscher, *Trotski — Der Bewaffnete Prophet*, p. 216. Outro participante dessas rodas na redação do jornalzinho de Trotski em Paris era um militante com o pseudônimo de Losovski, mais tarde o presidente da central internacional dos sindicatos comunistas (Profintern) e que vamos encontrar em 1935 no Brasil.

(3) Fischer, *Stalin and German communism*, p. 394.

(4) Cf. Allan Bullock, *Hitler and Stalin — Parallel lives*, p. 213.

(5) Fischer, op. cit., p. 394.

(6) Idem, ibidem.

(7) Entrevista de Mishka Slavutska ao autor, Colônia, 6/1/1993.

(8) Mayenburg, op. cit., p. 275, e entrevista ao autor.

(9) Idem, ibidem, p. 270.

(10) Bullock, op. cit., p. 306.

(11) Kuusinen, op. cit.

(12) Idem, ibidem, p. 84.

(13) Victor Alba, em *Esquema histórico del comunismo en Iberoamérica*, reproduz rumores publicados no México na década de 40, segundo os quais Manuilski teria ido uma vez àquele país para montar uma rede secreta do Komintern, mas fora desmascarado. Não encontrei nenhum indício em Moscou ou no restante da literatura sustentando essa afirmação.

(14) Eudócio Ravines, *La gran estafa*, p. 250. Um dos "autores malditos" pelo fato de ter abandonado o comunismo e se dedicado a criticá-lo com violência, Ravines vai nos ocupar nos próximos capítulos.

(15) Na verdade, o controle era de cerca de 3% das dezoito províncias internas da China, abrangendo no máximo 150 mil em um total de 4 milhões de quilômetros quadrados, e somente 2,5% da população do país. Esta conclusão foi publicada muito mais tarde em *Chinesische Aufzeichnungen*, de Otto Braun, um importante agente secreto a serviço dos soviéticos na China.

(16) "A revolta foi vitoriosa em diferentes pontos das regiões periféricas do país antes que as forças da revolução tivessem sido esmagadas nos centros principais", cf. V. Myro, "The struggle to stablish inner soviet regions in the semicolonial countries", *The Comunist International* 4 (20/2/35), pp. 151-9, citado em Pinheiro, op. cit., p. 282. Myro era o redator-chefe dessa revista, e provavelmente não foi o autor do artigo. Com menos virulência, Braun já havia contestado, em abril de 1935, o artigo de Myro, criticando sobretudo a tese da formação de sovietes nas "zonas liberadas", cf. D. Canale, J. N. Tavares & F. Viana, *Novembro de 1935: meio século depois*, p. 128.

(17) Citado em Canale et al., op. cit., p. 119.

(18) Um excelente exemplo do comportamento político de Manuilski é fornecido por Ruth von Mayenburg. Ao primeiro marido de Ruth, o dirigente socialista austríaco Ernst Fischer,

Manuilski ofereceu a direção do PC austríaco, embora Fischer sequer fosse comunista ou integrante do partido. Ernst Fischer recusou. Entrevista ao autor, Viena, 9/1/93.

(19) Morais & Viana, op. cit., p. 57.

(20) Resolução da Comissão Política do EKKI, enviada como carta ao CC do PCB, 27/6/33, Arquivo Histórico, 495.20.350.

(21) Idem, ibidem. O grifo é meu.

(22) Exemplo anterior, contido em resolução datada de 27/4/33, que nos ocupará logo adiante: "Estabelecer contatos com os melhores elementos do movimento de cangaceiros que estão muito proximamente relacionados às massas e conquistar a liderança desse movimento". Para completar, "o partido deve também levar adiante trabalho com os indígenas em suas línguas nativas".

(23) Arquivo Histórico, extrato de protocolo nº 214 da sessão fechada do Secretariado Político do EKKI, 495.3.410.

(24) Eis a íntegra desse documento: "26/4/1934 — Para o camarada Piatnitski, extrato da segunda reunião da Comissão [para a] América do Sul de 25/4/1934. Item 3 — formar uma comissão integrada por Piatnitski, Vassiliev e Sinani, para indicar em três dias candidatos para representante do KI (Juventude Comunista Internacional) e Profintern. Item 8 — comissão organizada pelo item 3 indicar candidatos para dirigentes militares em três dias e discutir o candidato do item 10. Item 12 — encarregar Piatnitski da preparação do orçamento". Arquivo Histórico, 495.74.187.

(25) Infelizmente, perderam-se o relatório de Guralski e as intervenções "oficiais" nessa reunião, a cargo de Manuilski e Sinani.

(26) As frases e palavras entre aspas nesses dois últimos parágrafos foram ditas por Prestes a seu filho Yuri Ribeiro.

(27) Citado em Morais & Viana, op. cit., p. 58. Outro exemplo: "Mostrando-se contrariado, [Manuilski] deu um soco na mesa e disse: 'Telegrafem! Que publiquem imediatamente que Luís Carlos Prestes é membro do PCB' ", cf. Gomes Vianna, op. cit., p. 94. Nos dois casos, porém, Prestes situa essa conversa entre junho e julho de 1934, vários meses depois, portanto, da decisão ter sido tomada e seu cumprimento exigido do PCB. Dada a espantosa memória de Prestes, esse "erro" só pode ser proposital. Ele empenhou-se em encobrir todos os indícios das dimensões da operação montada pelo Komintern, conforme veremos adiante.

(28) Menções a uma comissão secreta, encarregada de preparativos militares para a América do Sul, tinham sido feitas anteriormente por dois autores: Ferreira Lima, op. cit., p. 186, e Ravines, op. cit., p. 288.

(29) Extrato dos protocolos nºs 381 e 382 da sessão extraordinária da Comissão Política do EKKI em 8/6/34, Arquivo Histórico, 495.4.294. Nessa reunião estavam Manuilski, Kuusinen e Piatnitski, além, entre outros, de Bela Kun, Losovski e Stepanov.

(30) Extrato do protocolo nº 223 da sessão de 11/6/34 do Secretariado Político do EKKI. "Ponto 7 — confirmação da resolução da comissão política de 8/6/34 sobre a filiação do camarada Prestes." Arquivo Histórico, 495.3.418.

(31) Ravines, op. cit., p. 288. Nascido em Cajamarca, em 1897, aos 25 anos freqüentou as Universidades Populares criadas por Haya de La Torre; aos 27, entrou no APRA e foi deportado pela primeira vez; aos 29, abandonou o APRA e filiou-se ao PC peruano; aos 39, foi comissário político na Espanha (teria estado envolvido em massacres de anarquistas); aos 41, atuou no Chile contra a Frente Popular; aos 45, foi expulso do PC chileno; aos 54, foi deportado do Peru sob acusação de comunista; aos 55, publicou nos Estados Unidos seu famoso livro *The Yenan Way* (traduzido por *La gran estafa*); e, aos 57, foi expulso do PC peruano. Nos anos 70, foi de novo deportado do Peru, desta vez pelo general Velasco Alvarado, por anticomunismo. Morreu no México, atropelado por um carro, aos 82 anos. Cf. Federico Prieto Celi, *El*

deportado. A primeira missão de Ravines pelo Komintern foi a retirada, de Buenos Aires, do arquivo secreto do PC argentino, após o golpe de Uriburu (1930). Tornou-se muito conhecido ao escapar de uma prisão em Lima, em 1933, ajudado pela organização dirigida por Guralski na América do Sul, o BSA.

(32) "Martins" [Honório de Freitas Guimarães], "Rapport sur l'arrestation du camarade Ewert", Moscou, 20/1/38. O grifo é meu.

(33) Arquivo Histórico, 495.20.350.

(34) Idem, ibidem. Parênteses no original.

(35) Arquivo Histórico, relatório de Ewert a Piatnitski, 6/7/31, 495.79.151.

(36) Sebastião encenou uma briga de bar e correu para o lugar onde vários dirigentes estavam reunidos, levando a polícia atrás de si. Na prisão, Pierre notou a diferença de tratamento entre os outros presos e Sebastião.

(37) Esse pedido de informação, escrito em papel-seda, está na pasta pessoal secreta de Jan Jolles em Moscou.

(38) Pai de Carlos Lacerda, na época um dos mais promissores integrantes da Juventude Comunista. Em 1930, Maurício abandonou Prestes e aderiu à Aliança Liberal de Getúlio Vargas, que, pouco depois de ser levado ao poder, enviou-o como embaixador ao Uruguai.

(39) Em sua autobiografia, num lampejo de orgulho, Fernando de Lacerda afirma ter cortado relações com sua esposa convencido de que ela havia levado a polícia até a casa de sua irmã, onde viviam dois membros do partido. Em 1938, porém, um dos companheiros de Lacerda desde aqueles tempos, Honório de Freitas Guimarães (Martins) encarregou-se de corrigir na pasta secreta pessoal de Lacerda também esse detalhe, anotando com perfídia: "Eu tinha dele [Lacerda] a impressão de uma grande devoção à revolução e como um homem sincero. A maneira corajosa e digna como ele suportou o golpe evidentemente muito duro de saber pela própria mulher que ela havia tomado outro companheiro enquanto ele estava na prisão me impressionou bastante, e favoravelmente. Sua situação física muito precária, porém, eu atribuo em parte aos efeitos do abandono de sua mulher, sobre a qual tenho um julgamento bastante duro". A mulher de Lacerda era Genny Gleiser, que se apaixonou na época por um jovem militante americano em viagem pela América Latina, a quem ela ajudava como secretária. Era Earl Browder, mais tarde secretário-geral do PC americano. A Gestapo já a havia incluído em sua lista de comunistas internacionalmente ativos por volta de 1933. Prestes também não gostava dela, acusando-a de haver passado por Moscou, no começo de 1934, e feito pressões para que ele não fosse admitido no PCB. "Ela era ferozmente contra minha entrada", afirmou (entrevista a Yuri Ribeiro, agosto de 1988).

(40) Uma excelente caracterização de Bangu encontra-se em Leôncio Basbaum, *Uma vida em seis tempos* (pp. 158 ss). Bangu é descrito como um sujeito de olhos inteligentes e espertos, sempre risonho. Um dia foi pedir ajuda a Basbaum para montar uma gráfica clandestina. A gráfica, apesar de montada, jamais chegou a funcionar. Seu responsável, doente de malária, vivia isolado e abandonado por Bangu, que apenas tomava alguns volantes e panfletos para arrancar dinheiro da burguesia. Ao mesmo tempo, Bangu mandava relatórios entusiasmados sobre a atividade revolucionária na Bahia. Questionado sobre isso, disse "que não era tudo verdade, mas também não era tudo mentira". Depois da "descoberta" de como funcionava e era mantida a imprensa clandestina, Basbaum exigiu de Bangu que libertasse o Songa-Monga (um coitado que morreu pouco depois), fechasse a oficina e parasse de escrever mentiras para o Comitê Central. Há, em Moscou, uma autobiografia de Bangu, datada de 4/11/34.

(41) Relatório para a camarada Dolores Ibarruri, confidencial e pessoal, 20/6/40, Arquivo Histórico, 495.17.157. Em correspondência secreta enviada por um agente a Dimitrov, em 16/2/40, contendo fichas de mais de uma dezena de comunistas e não-comunistas brasilei-

ros, alguém acrescentou à mão ao lado do nome verdadeiro de Tampinha: "É muito medroso, esconde-se tão bem que ninguém sabe onde está". Arquivo Histórico, 495.74.360.

(42) Grifo no original.

(43) Nascido a 21/6/97 em Água Preta (Pernambuco), era filho de camponeses pobres e tornou-se padeiro. Comandou nos anos 20 uma coluna que tentou associar-se a Prestes no interior. Esteve com Prestes algumas vezes em Montevidéu e Buenos Aires. Sua autobiografia, feita em Moscou, em 1/11/34, revela baixo nível de instrução pessoal e política.

(44) Esta longa transcrição, da qual faço apenas um breve resumo, encontra-se arquivada como 495.101.25 (versão francesa) no Arquivo Histórico, Moscou. Em outro lugar, na pasta pessoal de Bangu, encontra-se transcrição semelhante de conversa travada sobre comitês de greves entre ele e Vassiliev.

(45) O próprio Miranda, porém, não resistiu à idéia de possuir um suvenir da pátria do socialismo e levou para o Brasil um par de galochas soviéticas.

(46) "Sempre sabia de antemão o que ia dizer em reuniões, e eu esperava o final porque o Brandão levava todas as críticas. Tinha posições que não se pode saber muito bem o que era." Entrevista de Prestes a Yuri Ribeiro. Brandão esperou mais de trinta anos para vingar-se. A um agente da KGB, na segunda metade da década de 60, declarou que Prestes "nunca pensou pela própria cabeça", cf. Prestes, op. cit., pp. 134 ss.

(47) De réu acusado pelo incêndio, cujas causas não foram esclarecidas totalmente até hoje, Dimitrov inverteu os papéis e transformou em personagem ridícula a principal testemunha de acusação, Hermann Göring, uma personalidade central no regime hitlerista. No clima nebuloso que cercou esse episódio, foram constantes os rumores de que Dimitrov beneficiou-se, na verdade, de uma troca de agentes encenada pela OGPU e a RSHA (Reichssicherheitshauptamt), uma vez que os outros dois co-acusados tiveram sorte totalmente diversa da sua.

(48) "Um homem agradável e espirituoso, ninguém imaginaria que se tratava de um dirigente comunista", disse Mishka Slavutska, que foi secretária de Dimitrov em Berlim durante quatro anos. Entrevista ao autor, Colônia, 6/1/93.

(49) Buber-Neumann, op. cit., p. 441.

(50) Buber-Neumann, ibidem, e Mayenburg, idem. Ele nada pôde fazer, porém, por sua antiga secretária Slavutska, que só voltaria a encontrar em Moscou em 1934.

(51) Anexo ao ponto 7 da agenda da sessão do dia 21/5/35 da Comissão Política do EKKI, protocolo estritamente confidencial nº 453, Arquivo Histórico, 495.3.350. O texto está em russo e alemão.

(52) Gomes Vianna, op. cit., p. 94.

(53) Seu poder era considerável. Figueiredo parou uma vez uma carta de Souza para o Rio, na qual este mencionava "aqui meu nome é Souza".

(54) Carta de Frédéric para o Brasil, 15/12/34, Arquivo Histórico, 495.79.209. Parênteses no original. Já na semana anterior, em 8/12/34, Frédéric havia comunicado ao Rio o embarque de um amigo que "só fala inglês e alemão".

4. *OS PROFISSIONAIS* (pp. 80-108)

(1) "Funcionário do topo do RFB", segundo a ficha de Jonny de Graaf. Bundesarchiv Potsdam, Reichssicherheithauptamt, "International tätige Kommunisten", St 3/1202.

(2) Jonny de Graaf, "Bericht über die Ereignisse in Brasilien vom 5 Januar 1935 bis 21 Januar 1936", Moscou, s.d., provavelmente março de 1937.

(3) Compreensivelmente, Fischer brindou Ewert com linhas pouco simpáticas ao acertar contas com o stalinismo. Ela surpreendeu-se com o fato de que a OGPU lia todas as suas car-

tas, inclusive as pessoais. Num Pleno do EKKI, em 1926, Ewert fez muita gente dar risada lendo da tribuna trechos de cartas de Ruth. Ela foi até o orador e tomou as cartas à força, "empurrando-o quando ele tentou me impedir" (Fischer, op. cit., p. 552). Por outro lado, de acordo com a mesma autora, em 1927 Ewert opôs-se à utilização de um típico truque stalinista — sob a alegação de que não havia cadeiras suficientes na sala — para impedir que Zinoviev tomasse parte numa reunião do EKKI. Um dos melhores amigos de Ewert era Gerhart Eisler, irmão de Ruth Fischer.

(4) Arquivo Central do Partido do Socialismo Democrático (antigo Arquivo Central do Partido Socialista Unificado, que por sua vez assumiu os arquivos do KPD), Berlim, daqui em diante referido como Arquivo do KPD, I 2/3/8.

(5) Ulbricht (1893-1973), no pós-guerra o chefe de partido na Alemanha Oriental e construtor do Muro de Berlim, podia ser visto três anos mais tarde numa fotografia ao lado de Joseph Goebbels, um dos principais líderes nazistas, numa manifestação conjunta de comunistas e fascistas em Berlim. A foto foi republicada em março de 1993 pela revista *Der Spiegel* (nº 12/1993).

(6) Thälmann (1886-1944) foi preso dois meses depois da subida dos nazistas ao poder, em 1933, e fuzilado provavelmente por ordem direta de Hitler em setembro de 1944 no campo de concentração de Buchenwald.

(7) Arquivo do KPD, I 2/1/64 e I 2/3/67. Thälmann denunciava qualquer dissidente como "cachorro imundo".

(8) Arquivo do KPD, I 2/3/206.

(9) Essa versão, sustentada em especial por Prestes, serviu superficialmente para minimizar a participação de Moscou nos levantes brasileiros e foi acolhida por dezenas de autores, até mesmo em livros publicados em 1992.

(10) Op. cit., p. 356.

(11) Ver, por exemplo, Krivitski, op. cit.

(12) Aino Kuusinen (op. cit., p. 108), mulher do importante dirigente do Komintern, assistiu a essa reunião na primavera de 1930. Ela mesma foi, em seguida, enviada a Nova York, com funções semelhantes às de Ewert. No navio, a caminho dos Estados Unidos, encontrou outro enviado do Komintern que nada falava de inglês. Foi por isso mesmo que o marido dela, Otto, o escolhera, "para poder desmontá-lo [o PC americano] melhor" (p. 114).

(13) Valtin, op. cit., p. 158 (edição alemã).

(14) Idem, ibidem.

(15) Ewert para Piatnitski, 1/5/31, Arquivo Histórico, Moscou, 495.79.151.

(16) A 23.9.31, por exemplo, Ewert enviou a Moscou uma circular aprovada pelo PC chileno à qual acrescentou o seguinte comentário: "Esta circular é no essencial a reprodução de nossas instruções para o partido". Idem, ibidem.

(17) Curiosamente, seu disfarce era o de um comerciante austríaco de nome Gruber.

(18) Buber-Neumann, op. cit., p. 218.

(19) Mayenburg, op. cit., p. 131, e entrevista ao autor.

(20) Buber-Neumann relata que seu marido nem sempre seguia as regras básicas do trabalho conspirativo. Por exemplo, às vésperas do levante de 1923, na Alemanha, ele foi preso num hotel onde havia se registrado sob seu nome verdadeiro.

(21) Documentos pessoais de Wilhelm Pieck no Arquivo do KPD, Berlim, NL 36/538. Também esse material só foi divulgado depois que a RDA (Alemanha Oriental) deixou de existir. Comprometedora para a imagem de Pieck, que foi presidente da RDA, é uma carta que enviou em dezembro de 1935 para Dimitrov, pedindo-lhe em tom subserviente a concessão da Ordem de Lenin. Essa pasta contém também a troca de cartas entre Pieck e Manuilski, "acer-

tando'' uma intervenção de Stalin contra os adversários de Pieck na direção do KPD no exílio, que Pieck chamava de ''provinciana e vaidosa''.

(22) Logo ao voltar de férias, em 10 de julho de 1934, Guralski escreveu uma carta pessoal a Piatnitski pedindo um novo trabalho. A respeito de sua atividade no BSA, pedia para ser ''liberado disso'', pois lá seria o pior lugar onde poderia ser utilizado. Arquivo Histórico, Moscou, 495.19.187.

(23) Telegrama cifrado de Ewert para Piatnitski (Rio a Moscou), 25/04/35, Arquivo Histórico, 495.184.61.

(24) Arquivo do SED, Berlim, I 2/3/133 e V 278/6/86.

(25) Há varias referências a Olga Benario em livros da Gestapo sobre comunistas internacionalmente ativos. Até o final da Alemanha Oriental, elas estavam em poder do SED. Desde 1991, encontram-se no Bundesarchiv, Potsdam, St 3/1201. Quanto ao relatório Wiedmaier, uma cópia foi entregue já em 1945 por Wilhelm Pieck a um jornalista brasileiro. O original está arquivado em Moscou.

(26) Ruth Werner, *Olga Benario*. Ruth Werner fez parte da rede de Klaus Fuchs, que ajudou a levar para União Soviética planos da bomba atômica americana. Caído o Muro, escreveu uma obra autobiográfica, *Sonia's report*. Proveniente de uma família judia de alta classe média, considerada uma excelente especialista na montagem de transmissores de rádio e sua utilização, Ruth Werner jamais rompeu com o sistema e vivia em Berlim, em 1993, aos 86 anos, ainda ativa no PDS, a organização partidária que sucedeu o SED.

(27) *Olga*, reeditado pela Companhia das Letras em julho de 1993.

(28) Arquivo do SED, Berlim, I 2/3/133. Nessa pasta está incluída uma ficha da Gestapo com essa observação (*soll auch im militärischen Nachrichtendienst tätig gewesen sein*). A mesma frase foi escrita em outro lugar: St 3/1201, Bundesarchiv, Potsdam.

(29) Parênteses no original.

(30) Na sua autobiografia de 1932, desenterrada em Moscou, Mielke admitia a autoria do crime.

(31) Antes, em 1924, Olga fora detida por algumas horas, por colar cartazes, e punida com uma multa em dinheiro.

(32) Nascido em 15/1/1898 em Leipzig, filho de uma família de social-democratas, Hans Kippenberger era um bem-sucedido funcionário de banco em Hamburgo antes de se encarregar da organização das seções ilegais do KPD para seu amigo Ernst Thälmann, a quem defendeu encarniçadamente no caso de corrupção de 1928 e, mais tarde, em 1931, quando Heinz Neumann formou um grupo contra a liderança do partido. Delegado no VII Congresso do Komintern, em 1935, Kippenberger desentendeu-se com Walter Ulbricht e foi preso já em 1936. Ironicamente, o acusaram de ter seguido uma ''linha provocadora inspirada por Neumann'', que já estava em desgraça. Foi fuzilado em 1937 sob as alegações absurdas de ter formado um grupo terrorista na União Soviética e espionado para a Gestapo e o Intelligence Service. Reabilitado por Moscou em 1958.

(33) Essa prima, Ruth Benario, chegou a procurar Wilhelm Pieck em Moscou, disposta a realizar trabalho clandestino para o partido na Alemanha, mas a oferta foi recusada. As referências foram feitas pelo próprio Pieck, conforme seus documentos pessoais no Arquivo do KPD em Berlim, NL 36/154.

(34) Segundo Prestes, a filha Anita foi o fruto do rompimento de Olga com o marido russo, cf. Ribeiro, op. cit., p. 64.

(35) Infelizmente, não pude descobrir mais detalhes sobre o marido de Olga.

(36) Volkogonov, *Trotski*, p. 392.

(37) Filho de um alemão e uma russa, Richard Sorge nasceu no Cáucaso em 1895. Começou a militar no KPD pouco depois de obter seu doutorado em ciências políticas pela Uni-

versidade de Hamburgo. Mudou-se para Moscou em 1924, onde começou a trabalhar pouco depois para o OMS, que o encarregou de uma série de missões secretas na Escandinávia, Alemanha e Inglaterra. Foi recomendado por Manuilski ao general Bersin, que o recrutou em novembro de 1929. Seu maior êxito foi a montagem de uma rede de espionagem em Tóquio, a partir de 1933, apresentando-se como correspondente estrangeiro, dono de excelentes contatos com a embaixada da Alemanha. Foi descoberto e enforcado pelos japoneses em 1944. Ele revelou a Stalin a data do ataque alemão à URSS, informação que o ditador soviético não considerou importante.

(38) Aino foi mandada com passaporte falso para o Japão, passando pela China, onde o IV Departamento tinha uma rede própria independente daquelas montadas pelo OMS e pela OGPU. Os preparativos de sua missão, relata, foram dos mais agradáveis, com longas temporadas em Estocolmo e Paris à espera de vistos e dinheiro. Sua missão era a de promover elegantes recepções em sua casa em Tóquio. Foi chamada de volta em 1937 e internada no Gulag.

(39) Linda e charmosa aristocrata austríaca (muito amiga do escritor Stefan Zweig, que se suicidou no Brasil) infiltrada nos círculos conservadores do generalato alemão na primeira metade da década de 30, ao contrário de outros espiões, Ruth não dependia do dinheiro do IV para sobreviver, o que lhe dava grande liberdade de ação. Começou sua carreira no IV como major e terminou-a, no final da Segunda Guerra, com a patente de coronel. Além de *Hotel Lux*, Ruth von Mayenburg escreveu outro livro de excelente leitura, *Blaues Blut und Rote Fahne* [Sangue azul e bandeira vermelha], no qual narra sua carreira de espiã.

(40) Entrevista ao autor, Viena, 5/1/93.

(41) Segundo Gordievski, op. cit., p. 118, essas técnicas de penetração de instituições burocráticas adversárias evoluíram a partir de muitos contatos entre Bersin e Piatnitski, que mantinham íntima cooperação. O chefe do OMS recebia regularmente, dentro de grossos envelopes de cor cinza, cópias de microfilmes de agentes do IV infiltrados na Gestapo e nos aparelhos secretos nazistas. Arquivo Histórico, Moscou, 495.19.357.

(42) Ruth deixou seu primeiro marido por um agente com o qual foi obrigada a casar-se "pro forma" para a missão a qual foi designada na Manchúria. Na China, em 1932, tinha a patente de capitão do Exército Vermelho e encontrou-se com Arthur Ewert.

(43) Entrevista ao autor, Colônia, 6/1/93.

(44) Kurt Müller passou a Segunda Guerra em vários campos de concentração nazistas, e foi libertado de Sachsenhausen por soldados ingleses. Permaneceu comunista e chegou a vice-chefe do KPD em 1949, quando esse partido ainda era tolerado pelo governo da Alemanha Ocidental, onde Müller vivia. Seqüestrado em Berlim Ocidental por agentes da Stasi, foi torturado pelo próprio Erich Mielke, conforme Reinhard Müller, *Die Akte Wehner*, p. 130, n. 325. Deportado para a União Soviética e declarado "prisioneiro de guerra", saiu de lá apenas em 1955, quando Bonn e Moscou acertaram a repatriação de soldados da Wehrmacht. A seguir, Müller trabalhou por 23 anos para a Fundação Friedrich Ebert, ligada ao Partido Social-Democrata, e morreu em sua casa às margens do lago de Constança, na Suíça, em 1990.

(45) Em 1992, a TV alemã dedicou a Mishka um documentário de duas horas.

(46) Por sua trajetória política, o parceiro de charleston de Olga foi provavelmente riscado da lista de amigos nas versões oficiais (ou autorizadas) de sua vida. Jacques Doriot (1888-1945) foi prefeito comunista de Saint-Denis (1924), depois expulso do PC em 1934, quando fundou um outro partido, de orientação fascista. Doriot aderiu aos alemães após a invasão da França e combateu na frente do Leste contra a União Soviética.

(47) Argumentar, como fizeram alguns autores, que a designação de Olga para proteger Prestes era um procedimento corriqueiro do Komintern em relação a dirigentes importantes em viagem clandestina trata-se de rematada bobagem. Ao contrário, o caso de Prestes foi um dos raros em que o Komintern preocupou-se em fornecer a um de seus funcionários um guarda-costas de alto nível.

(48) Sempre se considerou que os primeiros representantes fixos dos serviços secretos soviéticos tivessem chegado apenas com a instalação da embaixada da URSS no Brasil, após a Segunda Guerra.

(49) Sofia foi colocada oficialmente à disposição do IV Departamento em 5/12/30, segundo a ordem nº 973 do Conselho Militar Revolucionário da URSS e dele desligada, a fim de seguir para o Brasil, no dia 17/12/34. Arquivo Militar Central do Exército Vermelho (daqui em diante, Arquivo do Exército Vermelho), 746/I-DOP, 30/12/92.

5. *CAFÉ PARAVENTI* (pp. 109-141)

(1) Entrevista de Prestes a Yuri Ribeiro.

(2) Idem, ibidem.

(3) Cf. Gomes Vianna, op. cit., p. 129.

(4) Arquivo Histórico, 495.184.61, p. 48. Evidentemente, Ewert logo descobriu o erro que havia cometido e, poucos dias depois, outro telegrama corrigia o endereço do Café Paraventi, que ficava na Barão, e não Visconde, de Itapetininga.

(5) Arquivo Histórico, 495.184.53, p. 53.

(6) Arquivo Histórico, 495.184.61, p. 31. "Michel" era o pseudônimo telegráfico de Piatnitski; "Albert", o de Ewert.

(7) Arquivo Histórico, 495.184.60, p. 53. Esse telegrama, contendo detalhada prestação de contas de todos os gastos correntes da insurreição, nos ocupará capítulos adiante.

(8) Carta aérea enviada em 19/1/35, de Buenos Aires, para Piatnitski (protocolada em Moscou em 3/3/35), Arquivo Histórico, 495.19.187.

(9) Arquivo Histórico, 495.29.81.

(10) Arquivo Histórico, 495.29.83.

(11) Idem, ibidem.

(12) Telegrama confidencial de Moscou a Paris, sem assinatura, 27/2/35, Arquivo Histórico, 495.194.37, p. 88.

(13) Entrevista de Prestes a Yuri Ribeiro. Prestes afirma ter recebido instruções de Moscou, em Paris, das mãos do conhecido escritor Arthur Koestler, que na época trabalhava com o húngaro Béla Kun na seção de propaganda do Komintern.

(14) Carta do EKKI ao CC do PCB, 11/4/35, Arquivo Histórico, 495.29.81. Curiosamente, Moscou recomendava que a ANL, como um todo, dirigisse sua luta contra "o cabeça dos reacionários: o general Góis Monteiro", não mencionando diretamente Getúlio. Os homens do EKKI gostaram tanto dessa resolução a ponto de enviá-la também aos países da América Central e do Caribe, com a ressalva de que não deveriam seguir mecanicamente as diretrizes.

(15) Arquivo Histórico, 495.184.53, p. 4. O texto desse telegrama está em alemão.

(16) Já em 1938 Mao desencadeou uma campanha contra Van Min. Este, por sua vez, tentou liquidar Mao em 1941, enviando a Stalin, pela rede de agentes soviéticos, um telegrama no qual qualificava seu adversário de o "pior trotskista de toda a China". Mais tarde tentou convencer a liderança soviética de que Mao queria envenená-lo.

(17) Arquivo Histórico, 495.184.53, p. 12.

(18) Protocolos nºs 452 e 453 das sessões de 16 e 21 de maio de 1935 da Comissão Política do EKKI, incluindo Anexo ao ponto 7 do Protocolo nº 452, Arquivo Histórico, 495.4.350.

(19) Cf. Jorge Abelardo Ramos, *História del stalinismo en Argentina*. Em 1922, Ghioldi fora um dos principais responsáveis, encarregado pelo Komintern, de verificar a possibilidade de filiação do PC brasileiro. Ver Jaime Marins, *Mision secreta en Brasil*.

(20) Carta do Rio para Moscou, 15/5/35, Arquivo Histórico, 495.19.187. Ao chegar à Maison, o relato de Ewert não causou nenhum impacto imediato: desde meados do mês Van Min e Manuilski haviam saído de férias, desfrutando da primavera tardia na Rússia.

(21) Arquivo Histórico, 495.184.61, p. 36. O telegrama foi decifrado em Moscou em 3 de junho.

(22) Martins, "Rapport sur le soulèvement du 27 novembre 1935, à Rio", Moscou, datilografado, 5/4/38.

(23) Idem, ibidem.

(24) Sua carta, conhecida anteriormente no Brasil, foi protocolada no Komintern em 27/5/35, e está hoje na pasta 495.29.81.

(25) A carta de Silo encontra-se na mesma pasta acima 495.29.81, em Moscou.

(26) Relatório datilografado em alemão por "Albert", 27/6/35, Arquivo Histórico, 495.29.81. Esse texto é conhecido no Brasil desde 1989.

(27) Comissão Política para Ewert e Prestes, Arquivo Histórico, 495.184.53, p. 51. Texto em alemão.

(28) Um excelente resumo da briga foi feito há mais de vinte anos pelo historiador americano Robert M. Levine, em *The Vargas regime — the critical years, 1934-1938* (p. 121): "He [Prestes] was resented by the party's older leaders for his vanity, his theoretical obstinacy, and his stubborn loyalty to his Stalinist Comintern advisers. Prestes' tragedy lies in his docility: absent from Brazil for nearly a decade, he was unable to perceive the inadequacy of his propagandists' inflated assertions of popular support".

(29) Sabe-se pouco sobre Chernomordik além de seu nome de família. No começo dos anos 30, era um dos vice-chefes do Departamento de Quadros, do qual chegou a assumir a direção. Assim como seu antecessor Kraevski e seu sucessor Alichanov, morreu fuzilado, em 1937.

(30) Em 1935 Lacerda ainda passaria por internação em hospício, do qual sairia apenas graças à ajuda de seu arquiinimigo, Octavio Brandão, pelo menos foi o que este garantiu a John F. W. Dulles (*O comunismo no Brasil, 1939-1945*, p. 84).

(31) Gruber, "Militärischen Vorbereitungen in Brasilien vom April bis November 1935", datilografado, Moscou, março de 1937.

(32) Martins, "Rapport sur les arrestations des camarades Vallee et Gruber", datilografado, Moscou, 20/1/38.

(33) Martins, ibidem.

(34) Arquivo Histórico, 495.184.53, p. 21.

(35) Da Comissão Política para o CC brasileiro, 11/6/35, Arquivo Histórico, 495.184.53, p. 26. Texto original em alemão. Mais uma prova de como as coisas eram manejadas em Moscou, a aprovação formal, pelo Secretariado Político do EKKI, do telegrama enviado ao Brasil sobre a entrada do PC na ANL ocorreu apenas quatro dias depois, em 15 de junho.

(36) A série de quatro telegramas, todos datados de 23 de junho e dirigidos a "Keiros e Fernandes" (Miranda e Prestes), está no Arquivo Histórico, 495.184.53, pp. 36, 37, 42 e 44.

6. *O GRANDE JOGO* (pp. 142-171)

(1) Dados recolhidos de Levine, op. cit., p. 17.

(2) Os dois telegramas de Edward Coote, de 27/6/35 e 9/7/35, estão no PRO, FO 371/18648, em Londres.

(3) William Seeds para John Simon, 26/4/35, PRO, FO 371/18648.

(4) PRO, FO 371/15069. No mesmo documento, de 27/8/31, Getúlio Vargas é descrito como "um baixinho cujas maneiras discretas levam a uma impressão não justificada de insignificância".

(5) As citações acima são dos relatórios de Edward Coote para sir Samuel Hoare, nos dias 16/7, 22/7 e 27/8/35, todos no PRO, FO 371/18649.

(6) Minuta para sir Anthony Eden, 19/3/36, PRO, FO 371/19766. Voltaremos a esse ponto mais adiante.

(7) Telegrama da Comissão Política, Moscou, 31/7/35, Arquivo Histórico, 495.184.54, pp. 17-8.

(8) As informações sobre Vernon Kell e a batalha dos códigos foram recolhidas em Nigel West, *MI 5*.

(9) Andrew & Gordievsky, op. cit., p. 107.

(10) PRO, FO 371/15622. Curiosamente, o chefe da polícia argentina, em conversa com o embaixador britânico, só concordou em fornecer o material encontrado na invasão da Iuyamtorg se Londres, em troca, lhe desse a tradução de um livro anti-semita sobre práticas rituais de magia negra por judeus.

(11) Andrew & Gordievsky, op. cit., p. 128.

(12) Relatório do coronel Uritski sobre a fundação de empresas do IV Departamento no exterior, 15/1/35, Arquivo do Exército Vermelho, Fundo 33.987, Lista 3, Pasta 599.

(13) Artuzov era o pai de Helena Bonner, a viúva do ex-dissidente, físico e Nobel da Paz Andrei Sackarov. Sua memória é cultuada na antiga KGB pelo fato de ele ter desenvolvido a técnica de infiltração e vigilância de representações diplomáticas estrangeiras em Moscou. Quanto a Trilisser, ganhou o direito a ficar pendurado na parede da galeria dos famosos por sua habilidade em descobrir espiões da polícia do czar entre emigrados políticos russos antes da Revolução.

(14) Martins, "Rapport sur l'arrestation des camerades Valle et Gruber".

(15) Abramov para Stuchevski, 23/5/35, Arquivo Histórico, 495.184.53, p. 19.

(16) Pedi ajuda a Mishka Slavutska, que trabalhou no serviço de codificação do OMS, em Moscou. Infelizmente essa encantadora senhora, apesar de sua impressionante memória, não mais se lembrava dos títulos de livros usados nesse tipo de trabalho. "Usávamos muito a Bíblia como livro para codificação, disso me lembro bem", respondeu-me.

(17) Stuchevski para Abramov, 25/7/35, Arquivo Histórico, 495.184.60, p. 68.

(18) Abramov para Stuchevski, 27/7/35, Arquivo Histórico, 495.184.54, p. 14.

(19) Arquivo Histórico, 495.29.81.

(20) Bureau para Moscou, 18/7/35, Arquivo Histórico, 495.184.60, pp. 65-6. Texto original em francês, com tradução para o alemão.

(21) Comissão Política para o CC, 17/7/35, Arquivo Histórico, 495.184.53, pp. 67-8. O "pacto contra-revolucionário e intervencionista Vargas—Husto" havia sido firmado entre Brasil e Argentina para combate ao Komintern, e provocara, um mês antes, o envio de um longo telegrama de Moscou aos PCs brasileiro e argentino, pedindo que coordenassem suas organizações de massas na luta contra a colaboração dos governos do Rio e de Buenos Aires.

(22) Ewert para Moscou, 26/7/35, Arquivo Histórico, 495.184.60, p. 64.

(23) Van Min para Prestes e Miranda, 21/7/35, Arquivo Histórico, 495.184.53, p. 71.

(24) Van Min para Ewert, 31/7/35, Arquivo Histórico, 495.184.53, p. 75.

(25) Ewert para Piatnitski, 3/7/35, Arquivo Histórico, 495.184.61, p. 13. Grifo meu.

(26) Martins, "Faits antérieurs qui ont contribué à la résolution du Plenum du C.C. de fin Novembre 1935".

(27) Ewert para Moscou, 1/8/35, Arquivo Histórico, 495.184.60, p. 63.

(28) Ghioldi para Moscou, carta em espanhol, 8/8/35, Arquivo Histórico, 495.29.81.

(29) Arquivo Histórico, 495.184.54, p. 22.

(30) Stuchevski para Comissão Política, Arquivo Histórico, 495.184.60, pp. 56 e 58.

(31) Ewert para Moscou, Arquivo Histórico, 495.184.60, p. 60.

(32) Cf. Mayenburg, op. cit., p. 176.

(33) Krivitski, op. cit., p. 90.

(34) Bullock, op. cit., p. 585.

(35) Entrevista a Yuri Ribeiro. Na época, afirmou Prestes na mesma entrevista, ele achou "repugnantes" os elogios que ouviu Manuilski fazer a Stalin nos plenos dos quais pôde participar, e nos quais "gastaram-se todos os adjetivos". Mas quando esteve preso, durante a Segunda Guerra, Prestes confessa ter feito uma autocrítica dessa posição. "Stalin era uma bandeira. Ter um chefe e uma bandeira era positivo."

(36) Buber-Neumann, op. cit., p. 420.

(37) Idem, ibidem.

(38) OMS para Stuchevski, 28/5 e 11/6/35, Arquivo Histórico.

(39) Os protocolos de n.ºs 458 e 459 das sessões de 8 e 15 de junho de 1935 da Comissão Política do EKKI, Arquivo Histórico, 495.4.352, documentam essas discussões e a reclamação do camarada Anwelt, chefe da Comissão Internacional de Controle (IKK) contra o envio de Mehring ao Brasil. Anwelt argumentava que Mehring era necessário para trabalho na Lituânia, e acabou sendo atendido.

7. *"DECIDAM VOCÊS MESMOS"* (pp. 172-203)

(1) Paris para Moscou, 19/10/1935, Arquivo Histórico, 495.184.46, p. 162.

(2) Locatelli deixou mais de uma centena de páginas manuscritas em Moscou. Graças a uma fonte que não pode ser revelada, o autor teve acesso a esse material, do qual pôde fazer transcrições.

(3) Entrevista a Yuri Ribeiro.

(4) Cf. CEDAP, *Coluna Prestes, lutas populares no Brasil, 1924-1964*, Caderno 2, Campinas, s.d. (1989), p. 54. A afirmação de que mulher bonita ajuda na luta clandestina deve ser a contribuição mais original de Prestes ao universo das conspirações.

(5) Manuilski para Olga, 5/7/35, Arquivo Histórico, 495.184.53, p. 58.

(6) Van Min para o Bureau Sul-Americano, 15/9/35, Arquivo Histórico, 495.184.53, p. 90.

(7) Van Min e Kutschumov para Dimitrov, 23/8/35, Arquivo Histórico, 495.74.352.

(8) Secretariado do EKKI para o Bureau Sul-Americano, 15/9/35, Arquivo Histórico, 495.184.53, p. 89.

(9) Martins, "Arrestation de Miranda (Queiroz)", Moscou, 13/1/38. Parênteses no original.

(10) Arquivo Histórico, 495.79.237.

(11) "Importância do trabalho sindical na preparação da revolução no Brasil exige a constante atividade de Juan aqui". Ewert para Moscou, 19/10/35, 495.184.60, p. 38.

(12) Martins, "Rapport sur le soulèvement du 27 novembre 1935 à Rio", Moscou, 5/4/38.

(13) Sir Hugh Gurney para sir Samuel Hoare, 18/10/35, PRO, FO 371/18649.

(14) Ewert para Moscou, 14/10/35, Arquivo Histórico, 495.184.60, p. 42.

(15) Ewert para Secretariado, 17/10/35, Arquivo Histórico, 495.184.60, pp. 39-40. O texto foi decifrado em francês e alemão.

(16) Van Min para Ewert, 29/10/35, Arquivo Histórico, 495.184.54, p. 52.

(17) Ewert para Moscou, 5/11/35, Arquivo Histórico, 495.184.60, p. 26.

(18) Comissão Política para Prestes e Miranda, 10/11/35, Arquivo Histórico, 495.184.54, pp. 57-60. Original em francês.

(19) Ewert para Secretariado, 9/11/35, Arquivo Histórico, 495.184.60, p. 3, 28-9.

(20) Sun Yat-sen (1866-1925) foi o líder e símbolo da revolução nacionalista chinesa, o primeiro presidente da República após a derrubada da dinastia manchu, em 1911, e uma das

figuras mais reverenciadas da China moderna. Em 1920, aliado a Chiang Kai-shek, organizou o Kuomintang, um aglomerado de partidos nacionalistas em Cantão.

(21) Ewert para Moscou, 9/11/35, Arquivo Histórico, 495.184.60, p. 17.

(22) Arquivo Histórico, 495.184.60, pp. 1-2.

(23) Bureau para Moscou, 9/11/35, Arquivo Histórico, 495.184.23, pp. 20-3. Todas as citações seguintes são desses telegramas. Todos os parênteses são dos telegramas originais.

(24) Entrevista ao autor, Viena, janeiro de 1993.

(25) Arquivo Histórico, 495.18.1031.

(26) Secretariado do EKKI para o Bureau Sul-Americano, 27/11/35, Arquivo Histórico, 495.184.54, pp. 76 e 84. Parênteses no original.

8. *33 HORAS* (pp. 204-239)

(1) Abramov para Stuchevski, 10/9/35, Arquivo Histórico, 495.184.54, pp. 35-6.

(2) Abramov para Stuchevski, 21 e 28/9/35, Arquivo Histórico, 495.184.54, pp. 40 e 46.

(3) Baron para OMS, 22/10/35, Arquivo Histórico, 495.184.60, p. 41.

(4) Abramov para Stuchevski, 19 e 20/11/35, Arquivo Histórico, 495.184.54, pp. 71-2.

(5) Estas foram as taxas de conversão empregadas por Stuchevski, conforme pode-se calcular por seus telegramas: 1 USD = 18$000 réis. 1 peso argentino = 4$740 (réis). 1 florim holandês = 11$710 réis. Segundo a tabela apresentada por Levine (p. 297), o câmbio oficial do dólar para o mil-réis em 1935 (taxa média do ano) era de 1 USD = 12$200 réis. Ou seja, na média do câmbio oficial, 1 conto (1:000$000) comprava 82 dólares, mas na taxa apresentada por Stuchevski a Moscou, o mesmo 1 conto valia apenas 55 dólares. Em outras palavras, ele trocava o dólar pelo mil-réis com um ágio de cerca de 30% sobre o câmbio oficial.

(6) De acordo com telegrama de Moscou para o Rio, em 2 de setembro, pedindo para confirmar se o OMS havia entendido corretamente o endereço para remessas na Argentina. Arquivo Histórico, 495.184.54, p. 30. Não foi possível obter mais informações sobre Juan Valuar.

(7) Moscou enviou no mesmo dia um telegrama para Stuchevski avisando-o da remessa para São Paulo. Arquivo Histórico, 495.184.54, p. 31. O telegrama de Moscou para Paris está na pasta 495.184.35, p. 51. Ambos de 3/9/35. O Rio recebeu em mil-réis trocados oficialmente no Banco Francês e Italiano, o que explica a soma um pouco inferior à taxa de conversão normalmente obtida por Stuchevski.

(8) Stuchevski para OMS, Arquivo Histórico, 495.184.60, p. 48.

(9) Stuchevski para OMS, 26/10/35, Arquivo Histórico, 495.184.60, pp. 35 e 53. As confirmações do recebimento de remessas e as prestações de contas estão espalhadas por vários telegramas na pasta 495.184.60, especialmente pp. 31, 47 e 71, além das já citadas.

(10) Arquivo do Exército Vermelho, Fonte 33.987, Lista 3, Pasta 599.

(11) Cf. Maria Helena Malta, *Intentona da Vovó Mariana*, pp. 189 ss.

(12) Martins, "Rapport sur l'enlèvement [...]", op. cit.

(13) Carta de Miranda para o Bureau Político do PCB, 30/1/38, treze páginas datilografadas e arquivadas em Moscou.

(14) Idem, ibidem.

(15) Cf. Vianna, op. cit., p. 244.

(16) Bom exemplo é o recente trabalho de Marly Gomes Vianna, *Revolucionários de 35*. Para uma visão diferente e igualmente atual ver Paulo Sergio Pinheiro, *Estratégias da ilusão*. Robert Levine, *O regime de Vargas*, fez uma clássica reconstituição desses episódios, sobre os quais existe um grande número de reminiscências e depoimentos, extenso demais para ser citado aqui.

(17) Martins, "Rapport sur l'enlèvement [...]".

(18) Sir Gurney para o Foreign Office, 26/11/35, PRO, FO 371/18649.

(19) Em 4 de setembro, por exemplo, o embaixador britânico em Santiago informou o Foreign Office de que o dinheiro para os agentes soviéticos na América do Sul saía de Paris com destino a Montevidéu, adiantando que essa informação resultara do interrogatório de Glaubauf pela polícia chilena.

(20) Remeto o leitor mais uma vez aos dois recentes volumes de Marly Gomes Vianna e Paulo Sergio Pinheiro. Apreciável é a extensa lista bibliográfica em Vianna.

9. *DESASTRE (pp. 240-261)*

(1) Bureau Sul-Americano para Moscou, 29/11/35, Arquivo Histórico, 495.184.60, p. 14.

(2) Conforme o protocolo nº 16 da sessão de 28/11/35 do Secretariado do EKKI, Arquivo Histórico, 495.18.1031. Infelizmente, perderam-se os anexos ao ponto 12 da agenda desse dia, guardados na pasta B, reservada a assuntos estritamente confidenciais. Com isto sumiram as intervenções de Manuilski, Van Min e André Marty, os únicos que, segundo a minuta da sessão, tomaram a palavra para falar sobre o Brasil. A reunião foi secretariada por Togliatti. O material dos anexos A (confidencial) e B (estritamente confidencial) está na pasta 495.18.1032.

(3) Paris para Moscou, 29/11/35, 495.184.46, p. 57. Orestes, então em Buenos Aires, era irmão de Rodolfo Ghioldi.

(4) Moscou para o Bureau Sul-Americano, 29/11/35, 495.184.54, p. 76.

(5) Troutbeck, minuta de 29/11/35, PRO, FO 371/18649. Parênteses no original.

(6) Ver capítulo "O grande jogo".

(7) Sir Gurney para o Foreign Office, 9/12/35, PRO, FO 371/18649.

(8) Idem, ibidem.

(9) Altobelli para Frédéric, 14/12/35, Arquivo Histórico, 495.29.81.

(10) Stuchevski para Moscou, 13/12/35, Arquivo Histórico, 495.184.60, p. 7.

(11) Infelizmente não pude descobrir seu nome verdadeiro, há dúvidas até se "Carmen" era homem ou mulher, embora as evidências apontem para o último caso, conforme se verá adiante.

(12) A reconstrução do desastre do Grajaú foi inteiramente extraída do relatório de oito páginas feito por Martins em Moscou: "Desastre du Grajahu", Moscou, 18/1/38.

(13) Stuchevski para Moscou, 18/12/35, Arquivo Histórico, 495.184.60, p. 6. "Recebi total 37 854 pesos (10 515 dólares) para Lisa, 44 882 pesos (12 467 dólares) por Robema-Weil, 13 000 mil-réis (715 dólares) em 25 de setembro, 6000 mil-réis (330 dólares) 3 de outubro por São Paulo". Esse telegrama de Stuchevski, que foi apresentado aos superiores em Moscou apenas às 19h05 de 4/1/36, trazia a observação "atrasado por truncagem", ou seja, chegou incompleto ou não pôde ser decifrado corretamente. Ele repete em parte dados que já havia mandado para Moscou, dos quais todavia diferem bastante (ver nota 7 no capítulo anterior).

(14) OMS para Stock. "Victor pergunta 1) quando o visto lhe será concedido no consulado brasileiro em Zurique, 2) a quem deve fazer referência quando procurar seu visto (nome, nacionalidade, profissão da pessoa em questão no Rio e desde quando conhece essa pessoa). Dados de Victor e sua esposa são os seguintes: Conrad Vetterli, nascido 10 outubro 1905 em Waedensil, Suíça, comerciante de profissão. Madame Eleonora Vetterli, nascida Lipper." 23/12/35, Arquivo Histórico, 495.184.54, p. 91.

(15) "Bericht über die Ereignisse in Brasilien vom 5 Januar 1935 bis 21 Januar 1936", Moscou. Grifo no original.

(16) Stuchevski para Moscou, 28/12/35, Arquivo Histórico, 495.184.6, p. 35.

(17) Stuchevski para Moscou, 31/12/35, Arquivo Histórico, 495.184.6, p. 34. À margem desse texto, também rubricados por Manuilski, Dimitrov e Van Min, alguém anotou junto ao nome de Alberto (o pseudônimo de Ewert): "Com qual passaporte?".

(18) Martins, "Rapport sur l'arrestation du camarade Ewert", Moscou, 20/1/38, datilografado.

(19) Cf. Hélio Silva, *1935 — A revolta vermelha*, p. 306.

(20) Sir Gurney para mr. Eden, 10/1/36, PRO, FO 371/19766.

10. *SUSPEITAS* (pp. 262-291)

(1) Com o fim da União Soviética, foi possível examinar os relatórios e as fichas que permitiram identificar os "belgas" Alphonsine e Léon Jules Vallée. Graças a uma fonte que ainda não pode ser identificada, o autor teve acesso às fichas da NKVD e aos relatórios da dupla de agentes, um conjunto de mais de cem páginas manuscritas, nas quais descrevem minuciosamente tudo o que viveram na América do Sul.

(2) É preciso muita ingenuidade para acreditar na versão de Prestes, segundo a qual ele e Olga encontraram a casa no Méier através de um anúncio de jornal.

(3) Ver capítulo anterior, nota 16. Todas as informações desse parágrafo foram extraídas dos relatórios de Pavel e Sofia.

(4) Victor Serge, em seu clássico *Ce que tout révolutionnaire doit savoir sur la répression*, resume os conhecimentos que os bolchevistas ganharam ao vasculhar os arquivos e interrogar antigos integrantes da Okrana, a polícia política do czar.

(5) Robert Levine, *O regime de Vargas*, p. 182, *n.* 82, cita pela primeira vez a cópia do telegrama de Sousa Leão, da embaixada do Brasil em Londres, que Vargas encaminhou ao Ministério da Justiça (onde ficou arquivado), referindo-se a um pedido do "consultor diplomático" do Foreign Office em favor de Gruber, ameaçado de deportação, tendo em vista "serviços prestados na denúncia do movimento comunista de 1935".

(6) Por outro lado, se 1940 se refere ao ano em que o pedido em favor de Gruber foi arquivado, mas não à data em que o episódio ocorreu, as poucas horas que o casal alemão permaneceu nas mãos da polícia, no Rio, tornavam impossível que tal intervenção tivesse ocorrido na forma como se pretende.

(7) Secretariado Político do EKKI para o Rio, 10/1/36, Arquivo Histórico, 495.184.4, p. 30.

(8) Grifos no original.

(9) Van Min para o Rio, 16/1/36, Arquivo Histórico, 495.184.4, p. 28.

(10) Martins, "Rapport sur les arrestations des camarades Vallée e Gruber", Moscou, 20/1/38, datilografado.

(11) Pedro Luís foi absolvido por "falta de provas" no primeiro julgamento dos participantes da insurreição.

11. *OS ASSASSINATOS* (pp. 292-306)

(1) A família incluía ainda Silo Meirelles e sua irmã, Rosa, casada com o major Carlos Costa Leite.

(2) O autor teve acesso e pôde fazer uma transcrição do relatório de Pavel Stuchevski sobre o "caso Elza", assinado em 7/3/37. O texto original, em francês, está arquivado em Moscou.

(3) Arquivo Histórico, pasta 495.17.157. O "dossiê" encomendado por Dolores Ibarruri foi traduzido também para o espanhol.

(4) Cf. Gomes Viana, op. cit., p. 111.

(5) As conclusões sobre o "caso Warschavski" estão na mesma pasta com o material sobre o "caso Elza", entregues a Dolores Ibarrurri e Georgi Dimitrov.

(6) Gruber, ao contrário, Prestes fez que esqueceu. Ao seu filho Yuri Ribeiro, em 1988, referiu-se à sua motorista durante o ano de 1935, Lena, como "a mulher de um tal de Gruber".

(7) Trata-se de material ainda secreto e a fonte que proporcionou acesso ao autor, e fez transcrições, não pode ser revelada.

(8) A imprensa nazista reagiu de imediato aos acontecimentos no Brasil, assinalando que os soviéticos eram incorrigíveis. Detalhe interessante, o Foreign Office distribuiu às suas principais embaixadas envolvidas (no caso, Moscou e Rio de Janeiro) cópias traduzidas de comentários publicados por jornais alemães.

(9) PRO, FO 371/19766. O protocolo da conversa acima entre Eden e Litvinov encontra-se na pasta 371/20344. A ironia com que os ingleses acompanhavam os acontecimentos no Brasil levava às vezes a observações bem-humoradas, como esta frase acrescentada a um telegrama do cônsul britânico no Recife, alertando para o fato de que o perigo comunista estava sendo exagerado pelas autoridades locais: "Essa maneira de obtenção de fundos por parte dos políticos, que promovem a ameaça, lembra a cobrança de proteção por gangsters nos EUA". Gurney era o embaixador britânico no Rio.

(10) PRO, FO 371/19766. Os britânicos nunca duvidaram que a polícia brasileira estivesse torturando seus prisioneiros. No final de março de 1936, uma minuta interna do Foreign Office até censura o embaixador brasileiro em Londres por uma carta que ele enviou ao *Times*, afirmando que não tinha havido torturas nas prisões do Rio. "Todos sabem que a polícia brasileira emprega esses métodos."

12. *INQUISIÇÃO* (pp. 307-336)

(1) Stuchevski para Moscou, 22/6/36, Arquivo Histórico, 495.184.6, p. 21.

(2) Moscou para Stuchevski, 8/7/36, Arquivo Histórico, 495.184.4, p. 21. Curiosamente, o funcionário do OMS então encarregado do tráfego telegráfico com a América do Sul já não mais conhecia os pseudônimos dos agentes, e precisava anotar seus nomes verdadeiros nas folhas amarelas dos formulários para correspondência secreta.

(3) Moscou para Stuchevski, 26/7/36, Arquivo Histórico, 495.184.4, p. 24.

(4) "A destruição do Partido Comunista Alemão e a série de desastres ocorridos aos comunistas na China e em todas as partes do mundo tinham criado o ambiente adequado para que prosperasse o apelido que a oposição dava a Stalin, chamando-o de o 'general das derrotas'. Manuilski era visto no Komintern como o lugar-tenente imediato encarregado de comandar essas derrotas. Manuilski perdeu muito dos seus atributos de profeta, e isto, sem a menor dúvida, o mergulhou num espinhoso e incômodo remordimento", afirma Ravines, op. cit., pp. 293 e 330.

(5) Parênteses no original.

(6) Esses cálculos, os mais recentes até a ida ao prelo deste livro, são do ex-general Volkogonov, *Stalin*, p. 706.

(7) Novamente Ravines fornece uma viva descrição dessa "catarse stalinista", op. cit., p. 278.

(8) Entrevista ao autor.

(9) Em fevereiro, Figueiredo ficou bastante preocupado, pois a correspondência de Prestes do dia 10 daquele mês vinha num hidroavião que caiu no mar, ao largo da costa brasileira.

(10) Ravines fez uma longa e excelente descrição de um interrogatório ao qual foi submetido por Blagoeva (pp. 417 ss.). Existe um documento de próprio punho de Blagoeva, de

fevereiro de 1938, referindo-se a informações que Ravines lhe prestara em conversa pessoal, ou seja, o peruano não inventou o encontro.

(11) Para detalhes do assassinato, ver capítulo anterior. A título de curiosidade, cabe acrescentar que a primeira vez que o nome de Carlos Marighela surgiu em Moscou foi por intermédio de Abóbora. Ele proporcionou informações sobre vários camaradas brasileiros e, entre muitos outros, mencionou o nome de um jovem estudante. "Carlos tem uma máquina de escrever e um peqûeno mimeógrafo, e um carimbo do partido. Foi preso por culpa de algum provocador em 26/4/38", disse Abóbora. Muitas décadas depois, Marighela seria um dos nomes mais destacados nos movimentos de esquerda armados no Brasil.

(12) Para se dar crédito aqui à versão de que teria sido agente duplo do Intelligence Service, quem sabe no momento em que Miranda Correia foi à Alemanha com a ficha de Gruber os britânicos pensaram que ele estaria sendo deportado e, a partir de Londres, intercederam por sua libertação. Uma vez que Jonny não podia estar em poder da polícia brasileira em 1940, por motivo que veremos adiante, isto prova também que o Intelligence Service não conhecia seu paradeiro.

(13) Bundesarchiv Potsdam, St 3/254.

(14) Note-se que um item muito explorado no Brasil para incriminar Jonny não foi mencionado pelos inquisidores em Moscou: as bombas que não explodiram no esconderijo de Prestes.

(15) Mayenburg, p. 48, e entrevista ao autor.

(16) A acusação inicial contra Neumann era a de ter "subestimado o perigo do fascismo".

EPÍLOGO (pp. 337-346)

(1) Para impedir a ascensão de um rival, Martins denunciou Brandão em Moscou como "individualista e antiproletário" e o apontou como mentor dos comentários negativos que militantes brasileiros vindos da URSS (Souza) espalhavam sobre Manuilski. Lacerda, preocupado com a possibilidade de Martins lhe tomar o emprego de representante do PCB em Moscou, o denunciou por desvios "obreiristas e esquerdistas". Por sua vez, Brandão e Martins denunciaram Lacerda como "louco e histérico".

(2) Interessante notar que Manuilski obrigou Brandão a inverter os resultados da 3ª Conferência dos PCs latino-americanos. Ver capítulo 3.

(3) Lygia, a enérgica irmã de Prestes, chamava Martins de "gordo nefasto" e o proibira de entrar em casa e visitar dona Leocádia.

(4) Arquivo Histórico, pasta 495.17.17.

(5) É a sigla para *Reichssicherheitshauptamt*, que englobava a Gestapo e outros órgãos de repressão, espionagem e segurança, que possuíam um comando unificado.

(6) Op. cit., p. 490. Quanto a Thälmann, foi fuzilado pelos nazistas em 1944.

(7) Idem, ibidem, p. 430.

(8) Uma de suas últimas cartas a Prestes, datada de 16 de março de 1941, faz referências ao "caso Elza" e lamenta que Prestes seja submetido outra vez a "novas coisas desagradáveis". "Pena que daqui eu não possa fazer nada para ajudá-lo", escreveu Olga. A carta está no Arquivo Histórico, 495.74.360.

(9) O regime alemão-oriental mentiu sobre Ewert ainda pouco antes da queda do Muro. Quando um escritor brasileiro, José Joffily, solicitou material sobre Ewert para a biografia que estava escrevendo, recebeu do diretor do Arquivo Central do SED (o PC), Heinz Vosske, uma carta afirmando que, além dos dados publicados oficialmente, mais nada existia ali a respeito de Ewert. Era mentira, conforme se revelou com a abertura total do arquivo, uma vez desaparecida a Alemanha Oriental.

BIBLIOGRAFIA

★

Alba, Victor. *Esquema histórico del comunismo en Iberoamérica*. México: 1954.
Andrew, Christopher & Gordievsky, Oleg. *KGB — The inside story of its foreign operations from Lenin to Gorbachev*. Londres: 1990.
Antonov-Ovsseienko, Anton. *Stalin — Porträt einer Tyrannei*. Munique: 1983.

Basbaum, Leoncio. *Uma vida em seis tempos*. São Paulo: 1976.
____. *História sincera da República*. São Paulo: 1963.
Bastos, Abguar. *Prestes e a revolução social*. São Paulo: 1986.
Bergmann, Theodor & Kessler, Mario (eds.). *Aufstieg und Zerfall der Komintern — Studien zur Geschichte ihrer Transformation*. Munique: 1992.
Brandão, Octavio. *Combates e batalhas*. São Paulo: 1978.
Braun, Otto. *Chinesische Aufzeichnungen*. Berlim: 1973.
Breyer, Siegfrid. *Schlachtschiffe und Schlachtkreuzer 1905-1970*. Munique: 1970.
Buber-Neumann, Margarete. *Kriegsschauplätze der Weltrevolution — Ein Bericht aus der Praxis der Komintern 1919-1943*. Stuttgart: 1967.
____. *Von Potsdam nach Moskau*. Munique, 1981.
Bullock, Allan. *Hitler and Stalin — Parallel lives*. Londres: 1991.

Canale, Dario; Nilo Tavares, José; & Viana, Francisco. *Novembro de 1935: meio século depois*. Petrópolis: 1985.
Cavalcanti, Paulo. *O caso eu conto como o caso foi*. São Paulo: 1978.
Celi, Federico Prieto. *El deportado*. Lima: 1979.
Chilcote, Ronald. *The Brazilian Communist Party*. Nova York: 1974.

Deutscher, Isaac. *O profeta desarmado*. Rio de Janeiro: 1968.
____. *Stalin*. Londres: 1966.
____. *Trotski — Der Bewaffnete Prophet*. Stuttgart: 1972.
Dulles, John W. F. *Getulio Vargas — Biografia política*. Rio de Janeiro: 1967.
____. *O comunismo no Brasil, 1939-1945*. Rio de Janeiro: 1985.

Falcão, João. *O Partido Comunista que eu conheci*. Rio de Janeiro: 1988.
Ferreira Lima, Heitor. *Caminhos percorridos — memórias de militância*. São Paulo: 1982.
Fischer, Ruth. *Stalin and German communism*. Cambridge: 1948.

Gomes Vianna, Marly de Almeida. *Revolucionários de 35 — Sonho e realidade*. São Paulo: 1992.
Gorender, Jacob. *Combate nas trevas*. São Paulo: 1987.
Gronau, Dietrich. *Nach Moskau reisen — Ein Szeneführer*. Frankfurt: 1990.

Harman, Chris. *The lost revolution — Germany 1918 to 1923*. Londres: 1982.
Hilton, Stanley. *O Brasil e a crise internacional*. Rio de Janeiro: 1977.
____. *A guerra secreta de Hitler no Brasil*. Rio de Janeiro: 1983.

Joffily, José. *Revolta e revolução — Cinqüenta anos depois*. São Paulo: 1979.
____. *Harry Berger*. Rio de Janeiro: 1987.

Krivitski, Walter. *Ich war im Stalins Dienst*. Amsterdam: 1940. (trad. inglesa, *I was Stalin's agent*. Londres: 1992.)
Kuusinen, Aino. *Der Gott stürtzt seine Engel*. Viena: 1972.

Leonhard, Wolfgang. *Die Revolution entlässt ihre Kinder*. Colônia: 1987.
Levine, Robert M. *O regime de Vargas*. Rio de Janeiro: 1980.
____. *The Vargas regime — The critical years, 1934-1938*. Nova York: 1970.

Malta, Maria Helena. *A Intentona da Vovó Mariana*. Rio de Janeiro: 1991.
Marin, Jaime. *Mision secreta en Brasil*. Buenos Aires: 1988.
Mayenburg, Ruth von. *Hotel Lux — Das Absteigquartier der Weltrevolution*. 1ª ed. 1978. Munique: 1991.
____. *Blaues Blut und Rote Fahne*. Viena: 1967.
Morais, Denis & Viana, Francisco. *Prestes: Lutas e autocríticas*. Petrópolis: 1982.
Morais, Fernando. *Olga*. São Paulo: 1985.
Müller, Reinhard. *Die Akte Wehner*. Berlim: 1993.

Oliveira Filho, Moacyr de. *Um operário no poder*. São Paulo: 1985.
Orlov, Alexander. *Kreml Geheimnisse*. Würzburg: 1954.

Pereira, Astrojildo. *Formação do PCB, 1922-1928*. Lisboa: 1976.
Pinheiro, Paulo Sergio. *Estratégias da ilusão — A revolução mundial e o Brasil, 1922-1935*. 2ª ed. São Paulo: 1992.
Prestes, Luís Carlos. *Carta aos comunistas*. São Paulo: 1980.

Ramos, Jorge Abelardo. *História del stalinismo en Argentina*. Buenos Aires: 1969.
Ravines, Eudócio. *La gran estafa*. Santiago e México: 1952.
Reis, Dinarco. *A luta de classes no Brasil e o PCB*. São Paulo: 1982.
Ribeiro, Maria. *Meu companheiro — 40 anos ao lado de Luiz Carlos Prestes*. Rio de Janeiro: 1992.

Serge, Victor. *Ce que tout révolutionnaire doit savoir sur la represśion*. Paris: 1970.
Sclhögel, Karl *Moskay offne Stadt — Eine europäische Metropole.* Reinbek bei Hamburg: 1922
Shapiro, Leonard. *The Communist Party of the Soviet Union.* Londres: 1970.
Silva, Hélio. *1935 — A revolta vermelha*. Rio de Janeiro: 1969.
Sinko, Erwin. *Roman eines Romans*. Colônia: 1962.

Valtin, Jan (Richard Krebs). *Do fundo da noite*. Rio de Janeiro: 1982.
____. *Tagebuch der Hölle*. Colônia: 1957.
Volkogonov, Dimitri. *Stalin — Triumph und Tragödie*. Düsseldorf: 1989.
____. *Trotski — Das Janusgesicht der Revolution*. Düsseldorf: 1992.

Werneck Sodré, Nelson. *Contribuição à história do PCB.* São Paulo: 1984.
Werner, Ruth. *Olga Benario.* Berlim: 1961.
____. *Sonia's report*. Londres: 1991.
West, Nigel. *MI5*. Londres: 1981.

ÍNDICE REMISSIVO

★

Abóbora, *v.* Xavier, Eduardo Ribeiro
Abramov, Alexander Lazarovich, 94-5, 151-3, 155-7, 206-8, 317, 324-5, 332, 337
Abramov, Lola, 151
Aço, *v.* Oliveira, Antonio Soares de
O *Açougueiro de Cantão,* *v.* Neumann, Heinz
Albert, *v.* Ewert, Arthur Ernst
Alcebiades, camarada, 227
Alencar, *v.* Machado, Caetano
Alfaya, Carmen de, 107, 176, 178, 247, 286, 294, 296, 298, 317, 344, 346
Aliança Liberal, 39, 355 *n* 38
Alichanov, 323, 329, 361 *n* 29
Almeida Castro, *v.* Prestes, Luís Carlos
Alonso, *v.* Jolles, Jan
Altobelli, *v.* Ghioldi, Rodolfo José
Alvarado, Velasco, 354
Alves, Orlando, 298
Amado, Jorge, 284
Amazonas, João, 344
Amtorg, representação comercial soviética em Nova York, 34
André, *v.* Silva, Elias Reinaldo da ?
ANL (Aliança Nacional Libertadora), 116-9, 120, 122-8, 131, 138, 140-1, 143-6, 157-8, 159, 161-2, 165-6, 181, 188, 190, 193-5, 197, 199, 202, 219, 225, 234, 236, 238, 239, 241, 249, 258, 303, 310, 360 *n* 14
Antonia, *v.* Banejas, Maria
Anwelt, 332, 363 *n* 39
APRA, 354 *n* 31
Aranha, Osvaldo, 28, 29
Arcos (All Russian Cooperative Society), 148
Arias, *v.* Youbman, Marcos
Artuzov, Artur Kristyanovich, 150, 362 *n* 13
Assis Brasil, Eurico de, 221, 225

Bagé, *v.* Campos, José Francisco de, 248
Bandeira, Beatriz, 188, 228
Banejas, Maria (Antonia), 188, 216, 221, 281
Bangu, *v.* Rocha, Lauro Reginaldo da
Barata Ribeiro, Agildo da Gama, 240
Barboza, *v.* Oliveira, Valdelino de
Baron, Victor Allen (James Martin, Raimond), 154, 156-7, 205, 207-11, 242, 247, 254, 264, 266, 268, 278, 285, 288, 290-1, 298-300, 307, 309-10, 321, 329
Basbaum, Leôncio, 31, 355 *n* 40
Beatriz, correio, 232
Belov, *v.* Damionov, Georgi
Benario, Olga (Frida Leuschner, Ana Baum de Revidor, Olga Sinek, Olga Bergner Vilar, Zarkovich), 27, 79, 92-100, 102-6, 110-3, 115, 149, 154, 170, 176, 177, 179, 180-3, 191, 215-6, 221, 231, 233, 247, 251, 253, 255-6, 260, 266, 269, 274, 276, 287, 289-90, 294, 296, 298-302, 309-10, 314-5, 320, 325, 331, 333, 337, 339-42, 345-6, 358 *n* 25, 358 *n* 31, 359 *n* 47, 366 *n* 2, 368 *n* 8
Benario, Ruth, 99, 358, *n* 33
Berger, Harry, *v.* Ewert, Arthur Ernst
Bernardes, Artur, 139

Bersin, Jan Karlovich, 95, 101, 102, 105, 149, 150, 359 *n* 37, *n* 41
Berta, sucessora de Müller, 331
Bittencourt, secretário geral dos sindicatos em São Paulo, 190
Blagoeva, Stela, 318-9, 321-9, 331-3, 339, 344, 368 *n* 10
Boian, não identificado, 153
Böll, Heinrich, 102
Bonfim, Antônio Maciel (Adalberto Andrade Fernandes, Fernandes, Miranda, Queirós), 64-9, 71-4, 78, 116, 122, 124-5, 128, 130-1, 133-7, 144-5, 157, 160, 164-5, 179, 182, 184-8, 190, 193, 198, 200, 211, 213-23, 226-7, 229, 231-3, 235-6, 242, 245-8, 250-1, 257-8, 277, 280-4, 286-7, 289, 292-5, 296, 297, 307, 309, 320, 323, 333-6, 346, 356 *n* 45, 361 *n* 36
Bonfim metalúrgico, 220, 228
Bonner, Helena, 362 *n* 13
Brandão, Octavio, 30-1, 38, 74-5, 88, 134, 337-9, 356 *n* 46, 361 *n* 30, 368 *n* 1, 368 *n* 2
Brantes, Carlos, 265-7, 269-71, 279, 281
Braun, Otto, 88, 90, 93-101, 353 *n* 15, 353 *n* 16
Brecht, Bertolt, 92
Browder, Earl, 333, 355 *n* 39
Bruno, *v.* Locatelli, Amleto
BSA (Bureau Sul-Americano), 32, 34-5, 38-9, 41, 43, 46, 56, 61, 65, 70, 77, 87, 92, 115, 177, 185, 201, 211, 251, 255, 263, 327, 352 *n* 18, 352 *n* 24, 358 *n* 22
Buber-Neumann, Margarete, 75, 87, 103, 170-1, 305, 331, 341, 357 *n* 20
Bukharin, Nikolai I., 48, 51, 85, 170, 324, 330
Bullock, Allan, 168
Busteros, Luciano, *v.* Ghioldi, Rodolfo José

Cabeção, *v.* Lira, Francisco Natividade
Câmara, Arruda, 344
Campos, José Francisco de (Bagé), 248, 257
Campos da Paz, militante, 128
Cardoso, chefe de brigada, 221, 230, 233
Carlos, simpatizante, 133, 187, 191, 250, 287
Carmen, correio argentino, 154, 210-1, 247, 298, 301-2, 308, 321, 365 *n* 11
Carrion, Paulo Machado (Pavel), 125, 190-3, 220
Carvalho, Benedito de, 69, 129, 132, 231, 316-7, 324
Castro, Almeida, *v.* Prestes
Castro, *v.* Sebastião, Francisco
Castro, *v.* Evert, Arthur Ernst
Cazón, *v.* Jolles, Jan
Chernomordik, secretário do Departamento de Quadros, 133-4, 315, 332, 361 *n* 29
Chiang Kai-shek, 42, 352 *n* 36, 364 *n* 20
Codovilla, Vitorio, 31-2, 35, 37-8, 46, 61, 317
Coloni, Elvira Copello (Elza), 179, 187-8, 216, 231, 283-4, 292-7, 299-300, 320, 324, 333-6, 339, 345, 366 *n* 2, 367 *n* 5, 368 *n* 8
Coloni, Luís, 187
Coote, Edward, 143-4, 146
Cordeiro, Cristiano, 164
Correia, Miranda, 265-6, 288, 326, 368 *n* 12
Costa, Eneida, 132-4, 250, 258
Costa, Miguel, 117, 119, 133, 139, 143, 158, 236-7, 239
Costa, Osvaldo, 69, 134, 254, 290, 297
Costa Leite, Carlos da, 67, 77, 117, 166, 181, 191, 225, 240, 333, 366 *n* 1

Damianov, Georgi, 319
Di Cavalcanti, Emiliano Augusto Cavalcanti de Albuquerque e Melo, dito, 109
Dias, Deolinda, 255-6, 260, 265, 269, 277
Dias Leite, Américo, 69, 78, 181, 316
Diego, *v.* Glaubauf, Fritz
Dimitrov, Georgi, 19, 48, 75-6, 101, 118, 122, 138, 167, 169-70, 185, 197, 200-2, 241, 257, 297, 319, 329, 331, 339-40, 344-5, 355 *n* 41, 356 *n* 47, 356 *n* 48, 357 *n* 21, 366 *n* 17, 367 *n* 5
Divino, *v.* Oliveira, Valdelino
Djerjinski, Felix, 73, 350 *n* 11
Doriot, Jacques, 103, 359 *n* 46
Dutra, Eurico Gaspar, 225, 232

Ebert, Friedrich, 359 *n* 44
Eça, *v.* Stuchevski
Eden, Anthony, 144, 260, 304-6, 367 *n* 9
Eisler, Gerhart, 45, 90, 344, 349 *n* 5, 357 *n* 3
EKKI (Exekutivkomittee der Kommunistischen Internationale), 22, 30-1, 53, 56-60, 70, 76, 86, 99, 118-9, 133, 159, 171, 184-5, 198, 202-3, 207, 223, 241, 280-1, 351 *n* 8, 351 *n* 9, 351 *n* 10, 354 *nn* 23, 30, 356 *n* 51, 357 *n* 3, 360 *n* 14, 361 *n* 35

Elias, correio, 302
Elza, *v.* Coloni, Elvira Copello
Emílio, *v.* Jolles, Jan, 60
Engels, Friedrich, 26, 97, 167, 350 *n* 7
Eoles, *v.* Jolles, Jan, 60, 62
Ernesto, Pedro, 160-1, 181, 192, 200, 211, 224-5, 243, 287, 290, 310
Escarsema (Messie) 278, 290-1, 299-302
Ewert, Arthur Ernst (Albert, Castro, Harry Berger, Negro), 32, 41-5, 56, 59-61, 63, 77, 79, 82-8, 90-3, 105, 107, 111, 113, 114-6, 119-20, 122, 124-5, 127-8, 130-2, 135, 137-41, 145, 148, 150-1, 154, 156-62, 164-5, 174-86, 189, 191, 194-204, 207-8, 211, 213-20, 223-4, 226-7, 231-4, 239, 241, 244-52, 254-64, 266-70, 274, 276-7, 282-4, 287, 293-4, 299-300, 304, 306, 308, 309-10, 312, 317, 320-1, 327-31, 334, 341, 343, 351 *n* 18, 352 *nn* 33, 36, 353 *n* 43, 356 *n* 3, 357 *nn* 12, 16, 359 *n* 42, 360 *n* 4, 6, 361 *n* 20, 366 *n* 17, 368 *n* 9
Ewert, Minna, 93, 343
Ezio, *v.* Locatelli, Amleto

Fein, Arnold, *v.* Heifetz, Boris
Fernandes, *v.* Bonfim, Antônio Maciel
Fernandes, *v.* Prestes, Luís Carlos
Fernandes, Adalberto Andrade, *v.* Bonfim, Antônio Maciel
Ferreira Filho, do Rio de Janeiro, 154
Ferreira de Sousa, Soveral, 220
Fetterlein, F, 147
Figueiredo, Afonso de (Frédéric), 67, 77-8, 110, 116, 133, 241, 247, 308, 316-17, 323, 356 *nn* 53, 54, 367 *n* 10
Figueiredo, Francisco de Figueiredo, conde de, 67
Figueiredo, Maria de, 67
Filipov, aristocrata russo, 16
Fischer, Ernst, 353 *n* 18
Fischer, Ruth, 50, 81, 84, 349 *n* 5, 356 *n* 3
Flores da Cunha, José Antônio, 111, 182, 194
Florin, Wilhelm, 202-3, 241
Foreign Office, 305
Francisco Sebastião (Castro), secretário regional, 235-7
Fred, dirigente do aparato militar em Xangai, 90-1
Frédéric, *v.* Figueiredo, Afonso de
Friedel, datilógrafa do Komintern, 337
Fuchs, Klaus, 358
Furini, 342

Gallo, membro do PCI, 173
Garagori, Fernando, 111, 182, 321
Garoto, *v.* Prestes, Luís Carlos
GCCS (Government Code and Cypher School), 147, 149
Gestapo, 61, 82, 92-4, 102, 273, 315, 321-2, 326, 331, 339-41, 355 *n* 39, 358 *nn* 25, 32, 359 *n* 41, 368 *n* 5
Ghioldi, Orestes, 62, 242, 317, 365 *n* 3
Ghioldi, Rodolfo José (Altobelli, Luciano Busteros, Índio, Quiroga), 33, 61-2, 77-9, 92, 107, 115-6, 119-20, 123-5, 128-9, 132, 154, 158, 165, 174, 176-80, 182-3, 211, 213-4, 216, 218-20, 223-4, 239, 242, 245-7, 251, 253-6, 257, 259-60, 263-4, 268, 272, 278, 280, 282, 284-6, 289-90, 294, 296, 298-9, 307-10, 317, 321, 324, 327, 329-30, 334, 338, 344, 346, 360 *n* 19, 365 *n* 3
Ghioldi, Susana, 113, 271
GIN (Garoto, Índio, Negro), 124
Ginsburg, Samuel (Walter Krivitski), 100, 168, 350 *n* 8
Glaubauf, Fritz (Diego), 111, 129-30, 224, 259, 317, 343, 365 *n* 19
Gleiser, Genny, 355 *n* 39
Goebbels, Joseph, 357 *n* 5
Góis Monteiro, Pedro Aurélio de, 29, 195, 360 *n* 14
Gomes, João, 195
Gomez, Júlio, 57, 79, 314
Gorbachev, Mikhail, 51, 350 *nn* 11, 13
Gordievsky, Oleg, 148, 350 *n* 12
Göring, Hermann, 356 *n* 47
Gottwald, Clement, 202-3, 241
Graaf, Helena, *v.* Kruger, Helena
Graaf, Johann de (Jonny, Mattern, Pedro, Richardm Walter), 77, 80-1, 83, 90, 107, 113, 115, 131, 134, 135-7, 151, 157, 162, 163, 171, 176, 177, 178-9, 182-4, 193, 216, 217, 218-9, 221, 222, 226, 229, 231-5, 237, 244, 249-54, 253, 255, 256, 258-60, 264, 266, 268-9, 272, 273, 275, 276-9, 280, 282-3, 286-7, 293, 296, 299, 307, 308, 309, 310, 316, 321, 325-6, 329, 330, 332, 342, 343, 356 *n* 1, 366 *nn* 5, 6, 367 *n* 6, 368 *n* 12
Graaf, Jonny de, filho do anterior, 83, 342

Grande Otelo, Sebastião Bernardes de Sousa Prata, dito, 109
Grande Terror, 19-20, 75, 150, 167, 169, 313-4, 316, 330, 337, 344
Graski, *v.* Peano, Esteban
Grazzini, Mário (Gubinelli), 65
Gruber, *v.* Neumann, Heinz
Gruber, Erna, *v.* Kruger, Helena
Gruber, Franz, *v.* Graaf, Johann de
Gubinelli, *v.* Grazzini, Mário
Guerra Fria, 20, 93, 350 *n* 8
Guilherme II, kaiser da Alemanha, 80
Guimarães, Honório de Freitas (Lima, Martins, Milionário, Henrique Vieira da Silva), 64, 66-9, 72, 78, 124, 126, 128, 134-7, 155, 163-4, 177, 179, 182, 186-8, 190-3, 211-3, 215-8, 220-2, 226-33, 244-6, 249-50, 258-59, 277, 280-1, 283-7, 289-302, 316, 320, 323, 337, 346, 355 *n* 39, 365 *n* 12, 368 *n* 1
Guralski, Abraham, *v.* Heifetz, Boris
Guralski, Inês, *v.* Tulchniska, Ines
Gurney, Hugh, 194, 223-4, 243, 260, 305, 367 *n* 9

Hala, Adolphe, *v.* Locatelli, Amleto
Haya de La Torre, Victor Raúl, 354 *n* 31
Heifetz, Boris (Arnold Fein, Abraham Guralski, Rústico), 32-42, 56-7, 60-2, 70, 83, 87-8, 92, 112, 116, 121, 129-30, 314, 316-7, 338, 343, 351 *nn*, 8, 14, 352 *nn* 33, 36, 354 *n* 25, 355 *n* 31
Higino, sargento, 291, 299-300
Hitler, Adolf, 18, 20, 51, 61, 82, 85, 91, 93, 169, 326, 340, 357 *n* 6
Holms, correio, 44
Humbert-Droz, Jules, 18, 31-32, 166, 318
Husto, 159, 362 *n* 21

Ibarruri, Dolores (La Pasionaria), 297, 339-40, 355 *n* 41, 367 *nn* 3, 5
IKK (Internationale Kontrollkomission), 23, 82, 363 *n* 39
Índio, *v.* Ghioldi, Rodolfo José
Intelligence Service, 144, 273, 277, 358 *n* 32, 368 *n* 12
Intourist (empresa de turismo estatal soviética), 62
Isaac (professor de marxismo), 73
Iuyamtorg, representação comercial soviética em Buenos Aires, 34, 37, 148, 362 *n* 10

Janina, *v.* Tulchniska, Ines
Joffily, José, 368 *n* 9
Jolles, Jan (Alonso, Cazón, Emílio, Eoles, Macário), 57, 60, 61-5, 68-9, 70, 78, 115-6, 128-30, 132, 134, 188, 224, 258, 297, 316-7, 323-4, 331, 343, 355 *n* 37
Jonny, *v.* Graaf, Johann de
José, *v.* Romero, Francisco
Juan, *v.* Mirochevski, Mendel
Julien, Francisco Meneses, 265-9, 279, 281, 285-8, 290, 298, 322

K., *v.* Kraevski, Boris
Keiros, *v.* Bonfim, Antônio Maciel
Kell, Vernon, 147, 148
KGB (Komitet Gosudarstvennoy Bezopasnosti), 148, 150, 350 *n* 8, 350 *n* 11, 350 *n* 13, 356 *n* 6, 362 *n* 13
Kippenberger, Hans, 98, 100, 358 *n* 32
Kirov, Sergei, 169, 314
Knorin, 56
Koestler, Arthur, 360 *n* 13
KPD (Partido Comunista Alemão), 33, 45, 50, 81-2, 84-6, 88, 91, 94-5, 97-100, 102-4, 170, 263, 325, 349 *n* 5, 357 *nn* 4, 21, 358 *n* 32, 359 *n* 44
Kraevski, Boris, 34, 37, 61, 73-4, 148, 361 *n* 29
Krivitski, Walter, *v.* Ginsburg, Samuel
Kruchev, Nikita, 345
Kruger, Helena (Helena Gruber, Len), 79, 82, 83, 107, 115, 177-80, 182, 216, 221, 231-3, 251, 253, 260, 264, 266, 268-9, 272-3, 275, 277-8, 282, 286, 294, 296, 299, 307, 310, 321, 325, 327, 330, 332, 367 *n* 6
Kun, Bela, 81, 354 *n* 29, 360 *n* 13
Kutschumov, funcionário soviético, 121-3, 133-4, 185
Kuusinen, Aino, 53, 101, 344, 349 *n* 6, 357 *n* 12, 359 *n* 38
Kuusinen, Otto Wilhelm, 22, 32, 40, 50, 53-4, 70, 75, 87, 202-3, 241, 344, 349 *n* 6, 351 *nn* 9, 12, 352 *n* 31, 354 *n* 29, 357 *n* 12

Lacerda, Carlos, 140, 355 *n* 38

Lacerda, Fernando de, 63-4, 69, 75, 122, 130-1, 133-4, 241, 284, 317, 323, 333, 337, 339-40, 355 *n* 39, 361 *n* 30, 368 *n* 1
Lacerda, Maurício de, 63, 355 *n* 38
Lacerda, Paulo de, 31, 88
Lago Morales, José, 295
LAR (Liga de Ação Revolucionária), 38, 65, 67, 187
Leal, Newton Estillac, 223, 232, 465
Leão, Josias, 75, 338
Leão, Sousa, 366 *n* 5
Lebedewa, Barbara Platonovna, 52, 345
Leite Ribeiro, Orlando, 111, 251, 346, 352 *n* 38
Lena, *v.* Kruger, Helena
Lenin, Vladimir Iliich Ulianov, 19, 24, 26, 29, 36, 49, 71, 83, 97, 101, 106, 124, 134, 151, 167-8, 344
Lenin, Escola, 23, 57, 74, 87, 172-3, 204, 303
Leuschner, Frida, *v.* Benario, Olga
Libknecht, Karl, 81
Liga contra o Imperialismo, 46
Liga contra o Imperialismo e pela Independência Nacional, 305, 306
Liga das Nações, 224, 304
Lima, Heitor Ferreira (Mário Silva), 33, 63, 66, 348 *n* 10
Lima, *v.* Guimarães, Honório de Freitas
Linda, simpatizante do PCB, 69
Lira, Francisco Natividade (Cabeção), 296-7
Lisa, correio, 365 *n* 13
Litvinov, Maxim Maximovitch, 304, 305, 367 *n* 9
Locatelli, Amleto (Bruno, Ezio Adolphe Hala, Jean Savell, Walter), 171-80, 183-5, 195, 208, 213-4, 216-9, 221, 226, 235-9, 244-6, 251, 253-7, 260, 264, 268-70, 272-3, 278, 282-3, 286, 307-14, 317-8, 320, 323-4, 326, 329, 342, 363 *n* 2
Lominadze, Besso, 89-90, 103
London, Jack, 80
Losovski, *v.* Mirochevski, Mendel
Lovski, *v.* Mirochevski, Mendel
Luís Pereira de Sousa, Washington, 40
Luxemburg, Rosa, 81

Macário, *v.* Jolles, Jan
Machado, Caetano (Alencar), 70, 73, 79, 126-8, 134, 158, 164, 216, 346, 356 *n* 43
Macedo Soares, José Carlos de, 224, 243, 258, 259
Magalhães, Eliezer, 181, 225, 254, 290
Magalhães, Juracy, 181
Magalhães, Pompeu, 154, 265
Magno, militante, 221, 228, 248
Malanka, secretária de Bersin, 95
Malfati, Anita, 109
A Manhã, 241, 246, 254, 292
Manon, correio, 250
Manu, *v.* Manuilski, Dimitri Sacharovich
Manuilski, Dimitri Sacharovich (Manu, Robert), 22, 40, 45, 47-54, 56-8, 70-1, 75-6, 79, 81-3, 87, 91-2, 101, 104, 107, 112, 118, 122, 132, 138, 145, 167-71, 174-5, 182-3, 185, 197, 200, 202-3, 208, 241, 251, 255, 257, 308-9, 311-3, 315, 319, 323-4, 328-9, 332, 337-41, 343, 345, 351 *nn* 8, 9, 12, 353 *nn* 13, 18, 354 *nn* 25, 27, 29, 357 *n* 21, 359 *n* 37, 361 *n* 20, 363 *n* 35, 365 *n* 2, 366 *n* 17, 367 *n* 4, 368 *nn* 1, 2
Mao Tsé-tung, 121, 339, 344, 360 *n* 16
Marcucci, A., 311
Marga, secretária de Ewert, 210-11, 247, 251, 259-60
Mariana, militante, 133, 187, 191, 250, 287
Marighela, Carlos, 368 *n* 11
Marquez, *v.* Oliveira, Valdelino, 70, 73
Martin, James, *v.* Baron, Victor Allen
Martins, *v.* Guimarães, Honório de Freitas
Marty, André, 202-3, 365 *n* 2
Marx, Karl, 26, 97, 167, 350 *n* 7
Mary, mulher de Baron, 206
Mattern, *v.* Graaf, Johann
Mattoso, jornalista, 292
Mayenburg, Ruth von, 17, 52, 89, 100-1, 168, 202, 315, 319, 330, 345, 349 *n* 2, 353 *n* 18, 359 *nn* 39, 42
Medina, 187, 220-1, 230
Mehring, Franz, 171, 363 *n* 39
Meirelles, Antonio, 67, 77
Meirelles, Francisco, 67, 77, 292-4, 334
Meirelles, Ilvo, 67, 77, 111, 286, 290, 292, 295, 299
Meirelles, Rosa, 77, 366 *n* 1
Meirelles, Silo, 57, 65, 77-9, 107, 111, 126-8, 144, 164, 215-6, 240, 290, 346, 366 *n* 1
Mello, Barbosa de, 181, 286, 292-3, 295
Melnikov, Boris (Müller), 241, 315, 321, 337

Mertens, Erna, *v.* Wilde, Grete
Messie (Ercarsema), 290-1, 299, 302
MI-6, 348 *n* 12
Michel, *v.* Piatnitski, Jossip
Mielke, Erich, 97, 358 *n* 30, 359 *n* 44
Milionário, *v.* Guimarães, Honório de Freitas
Millenton-Drake, embaixador britânico, 148
Mineff, S., 37, 52, 354 *n* 29
Minkin, gerente da Iyamtorg, 148
Miranda, *v.* Bonfim, Antônio Maciel
Miranda, Emídio da Costa, 352 *n* 38
Mirochevski, Mendel (Juan, Lovski, Losovski), 56, 189-90, 324, 326, 343, 351 *n* 9, 353 *n* 2, 354 *n* 29
Molotov, Viacheslav Mikhailovitch, 51, 340
Mora, argentino, 301-2
Morais, Fernando, 94
Morales, *v.* Ghioldi, Rodolfo José
Morena, Roberto, 134, 211, 339
Morgulian, Sofia Semionova, *v.* Stuchevskaia, Sofia Semionova
Moskwin, *v.* Trilisser, Meier Abramovich
Mota Lima, Pedro, 134
Müller, chefe do serviço de comunicações da OMS, 325, 331, 342
Müller, *v.* Melnikov, Boris
Müller, Filinto, 143, 146, 225, 248, 252, 255, 259-61, 265, 269, 277, 290
Müller, Kurt, 102, 315, 331, 359 *n* 44
Münzenberg, Willi, 305, 339
Mussolini, Benito, 172
Myro, V., 353 *n* 16

Natal, militante, 164
Negro, *v.* Ewert, Arthur Ernst
Nepomuceno, secretário da Comissão Militar do PCB, 72, 125
Neumann, Heinz (O Açougueiro de Cantão, Franz Gruber), 85, 87-90, 103, 170-1, 315, 331, 341, 357 *n* 17, 358 *n* 32, 368 *n* 16
Nicolau I, czar da Rússia, 167
Nikitin, B. P., 100
NKVD (Narodny Kommiisari at Vnutrennikh Del), 95, 102-3, 106-7, 147, 150-1, 154, 202-3, 265, 314-5, 318-9, 322, 324, 328, 330-2, 340, 342, 350 *n* 11, 366 *n* 1

OGPU (Obyedinyonnoy Gosudarstvennoy Politischeskoy Upravlenie), 24-5, 31, 33, 61, 82, 95, 100, 106, 147-50, 153, 350 *nn* 11, 12, 13, 356 *nn* 3, 47, 359 *n* 38
Okrana, 366 *n* 4
Oliveira, Antonio Soares de (Aço), 191, 193, 220-1, 228, 230
Oliveira, Benedito de, 231
Oliveira, Valdelino de (Barboza, Divino, Marquez), 70, 73
OMS (Otdel Mezhdunarodnykh Suyayey), 22-4, 30, 34, 43-5, 56, 70, 78, 83, 90-2, 94, 97, 100-1, 105-7, 113-4, 150-3, 155-6, 165, 170-1, 174, 184, 197, 201, 203-6, 209, 240, 247, 251, 257, 262-3, 268, 272, 285, 290, 294, 298, 302, 311, 314, 322, 325, 331-2, 343, 359 *nn* 38, 41, 350 *n* 9, 364 *n* 6, 365 *n*, 14, 367 *n* 2

Paraventi, Celestino, 109-10, 112-3, 154, 182, 209, 235, 321, 346
La Pasionaria, *v.* Ibarruri, Dolores
Pavel, *v.* Carrion, Paulo Machado
PC do B (Partido Comunista do Brasil), 344
PCB (Partido Comunista do Brasil), 26, 29-31, 33, 35-6, 38-41, 46, 55, 58-60, 63, 65-78, 88, 93, 107, 110-3, 115-20, 122-6, 128-33, 137-9, 144, 146, 157, 163-5, 174, 180-92, 195-7, 201, 208, 211-7, 221, 227-9, 231, 233, 240-1, 244-6, 248, 257-8, 266, 276-7, 280-1, 283-4, 289, 291-4, 296, 297, 301-4, 316-7, 320, 324, 333, 335, 337, 339, 346, 351 *n* 9, 354 *nn* 20, 27, 355 *n* 39,
PCI (Partido Comunista Italiano) 172-3
Peano, Esteban (Grassi), 190, 216, 235-7
Pedro, *v.* Graaf, Johann de
Pereira, Astrojildo, 26, 30-1, 46, 63-4, 88, 351 *n* 1
Pereira, Augusto, *v.* Xavier, Eduardo Ribeiro
Pereira, Canrobert Penn, 227, 233
Pezinho, militante 125
Piatnitski, Jossip (Michel), 22, 30, 34-5, 43-5, 50-1, 53, 58, 87, 101, 107, 112, 114, 122, 138, 150-1, 170-1, 314, 337, 343, 351 *nn* 8, 12, 354 *nn* 24, 29, 358 *n* 22, 359 *n* 41, 360 *nn* 6, 8
Pieck, Wilhelm, 18, 52, 91, 118, 167, 202-3, 241, 340, 344, 347 *n* 3, 359 *n* 21, 358 *nn* 25, 33

Pierre, instrutor não identificado, 36, 41, 60, 352 *n* 22, 355 *n* 36
Pintado, militante, 135
Prado Jr., Caio, 258
La Prensa, 302
Prestes, Luís Carlos (Almeida Castro, Garoto, Luís Carlos Fernandes, Antonio Vilar), 26-9, 31-3, 36-48, 54-9, 63, 65-7, 70, 72, 75-8, 79, 83, 92-4, 100-1, 104, 107-8, 110-2, 114-21, 124-5, 130-2, 134, 137, 140-1, 143-6, 150, 153-66, 170-1, 175-84, 185, 186-7, 189-92, 194-6, 198-200, 203-4, 208-11, 213-28, 231-8, 240-56, 257, 259-60, 262, 264-6, 268, 270, 273, 277-8, 280-1, 283-4, 286-7, 289-90, 291-301, 303, 306, 308-10, 314-6, 320-2, 324-5, 327, 329, 333-4, 337-40, 345-6, 351 *n* 1, 352 *nn* 24, 38, 354 *nn* 26, 27, 30, 355 *nn* 38, 39, 356 *nn* 43, 46, 357 *n* 9, 358 *n* 34, 359 *n* 47, 360 *n* 13, 361 *n* 36, 363 *nn* 4, 35, 366 *n* 2, 367 *nn* 6, 10, 368 *nn* 8, 14
Prestes, Anita Leocádia, 92, 331, 339-40, 358 *n* 34
Prestes, Antônio Pereira, 27
Prestes, Clotilde, 341
Prestes, Leocádia Felizardo, 27-8, 46-7, 79, 92, 99, 305, 333, 339-41, 345, 351 *n* 2
Prestes, Lúcia, 338, 341
Prestes, Lygia, 99, 305, 339-40, 368 *n* 3
Profintern (Central Sindical Vermelha), 34, 56, 106, 189, 324, 351 *n* 9, 353 *n* 2, 354 *n* 24
Puchkin, Aleksander Sergueievitch, 16

Queirós, *v.* Bonfim, Antônio Maciel
Quiroga, *v.* Ghioldi, Rodolfo José

Rabelo, Manuel, 244
Rabinovici, investigador, 315, 317
Radek, Karl, 50
Raimond (Raymond), *v.* Baron, Victor Allen
Ramon, *v.* Youbman, Marcos
Ravines, Eudócio, 58, 309, 319, 343, 353 *n* 14, 354 *n* 31, 367 *nn* 7, 10,
Reis, Josias, 223, 231, 283
René, *v.* Stuchevski, Pavel Vladimirovich
Revidor, Ana Baum de, *v.* Benario, Olga
RFB, Roter Frontkämpferbund, 82
Ribbentrop, Joachim von, 340
Ribeiro, Maria, 27, 100, 351 *n* 2
Ribeiro, Yuri, 353 *n* 45, 354 *n* 26, 355 *n* 39, 356 *n* 46, 360 *n* 13, 363 *nn* 3, 35, 367 *n* 6
Ribeiro Xavier, Eduardo (Abóbora, Augusto Pereira), 213-6, 248, 250, 252, 278, 280, 283-4, 289-90, 292, 295-7, 300, 301, 322-4, 328, 332-3, 346, 368 *n* 11
Richard, *v.* Graaf, Johann
Robema, talvez Roberto Morena, 211, 365 *n* 13
Robert, *v.* Manuilski, Dimitri Sacharovich
Rocha, Lauro Reginaldo da (Bangu), 65-6, 70, 124, 134, 187, 193, 197, 294-6, 346, 355 *n* 40, 356 *n* 44
Romero, Francisco (José), 135-6, 182, 193, 221-2, 234, 246, 249-50, 252-3, 258-9, 277, 279-80, 287, 330
Rote Fahne (Bandeira Vermelha), 86
RSHA (Reichssicherheitshauptamt), 340, 341, 356 *n* 47, 368 *n* 5
Rústico, *v.* Heifetz, Boris
Ryff, Raul, 188, 221

SA (Schutzabteilung), 61, 62
Sabo, Elise Saborowski, dita, 84, 93, 107, 154, 176-7, 179, 233, 247, 252, 256, 260, 263, 266, 269-70, 274, 282, 294, 309-10, 314, 320, 340-41, 352 *n* 36
Sacarney, Christos Thomas, *v.* Stuchevski, Pavel Vladimirovich
Sacharov, Andrei, 362 *n* 13
Santa, Santinha, militante, 220
Santos, Adelino Deícola (Tampinha, Wilson), 59, 66, 70, 128, 134, 164, 193, 220-1, 283-4, 293-7, 333, 346, 356 *n* 41
Santos, Júlia dos, 154, 299-300
Santos, Messias dos, 154
Savel ou Savell, Jean, *v.* Localetti, Amleto
Scheer, Reinhard, 81
Schneider, Benjamim, 287
Schneider, Eva, 287
Sebastião Luís, operário, 60, 355 *n* 36
SED (PC alemão-oriental), 93, 102, 351 *n* 14, 358 *n* 26
Seeds, William, 142-4, 148
Shao-Yu, Chen (Van Min), 58, 121-3, 130-1, 133-4, 137, 160-1, 168, 170, 175, 185, 196-7, 199-200, 202-3, 208, 241, 257, 284, 311, 317, 329, 339, 344-5, 360 *n* 16, 361 *n* 20, 365 *n* 2, 366 *n* 17

Silva, Elias Reinaldo da (Souza, André), 68, 70, 71-4, 125, 356 *n* 53
Silva, Hélio, 259
Silva, José Desidério, 221, 225-8, 230, 231, 232, 233, 252
Silva, Mário, *v.* Lima, Heitor Ferreria
Sinani, *v.* Skalov, G. B.
Sinek, Olga, *v.* Benario, Olga
Siqueira Campos, Antônio de, 110
Sissón, Roberto Henrique, 117, 163
Skalov, G. B. (Sinani), 56, 62, 70-1, 107, 121, 130, 314, 316-7, 331, 337, 354 *nn* 24, 25
Slavutska, Mishka, 51-2, 101, 102, 103, 104, 314-5, 321, 353 *n* 7, 356 *nn* 48, 50, 351 *n* 45, 362 *n* 16
Socorro Vermelho, 292
Sorge, Richard, 100, 102, 205, 350 *n* 13, 358 *n* 37
Souza, *v.* Silva, Elias Reinaldo da
Souza, Willi de, 276
Soveral, tenente, 227
Spartacus (USDP), 81
Stalin, Iosif Vissarionovich Dzhugashvili, 15, 18-20, 25, 32-3, 48-53, 56, 58, 85-7, 89, 93, 97, 100-3, 121, 134, 150, 166-70, 202-3, 212, 313-4, 324, 330-1, 340, 343-4, 349 *n* 6, 358 *n* 21, 359 *n* 37, 360 *n* 16, 363 *n* 35, 367 *n* 4
Stalin, Svetlana, 349 *n* 6
Stange, militante austríaco, 53
Stasi (polícia secreta da ex-Alemanha Oriental), 97, 102, 359 *n* 44
Stassowa, Helena, 251
Stepanov, *v.* Mineff, S.
Stock, endereço telegráfico da OMS no Rio, 153, 155, 263
Stuchevskaia, Sofia Semionova (em solteira Morgulian) (Alphonsine Vallée), 105-7, 112, 113, 153-4, 156, 176, 180, 206, 215, 254, 256, 262-3, 265, 267-70, 272, 275, 276, 279-81, 282, 285, 288-91, 294, 298-302, 308-9, 318, 319, 321, 324, 329, 331-2, 337, 342, 360 *n* 49, 366 *nn* 1, 3
Stuchevski, Eugène, 106, 271
Stuchevski, Pavel Vladimirovich (Eça, René, Christos Thomas Sacarney, Leon Julles Vallée), 105-7, 112, 113, 115, 150-1, 153-7, 165, 170, 174, 176-7, 179-84, 188-9, 206-12, 215-6, 221, 247, 251, 254, 256-7, 260, 262-6, 267, 268, 270-2, 275-7, 278, 279-81, 282, 285, 287-91, 293-302, 307-9, 312, 314, 316, 318-23, 324, 325, 328-9, 331-3, 342, 344, 364 *nn* 5, 7, 365 *n* 13, 366 *nn* 1, 2, 3
Sun Yat-sen, 91, 199, 352 *n* 36, 363 *n* 20

Tampinha, *v.* Santos, Adelino Deícola
Tapajós, militante, 135
Teixeira, Pedro Luís, 257, 283-4, 287, 366 *n* 11
Tcheka, 73, 147, 350 *n* 11
Thälmann, Ernst, 18, 81, 84-5, 89, 102-3, 170, 340, 343, 357 *nn* 6, 7, 358 *n* 32, 368 *n* 6
Thorez, Maurice, 168
Tito, jornalista brasileiro, 111
Togliatti, Palmiro, 57, 101, 167-8, 171-3, 197, 200-3, 241, 318, 340, 365 *n* 2
Tojal, tenente, 252
Tomás, estudante. 69, 78, 129, 154, 181, 316
Trilisser, Meier Abramovich (Moskwin), 150-1, 171, 202-3, 343, 362 *n* 13
Trotski, Leon Davidovich Bronstein, 24, 49, 51, 53, 353 *n* 2
Troutbeck, John Monro, 145, 242-3, 305, 306
Tuchachevski, marechal, 330
Tulchniska, Ines (Inês Guralski, Janina), 33, 60, 62, 78, 107, 112, 116, 130, 317
Tupy, dirigente do PCB em São Paulo, 216

Ulbricht, Walter, 85-7, 91, 170, 357 *n* 5, 358 *n* 32
Uriburu, 61, 355 *n* 31
Uritski, coronel, 149, 212
USDP (Spartacus), 81

Vallée, Alphonsine, *v.* Stuchevskaia, Sofia Semionova
Vallée, Leon Julles, *v.* Stuchevski, Pavel Vladiimrovich
Valtin, Jan (Richard Krebs) 87, 351 *n* 18
Valuar, Juan, 209
Van Min, *v.* Shao-Yu, Chen
Vargas, Getúlio Dorneles, 28-9, 39-40, 43-4, 63, 74, 83, 92, 111-3, 115, 118, 120, 139-40, 143-5, 157-8, 159, 161, 181, 189, 191, 194, 198-9, 201, 211, 217, 224-5, 240-4, 248, 255, 304-5, 314, 327, 346, 352 *n* 38, 355 *n* 38, 360 *n* 14, 361 *n* 4, 362 *n* 21, 366 *n* 5

Vassiliev, Pavel, 56, 81, 82, 101, 107, 173, 226, 328, 351 *n* 8, 351 *n* 24, 356 *n* 44
Vetterli, Conrad, 365 *n* 14
Vetterli, Eleonora, 171, 365 *n* 14
Vetterli, Konrad, 171
Victor, agente, 171, 252, 365 *n* 14
Vieira da Silva, Henrique, *v.* Guimarães, Honório de Freitas
Vilar, Antonio, *v.* Prestes, Luís Carlos
Vilar, Olga Bergner, *v.* Benario, Olga
Vishinski, 101
Volkogonov, Dimitri, 168, 350 *n* 13
Volpi, Alfredo, 109
Voroshilov, Kliment Yefremovitch, 101, 149-50, 212
Vosske, Heinz, 368 *n* 9

Wajda, Andrzej, 93
Walter, *v.* Graaf, Johann
Walter, *v.* Locatelli, Amleto
Warchavsk, Tobias, 297, 324, 367 *n* 5
Weil, 365 *n* 13
Werner, Ruth, 93, 100-1, 358 *n* 26
Werneck de Castro, 128
Wiedmaier, Maria, 93-4
Wilde, Grete (Erna Mertens), 103, 331
Willard, mme., 339
Wilson, *v.* Santos, Adelino Deícola

Yagoda, Genrikh Grigorievich, 149-50, 318, 330
Yeltsin, Boris, 350 *n* 9
Youbman, Marcos (Arias, Ramon), 154, 247, 254, 264, 266, 268, 278, 285, 288-90, 298, 299, 300, 329

Zacarias, metalúrgico, 221, 230, 233
Zarkoivich, *v.* Benario, Olga
Zinoviev, Grigori Evseevich Radomilsky, 33, 48, 49, 50, 52, 54, 121, 169, 313-4, 316
Zweig, Stefan, 359 *n* 39

ESTA OBRA FOI COMPOSTA PELA TYPE-LASER DESENVOLVIMENTO EDITORIAL EM ENGLISH TIMES E IMPRESSA PELA GRÁFICA EDITORA HAMBURG EM OFF-SET PARA A EDITORA SCHWARCZ EM OUTUBRO DE 1993.

СООБЩЕНИ

Вход. №
Спец. №
Тр. №

26 décem
Altobe
ls tout
que m
r l

ОБЩЕНИЕ ШИФ

Rio de Janeiro 1935 г. „16“ час. „30“ мин.

ZK Brasilien. Halten für zweckmässig Eintri[tt]
ohne vorher irgendwelche Eintrittsbedingungen z[u]
dem KP in Allianz eintritt und für Macht Allianz
sie weiter innerhalb und ausserhalb Allianz selbst[ändig]
treten, Kritikfreiheit inbezug auf schwankende Verb[ündete]
beibehalten, ihre eigenen Organisationsverbindungen [mit Arbei]
tern Bauern und revolutionären Kleinbürgertum, mit Arm[ee und]
Flotte festigen und erweitern. Notwendig erzielen Legal[ität]
und gleichzeitig illegalen Apparat ~~stärken~~ festigen.
dig diesen Apparat zu erhalten und verb...
Machtergreifung seitens ...
Teil nati...

28/10

52

Снятие копий воспрещается.

СООБЩЕНИЕ ШИФРОМ.

„28“ октября 1935 г. „15“ час. „20“ мин.

Сов. Секретно.

Куда Южно-Американское Бюро.

Исход. № 6383
Спец. № 59
Транз. № 123

На какие нужды требуете 50.000 ам.долл.? Сообщите немедленно. Еще раз просим срочно сделать письменный отчет о положении в стране, партии и Альянсе и выслать его вместе с материалами партии.

Секретарь ИККИ по
странам Латинской Америки

Reçu vos telegrammes jusque
numero 42, excepte No. 41

Bau...

28/X 35

Pourquoi avez-vous necessaire
50.000 dollars americains (?)
Communiquez nous immediatement
Demandons ...

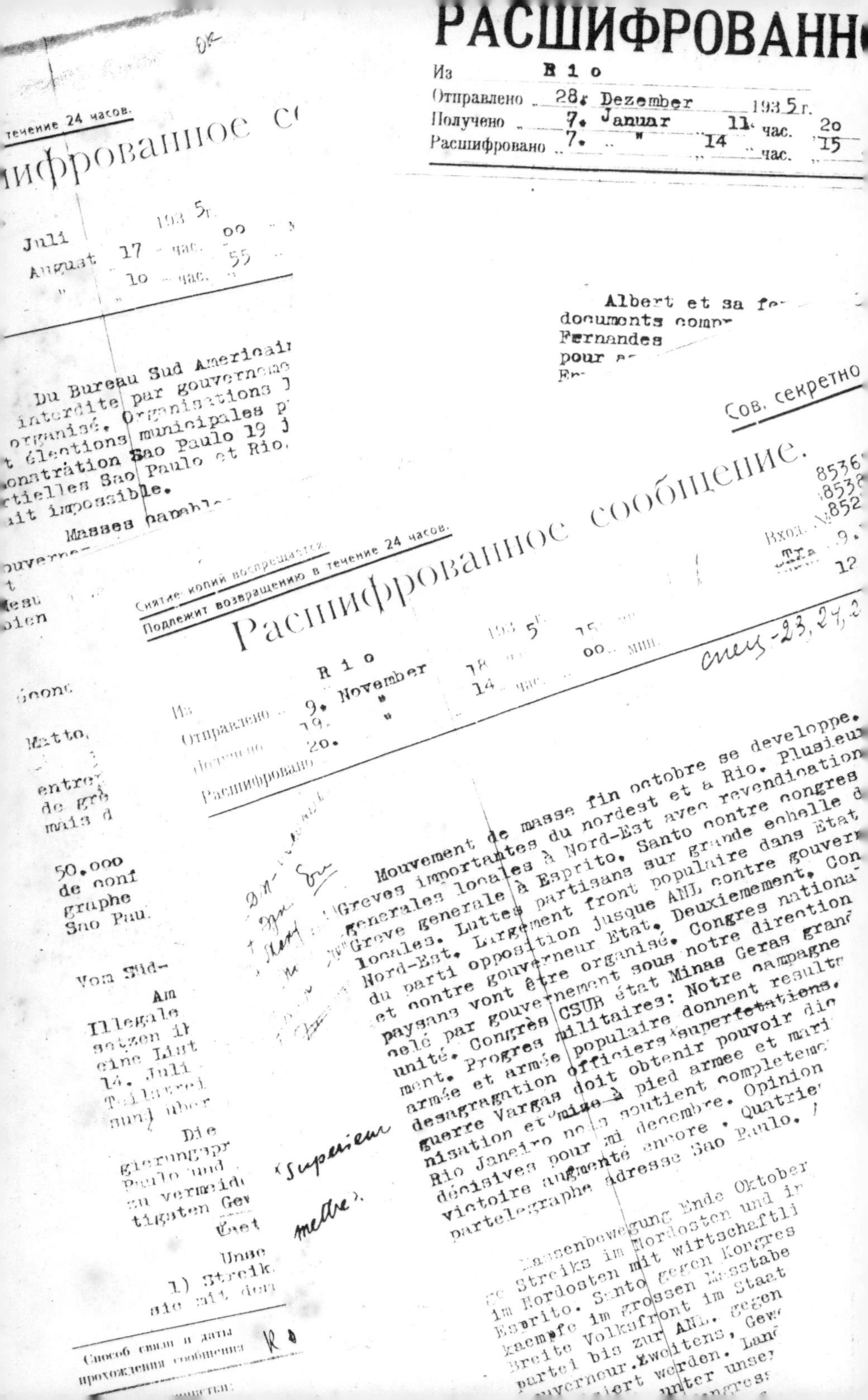
РАСШИФРОВАННО
Из R i o
Отправлено 28. Dezember 1935 г.
Получено 7. Januar 11 час. 20
Расшифровано 7. " 14 час. 15
Albert et sa fe
documents comp
Fernandes
pour
Сов. секретно
Расшифрованное сообщение.
Подлежит возвращению в течение 24 часов.
Снятие копий воспрещается.
Из R i o
Отправлено 9. November 1935 г. 18 час. 15 мин.
Получено 19. " 14 час. 00 мин.
Расшифровано 20.
спец-23,24,2
Mouvement de masse fin octobre se developpe.
Greves importantes du nordest et a Rio. Plusieur
generales locales à Nord-Est avec revendication
Greve generale à Esprito. Santo contre congres
locales. Luttes partisans sur grande echelle d
Nord-Est. Largement front populaire dans Etat
du parti opposition jusque ANL contre gouver
et contre gouverneur Etat. Deuxiemement. Con
paysans vont être organisé. Congres nationa
celé par gouvernement sous notre direction
unité. Progrès CSUR état Minas Geras grand
ment. Progres militaires: Notre campagne
armée et armée populaire donnent result
desagragation officiers superfetations.
guerre Vargas doit obtenir pouvoir di
nisation et mise à pied armee et mari
Rio Janeiro nous soutient completem
décisives pour mi decembre. Opinion
victoire augmenté encore. Quatrie
partelegraphe adresse Sao Paulo.
Massenbewegung Ende Oktober
Streiks im Nordosten und in
im Nordosten mit wirtschaftli
Esprito. Santo gegen Kongres
kaempfe im grossen Masstabe
Breite Volksfront im Staat
partei bis zur ANL, gegen
Gouverneur. Zweitens, Gew
unter unse
течение 24 часов.
ифрованное со
Juli 1935 г.
August 17 час. 00
10 час. 55
Du Bureau Sud Americain
interdite par gouverneme
organisé. Organisations
t élections municipales p
onstration Sao Paulo 19 j
rtielles Sao Paulo et Rio.
ait impossible.
Masses capable
50.000
de conf
graphe
Sao Pau
Vom Süd-
Illegale
eine List
14. Juli
Die
1) Streik
Способ связи и даты
прохождения сообщения
Superieur
mettre